Guido Knopp

Majestät!

Guido Knopp

Majestät!

Die letzten großen Monarchien

In Zusammenarbeit
mit Friederike Dreykluft, Anja Greulich
Annette von der Heyde und Annette Tewes

Redaktion:
Mario Sporn

C. Bertelsmann

FSC
Mix
Produktgruppe aus vorbildlich bewirtschafteten Wäldern und anderen kontrollierten Herkünften

Zert.-Nr. SGS-COC-1940
www.fsc.org
© 1996 Forest Stewardship Council

Verlagsgruppe Random House FSC-DEU-0100
Das für dieses Buch verwendete FSC-zertifizierte Papier *EOS*
liefert Salzer, St. Pölten.

1. Auflage

Umschlaggestaltung:
R·M·E Roland Eschlbeck und Rosemarie Kreuzer, München
Satz: Uhl + Massopust, Aalen
Druck und Bindung: GGP Media GmbH, Pößneck
Printed in Germany
ISBN-10: 3-570-00836-3
ISBN-13: 978-3-570-00836-2

www.bertelsmann-verlag.de

Inhalt

Majestät!

Zu Beginn der fünfziger Jahre wagte König Faruk von Ägypten, Glamour Man des internationalen Jetsets, eine Prophezeiung: Am Ende des Millenniums werde es auf Erden nur noch vier Könige geben – nämlich die im Kartenspiel.

Was seine eigene Monarchie betraf, so hatte Faruk Recht: Sie ist Geschichte. Doch die Monarchie als Staatsform ist noch immer nicht am Ende. Freilich: Zu Beginn des zwanzigsten Jahrhunderts waren Könige und Kaiser fast immer regierende Herrscher. Zu Beginn des einundzwanzigsten Jahrhunderts sind die letzten Monarchen der Erde fast alle machtlos, auf repräsentative Funktionen beschränkt.

Es begann 1912 mit der Abdankung des sagenumwobenen, geheimnisträchtigsten und wohl auch mächtigsten aller Monarchen, des Kaisers von China. Wenig später verschwanden fast lautlos und beinahe gleichzeitig gleich drei Dynastien von der Bildfläche, die Europa über die Jahrhunderte hinweg geprägt und beherrscht hatten: die Habsburger, die Hohenzollern und die Romanows. Das Sterben der Monarchien hatte begonnen. Unvereinbar schien im zwanzigsten Jahrhundert die Moderne mit der Tradition einer Herrschaft von Gottes Gnaden.

Nur siebenundzwanzig Herrscher haben die Wende zum Jahr 2000 in Amt und Würden erlebt – siebenundzwanzig Regenten, die, verstreut in aller Welt, von Thailand bis Schweden, von Japan bis Spanien, übrig geblieben sind. Gottgleich oder bürgernah, mächtig oder ohnmächtig, ist jede dieser Monarchien das Relikt einer Regierungsform, die noch vor hundert Jahren beinahe den gesamten Erdball beherrscht hatte.

Wie ist das Selbstverständnis dieser Könige? Wie setzen sie die Traditionen, die Geschichte ihrer Dynastien ein zur Sicherung der Monarchie? Wie sehen sie ihre »Untertanen«? Und wie sehen ihre Untertanen sie? Stehen die Monarchen dieser Erde auch für eine Tradition, die Werte der Geschichte für die Zukunft retten kann?

In diesem Buch werden fünf dieser letzten Monarchien porträtiert: das Kaiserhaus von Japan und die Königshäuser Schwedens, der Niederlande, Spaniens und Großbritanniens.

Die Deutsche und der König

Silvia und Carl Gustaf von Schweden

Was braucht es zu einem klassischen Märchen? Einen schmucken Königssohn, eine holde Maid, die Liebe und ein glückliches Leben. So gesehen hat die Geschichte von Silvia Sommerlath und Carl XVI. Gustaf von Schweden alle Zutaten, um einen Rang irgendwo zwischen Schneewittchen, Dornröschen und dem Aschenputtel einzunehmen. Doch sie ist viel besser: Denn im Gegensatz zu den Kolleginnen aus den Märchenbüchern gibt es diese sagenhafte Silvia wirklich. Zur Freude der Schweden, deren beliebteste Bürgerin sie ist. Und zur Freude der Deutschen, die die Heidelbergerin schon längst als »unsere Königin« ins Herz geschlossen haben.

Während der Olympischen Sommerspiele 1972 in München erspähte der damalige schwedische Kronprinz auf der Ehrentribüne eine brünette Schönheit. »Es hat ›klick‹ gemacht«, hat Carl Gustav später den Moment beschrieben, in dem er Silvia kennen lernte. Vier Jahre später waren sie verheiratet.

Carl Gustaf, der an Lese-Rechtschreib-Schwäche litt, soll als kleiner Junge einmal von seiner großen Schwester Birgitta gehänselt worden sein: »Wenn du groß bist, musst du aber König werden.« Daraufhin soll er äußerst unwirsch reagiert haben. Damals war Carl Gustaf gerade mal fünf Jahre alt. Heute ist er schon seit über drei Jahrzehnten König von Schweden – und steht mit seiner Familie in der Beliebtheitsskala der europäischen Monarchien ganz vorne.

Das Pfund, mit dem er wuchern kann, ist seine Königin. Denn erst mit ihrem Einzug ins Stockholmer Schloss schossen die Sympathiewerte in vordem unerreichte Höhen. »Dancing Queen«, das Lied, das die Popgruppe ABBA ihr zu Ehren auf dem königlichen Polterabend uraufführte, wurde ein globaler Hit. Silvia von Schweden hat es Kritikern und Spöttern immer schwer gemacht, einen Grund zum Mäkeln zu finden. Sie ist einfach zu gut in ihrem Job und hat es geschafft, den märchenhaften Mythos ihrer Lebensgeschichte bis heute unangekratzt zu lassen. Denn im Gegensatz zu einigen anderen europäischen Monarchien, in denen Scheidungen und Seitensprünge an der Tagesordnung stehen, ist die Weste der Königsfamilie Bernadotte nahezu blütenweiß. Königin Silvia, König Carl XVI. Gustaf und ihre Kinder Kronprinzessin Victoria, Prinz Carl Philip und Prinzessin Madeleine sind so etwas wie die »Persil-Variante« von Monarchie: attraktiv, sympathisch und vor allem skandalfrei.

Auch für die Zukunft wünscht sich die überwiegende Mehrheit der Bevölkerung einen Monarchen als Staatsoberhaupt. Die Mehrheit der Reichstagsabgeordneten jedoch würde die Blaublüter lieber heute als morgen aufs bürgerliche Altenteil schicken. Die Monarchie ist für die meisten von ihnen eine gestrige Staatsform – und die Tatsache, dass sich das nominelle Staatsoberhaupt nie einer Wahl stellen muss, ein handfester Skandal. 1974 nutzten die Politiker den Amtsantritt Carl Gustafs für eine Verfassungsänderung, die dem König jegliche politische Macht nahm. Und im Jahr 1980 wurde Victoria und nicht ihr jüngerer Bruder Carl Philip durch eine Änderung des Erbfolgegesetzes Thronfolgerin. Bis dahin durften nur Männer die Königswürde tragen. Hätte es die Gesetzesänderung dreißig Jahre früher gegeben, so säße heute Carl Gustafs ältere Schwester Margaretha auf dem Thron. Doch das Märchen wäre dann unvollendet geblieben.

Beatrix und der traurige Prinz

Das niederländische Königshaus

»Für mich war das eine sehr, sehr seltene, echte Liebesgeschichte. Es war wunderschön, das zu beobachten«, sagt Avi Primor, ehemaliger israelischer Botschafter in Bonn, der als Freund der Familie Königin Beatrix und ihren deutschen Mann Prinz Claus über Jahrzehnte begleitet hat. Es war die erste Liebesheirat in der Geschichte des Hauses Oranien-Nassau. Doch die Hochzeit der Kronprinzessin Beatrix mit dem deutschen Diplomaten Claus von Amsberg im Jahr 1966 stieß im Lande auf erbitterten Widerstand. Tausende randalierender Niederländer störten die Feierlichkeiten in Amsterdam. Ausgerechnet einen »Mof«, einen »bösen Deutschen«, hatte sich die niederländische Thronfolgerin zum Mann auserkoren. Über sechzigtausend Niederländer gaben ihre Unterschrift – gegen die Liaison. Die Wunden, die der Zweite Weltkrieg geschlagen hatte, waren Mitte der sechziger Jahre noch zu frisch.

Als Kind verbrachte Beatrix die Jahre der deutschen Besatzung im kanadischen Exil, während Vater Prinz Bernhard mit Königin Wilhelmina von London aus den Widerstand gegen das NS-Regime organisierte. Erst 1945, im Alter von sieben Jahren, kehrte die Kronprinzessin mit ihrer Familie in die Heimat zurück. Auf Schloss Soestdijk in der Provinz Utrecht erlebte Beatrix 1956 die erste große Krise des Königshauses. Mutter Juliana, seit 1948 Königin, war in den Bann einer »Wunderheilerin« namens Greet Hofmans geraten, die unter dem Vorwand, die sehbehinderte jüngste Tochter zu heilen, politische Macht ausüben wollte. Vater Prinz Bernhard stellte sich gegen seine Frau und lancierte im deutschen *Spiegel* eine Meldung über das unheilvolle Spiel des »weiblichen Rasputins« am niederländischen Königshof. Die Gesundbeterin musste ihre Koffer packen, die Monarchie aber blieb beschädigt. Zwanzig Jahre später erntete die niederländische Dynastie erneut Negativschlagzeilen. In aller Öffentlichkeit wurde Beatrix' Vater Prinz Bernhard beschuldigt, vom US-Flugzeughersteller Lockheed Schmiergelder angenommen zu haben. Nur durch Bernhards Verzicht auf alle öffentlichen Ämter konnte der Skandal beigelegt werden.

1980 übernahm Beatrix von ihrer Mutter Juliana die Krone. Als diplomierte Juristin war sie gründlich auf ihr Amt vorbereitet worden. Seitdem setzt sie ihren ganzen Ehrgeiz daran, dem ererbten Amt gerecht zu werden. Als Königin übt sie die ihr qua Verfassung zustehenden Rechte bis an die Grenzen des Möglichen aus und setzt dabei über ihre repräsentative Rolle hinausgehende eigene Akzente. Viel beachtet wurde ihre Rede in der Knesseth in Israel 1995, als sie bekannte, der Widerstand des niederländischen Volkes während der deutschen Besatzungszeit sei »nicht allgemein« gewesen: »Die meisten zogen es vor, einfach weiterzuleben, in der Hoffnung, zu überleben.«

2005, im Jahr des silbernen Regierungsjubiläums, waren Beatrix' Sympathiewerte in der Bevölkerung eindeutig. Die Familienskandale der letzten Jahre hat die Königin souverän überstanden. Für ihre Landsleute bleibt sie die »Chefin«, die arbeitswütige Managerin eines modernen Palastbetriebs. Ganz offen spricht sie über die Schattenseiten ihres Amtes: Es sei »ganz unmöglich«, dabei ein ganz normaler Mensch zu bleiben: »Immer brennt in meinem Hinterkopf so ein kleines rotes Lämpchen, das mir signalisiert: Darfst du das so sagen, darfst du das tun, ist dies oder jenes zu verantworten? Als Königin muss man immer auf der Hut sein.« Ihr verstorbener Prinzgemahl klagte einmal öffentlich: »Unser Leben spielt sich ab zwischen Pflicht und vierundzwanzig Stunden eigentlich im Dienst zu sein. Wir sitzen in einem gläsernen Haus.« Prinz Claus bekam Depressionen, war seinen vielfältigen Aufgaben nicht mehr gewachsen. Doch die Bilanz von Königin Beatrix' Regierungszeit ist beachtlich. Die kleine republikanische Opposition steht auf verlorenem Posten. Die Monarchie nach holländischem Muster funktioniert.

Die Tränen der Prinzessin

Masako von Japan

Auch diese Geschichte beginnt wie ein modernes Märchen: Ein einsamer Prinz verliebt sich in eine schöne Diplomatin und kann sie nach langem Werben für sich gewinnen. Aber auf ein Happy End warten die Japaner – und vor allem Kronprinzessin Masako – bis heute. Japans Kaiserhaus ist kein Ort für romantische Träumereien, sondern ein Bollwerk der Tradition.

Als Masako Owada 1993 den jahrelangen Bemühungen des Kronprinzen Naruhito erlag, war ihre viel versprechende Laufbahn im diplomatischen Dienst beendet, und ihre Abschlüsse aus Harvard und Oxford waren nichts mehr wert. Sie hatte nur noch eine Aufgabe: den Fortbestand der Dynastie zu sichern und einen männlichen Thronfolger zu gebären.

Japans Kaiserhaus, auf dessen angeblich seit 2665 Jahren ungebrochene Blutlinie sich die Traditionalisten viel zugute halten, ist der wohl steifste Hof der Welt. Eingeschweißt in uraltes Zeremoniell und unumstößliche Riten, lebt die Kaiserfamilie abgeschottet vom Volk und wird überwacht von einer fossilen und unbeweglichen Behörde – dem kaiserlichen Hofamt. »Skandale wie im britischen Königshaus wird es bei uns nicht geben«, verkünden die Gralshüter des Japanertums. Obwohl der Tenno, der Himmlische Herrscher, im demokratischen Japan längst nicht mehr als Gottheit verehrt wird wie früher und nur noch symbolische Aufgaben zu erfüllen hat, ist an Reformen und Öffnung nicht zu denken. Zwar hat Japans Kaiser keine politische Macht – er darf sich nicht einmischen, er darf noch nicht einmal wählen –, aber er verkörpert für viele Japaner ihre Geschichte und Identität. »Wenn wir den Berg Fuji sehen, denken wir: Das ist Japan. Und genauso denken wir auch, wenn wir den Kaiser sehen«, sagen manche. In Zeiten der Krisen und Katastrophen in diesem von Erdbeben, Taifunen, Tsunamis und Vulkanen gebeutelten Land spendet der Kaiser Mut und Trost. Und er beherrscht auch Japans Zeitrechnung: Für die Japaner ist 2006 das Jahr Heisei 18 – »Heisei«

heißt »Frieden schaffen« und ist das Regierungsmotto des amtierenden Tenno.

Achtzig Prozent der Japaner heißen Umfragen zufolge das Tenno-System gut. Kaiserkritiker haben es da nicht leicht. Ihnen machen die berüchtigten *uyoku*, die extremen Rechten, das Leben schwer – mit Lautsprecherbussen und Drohanrufen. Sogar vor Gewalttätigkeiten schrecken die Fanatiker nicht zurück.

Das große Tabu ist die Kriegsverantwortung des Kaisers Hirohito. Der Vater des heutigen Tenno war, wie Historiker inzwischen nachweisen können, an der Planung und Durchführung des japanischen Eroberungskrieges 1937–1945 maßgeblich beteiligt. Trotzdem ließ der amerikanische Besatzungsgeneral Douglas MacArthur den Kaiser auf seinem Thron. Die Aufarbeitung und Bewältigung von Kriegsvergangenheit und -schuld, wie sie in Deutschland stattfand, kam in Japan nie auf die Tagesordnung. Das führt bis heute zu Irritationen in Ostasien.

2006 – das Jahr Heisei 18 also – ist unversehens auch zum Schicksalsjahr der Kaiserdynastie geworden. Zwar wurde Prinzessin Masako im Dezember 2001 endlich Mutter, doch sie bekam »nur« ein Mädchen, wie viele Japaner seufzten. Und Mädchen sind von der Thronfolge ausgeschlossen. Der öffentliche Druck und auch die Erwartungen des Kaiserhofs trieben Prinzessin Masako immer weiter in die Enge und schließlich auch in Depressionen. Nachdem sich die Bevölkerung mehrheitlich für eine Frau auf dem Kaiserthron ausgesprochen und Politiker über eine Reform des Thronfolgegesetzes nachgedacht hatten, trat Masakos Schwägerin, Prinzessin Kiko, als Rivalin auf den Plan. Die Frau des Kronprinzenbruders ließ verkünden, dass sie schwanger sei. Sollte sie einen Jungen gebären, so wird er der übernächste Kaiser von Japan. Im September – also erst nach der Drucklegung dieses Buches – entscheidet sich die Zukunft der japanischen Dynastie.

Der gemachte König

Juan Carlos und die Spanier

Am 23. Februar 1981 hallte um 18.23 Uhr ein Schrei durch den Plenarsaal des Parlaments: »Nieder – auf den Boden!« Der Mann in Uniform, Oberstleutnant Antonio Tejero, zog eine Pistole und schoss in die Decke des ehrwürdigen Saales. Die anwesenden Parlamentarier nahm er als Geiseln.

Die Nachricht vom Putsch der Franco-Anhänger erreichte König Juan Carlos im Zarzuela-Palast am Stadtrand von Madrid. »Die Anspannung war so groß«, schreibt sein Biograph José Oneto, »dass der König in Tränen ausbrach.« Juan Carlos, der Oberbefehlshaber der Armee, war ganz auf sich gestellt. Als einziges Regierungsmitglied befand er sich auf freiem Fuß. Das Schicksal der Nation lag allein in seinen Händen. Nachdem er sich der Loyalität der Armee versichert hatte, wandte er sich an die Putschisten: »Weder danke ich ab, noch gehe ich. Ihr müsst mich schon erschießen.« Sein Einsatz für die Demokratie zeigte Wirkung: Die Parlamentsbesetzer gaben auf. Juan Carlos hatte Spanien die Freiheit gesichert.

Dabei war dieser Mann wenige Jahre vor dem Militärputsch von Diktator Franco als König eingesetzt worden. Es gab Befürchtungen, er sei nur der »Ziehsohn« des rigiden Generals und sollte dessen Erbe weiterführen. Tatsächlich hatte es Juan Carlos über viele Jahre hinweg geschickt verstanden, seine wahre Gesinnung zu verbergen. Gleich nach Francos Tod leitete er die *trancisión*, Spaniens Übergang zur Demokratie, ein. Der Liebhaber schneller Autos und einstige Lebemann eroberte in Windeseile die Herzen der Spanier. Am Ende billigte der König, der die strenge Etikette am spanischen Hofe wahrte, sogar die Hochzeit seines Sohnes Felipe mit der bürgerlichen und geschiedenen Letizia Ortiz.

Schon im Alter von zehn Jahren wurde Juan Carlos von seinen Eltern getrennt. Ein Zug brachte ihn damals von Portugal, dem Exil der spanischen Königsfamilie, nach Madrid. Sein Vater Don Juan, der Graf von Barcelona, hatte die Rückkehr seines Sohnes mit dem Diktator Franco ausgehandelt. Die Hoffnung Don Juans, später selbst zurückzukehren und König zu werden, erwies sich als Trugschluss. Während die königliche Familie im portugiesischen Exil bleiben musste, lebte Juan Carlos allein in Madrid unter der Kontrolle des »Caudillo«. In dem Maße, in dem Franco Einfluss auf seine Erziehung nahm, verschlechterte sich das Verhältnis zum Vater. Auch der tragische Tod von Juan Carlos' jüngerem Bruder Alfonso belastete die Familienbande noch einmal schwer. Beim Hantieren mit einer der väterlichen Waffen löste sich bei Juan Carlos ein Schuss, der den jüngeren Bruder in die Stirn traf.

Erst als Juan Carlos schon König von Spanien war, erklärte sein Vater den Verzicht auf den Thron. Da führte sein Sohn längst ein eigenes Leben. Nach dem Besuch höherer Schulen hatte er die Militärakademie absolviert und in Ministerien Erfahrung gesammelt. 1962 heiratete er Sofia, die Tochter des Königs von Griechenland, mit der er zwei Töchter und einen Sohn hat: die

Infantinnen Cristina und Elena und den Infanten Felipe. Streng nach der »Carta Magna« der Monarchie wird dieser der Thronfolger werden. Nach zahlreichen Affären führte er 2004 die Fernsehmoderatorin Letizia Ortiz vor den Traualtar und sprengte damit viele Konventionen, denn die Braut war bürgerlich und überdies schon einmal verheiratet gewesen.

Es ist die Geschichte eines ungewöhnlichen Monarchen, der lange schwieg, um schließlich freie Wahlen auszurufen und seine eigene Macht zu beschneiden. Es ist die Geschichte eines Mannes, der auch in den schwierigen Momenten seines Lebens nie aufgegeben hat und der bis heute zur Stelle ist, wenn das Land in einer Krise steckt – wie nach dem Tankerunglück vor Galicien und den Terroranschlägen von Madrid.

Das ungleiche Paar

Elizabeth und Philip

Die Queen und der Herzog von Edinburgh haben etwas, das selbst den am meisten umjubelten »Celebrities« unserer Zeit fehlt: Sie sind *wirklich* der Stoff, aus dem die Märchen sind! Elvis, Marilyn, JFK mögen »Unsterblichkeit« erlangt haben, aber eines waren sie nicht: von königlichem Geblüt. Philip wurde als Prinz geboren, Elizabeth als Prinzessin. Und doch sind sie ein ungleiches Paar. Denn die Königin personifiziert lebendige Geschichte. Sie verbindet die britische Nation geradlinig mit den letzten tausend Jahren ihrer Vergangenheit. Das hebt sie heraus und nährt ihren Mythos.

Der Weg zur Arbeit führt sie meist über einen roten Teppich. Mit Händeschütteln verbringt sie einen Großteil ihrer Zeit. Wer es sich mit ihr dauerhaft verderben will, drückt sie zu fest – die königliche Hand. Im gesegneten Alter von achtzig Jahren ist die Queen eine hoch respektierte Monarchin, deren politische Bedeutung sich seit den fünfziger Jahren so stark verändert hat wie ihr Königreich. Obwohl ihr ein Empire abhanden kam, ist sie nach wie vor Regentin über das größte Königreich der Welt: Staatsoberhaupt in immerhin noch siebzehn von einundfünfzig Commonwealth-Ländern, darunter Kanada, Neuseeland und Australien. Sie ist Landesmutter von einem Viertel der Menschheit – wenngleich ihre Aufgaben nur repräsentativer Natur sind.

Und Prinz Philip? Bis heute halten die Queen und ihr Prinzgemahl eisern zusammen. Dabei war »Lilibet« ein Teenie von gerade mal dreizehn Jahren, als sie sich 1939 beim Familienausflug ins Dartmouth Royal Naval College in den feschen, fünf Jahre älteren Philip verguckte. Der hatte – seit Jahren – kein echtes Zuhause und war mit achtzehn bei der Marine »gestrandet«. Es sei, sagte Elizabeth später, »Liebe auf den ersten Blick« gewesen. Kein anderer habe bei ihr mehr eine Chance gehabt. König George VI. war anfangs alles andere als begeistert: Seine älteste Tochter sollte schließlich eines Tages den Thron besteigen. Dieser junge Rekrut aber war nicht nur arm wie eine Kirchenmaus, sondern führte noch dazu eine für die damalige Zeit »unsittliche« Existenz. Was hatte doch George VI. seiner Tochter mit in die Ehe gegeben: »Vergiss nicht, er ist ein Seemann. Die laufen bei Ebbe ein.«

Schon als sie zu ihrer »Traumhochzeit« am 20. November 1947 vor den Altar traten, wussten Elizabeth und Philip, was es heißen würde, Verantwortung zu übernehmen. Für sich. Und für die Krone. Sie haben sich an das schöne Versprechen gehalten: Wir sind ein Team, in guten wie in schlechten Tagen. Dabei haben sie bisweilen sogar ihre eigenen Kinder »draußen vor der Tür« gelassen. Das führte dazu, dass sich vor allem Thronfolger Prinz Charles von seinen Eltern »emotional entfremdet« fühlte, wie er mehr als einmal öffentlich zu Protokoll gab. Ist es da verwunderlich, dass die Ehen der drei ältesten Geschwister allesamt in die Brüche gingen? Und überhaupt sind intime Kenner der Monarchin fest davon überzeugt: Elizabeth stehen ihre Pferde näher als ihre Kinder. Philip hat einmal über die Queen gesagt: »Sie interessiert sich nur für Dinge, die gleichzeitig Gras fressen und furzen können!«

Ist es Liebe? Elizabeth und Philip akzeptieren einander so, wie sie sind. Zum fünfzigsten Hochzeitsjubiläum dankte er ihr: »Die Königin besitzt ein Übermaß an Toleranz und Nachsicht.« Und sie erklärte bei ihrem goldenen Thronjubiläum: »All die Jahre ist er für mich eine echte Stütze und ein Kraftquell gewesen.« Das ist mit Sicherheit weit mehr, als manches andere ungleiche Paar von sich behaupten kann.

Heute, da die Insel sich anschickt, mehr auf Föderation zu setzen, bildet das Königshaus am ehesten die Klammer für den Zusammenhalt. Das United Kingdom sei »... der Klebstoff, der die Mitglieder einer Familie, eines Landes, eines Commonwealth verbindet«, sagt die Queen. Und: »Ohne ihn wären die Teile des Ganzen lediglich Fragmente – mit ihm sind wir weit mehr als nur die Summe dieser Fragmente.«

Das ist nicht der Schwanengesang eines absterbenden Clans! Und auch kein Angebot zur Güte an ein rebellisches Volk. Es trifft vielmehr die immer noch tiefe Sehnsucht der Briten, in allem Trubel und Wechsel der Moderne die Familie zu bleiben, als die man sich immer im Abglanz der Krone gesehen hat. Darin liegt das »Geheimnis« der Königin von England: Sie ist zum Herzstück eines eigenen, elisabethanischen Zeitalters geworden.

Das Fazit aus alledem?

Für ihre Völker sind die Träger dieser Monarchien nach wie vor Symbole nationaler Einheit, die Garanten der Geschichte und der Traditionen ihrer Länder. Und vor allem: Nach wie vor entfacht die Lebensweise einer »Royal Family« die Fantasie der »Untertanen«.

Die Monarchien dieser Welt, sie stehen für Kontinuität. Die Windsors in England, die Oranier in Holland und die Bernadottes in Schweden fühlen sich noch immer als die Schirmherren einer protestantischen beziehungsweise anglikanischen Gesellschaft, trotz aller multikulturellen Gesten. Die spanischen Bourbonen, ein katholisches Geschlecht, verdanken ihre Wiederkehr einem Generalissimus, der ebenfalls von der Monarchie eine Kontinuität erhofft hat – nämlich die eines autoritären Staats. Der junge König aber, kaum im Amt, hat sich für eine echte Demokratie entschieden – in der Kontinuität der anderen konstitutionellen europäischen Monarchien. Stellen wir den Sonderfall des Gottesgnadentums à la Japan einmal zur Seite, so wagen wir am Ende eine Prophezeiung: Solange es in Europa keine echte politische Einheit gibt, wird dort die Monarchie als Staatsform bestehen bleiben. Erst wenn die Einheit kommt, sind auch die Könige nicht mehr vonnöten. Doch bis es soweit ist, fließt noch viel Wasser den Mälar, die Themse, den Manzanares und den Rhein hinunter. Alles Gute, Majestät!

Die Deutsche und der König

Silvia und Carl Gustaf von Schweden

> **Die Geschichte der Monarchie ist der rote Faden, das, was die schwedische Geschichte zusammenhält. Sie ist das Symbol der schwedischen Geschichte, der schwedischen Vergangenheit und der schwedischen Gegenwart.**
>
> Dick Harrison, Historiker

Was braucht es zu einem klassischen Märchen? Einen schmucken Königssohn, eine holde Maid – möglichst aus bürgerlichen Verhältnissen –, die Liebe und ein glückliches Leben. So gesehen hat die Geschichte von Silvia Sommerlath und Carl XVI. Gustaf von Schweden alle Ingredienzien, um einen Rang irgendwo zwischen Schneewittchen, Dornröschen und Aschenputtel einzunehmen. Doch während diese bekanntermaßen Hürden in Gestalt böser Stiefmütter, stachliger Dornenhecken oder allerlei schmutziger Strafarbeiten über sich ergehen lassen mussten, bevor sie dem schicken Prinzen endlich in die Arme sinken durften, verlief Silvias Weg hindernisfrei – zumindest soweit wir wissen.

Es war einmal ein fröhliches Fest im Land der Bayern. Das hieß Olympische Spiele…

Am 26. August 1972 feierte München die Eröffnung der XX. Olympischen Sommerspiele mit einer farbenfrohen, ausgelassenen Eröffnungsparty. Nachdem die letzte Veranstaltung dieser Art in Deutschland 1936 unter den Nationalsozialisten zu einem pompösen Propagandaspektakel verkommen war, sollte die Welt nun Zeuge eines heiteren, weltoffenen Ereignisses werden. Exotische Nationen marschierten in bunten Kostümen ins Stadion ein, peppige Musik animierte viele Sportler zum Mittanzen. Von der euphorischen Stimmung an diesem herrlichen Hochsommertag ließen sich auch die Staatsgäste in der Ehrenloge mitreißen. Selbst einige gekrönte Häupter wippten mehr oder minder verschämt im Takt der Musik mit. Fürst Rainier von Monaco war nebst dekorativer Gattin Gracia Patrizia angereist, die amtierenden Königspaare von Belgien und Dänemark amüsierten sich einträchtig neben dem unlängst seines Thrones verlustig gegangenen Konstantin von Griechenland. Das britische Königreich wurde in Person Prinz Philips repräsentiert, dessen Gemahlin bei Sportveranstaltungen bekanntermaßen lieber auf Vier- als auf Zweibeiner setzt. Dem schwedischen König wäre die Reise nach München zu anstrengend geworden – er war schon neunundachtzig Jahre alt. Gustav VI. Adolf ließ sich von seinem Enkel, dem erst sechsundzwanzigjährigen Kronprinzen Carl Gustaf, vertreten.

Im vorderen Teil der Ehrenloge saß Willi Daume, der deutsche NOK-Präsident. Der Platz neben ihm gehörte seiner Assistentin, der achtundzwanzigjährigen Silvia Sommerlath. Die junge Frau mit den langen dunklen Haaren war erleichtert, dass die hochrangigen Gäste halbwegs geordnet ihre Plätze eingenommen hatten und es zumindest organisatorisch kaum einen Grund zur Beschwerde geben konnte. Während Silvia neben ihrem Chef die Feier genoss, bemerkte sie, wie sie durch ein Fernglas gemustert wurde. Und zwar von einem Mann, der lediglich eine Sitzreihe hinter ihr Platz genommen hatte. Silvia musste unwillkürlich lachen, der »Beobachter« auch, und passiert war's. »*Es hat ›klick‹ gemacht*«, mit diesen Worten hat Carl XVI. Gustaf später oft die Situation beschrieben, in der er seine Frau kennen lernte.

Vier Jahre später heirateten Silvia Sommerlath und der König von Schweden an einem ähnlich strahlenden Sommertag im Dom von Stockholm, und Frau Sommerlath ist seither »Silvia von Schweden – Beruf Königin«. Die Schweden freuten sich alsbald über den kompetenten bürgerlichen Import, der so souverän das königliche Tagesgeschäft absolvierte, als sei er mit einem Krönchen auf dem Kopf geboren worden. Sie war die grazilste Händeschüttlerin und die nobelste Nobelpreisverleiherin, an die sich die Schweden seit langem erinnern konnten. Und auch in Deutschland waberten wonnige Schauer unter den Trockenhauben der Frieursalons: »Unsere Silvia« war jetzt Königin von Schweden und damit ja auch irgendwie von Deutschland. »Die Auflagen der Zeitschriften schnellten in die Höhe bei dieser

Ich erinnere mich genau, es war am 26. August 1972. Ich spürte plötzlich, wie mich ein Mann durch ein Fernglas anschaute. Nur – dieser Mann stand nicht etwa weit weg, sondern ganz in meiner Nähe. Und weil diese Situation so komisch war, mussten wir beide lachen. Da hat es »klick« gemacht. Ein Zufall kann das nicht gewesen sein.
Silvia, 1999

Oben: »Da hat es ›klick‹ gemacht«: Die Eröffnungsfeier der Olympischen Spiele in München, 26. August 1972
Unten: »Sie ist wirklich die Beste«: Silvia Sommerlath posiert in ihrer Funktion als Olympia-Hostess

Ich weiß, dass man in Deutschland oft sagt: »Unsere Königin«. Aber sie ist unsere Königin!

Alice Gräfin Trolle-Wachtmeister, Erste Hofdame

Es war gigantisch. Die Auflagen schnellten plötzlich in die Höhe. Das war natürlich unerhört für uns Deutsche. Tatsache ist, dass die Deutschen mit Silvia wirklich eine Art Ersatzkönigin gefunden haben.

Paul Sahner, Journalist

Silvia-Geschichte«, erinnert sich Gesellschaftskolumnist Paul Sahner, »das war das absolut Größte seit 1954, als Deutschland Fußballweltmeister geworden war.« Endlich wieder eine »deutsche Königin«! Als Letzte hatte Soraya, die traurige Prinzessin, die der Schah von Persien wegen Kinderlosigkeit vom Hofe verstieß, die Herzen der Gazettenleserinnen gerührt. Doch während Sorayas schwermütiger Blick das kundige Publikum schon früh Böses ahnen ließ, war Silvias Geschichte eine Erfolgsstory. Sie sah umwerfend aus, war selbstbewusst, gebildet und offensichtlich genau das, was der bisweilen etwas unbeholfen wirkende schwedische Adelsspross brauchte.

Sie war die bürgerliche Wegbereiterin all der Schönheiten aus dem Volk, mit denen sich die heutigen Thronanwärter von Norwegen, Dänemark, Spanien oder den Niederlanden schmücken. Bei deren Auserwählten war es allerdings für kritische Geister nie schwer, das Haar in der Suppe zu finden. Mette-Marit von Norwegen brachte einen unehelichen Sohn von einem polizeibekannten Vater mit in die Ehe, und auch ihre eher unrühmliche Vergangenheit als Queen der Osloer Raverszene war wenig throntauglich. Prinzessin Máxima aus den Niederlanden weinte auf ihrer Hochzeit, weil der Herr Papa an ihrem Glück nicht teilhaben durfte. Zu ärgerlich, dass seine Verstrickung in die argentinische Militärjunta ihn im liberalen Holland als nicht gesellschaftsfähig gelten ließ. Selbst die steile Karriere der Spanierin Letizia im iberischen Fernsehen lud ein zu allerlei Spekulationen, ob nicht die von ihr selbst äußerst zielgerichtet vorangetriebene Liaison mit dem spanischen Infanten manche berufliche Hürde überwinden half. Und dann gab es noch nicht mal einen ordentlichen Hochzeitskuss!

Silvia von Schweden dagegen hat es sowohl Kritikern als auch Spöttern immer schwer gemacht, einen Grund zum Mäkeln zu finden. Sie macht ihren Job einfach zu gut und hat es geschafft, den märchenhaften Mythos ihrer Lebensgeschichte bis heute unangekratzt zu lassen. Denn im Gegensatz zum skandalgebeutelten britischen Königshaus oder anderen europäischen Monarchien, in denen zumindest Scheidungen oder Seitensprünge an der Tagesordnung stehen, ist die Weste der Bernadottes blitzeblank. Königin Silvia, König Carl XVI. Gustaf und ihre Kinder Kronprinzessin Victoria, Prinz Carl Philip und Prinzessin Madeleine sind so etwas wie die

»Persil-Variante« von Monarchie: attraktiv, sympathisch und vor allem – skandalfrei.

Die überwiegende Mehrheit der schwedischen Bevölkerung steht hinter der Königsfamilie. Einer Umfrage von 2003 zufolge wollen vierundachtzig Prozent aller Schweden die Monarchie erhalten – ein durchaus erstaunliches Phänomen: Gilt doch gerade Schweden als Hochburg von Modernität und gelebter Demokratie. Doch das pragmatische Volk im Norden hat hier eine ganz eigene Definition von Demokratie gefunden, nach der es sich mit einem gekrönten Haupt gut leben lässt. »Die Monarchie in Schweden bleibt bestehen, weil das Volk es so will«, sagt der schwedische Historiker Dick Harrison, »so gesehen ist die Monarchie in Schweden eine Demokratie.«

Eine überwältigende Mehrheit der Schweden ist für die Monarchie oder findet zumindest, dass das jetzige System so gut funktioniert, dass sie nicht zu einer Veränderung bereit sind.

Britta Lejon, Mitglied des schwedischen Reichstags

Ich finde, wir haben einen sehr guten Kompromiss gefunden. Wir behielten die Monarchie, aber nahmen dem König alle politische Macht.

Ingvar Carlsson, ehemaliger Ministerpräsident von Schweden

Die parlamentarischen Vertreter des Volkes, die Reichstagsabgeordneten, müssen diese »demokratische Entscheidung« zähneknirschend hinnehmen. Denn ihre Mehrheit, laut jüngster Zählung immerhin sechsundfünfzig Prozent, würde die Blaublüter lieber heute als morgen aufs bürgerliche Altenteil schicken. Der linke Reichstagsabgeordnete Mats Einarsson träumt schon lange vom Stockholmer Thronsturz. »Es ist einfach ein Unding, dass wir in einer Demokratie den obersten Posten des Staates mit jemandem besetzen, der diesen Posten einfach erbt«, ereifert er sich, »er wird nicht vom Volk gewählt, er wird nicht einmal von den Abgeordneten gewählt. Das widerstrebt nun wirklich allen demokratischen Prinzipien.« Die Sozialdemokratin Britta Lejon pflichtet ihm bei: »Die Monarchie ist völlig antiquiert. Wenn wir ein modernes Schweden aufbauen wollen, muss sie abgeschafft werden.« Ganz renitente Abgeordnete haben sich sogar in der »Republikanischen Vereinigung« zusammengetan, um auf ihrer Website, per T-Shirt-Slogans und durch immer wieder lancierte Pressekampagnen die »schwedische Revolution« anzuheizen. Die Sozialdemokratin Hillevi Larsson, Vorsitzende der »Republikanischen Vereinigung«, meint: »Ein Staatsoberhaupt ist das Symbol eines Landes. Und unser Symbol steht nicht für Demokratie. Das ist ein Skandal.«

In einigen Parteiprogrammen, beispielsweise dem der Sozialdemokraten, ist der Wille zur Abschaffung der Monarchie sogar schriftlich fixiert. Tatsächlich ginge es ganz flott, aus der traditionsreichen schwedischen Monarchie eine 08/15-Republik zu machen. Im Reichstag würde eine einfache

Ich habe nichts gegen das heutige Königshaus. Sie machen eine sehr gute Arbeit, sie vertreten die schwedischen Interessen auf eine ausgezeichnete Art. Aber das größte Problem für mich, was auch ein Problem für jeden wahren Demokraten sein sollte: dass das Volk in einer Demokratie seine obersten Repräsentanten wählen können muss. Das ist heute nicht der Fall.
Britta Lejon, Mitglied des schwedischen Reichstags

Mehrheit reichen, deren Beschluss nach der nächsten Wahl noch einmal bestätigt werden müsste, und Carl Gustafs Tage auf dem Thron wären gezählt. Nicht zuletzt das lässt die Revoluzzer im Reichstag hoffen, die königsfreie Zone Stockholm noch selbst zu erleben. »Es wird sich etwas ändern«, so Mats Einarssons Fazit, »aber wir wissen leider nicht, wann.«

Momentan sieht es allerdings so aus, als stünde dieser Zeitpunkt noch in weiter Ferne. Die imposante Zustimmung der Schweden gegenüber ihrer Monarchie ist vor allem der persönlichen Beliebtheit der Bernadottes geschuldet. Ein teures, arrogantes oder skandalumwittertes Königshaus hätte bei der skandinavischen Offenheit und Freude an Veränderungen wohl kaum Überlebenschancen. Doch was diese Punkte angeht, so bieten die Bernadottes nur wenig Angriffsfläche. In punkto Finanzen käme ein Präsident das Land kaum weniger teuer zu stehen, denn im internationalen Vergleich zählt Schwedens Königsfamilie ganz sicher zu den »armen Verwandten« unter den gekrönten Häuptern. Während die britische Queen auf einem sicheren Polster von geschätzten vier Milliarden Euro ruhig schlafen dürfte, muss sich die fünfköpfige Bernadotte-Familie mit eher mickrigen fünfundzwanzig Millionen Euro Vermögen bescheiden. Im internen Ranking der Kronschätze rangieren allerdings Belgien, Dänemark und Spanien noch weiter hinten. Von den gerade einmal etwa zehn Millionen Euro, die das Königshaus vom Staat pro Jahr erhält, pulverisiert sich schon etwa die Hälfte für die Verwaltung und den Erhalt von Schlössern und Schätzen. Vom Rest hat der König dann immerhin unter anderem seine zahlreichen Auslandsreisen und heimischen Empfänge zu bezahlen. Auch wenn für den einen oder anderen Sportwagen des Autonarrs Carl Gustaf offenkundig noch genügend Kleingeld vorhanden ist – von märchenhaftem Reichtum oder sinnloser Verschwendung kann bei den Bernadottes keine Rede sein.

Noch stärker aber punktet die Familie mit ihrem freundlichen und offenen Auftreten dem Volk gegenüber. Die Bernadottes sind im wahrsten Sinne des Wortes ein Königshaus zum Anfassen. Was bei anderen gekrönten Häuptern ein pflichtgemäßer »Royal Walkabout« ist, bei dem mit gekünstelt-freundlicher Miene die eine oder andere aufgeregtheitsfeuchte Untertanenhand gedrückt wird, ist bei Silvia und ihrer Familie oftmals eine herzliche Umarmung mit beiden Armen, mit der nicht nur kleine Kinder beglückt werden. Vor allem Königin Silvia und Kronprinzessin Victoria scheinen sich jedes Mal wieder von Herzen über die schier unendliche Kette von Ausstellungseröffnungen, durchschnittenen Bändern, welken Blumensträußchen und Selbstgebasteltem zu freuen. Und sollten sie es nicht tun, bekommt das niemand zu sehen. Adel verpflichtet – manchmal eben auch zu Begeisterung über eine schief getöpferte Blumenvase.

Vor ein paar Jahren habe ich die Kosten für die schwedische Monarchie mit denen für den finnischen Präsidenten verglichen. Schon zu dieser Zeit war der finnische Präsident teurer als der schwedische Monarch.

Elisabeth Tarras-Wahlberg, Sprecherin des schwedischen Hofs

Unter den jungen Leuten gibt es viele, die eine Republik vorziehen würden. Letzten Endes wird sich etwas ändern. Wir wissen allerdings nicht, wie lange es dauern wird.

Mats Einarsson, Reichstagsabgeordneter der schwedischen Linkspartei

Die Untertanen danken der Familie mit unverbrüchlicher Treue. Agneta Bolme Börjefors, Hofberichterstatterin beim schwedischen Fernsehen SVT, ist jedes Jahr aufs Neue verblüfft über die Einschaltquoten, welche die stets zum Jahreswechsel ausgestrahlte Sendung »Das Jahr mit der Königsfamilie« erzielt. In dem jeweils einstündigen Film wird nichts anderes gezeigt als die hübschesten Bilder der Royals aus dem vergangenen Jahr. »Wir kennen die Königsfamilie ja von Kindesbeinen an«, sagt Frau Bolme Börjefors, »sie sind für uns so etwas wie Verwandte. Halt Verwandte, die ein bisschen mehr auf dem Konto haben als wir.« Selbst Ex-Tennis-Ass Stefan Edberg bekommt glänzende Augen bei der Frage, was denn an Königs so toll sei. »Man glaubt, sie schon lange persönlich zu kennen, weil man schon so viel über sie gelesen hat«, sagt er im Interview, »aber wenn man ihnen dann wirklich gegenübersteht, ist das eine Riesensache, sogar für Leute wie mich.«

Natürlich stehen sie immer im Rampenlicht. Aber ich meine, schauen Sie sich doch mal an, was in den Medien über sie berichtet wird: Neunundneunzig Prozent davon ist ziemlich bedeutungslos.

Mats Einarsson, Reichstagsabgeordneter der schwedischen Linkspartei

Als Royal stehst du von der Wiege bis zur Bahre in der Presse. Ich hab das gerade mal zehn, fünfzehn Jahre mitgemacht. Also, tauschen wollte ich mit ihnen wirklich nicht.

Stefan Edberg, ehemaliger Tennisstar

Dennoch – das Eis, auf dem sich die schwedische Monarchie bewegt, ist dünn. Kronprinzessin Victoria gilt als kompetent und verantwortungsbewusst. Ihre künftige Thronbesteigung wird von niemandem ernsthaft bezweifelt. Ob allerdings ihre Kinder noch im Reichssaal des Stockholmer Stadtschlosses auf die Krone vereidigt werden, bleibt abzuwarten. Denn sollte ein Royal seinen Job nicht ordentlich machen, könnte es auch ganz schnell so kommen, dass die schwedische Liberalität einer anderen schwedischen Eigenart weicht: nämlich der, auch eherne Traditionen ganz unsentimental auf den Kehrichthaufen der Geschichte zu befördern.

Von derlei profanen Problemen waren die beiden miteinander schäkernden Twens in der Ehrenloge des Münchener Olympiastadions im August 1972 noch weit entfernt. Carl Gustaf galt als einer der begehrtesten Junggesellen Europas und hatte diesen Ruf auch schon ordentlich strapaziert. Die Amouren, die ihm nachgesagt wurden, hatten bereits manches Klatschmagazin gefüllt. »Der war seinerzeit ein kleiner Hallodri«, erinnert sich Paul Sahner, »da gab's allerlei Mädel, die für ihn eine Rolle gespielt haben. Offensichtlich wollte der sich erst mal die Hörner abstoßen.« Wie viel davon stimmte, sei dahingestellt – auf jeden Fall war der Kronprinz ein durchaus selbstbewusster Kavalier und keineswegs gewillt, die einmal erspähte Schönheit so einfach wieder ziehen zu lassen. Die nächste Gelegenheit ergab sich auf einem offiziellen Empfang bei Willi Daume, bei dem die beiden einander vorgestellt wurden. Und als die offiziellen Gäste gegangen waren, verlängerten Silvia und Carl Gustaf den Abend in der Münchener Nobeldisko »Kinki«. Was darüber hinaus noch im Verlauf der Olympischen Sommerspiele passierte, bleibt das Geheimnis der Beteiligten. Aber immerhin arrangierte der Prinz noch während seines Aufenthalts in München eine offizielle Aufwartung Silvias bei seiner Familie. Carl Gustafs Schwager, Prinz Johann Georg von Hohenzollern, erinnert sich noch heute genau an ein Essen, das vom Onkel der Familie, Prinz Bertil, in der Villa Stuck in der Prinzregentenstraße gegeben wurde. »Er sagte: ›Ich bringe eine Dame mit, die heißt Silvia, und die möchte ich euch mal vorstellen.‹« Als sie dann schließlich zusammen erschienen, amüsierten sich die anwesenden Familienmitglieder prächtig. »Uns blieb, würde ich sagen, fast der Mund offen stehen«, schmunzelt »Hansi« von Hohenzollern noch heute. »Der hatte sich total in die verliebt.« Auch Prinz Leopold von Bayern, ein enger Freund Carl Gustafs, durchschaute schnell, dass sich hier etwas anbahnte, was über eine Affäre hinausgehen würde. »Wenn man den so lange kennt, wie ich ihn kenne, dann merkt man, wenn's gefunkt hat. Und da hatte es gefunkt.«

Wenn wir uns heimlich treffen wollten, gingen wir oft mit Perücken und Brillen. Einmal sollten wir uns bei zweien meiner Freundinnen treffen. Ich fürchte, sie haben uns im ersten Moment gar nicht erkannt.
Silvia, 2001

Ich habe sie kennen gelernt bei einer Pressekonferenz, als sie Olympia-Hostess war. Willy Daume, damals NOK-Präsident, sagte mir: »Auf die musst du aufpassen, das ist wirklich die Beste. Wir haben da noch ein paar Kolleginnen, die auch sehr gut sind, aber sie hat das Zeug« – da hat er ein Auge zugekniffen – »zur Königin.« Ich fragte gleich: »Wieso? Weißt du irgendwas?« Doch er antwortete: »Nein, nein, sie hat einfach so ein königliches Benehmen an sich, so eine königliche Art.«
Paul Sahner, Journalist

Was folgte, waren heimliche Treffen an verschwiegenen Orten. Die Familie half tatkräftig mit, die Tarnung aufrechtzuerhalten. »Die trafen sich bei mir draußen in Grünwald, weil man da unerkannt von hinten ins Haus kam«, erzählt Prinz Johann Georg von Hohenzollern, »das Ganze hatte etwas von einem Kriminalroman.« Fuhr Silvia zu Carl Gustaf nach Schweden, versteckte sie sich hinter riesigen Sonnenbrillen und blonden Perücken. Unbeachtet von der Presse führte sie weiterhin ihr normales Leben in ihrem fünfunddreißig Quadratmeter großen Zimmerchen mit Kochnische in München-Milbertshofen. Das Versteckspiel funktionierte auch deshalb so gut, weil Silvia eben kein Mitglied der internationalen Promigesellschaft war. Hinter diesem Münchener Mädel hätte einfach kein Reporter die künftige Königin von Schweden vermutet. Bis zum Juli 1973.

Bei einem Tankstopp auf der Insel Öland, wo Silvia und Carl Gustaf heimlich Urlaub im familiären Landsitz Solliden machten, war Schluss mit dem Versteckspiel. Ein geistesgegenwärtiger Fotograf erkannte den schwedischen Kronprinzen in seinem metallicblauen Porsche Targa und drückte auf den Auslöser seiner Kamera. Mit auf dem Foto – eine gut erkennbare Silvia Sommerlath. Wenige Tage später stand der Name der bis dahin unbekannten Schönen in allen Gazetten.

Allzu schwer war sie nicht zu identifizieren, denn Silvia war dem Olympischen Komitee treu geblieben und arbeitete mittlerweile als stellvertretende Protokollchefin in der Protokollabteilung für die Olympischen Winterspiele, die 1976 in Denver geplant waren, dann jedoch in Innsbruck stattfanden. Zwar tat ihr Büro sein Möglichstes, um lästige Anrufer abzuwimmeln, doch bekam Silvia Sommerlath schon jetzt einen Vorgeschmack auf das Rampenlicht der Weltpresse. Schnell kursierten wilde Gerüchte über bevorstehende Verlobungen und avisierte Hochzeitstermine. Der Hof allerdings folgte der traditionsreichen Adelsregel: »No comment!« Denn noch

»Schluss mit dem Versteckspiel«: Während eines Tankstopps auf Öland im Juli 1973 schoss ein Fotograf das erste Foto, auf dem Carl Gustaf und Sylvia zu sehen sind

stand dem jungen Glück nach der Tradition des Hauses Bernadotte eine Hürde im Weg. Ein Bernadotte-Prinz durfte nur ebenbürtig heiraten, andernfalls verlor er alle Adelstitel. Der gestrenge Patriarch König Gustaf VI. Adolf hatte bereits zweien seiner Söhne nicht einmal das »von und zu« gelassen, als sie dem Ruf ihres Herzens folgten. Prinz Sigvard hatte eine Berlinerin geheiratet und hieß fortan nur noch »Bernadotte«. Den Prinzen Carl Johann hatte eine schwedische Journalistin den Titel gekostet. Und selbst den Königsneffen Prinz Lennart, den späteren Herrn der Blumeninsel Mainau, traf der Bannstrahl des Alten wegen einer nichtadligen Braut. Auch er verlor am Tag seiner Hochzeit alle königlichen Titel und Rechte. Seinem neben Enkelchen Carl Gustaf für die Thronfolge verbliebenen Sohn Prinz Bertil untersagte der König schlichtweg eine bürgerliche Hochzeit. Prinz Bertil fügte sich in sein Schicksal und verzichtete auf die Ehe mit der britischen Kabarettistin Lilian Craig. Dass die beiden ein Paar waren, war ein offenes Geheimnis, aber offiziell galt Miss Craig als »Haushälterin« Prinz Bertils. Und Kronprinz Carl Gustaf? Die Frau, für die er sich offenkundig entschieden hatte, war ebenfalls eine Bürgerliche.

Ich habe drei ältere Brüder. Als ich an einem 23. Dezember geboren wurde, waren meine Eltern überglücklich. Ich war immer das Nesthäkchen, das von allen verwöhnt wurde.
Silvia

Sie war keine Streberin, die Sprachen flogen ihr nur so zu. Silvia war darin ein kleines Genie.
Maria Cecilia Moses, Silvias Lehrerin in São Paulo

Silvia Sommerlath war am 23. Dezember 1943 in Heidelberg zur Welt gekommen. Nach den drei Söhnen Ralf, Walther junior und Jörg freuten sich die Eltern über ihre erste Tochter. Vater Walther Sommerlath hatte die Mutter 1924 am Strand von Rio de Janeiro in Brasilien kennen gelernt. Die damals gerade siebzehnjährige Alice de Toledo aus São Paulo machte an der Copacabana Urlaub und traf dort den fünf Jahre älteren Deutschen aus Heidelberg, der in Brasilien für eine Stahlfirma arbeitete. Ein Jahr später waren Alice und Walther verheiratet und schnell auch um zwei Familienmitglieder reicher, die Söhne Ralf und Walther. 1937 kehrte die Familie nach Deutschland zurück, wo 1941 in Berlin der dritte Sohn Jörg zur Welt kam. Als die Kriegssituation in Berlin zu brenzlig wurde, zogen die Sommerlaths in Walthers Heimatstadt Heidelberg um, wo dann schließlich Nesthäkchen Silvia die Familie komplettierte.

1946 führten Walther Sommerlaths Geschäfte die Familie wieder zurück nach Brasilien, wo nach den Jahren der Odyssee Ruhe ins Leben der Sommerlaths einkehrte. Den Kindern fiel die sprachliche Umstellung nicht schwer, da sie auch in Deutschland mit der Mutter immer Portugiesisch gesprochen hatten. Die kleine Silvia machte es sich leicht, indem sie bisweilen einfach das deutsche und das dazugehörige portugiesische Wort kombinierte. So wurde beispielsweise aus Wasser »Wasseragua«, ein Wort, das von allen Beteiligten verstanden werden konnte.

Mit sechs Jahren wurde Silvia in der deutschen Schule in São Paulo eingeschult und auch dort weiter zweisprachig erzogen. Das Leben in der quirligen Großfamilie ihrer Mutter hat Silvia immer in guter Erinnerung behalten. Auf Familientreffen wurden Vettern und Cousinen in Dutzenden gezählt – das waren ausreichend Spielkameraden für die Sommer auf der

Als Kind habe ich lange in Brasilien gelebt. Dort, an einem weißen Strand, hatte mir mein Vater einmal auf rührende Weise versucht zu erklären, wie es ist, wenn man eine Schneedecke berührt. Er bat mich, die Augen zu schließen, und zog mich über den feinen Sand. »So etwa fühlt sich Schnee an, nur etwas kälter«, sagte er damals zu mir.
Silvia, 1999

Oben: »Als Nesthäkchen von allen verwöhnt«: Silvia Sommerlath (2. von rechts) mit ihren Eltern und ihrem Bruder Jörg in Brasilien
Unten: »Unbeschwerte Kindheit«: Die Jüngste der Sommerlaths war ein echte Wasserratte

Kaffeefarm von Alices Verwandten. Und war tatsächlich einmal niemand verfügbar, so hatte Silvia immer noch ihr Kapuzineräffchen »Micki«, von dem sie später oft ihren eigenen Kindern erzählte.

Im Herbst 1957 bekam Walther Sommerlath wieder eine neue berufliche Offerte. Die schwedische Stahlfirma Uddeholm schickte ihn mit Sack und Pack nach Deutschland zurück. Diesmal war Düsseldorf das Ziel der Reise. Doch es ist offenkundig das Kindheitsjahrzehnt in Brasilien, das die heutige Königin von Schweden geprägt hat. »Sie hat einen deutschen Verstand und eine schwedische Seele«, sagt ihre brasilianische Freundin Rosana Carmago über Silvia, »aber ihr Herz ist brasilianisch. Denn das Charisma und diese offene Art, mit Menschen umzugehen, die hat sie von ihrer Mutter. Das kann man nicht lernen.«

In dem Jahr, in dem die Sommerlaths nach Brasilien gingen, freute man sich auch am schwedischen Königshof über Nachwuchs. Hunderteins Salutschüsse meldeten am 30. April 1946 in Stockholm die Geburt des lang ersehnten Thronfolgers in der Familie Bernadotte. Prinzessin Sibylla und Erbprinz Gustav Adolf hatten bereits vier Töchter: Margarethe, Birgitta, Désirée und Christina. Da der Thron in Schweden allerdings nur in männlicher Linie vererbt werden konnte, hatte man jahrelang auf einen Sohn gewartet. Carl Gustaf Folke Hubertus, wie der Kleine getauft wurde, sah einer unbeschwerten Kindheit entgegen. Zum Zeitpunkt seiner Geburt war er lediglich der vierte in der Erbfolge. Auf dem Thron saß sein Urgroßvater Gustav V., nach ihm würde Großvater Gustav Adolf übernehmen, um schließlich die Königswürde an seinen gleichnamigen Sohn, den Erbprinzen Gustav Adolf, zu übergeben. Erst nach seinem Vater würde dann Carl Gustaf in die Pflicht genommen werden. Das würde, bei der enormen Lebensdauer, der sich die meisten Mitglieder der Familie Bernadotte erfreuten, noch viele Jahrzehnte dauern – so schien es.

Doch am 26. Januar 1947 stürzte Erbprinz Gustav Adolf bei Kopenhagen mit dem Flugzeug ab. Er war auf Einladung des niederländischen Prinzge-

»Lieber Gott, lass es diesmal ein Junge sein. Ich weiß nicht, ob ich gesund genug bin, um danach noch ein Kind auszutragen.«

Tagebuch von Prinzessin Sibylla vor der Geburt von Carl Gustaf

Jetzt weiß ich mein Reich für drei weitere Generationen in guten Händen und kann mich auf die andere Welt vorbereiten.

König Gustav V. nach der Geburt von Carl Gustaf

Die Liebe der Mutter zu ihrem einzigen Sohn war unendlich groß. Aber der Kleine wurde sehr schnell selbstständig und musste versuchen, sich zu behaupten gegenüber vier Schwestern, einer Mutter und seiner Gouvernante.

Prinz Johann Georg von Hohenzollern, Schwager Carls XVI. Gustaf

mahls Bernhard bei einer Jagdgesellschaft in Holland gewesen und befand sich auf dem Heimweg. Die Unglücksursache konnte nie vollständig geklärt werden. Der Tod des Erbprinzen riss eine Lücke in die Thronfolge am schwedischen Hof. Das Ableben des amtierenden Königs Gustav V. war absehbar, der alte Herr steuerte bereits auf die neunzig zu. Auch sein Sohn war schon vierundsechzig Jahre alt. Und nach dem war nun der Nächste in der Reihe Carl Gustaf – neun Monate alt.

Nach dem tragischen Todesfall ihres Mannes zog sich Prinzessin Sibylla mit ihren fünf Kindern nach Schloss Haga außerhalb Stockholms zurück. Ihr Verhältnis zum schwedischen Volk war ohnehin stets unterkühlt geblieben. Die deutsche Prinzessin aus dem Hause Sachsen-Coburg-Gotha sprach mäßig Schwedisch und zeigte an ihrer neuen Heimat relativ wenig Interesse. Ihre Hochzeit mit Erbprinz Gustav Adolf hatte zu allem Überfluss 1932 in Coburg stattgefunden. Dass die Stadt aus diesem Anlass auch mit Hakenkreuzflaggen geschmückt gewesen war, lasteten die Schweden vielfach Sibylla ganz persönlich an. Auch während des Zweiten Weltkriegs hatte man sie stets einer zu deutschfreundlichen Haltung bezichtigt. Dass sie nun dem

»Die Zukunft der Monarchie«: König Gustav V. (rechts) mit seinem Urenkel Carl Gustaf an dessen Tauftag. Links daneben sein Sohn, der spätere König Gustav VI. Adolf (sitzend), und sein Enkel Erbprinz Gustaf Adolf

Sie hat einen sehr schweren Stand gehabt: Ihr Mann ist 1947 tödlich verunglückt, sodass sie alleine dastand mit dem jungen Kronprinzen und seiner Erziehung. Aber vor allem war sie Deutsche in einer Zeit, wo es sehr schwierig war, Deutsche zu sein – nicht nur in Schweden, aber eben auch in Schweden. Nicht zuletzt auch, weil sich ihr Vater, der frühere regierende Herzog von Sachsen und Coburg, Hitler angenähert hatte und auch Positionen innehatte. Das alles hat natürlich die junge, sehr schöne Prinzessin belastet.
Johann Georg Prinz von Hohenzollern über Prinzessin Sibylla

schwedischen Hof einen Erben geschenkt hatte, brachte ihr zwar ein wenig mehr Achtung ein, aber wirklich beliebt war sie auch danach in Schweden nicht.

Das Leben in Schloss Haga blieb von gesellschaftlichen Anlässen weitgehend ausgeklammert. Prinzessin Sibylla mied die meisten Einladungen und Feste und konzentrierte sich auf die Erziehung ihrer Kinder, um die sie sich gemeinsam mit der Kinderfrau Ingrid »Nenne« Björberg kümmerte. Die Öffentlichkeit ließ sie dennoch in gewisser Weise an den frühen Jahren der Königskinder teilnehmen. Es existieren für diese Zeit ungewöhnlich viele Filme vom »Alltag bei Hofe«. Sie zeigen den kleinen Prinzen Carl Gustaf, wie ihn seine großen Schwestern knuddeln, schaukeln, von Rutschen auffangen und ihm die ersten Schrittchen beibringen. In späteren Zeiten gibt es Carl Gustaf als Schülerlotsen, als begeisterten Turner bei Sportfesten oder wagemutigen Rennfahrer in Kinderautos. Der Prinz macht auf den meisten dieser Aufnahmen einen ausgesprochen fröhlichen Eindruck. Wer ihn aber persönlich erlebte, hatte eher den Eindruck, ein recht schüchternes Kind vor sich zu haben. »Er war anfangs sehr introvertiert«, berichtet sein langjähriger enger Freund Prinz Leopold von Bayern. »Er ging selten aus sich heraus. Meistens schwieg er und beobachtete die Leute eher.«

Als der Haga-Palast renoviert werden musste, zog die Familie notgedrungen ins Stockholmer Stadtschloss um, in dem für den Prinzen ein Kindergarten eingerichtet wurde. Für den Kleinen erweiterte sich dadurch die Welt, die er bis dahin als reine Frauendomäne kennen gelernt hatte, nicht unerheblich. Nachdem der ursprüngliche Plan, Carl Gustaf auf ein Eliteinternat zu schicken, aufgegeben worden war, besuchte der Junge eine normale öffentliche Schule. Nach eigenem Bekunden war Carl Gustaf kein überragender Schüler. Er hatte eine ausgeprägte Lese- und Rechtschreib-

Links: »Kein überragender Schüler«: Seine Lese- und Rechtschreibschwäche machte dem jungen Carl Gustaf zu schaffen
Rechts: »Ganz normale Erziehung«: Der Kronprinz mit Klassenkameraden auf dem Weg zur Schule, 1957

schwäche, die ihm die Aufnahme des Lehrstoffs stark erschwerte. Dennoch bestand er 1966 sein Abitur mit leidlichen Noten, was nicht zuletzt ihn selbst erstaunte. Der weitere Bildungsweg war ganz auf ihn persönlich zugeschnitten. »Er ist zum Landesfürsten erzogen worden«, erzählt Schwager Johann Georg von Hohenzollern. »Er hatte ja kein Vorbild außer dem alten König, und der hat alles darangesetzt, ihn zu einem guten Nachfolger zu machen.«

Nach dem Abitur musterte der Kronprinz als Offiziersanwärter bei der schwedischen Flotte an. Es folgten Ausbildungsetappen bei der Armee und bei der Luftwaffe. An der Universität von Uppsala wartete schließlich ein eigens auf den Thronfolger zugeschnittenes Studium in Wirtschaft, Staatskunde, Soziologie und Geschichte.

Zu dieser Zeit schloss auch seine spätere Eroberung Silvia Sommerlath ihre Ausbildung ab. Sie hatte nach Rückkehr der Familie nach Deutschland ein Mädchengymnasium in Düsseldorf besucht und 1963 erfolgreich ihr Abitur gemacht. Mit zwanzig Jahren ging es nun zur Dolmetscherausbil-

Oben: »Bestanden!«: Gemeinsam mit seinen Klassenkameraden feiert der Kronprinz den Abschluss seiner Schulzeit, April 1966
Unten: »Der eine oder andere Sportwagen«: Der PR-Chef von Volvo drückt dem Autonarr Carl Gustaf die Schlüssel für seinen neuen Flitzer in die Hand, 1968

Ich hätte mir damals nicht vorstellen können, dass mein Leben noch intensiver und eindrucksreicher werden könnte.
Silvia (über die Zeit als Olympia-Hostess)

dung nach München. Silvia war ja ohnehin zweisprachig, und auch die anderen romanischen Sprachen fielen ihr leicht. Als sie 1970 ein Angebot für eine Stelle beim Olympischen Komitee bekam, beherrschte sie bereits fünf Sprachen – der neue Job war wie für sie gemacht. Mehr als 8000 junge Frauen hatten sich für die Stellen bei Olympia beworben, 1400 wurden genommen, und Silvia sollte sich nun als eine von zehn Chefhostessen während der Olympischen Sommerspiele in München unter anderem um hochrangige Staatsgäste kümmern. Die Fernsehbilder von den Vorbereitungen zu dieser Großveranstaltung dürften noch heute in Stockholm bei der Königsfamilie für Heiterkeit sorgen. In blitzeblauem Dirndl, makellos weiße Strümpfe brav bis an die Knie hochgezogen, defiliert Silvia da mit ihren Kolleginnen durch München, posiert dekorativ vor den Sehenswürdigkeiten der Stadt oder präsentiert die Bauarbeiten zum neuen Olympiastadion. Ein echtes Schmankerl ist auch eine Ausgabe der Berufsrateshow »Was bin ich?« mit Robert Lembke, der ein Jahr vor den Spielen die Leiterin des Hostessenservices, Emmy Schwabe, zu Gast hatte und sich selbstredend nicht die Gelegenheit entgehen ließ, die aparten jungen Damen auftreten und im Studiopublikum Geschenke verteilen zu lassen. »Meine Herren, die Hostessen sind alle durchgezählt«, kalauerte er fröhlich, »es hat keinen Sinn, etwa eine zurückzubehalten.«

Denn die Hostessen waren in der Tat mehr als ein Augenschmaus für Besucher; sie waren in die Vorbereitungen der Spiele eingebunden und sollten für einen reibungslosen Ablauf sorgen. Viele von ihnen erwiesen sich als ausgemachte Organisationstalente, doch Silvia Sommerlath, so wissen es die meisten heute, sei ihnen schon damals aufgefallen. »Auf die musst du aufpassen«, habe NOK-Präsident Willi Daume zu ihm gesagt, berichtet Gesellschaftsreporter Paul Sahner, »die ist was Besonderes.« Auch Joachim Fuchsberger, damals Chefkommentator der Olympischen Spiele, kommt aus dem Schwärmen nicht mehr heraus, wenn er sich an die damalige Hostess Silvia erinnert. »Die hatte irgendetwas an sich, dass sich alle Männer – und wir waren ein ziemlich rüder Haufen damals bei Olympia – schlagartig bes-

Sie war einfach eine unglaublich starke Frau als Managerin. Sie war die Chefhostess, die Leute führen konnte.
Paul Sahner, Journalist

Sie war schon damals sehr hoheitsvoll, sehr damenhaft, sehr aufgeschlossen.
Prinz Eduard von Anhalt, Bekannter von Silvia aus den sechziger Jahren

Sie hatte Welterfahrenheit durch ihr Leben in verschiedenen Ländern und Erdteilen.
Prinzessin Ehrengard von Preußen, Kollegin von Silvia als Olympia-Hostess

Links: »Auf die musst du aufpassen«: Silvia Sommerlath war eine von zehn Chefhostessen bei den Olympischen Spielen
Rechts: »So eine königliche Art«: Silvia 1974, als ihre Verbindung zum schwedischen König bereits publik geworden war

ser benahmen, wenn sie im Raum war.« Besonders fällt ihm dabei ein Empfang für den IOC-Präsidenten Avery Brundage ein, bei dem Silvia so viel zu tun gehabt hatte, dass sie auf der Rückfahrt im Bus völlig übermüdet war. »Und dann legte sie ihr königliches Köpfchen an meine Schulter und entschlummerte selig«, berichtet »Blacky« Fuchsberger schmunzelnd.

Welches königliche Köpfchen allerdings während der Olympischen Spiele den Weg an Silvias Schulter fand, das bekamen die Kollegen von Olympia nicht mit. »Die Silvia, die bot sich überhaupt nicht an für Klatschgeschichten«, sagt Fuchsberger, »die hatte so was Erhabenes.«

Und selbst nachdem ihre Beziehung zum schwedischen Kronprinzen seit dem Sommer 1973 publik geworden war, übte sich Silvia in perfekter Diskretion. Sie persönlich gab keinerlei Interviews oder Erklärungen, und auch Freundeskreis und Familie hielten weitgehend dicht. An eine Hochzeit war ohnehin nicht zu denken, denn sie hätte Carl Gustaf möglicherweise den Thron gekostet. Allerdings – es gab eine einzige Ausnahme in der gestren-

Er hatte kein Vorbild außer diesem alten wunderbaren König. Er hat eine fantastische Ausbildung bekommen. Er ist richtig erzogen worden zum König und zum Landesfürsten.

Prinz Johann Georg von Hohenzollern, Schwager Carls XVI. Gustaf

Mein Wahlspruch ist: »Für Schweden mit der Zeit«. Ich möchte das als Appell verstanden wissen, eine Entwicklung zum Wohle Schwedens herbeizuführen.

Carl Gustaf

gen Ebenbürtigkeitsklausel der Bernadottes. Der König selbst konnte heiraten, wen er wollte.

Wenn er denn wollte ...

Am 15. September 1973 starb König Gustav VI. Adolf mit neunzig Jahren in Helsingborg. Und gemäß der alten Regel »Der König ist tot, es lebe der König!« präsentierte sich bald darauf der neue Herrscher Carl XVI. Gustaf auf dem Balkon des Stockholmer Stadtschlosses. Mit einem vielfachen »Hurra« schickte ihn das jubelnde Volk in sein Königtum. Die altertümliche Zeremonie der Krönung war bereits Generationen zuvor eingemottet worden, sodass Carl Gustaf lediglich auf dem Silberthron des Reichssaals im Stockholmer Stadtschloss dem schwedischen Volk die Treue schwor. Als Motto seiner Regierung wählte er den Spruch »Für Schweden mit der Zeit«.

Der erst siebenundzwanzigjährige König setzte die Geschichte der schwedischen Monarchie fort, die bereits auf eine mehr als tausendjährige Tradition zurückblicken kann. Die Namen schwedischer Könige sind seit dem ausgehenden zehnten Jahrhundert bekannt. Zu dieser Zeit war das schwedische Königreich eine reine Wahlmonarchie, das heißt, der Adel erkor aus seiner Mitte den »Würdigsten« für den Königsthron. Nach dessen Tod war die Wahl wiederum freigegeben. Erst Gustav Wasa, an den noch heute der »Wasa-Lauf«, der fast neunzig Kilometer lange bekannteste Skilanglaufwettbewerb, erinnert, führte in Schweden die Erbmonarchie ein. Er befreite das Land 1521 von der dänischen Oberhoheit, unter die es 1397 in der Kalmarer Union geraten war. Berühmtester Vertreter der Wasa-Dynastie wurde sein Enkel Gustav II. Adolf, der gefürchtete »Löwe aus der Mit-

König Carl Gustaf kann noch heute seinen Namen nicht richtig schreiben. Mal kritzelt er »Cal Gustf«, mal »Car Gstuf«. »König« heißt auf Schwedisch »Kung«. Bei ihm wird daraus »Knug« oder »Gunk«. Er hat Schwierigkeiten, einen vorbereiteten Text fehlerlos vorzutragen. Meist lernt er ihn auswendig und tut nur so, als würde er ihn ablesen. Kein Wunder, dass in seiner Schulzeit das Gerücht umging, der Thronfolger sei nicht ganz richtig im Kopf.

Alf Schmidt, Adelsexperte

ternacht«. Gustav Adolf eroberte in Kriegen mit Russland und Polen die Vorherrschaft im Ostseeraum und erhielt seinen endgültigen Platz in der Geschichte durch seine prominente Rolle im Dreißigjährigen Krieg. 1630 landete er mit einem imposanten schwedischen Heer in Pommern und versetzte Europa in Angst und Schrecken. 1632 fiel er in der Schlacht bei Lützen. Der Tod des als unsterblich gepriesenen Schwedenkönigs bot seither allerhand Stoff für Sagen und Legenden.

Seine Erbin, Kronprinzessin Christina, war zu diesem Zeitpunkt erst sechs Jahre alt. Für sie verwaltete ein Thronrat unter Kanzler Axel Oxenstierna das Reich, bis die leicht exzentrische junge Dame selbst die Dinge in die Hand nahm. Christina ging als Enfant terrible in die Geschichte ein, da sie ein abenteuerliches Leben an wechselnden Wohnorten in ganz Europa den düsteren Schlossfluren Schwedens vorzog. Ohne Bedauern trat sie ihre Herrschaft schließlich an einen Cousin ab und vergnügte sich fortan auf Reisen. Ihre bewegte Geschichte fand dauerhaftes Andenken in einem Drama von August Strindberg und einem Hollywoodfilm, in dem Greta Garbo die kapriziöse Schwedenkönigin berühmt machte.

Mit Christina endete die Geschichte des Hauses Wasa auf dem schwedischen Thron. Es folgten Könige aus den Häusern Pfalz-Zweibrücken, Hessen-Kassel und Holstein-Gottorp. Die folgenden Jahrzehnte prägte der Kampf des Königshauses gegen die Stände, die sich schrittweise mehr und mehr Mitspracherecht in Sachen Landesführung erstritten. 1809 schließlich trat eine Verfassung in Kraft, die die Macht weitgehend paritätisch zwischen Reichstag und König aufteilte, wobei Letzterer unangefochtenes Staatsoberhaupt blieb. Doch das Land konnte sich der neu gewonnenen Stabilität nicht lange erfreuen, da der amtierende Monarch Karl XIII. ohne Nachkommen blieb. Was tun? Die Schweden entschieden sich für eine pragmatische und historisch ohnehin bewährte Methode: Sie hielten Ausschau nach einem »würdigen« Anwärter, dem man den schwedischen Thron anbieten konnte. Die Wahl fiel schließlich auf Jean-Baptiste Bernadotte, einen Marschall Napoleons, der sich in dessen zahlreichen Kriegen als talentierter Heerführer hervorgetan hatte. Von Bernadotte versprachen sich die Schweden gute Beziehungen zum machtlüsternen Franzosenkaiser. Allerdings waren die Späher, was diesen Punkt angeht, mit ihren Recherchen nicht ganz sorgfältig gewesen, denn ebenjener Jean-Baptiste hatte schon längst kein gutes Verhältnis mehr zu Napoleon. Dafür hatte er ein umso besseres zu dessen Ex-Geliebter Désirée Clary. Der Marschall hatte die einstige Verlobte des Kaisers geheiratet, was ihm – so munkelte man – von Napoleon nie verziehen worden war. Bernadotte war zudem von stattlicher Größe, was der zu kurz geratene Korse Napoleon ohnehin nicht leiden konnte, und er war ihm, was das militärische Talent anging, zumindest ebenbürtig. Doch die Entscheidung der schwedischen Stände für Jean-Baptiste war gefallen, und das Parlament wählte ihn 1809 zum Kronprinzen Karls XIII., dessen Nachfolge er 1818 antrat.

König Jean-Baptiste, der nun als Karl XIV. Johann den Thron bestieg, und seine Gemahlin, die die Schweden »Desideria« nannten, taten sich anfangs nicht leicht in der neuen nordischen Heimat. Désirée fand das Klima ganz abscheulich und hielt sich die ersten zwölf Jahre ihrer Regierungszeit bevorzugt im sonnigen Frankreich auf. Auch ihr Gatte hatte Eingewöhnungsschwierigkeiten. So hieß es, Seiner Majestät sei das schwedische Menü nicht bekommen. Aus lauter Verzweiflung habe er, wenn's gar zu übel auf den Tisch kam, ein weich gekochtes Ei bestellt, bei dem man ja bekanntlich nicht allzu viel falsch machen kann. Aus dieser Geschichte resultiert ein bis heute gepflegter Tischbrauch, dass am Platz des Königs stets ein goldener Eierbecher steht. Und noch mehr Wunderliches wird vom ersten Bernadotte auf dem schwedischen Thron berichtet. So habe sich dieser selbst seinen Bediensteten nie mit bloßem Oberkörper gezeigt. Der vermutete Grund: Auf seiner Brust habe er eine Tätowierung aus den Zeiten der Französischen Revolution getragen. »Mort aux rois« – »Tod den Königen« sei da zu lesen gewesen.

Napoleons Haudegen, den die Schweden gerade wegen seiner militärischen Fähigkeiten auf den Thron gehoben hatten, war paradoxerweise genau derjenige, der dem Land dauerhaften Frieden bescherte. Nur ein einziges Mal – in der Völkerschlacht bei Leipzig – führte Bernadotte noch ein schwedisches Heer. Seitdem war das skandinavische Königreich an keinem einzigen Krieg mehr beteiligt. Sogar die beiden Weltkriege des zwanzigsten Jahrhunderts haben Schweden nicht von seinem Neutralitätsgrundsatz abweichen lassen.

Jean-Baptistes Sohn Oskar I., der ihm 1844 auf den Thron folgte, öffnete das Land für wirtschaftliche und soziale Reformen. Unter ihm und seinem Nachfolger Karl XV. erlebte das Land die Umwandlung eines rückständigen Agrarstaats zur Industriegesellschaft. Oskar II., der erst vierte Bernadotte auf dem schwedischen Thron, war bereits auch wieder der letzte König »alter Schule«. Er liebte Zeremonien und Inszenierungen seiner herrscherlichen Macht, auch wenn sein Einfluss auf die Tagespolitik des Parlaments bereits verschwindend gering war. Bei seiner feierlichen Krönung 1873 in Stock-

Links: »Haudegen Napoleons«: Der französische Marschall Jean-Baptiste Bernadotte bestieg 1818 den schwedischen Thron
Rechts: »Letzter König alter Schule«: Oskar II., der von 1872 bis 1907 regierte, liebte den royalen Pomp (rechts)

holm wurden noch einmal alle Register königlichen Pomps gezogen – danach allerdings wanderte die Krone in den Schaukasten. Keiner von Oskars Nachfolgern mochte sich dem altertümlichen Ritual noch einmal unterziehen.

Am verbliebenen Rest ihrer Herrschermacht aber hielten die Bernadottes eisern fest. Gustav V., der 1907 den Thron bestieg, erlangte durch die so genannte »Burghof-Rede« zweifelhaften Ruhm. 1914 plädierte er gegen den Willen der liberalen Regierung öffentlich für eine Verstärkung der Streitkräfte und hatte dafür eigens dreißigtausend Bauern zum Stockholmer Stadtschloss beordert, die ihm dort pflichtgemäß applaudierten. Es war der letzte nennenswerte Versuch eines schwedischen Königs, sich einem Regierungsbeschluss zu widersetzen und dem Land seinen königlichen Willen aufzuzwingen. Allerdings hatte er die Zeichen der Zeit nicht erkannt. Seine Rede zog eine konstitutionelle Krise nach sich, in der erstmals auch die Forderung nach Abschaffung der Monarchie laut wurde. Als der Ausbruch des Ersten

Weltkriegs am 1. August 1914 die Sorgen des Königs um die schwedische Verteidigungsfähigkeit bestätigte, glätteten sich die Wogen. Doch eine wirkliche Einmischung in die schwedische Politik wagte er nie wieder. Sein Leben allerdings bot auch so ausreichend Stoff für Klatsch und Tratsch. So wurde bereits seinerzeit kaum ein Hehl aus den homosexuellen Neigungen des Monarchen gemacht. Die Gemahlin nahm es hin und sich selbst einen Geliebten, den schwedischen Arzt Axel Munthe, der bei Hofe auch stillschweigend geduldet wurde. Dreiundvierzig Jahre lang blieb Gustav V. Staatsoberhaupt und erlebte während dieser Zeit die Einführung des allgemeinen Wahlrechts, den Sieg der Sozialdemokraten im Parlament, die seitdem die dominierende politische Kraft in Schweden sind, und den Aufbau des schwedischen Sozialstaats, des so genannten »Volksheims«, das jeden Schweden von der Wiege bis zur Bahre durch staatliche Leistungen absicherte.

Wie bereits im Ersten Weltkrieg gelang es Schweden auch im Zweiten, offiziell neutral zu bleiben. Dennoch duldete das Land den Durchmarsch deutscher Truppen zwischen Norwegen und Finnland und unterstützte Nazideutschland indirekt durch Eisenerzexporte. Auch das Verhalten der Königsfamilie ließ bisweilen an wirklicher Neutralität missen. So pflegte Gustav V. durchaus rege Kontakte zu prominenten Nazigrößen und dekorierte im Februar 1939 sogar Luftwaffenchef Hermann Göring mit dem Großkreuz des Schwertordens mit Kette, dem höchsten schwedischen Militärorden. Erst in den letzten Jahren wurde in Schweden mit einer wirklichen Aufarbeitung der Rolle des Landes im Zweiten Weltkrieg begonnen. Der bis dahin gepflegte Mythos von der strikt neutralen schwedischen Friedfertigkeit hat seitdem zumindest Risse.

Gustav V. starb am 29. Oktober 1950 im hohen Alter von zweiundneunzig Jahren auf Schloss Drottningholm. Den Thron übernahm ebenfalls ein Senior: Gustavs Sohn Gustav VI. Adolf, stolze siebenundsechzig Jahre alt. Seine Aufgabe würde es nun sein, Schwedens Verfassung zu entrümpeln, denn noch immer galt offiziell das angestaubte Gesetzeswerk von 1809, demzufolge der Monarch der Souverän war. Noch immer oblagen ihm die Regierungsbildung, die Ernennung des Premierministers, der Vorsitz bei Kabinettssitzungen und der Oberbefehl über die Streitkräfte. Die schwedische Verfassung war damit die älteste Europas, weltweit übertroffen nur noch von der amerikanischen. Zwar war seit Jahrzehnten kein Herrscher mehr ernsthaft in Sachen Politik aktiv geworden, doch theoretisch hätte er die Möglichkeit dazu gehabt.

Die neue Verfassung sollte nun klare Verhältnisse schaffen. So wurde das

Oben: »Ausreichend Stoff für Klatsch und Tratsch«: König Gustav V. (rechts) mit dem Arzt Axel Munthe
Unten: »Verfassung entrümpelt«: Gustaf VI. Adolf verliest anlässlich der Eröffnung des schwedischen Parlaments seine Thronrede, 1961

immer noch existente Zweikammerparlament zum heutigen Reichstag zusammengefasst. Doch die drängendste Frage war in Schweden ein heißes Eisen: Was sollte aus dem König werden?

Wenn es nach dem Willen der einflussreichsten Fraktion, der Sozialdemokraten, gegangen wäre, hätte die Familie Bernadotte gleich die Koffer im Stadtschloss packen können, doch selbst dem eingefleischtesten Republikaner musste klar sein, dass ein derartiger Schritt einen Sturm der Entrüstung nach sich gezogen hätte. »Die Schweden wollten keinen Präsidenten – sie wollten schlichtweg ihren König behalten«, fasst Historiker Dick Harrison zusammen. Ingvar Carlsson, der langjährige Ministerpräsident des Landes, ist bis heute sehr zufrieden mit der Lösung, auf die sich die Verfassungskommission schließlich einigte: »Wir entschieden uns für einen Kompromiss. Der König blieb, aber er verlor alle politische Macht.«

Und der erste König, für den diese neue Verfassung galt, war Carl XVI. Gustaf, der seinem Großvater 1973 auf den Thron gefolgt war. Seine royalen Befugnisse sind seit dem Tag der Verfassungsänderung äußerst übersichtlich: Er eröffnet das Regierungsjahr im Reichstag; er sitzt den Informationstreffen des Staatsrates vor, bei denen er über aktuelle Fragen unterrichtet wird; er akkreditiert die Botschafter und bekleidet den höchsten militärischen Rang im Lande. Verfügungsgewalt über die Streitkräfte hat er allerdings nicht.

Im Vergleich mit den anderen Monarchien der Welt rückte Schwedens Königshaus mit dieser neuen Verfassung in den Keller der totalen Machtlosigkeit. Zwar sind die politischen Mitspracherechte auch in den anderen Königshäusern eher formeller Art, doch sie existieren noch. So tritt etwa in Großbritannien kein Gesetz in Kraft, ehe es die Queen gegengezeichnet hat, und selbst der norwegische König verfügt noch über ein aufschiebendes Vetorecht bei einigen Parlamentsbeschlüssen und nimmt persönlich an den wöchentlichen Kabinettssitzungen teil. In Schweden dagegen ist es dem König strengstens untersagt, öffentliche Äußerungen abzugeben, die als politische Stellungnahme verstanden werden könnten.

Die Familie Bernadotte nahm hin, was sie ohnehin nicht ändern konnte – und augenscheinlich auch gar nicht wollte. »Ich hatte den Eindruck, dass die Königsfamilie mit dieser Lösung doch ganz zufrieden war«, sagt Ingvar Carlsson. »Es wäre doch alles sehr kompliziert geworden, wenn wir die alte Regelung beibehalten hätten. Jetzt war klar definiert, was die Königsfamilie zu tun und zu lassen hatte, und sowohl das Parlament als auch die königliche Familie begrüßten das.«

»König ohne politische Macht«: Die feierliche Inthronisation Carl XVI. Gustafs in der Stockholmer Residenz, 19. September 1973

Der König konnte sich schwer entscheiden. Er wusste offensichtlich, dass sie die Richtige war, zumal auch seine Schwestern sämtlich gesagt haben, Silvia solltest du dir nicht mehr nehmen lassen. Aber er war damals auch noch sehr jung. Und das Motto »Drum prüfe, wer sich ewig bindet, ob sich noch was Besseres findet« – das gibt es eben auch in der schwedischen Sprache. Er wollte offensichtlich vorher noch ein bisschen herumschauen, bevor er sich mit Silvia verheiraten würde.
Paul Sahner, Journalist

Die Weichen für Carl Gustafs offizielles Leben als schwedischer König waren mit der neuen Verfassung gestellt – die für sein Privatleben eigentlich ebenfalls, denn als amtierender Herrscher konnte er nun auch bürgerlich heiraten. So richtig zu wollen schien er allerdings noch nicht. Zwar galt Silvia Sommerlath seit dem berühmten Porsche-Foto als seine Freundin, doch offiziell trat sie nicht an seiner Seite auf. Reporter und Paparazzi hatten alle Hände voll zu tun, die junge Frau auf ihren Reisen zu oder mit dem König aufzuspüren. Silvester 1973 feierte man gemeinsam mit der Familie Bernadotte in Stockholm. »Wird der König sich verloben?«, fragte prompt eine schwedische Tageszeitung. Im März 1974 gab es dann wieder gut verkäufliche Fotos. Silvia und Carl Gustaf waren beim Skiurlaub in Zermatt erspäht worden. Da half es auch nicht, dass Silvia sich mit einem Kopftuch, einer riesigen Brille und einem falschen Namen getarnt hatte. Im darauffolgenden Winter sah man das Paar beim Skilaufen in Klosters, an Ostern in Norwegen, und im Sommer 1975 kreuzten sie vergnügt auf Carl Gustafs Motoryacht *Green Beam* durch Schwedens Schären. Doch die Frage aller Fragen schien noch immer nicht gefallen zu sein.

Das ist die Frau, die ich liebe, die ich heiraten werde und mit der ich den Rest meines Lebens verbringen möchte.
Carl Gustaf, 12. März 1976

Ich bin sehr froh, hier zu sein. Ich möchte mein Leben und meine Liebe meinem zukünftigen Mann und meinen neuen Landsleuten schenken. Ich möchte Gutes tun, wann immer und wo immer ich kann.
Silvia, 12. März 1976

Am 12. März 1976 dann seufzten die royalen Fans europaweit auf. Carl Gustaf lud zu einer Pressekonferenz nach Stockholm und gab seine Verlobung bekannt. Die Braut versicherte auf die Journalistenfrage in noch etwas holprigem Schwedisch, dass sie – wer hätte es geahnt? – sehr glücklich sei. Doch in der Tat wirkte das junge Paar verliebt und vor allem entspannt. Hier hatten es sich zwei offensichtlich gründlich überlegt und ließen die Sache nun ganz gelassen angehen – allerdings

»Das ist die Frau, die ich liebe«: Carl Gustaf stellt seine Verlobte Silvia der Öffentlichkeit vor, März 1976

mit einem strammen Zeitplan, denn schon drei Monate später sollten die Hochzeitsglocken läuten.

Ab jetzt lief die Maschinerie auf vollen Touren. Seit 197 Jahren war in Stockholm keine Königshochzeit mehr gefeiert worden. Die Schwedenkönige hatten immer erst hochbetagt ihre Ämter übernommen. Wirkliche Erfahrung, wie man ein solches Großereignis aufziehen sollte, hatte demgemäß niemand bei Hofe. Umso eifriger stürzte sich der Hofstaat in die Vorbereitungen. Und auch in der Heimat wollte man vom royalen Export etwas abhaben. »Deutschland hatte in Silvia eine Ersatzkönigin gefunden«, sagt Paul Sahner, der damals für die Zeitschrift *Bunte* eine zwölfteilige Serie schrieb, in der die Wochen bis zur Hochzeit detailliert heruntergezählt wurden. Die Blätter mit den Aufschriften »Noch zwölf Wochen bis zur Hochzeit«, »noch elf Wochen«, »noch zehn …« fanden ein begeistertes Echo bei der Leserschaft. Und selbstredend wurde hier auch allerlei zutage gefördert, was den Stockholmer Hof wenig amüsiert haben dürfte. Da hatte man schicke Bikinifotos von der Braut bei alten Freunden aufgetan, da berichtete ein Ex-Freund, wie er sein Herz an das Mädchen aus Heidelberg verlor. Und der König kam ebenfalls nicht ungeschoren davon. Denn auch von ihm existierten zahlreiche Fotos mit wechselnden Schönheiten, mit denen er augenscheinlich gut vertraut war. Doch wirkliche Skandale gab's nicht zu enthüllen, und so freuten sich die Königsfans in Schweden und Deutschland einmütig auf die Hochzeit des Jahres. Obwohl Silvia und Carl Gustaf gebeten hatten, Hochzeitsgeschenke durch eine Spende zur Unterstützung des Behindertensports zu ersetzen, konnten sie sich nicht vollends vor gut gemeinten Gaben schützen. In Frankreich benannte ein Rosenzüchter seine neueste langstielige Kreation »Queen Silvia«, der schwedische Kleinunternehmerverband winkte gleich mit dem Zaunpfahl und übersandte eine Wiege in den Landesfarben Blau und Gelb. Und auch der schwäbische Massendirigent Gotthilf Fischer ließ sich nicht lumpen und komponierte eine Hymne mit dem Titel »Die Krone der Liebe« und ließ den verliebten Brautleuten das Urmanuskript der Ode zukommen.

Es war einfach der perfekte Song für diesen Abend. Und sie haben wirklich große Augen gemacht, als wir auf die Bühne kamen.

Anni-Frid Reuss, ABBA

Das war natürlich entzückend, dass sie mir dieses Ständchen gebracht haben, was dann ja auch ein Riesenhit geworden ist.

Silvia

Am 18. Juni 1976 begannen dann endlich die Festlichkeiten. Den Auftakt machte eine Gala in der Stockholmer Oper. Die bekanntesten Künstler des Landes hatten sich speziell für diesen Abend Lieder und Aufführungen überlegt. Ein echter Hit wurde das Geschenk von ABBA an das Königspaar. In barocken Kostümen präsentierten Anni-Frid, Benny, Björn und Agneta zum ersten Mal den Song »Dancing Queen«. Silvia Sommerlath amüsierte sich königlich in ihrer Loge. »Seventeen, wie es in dem

Lied heißt, war ich nun nicht«, schmunzelt sie heute, »aber das war natürlich eine Riesenüberraschung, dass mir ein solches Ständchen gebracht wurde.« »Dancing Queen« wurde anschließend in ganz Europa zum Nummereins-Hit, und selbst in den USA gelang es der schwedischen Popgruppe, mit diesem Lied die Chartspitze zu erobern. Am nächsten Tag um 11.58 Uhr dann endlich das Bild, auf das die schätzungsweise 250 000 Monarchie-Fans in Stockholm und die Fernsehzuschauer in 43 Ländern gewartet hatten. Silvia Sommerlath und Carl XVI. Gustaf betraten die Storkyrkan, den Dom von Stockholm.

Wie bei derartigen Anlässen üblich, sind die »Fakten« des Tages detailliert festgehalten worden: Das Brautkleid war elfenbeinfarben und von Dior, die Schleppe maß vier Meter. Der Brautschleier bestand aus Brüsseler Spitze und war bereits 152 Jahre im Besitz der Familie Bernadotte. Den Brautstrauß bildeten weiße Orchideen, gelbe Jasminblüten und Maiglöckchen, die Kirche selbst hatte man mit weißem Flieder und roten Rosen geschmückt. Der Bräutigam trug eine schmucke Admiralsuniform mit Ordenskette und Säbel; zu Ehren der Braut hatte er noch das Großkreuz des Verdienstordens der Bundesrepublik Deutschland angelegt. In der Kirche hatte sich eine noble Gästeschar versammelt. Aus ganz Europa waren gekrönte Häupter angereist: die Königspaare der skandinavischen Nachbarländer Dänemark und Norwegen, der belgische König Baudouin nebst Gemahlin Fabiola, Königin Beatrix und Prinz Claus aus den Niederlanden – kaum ein Mitglied des europäischen Hochadels ließ sich das Ereignis entgehen. Und die Heimat der Braut wurde mangels Kronenträgern von Bundespräsident Walter Scheel und seiner Frau Mildred repräsentiert.

»Ich kann mich an jede Einzelheit erinnern«, sagt Königin Silvia heute, »und merkwürdigerweise war ich überhaupt nicht nervös. Ich hatte meinen Mann an meiner Seite, und das war das Wichtigste. Die ganzen Menschen habe ich überhaupt nicht wahrgenommen.« Das erklärt, warum die Braut so gelassen wirkte, als sie durch den Mittelgang schritt. Und das Publikum hatte mehr als ausreichend Zeit, das schmucke Paar zu bewundern. Die Blumenkinder, die vorangehen sollten, schritten so langsam, dass Silvia und Carl Gustaf

Das ist wie Schneewittchen und Dornröschen zusammen. Der König kommt, und das Mädchen aus Heidelberg wird die künftige Königin von Schweden.

Joachim Fuchsberger

Sie war fantastisch, absolut herausragend. Sie musste gar nichts dazulernen. Sie konnte wirklich mit jeder Prinzessin mithalten.

Alice Gräfin Trolle-Wachtmeister, Erste Hofdame

Eine deutsche Olympia-Hostess wurde plötzlich Königin. Das war natürlich der Stoff, aus dem die Träume sind.

Paul Sahner, Journalist

»Ganz Schweden lag ihr zu Füßen«: Die Hochzeit am 19. Juni 1976 wurde zum königlichen Triumphzug

fast im Gänsemarsch durch den Mittelgang trippeln mussten. Erst nachdem der König den kleinen Blumenträger vor ihm mit sanftem Nachdruck ein wenig »anschob«, beschleunigte sich das Schritttempo etwas. Die Szene sorgte für allgemeines Gekicher – und das Eis war gebrochen.

Vor dem Altar dann ging alles glatt. Die Braut hatte ihre Nerven im Griff. Die schwedische Antwort auf die Frage des Tages kam flüssig von den Lippen, die zahlreichen Vornamen des Bräutigams zählte sie in der richtigen Reihenfolge auf, und bei allem zeigte sie ein strahlendes Lächeln – Feuerprobe mit Bravour bestanden. Nach der Trauung präsentierte sich das Paar zunächst in einer offenen Kutsche und dann auf einer goldenen Barkasse namens *Vasaorden* dem jubelnden Volk. Strahlender Sonnenschein bestätigte wunschgemäß, dass es sich hier um eine wirklich glückliche Braut handeln musste. Lediglich die Präsentation auf dem Schlossbalkon hatte einen kleinen Schönheitsfehler. Um für den Fall einer plötzlichen Tränenflut gerüstet zu sein, hatte Silvia auf Anraten ihrer Mutter ein Taschentuch mit einem Haushaltsgummi unter dem Dior-Ärmelchen versteckt. Beim Dauerwinken kam es nun unbemerkt zu Vorschein und amüsierte die Fernsehzuschauer.

Beim anschließenden Galadiner wurde gekühlte Consommé mit Kaviar gereicht und zu Ehren der Braut ein Gericht namens »Lachsbrät im Blätterteigmantel Königin Silvia« verspeist. Die angespanntesten Nerven dürfte bei diesem Teil der Veranstaltung der Brautvater gehabt haben, denn nach alter Tradition war es an ihm, eine Rede zu halten. Walther Sommerlath hat später freimütig zugegeben, dass ihm die Vorstellung, vor Königen und Präsidenten zu sprechen, in der Nacht zuvor den Schlaf geraubt hatte. Doch auch hier ging alles glatt, und romantische »Royalkenner« kolportieren die Geschichte, seine Tochter habe ihm kurz vor der Rede noch einen Zettel zugesteckt, auf den sie geschrieben hatte: »Ich liebe dich, Papa. Dein Kätzchen.«

Im sicheren Gefühl, ein wirklich festliches Spektakel geboten zu haben, verabschiedete sich das Ehepaar Bernadotte in die Flitterwochen nach Hawaii und Afrika, um danach braun gebrannt und erholt in den höfischen Alltag zu starten.

Silvia konnte von Anfang an hervorragend mit den Schweden. »Sie war absolut fantastisch«, schwärmt Alice Gräfin Trolle-Wachtmeister, die Erste Hofdame der Königin, »sie konnte problemlos mit jeder Prinzessin mithalten.« Gerade die Tatsache, dass sie keine gebürtige Adlige war, sicherte ihr den Platz im Herzen ihrer Untertanen. »Sie hatte einen Beruf ausgeübt«, erzählt Alice Trolle-Wachtmeister, »die Leute haben sie akzeptiert, weil sie wusste, was arbeiten bedeutet.« Bei ihren ersten Reisen durch das Land nahmen sie die Schweden mit offenen Armen auf, und Silvia lernte schnell, huldvoll zu winken, stets interessiert zuzuhören und garantiert für jedermann ein freundliches Lächeln parat zu haben. Und sie lernte, dass die Privatperson Silvia von nun an nur noch ganz selten existierte, denn jeder Schritt vor die eigene Haustür wurde jetzt von Fotografen und Reportern

Der Hof hatte mit Demonstrationen gerechnet, die Polizei gar mit einer Revolution. Noch wenige Wochen zuvor hatten vierundachtzig Prozent aller Schweden die Abschaffung der Monarchie gefordert. Doch dann: Die Fahrt des königlichen Brautpaares in der Hochzeitskutsche durch die Altstadt von Stockholm wurde zu einem Triumphzug. Das Königshaus, vom Parlament bis zur Bedeutungslosigkeit entmachtet, zeigte Glanz und Herrschaftlichkeit wie in alten Zeiten. Die Braut lächelte – und ganz Schweden lag ihr zu Füßen.

Alf Schmidt, Adelsexperte

beobachtet und kommentiert. Auch innerhalb der eigenen vier Wände musste sie sich zuerst einmal positionieren. Seit Generationen war der Hof von greisen Königen und ihrem ebenso alten Hofstaat geführt worden. Carl Gustaf hatte sich bereits seit seinem Amtsantritt bemüht, das Personal schrittweise zu verjüngen. Er brauchte keine Zeremonienmeister, sondern moderne Managertypen, die die täglichen Abläufe im Griff hatten. Auch Silvias Platz im Gefüge musste erst erstritten werden. Alice Trolle-Wachtmeister erinnert sich noch gut an die ersten Jahre der jungen Königin: »Der Hofmarschall und die anderen Männer glaubten anfangs, über den Zeitplan der Königin verfügen und ihr sagen zu können, was sie zu tun oder zu lassen hatte«, berichtet sie. »Ich hab dann einfach gesagt: ›Sie kann gerade nicht.‹ Und wenn dann zurückgefragt wurde, ›warum?‹, hab ich einfach gesagt: ›Sie ist beim Friseur.‹«

Mit Silvias Einzug am schwedischen Hof schnellte die Beliebtheit der Königsfamilie in der Öffentlichkeit enorm in die Höhe. Hatten zuvor gerade einmal zwei Drittel der Schweden für den Erhalt der Monarchie plädiert, so waren es nun nahezu neunzig Prozent. Silvia kam zugute, dass sie vor öffentlichen Auftritten keinerlei Scheu zu haben schien und souverän und gelassen ihre Pflichten erledigte. Nicht zuletzt ihr frisch angetrauter Gemahl profitierte von Silvias Sicherheit, wirkte der eher introvertierte König doch bisweilen bei öffentlichen Reden eher hilflos. »Das war ein Segen für ihn, der da aus Deutschland hereingeschneit kam«, sagt *Bunte*-Mann Paul Sahner. »Jetzt konnte er sich selbst ein wenig mehr im Hintergrund halten.«

Mit ihrer Hochzeit war Silvia ins Stockholmer Stadtschloss eingezogen, den bisherigen Wohnsitz der Königsfamilie. Nach ihrem Ein-Zimmer-Appartement konnte sie sich nun aus über sechshundert Zimmern das eine oder andere passende aussuchen. Sollte sie sich verlaufen, so stand genügend Personal zur Verfügung, das ihr aus dem Labyrinth von Treppenaufgängen, Sälen und Suiten wieder heraushalf. Der gewaltige Bau auf der Stockholmer Insel Gamlastan überragt die Stadt seit der Mitte des achtzehnten Jahrhunderts. Die ebenmäßige Fassade und die schnörkellose Architektur geben dem Schloss eher den Anschein einer gewaltigen Trutzburg. Es wurde nach den Plänen des Architekten Nicodemus Tessin d. Ä. in den Jahren 1692 bis 1754 errichtet und gehört heute zu den außergewöhnlichsten Barockbauten Skandinaviens. Während der älteste Teil im französischen Klassizismus eingerichtet ist, atmet ein Großteil der Räumlichkeiten den Geist des Rokoko und des Empirestils. Gegen Ende des neunzehnten Jahrhunderts wurde die

»Königspaar zum Anfassen«: Carl Gustaf und Silvia in der Cafeteria eines schwedischen Hausgeräte-Herstellers in Frankreich, November 1976

ursprüngliche freundliche gelbe Fassade durch das heutige Braun ersetzt. Neben den Repräsentationsräumen für Staatsempfänge und die täglichen Besuchergruppen beherbergt das Schloss zahlreiche Büros und Wohnungen für die Bediensteten. Ob man hier allerdings gerne wohnen möchte, sei dahingestellt. Königin Silvia jedenfalls war – Königsschloss hin oder her – nicht übermäßig begeistert von ihrer neuen Postadresse.

Anfang 1977 kündigte sich Nachwuchs im Hause Bernadotte an. Schweden freute sich auf das erste Kind eines regierenden Monarchen, das nach zweihundertfünfzig Jahren in Stockholm zur Welt kommen sollte. Zwar hatten die Medien fest auf einen kleinen Prinzen getippt, doch die Prinzessin, die am 14. Juli im Stockholmer Karolinska-Krankenhaus geboren wurde, fand bei den Untertanen ebenfalls begeisterte Aufnahme. Am 27. Dezember erhielt sie bei ihrer Taufe die Namen Victoria Ingrid Alice Désirée. Kaum zwei Jahre später, am 13. Mai 1979, folgte Brüderchen Carl Philip, eigentlich der Kronprinz. Seinen Rang als Thronanwärter allerdings war der Kleine schon wieder los, bevor er »Mama« oder »Papa« sagen konnte. Schon seit längerem war im emanzipationsfreudigen Schweden im Gespräch gewesen, das antiquierte Erbrecht bei Hofe zu entstauben. Am 7. November 1979 schließlich verabschiedete der schwedische Reichstag mit 165 zu 21 Stimmen ein neues Thronfolgegesetz, das ab dem Folgejahr in Kraft trat. Nun gebührt dem erstgeborenen Kind das Anrecht auf den Thron, unabhängig von seinem Geschlecht. Seit dem 1. Januar 1980 trägt dementsprechend Victoria den Titel »Kronprinzessin« und wird aller Voraussicht irgendwann in die Fußstapfen ihres Vaters treten.

Für ihre Kinder räumten Carl Gustaf und Silvia nun auch mit der Bernadotte'schen Wohntradition auf und zogen die Tür des Stadtschlosses hinter sich zu. Der finstere Bau war für kleine Kinder denkbar ungeeignet. Nicht nur, dass es dort wenig kindgerechten Spielraum gab, aufgrund der zentralen Stadtlage gab es auch keine nennenswerten Grünanlagen, und ein Schritt vor die Haustür hätte Eltern und Kinder direkt mit hunderten Touristen konfrontiert. Der neue Wohnsitz war Schloss Drottningholm, elf Kilometer außerhalb der Stadt

Eigentlich muss man sagen: Die Königin hat unsere Monarchie gerettet.

Herman Lindqvist, Biograph von Carl Gustaf

Sie haben es gemacht wie alle Schweden. Sie hatten ein Haus außerhalb der Stadt, so wie die meisten Stockholmer. Ins Stadtschloss fuhren sie nur zum Arbeiten zwischen neun und siebzehn Uhr.

Alice Gräfin Trolle-Wachtmeister, Erste Hofdame

Die Schweden sind sehr volksnah. Das ist ein Herrscherpaar zum Anfassen; sicherlich auch bedingt durch Silvia, die gesagt hat: »Wir müssen uns öffnen nach allen Seiten.«

Paul Sahner, Journalist

»Sympathische Familie«: Das Königspaar mit seinen Kindern Victoria und Carl Philip nach der Taufe des Nesthäkchens Madeleine, August 1982

auf der Insel Lovö am Mälarsee gelegen. Es gilt als eines der schönsten Schlösser Skandinaviens und wurde als erstes schwedisches Kulturdenkmal in die UNESCO-Liste des Weltkulturerbes aufgenommen. Drottningholm hatte bis dahin lediglich als Refugium verwitweter Königinnen oder als königlicher Sommersitz gedient. Für eine Familie mit Kleinkindern war es ein idealer Wohnort. Eingebettet in herrliche Parkanlagen, bot das Schloss ausreichend Spazier- und Spielmöglichkeiten. Ein Bootsanlegesteg direkt vor der Haustür gab Gelegenheit zu Touren auf dem Mälarsee, und auch für Tiere, das ausgesprochene Lieblingshobby der Bernadotte-Kinder, war ausreichend Platz. Hier in Drottningholm richtete sich Familie Bernadotte ein wie ein normales berufstätiges Paar. »Sie fuhren morgens um neun zur Arbeit und kamen dann um siebzehn Uhr zurück«, erinnert sich Hofdame Trolle-Wachtmeister. »Die Kinder haben das akzeptiert. Sie waren der Meinung, Mama und Papa machen zuerst ihren Job, und dann haben sie Zeit für uns.« Am 10. Juni 1982 kam auf Schloss Drottningholm das dritte Kind der Bernadottes, Madeleine, zur Welt, und die Familie war komplett.

Von Anfang an pflegten Silvia und Carl Gustaf bezüglich ihrer Kinder einen relativ offenen Umgang mit den Medien. Zu ausgewählten Terminen wurden Kamerateams eingeladen, die dann drehen durften, wie bei Königs Kasperletheater gespielt, gebacken oder mit den Hunden herumgetollt wurde. Die Eltern kamen damit dem gesteigerten Interesse der Öffentlichkeit an ihren ausnehmend hübschen Sprösslingen entgegen und begrenzten so auf der anderen Seite permanente Nachstellungen durch Paparazzi.

»Wir haben uns immer bemüht, unsere Kinder so normal wie möglich aufwachsen zu lassen«, sagt Königin Silvia heute. »Wir wollten, dass sie dem Volk nahe sind.« Alle Kinder wurden auf staatliche Schulen geschickt und lernten dort gemeinsam mit Larssons oder Svenssons. Königin Silvia legte auch stets Wert darauf, dass die Kinder ihre Freunde mit ins Schloss brachten oder aber zu deren Familien gingen. »Wenn ich unsere Kinder heute sehe, freue ich mich, welch offenen Umgang sie mit allen Menschen pflegen können«, sagt die Königin. Die Kleinen waren allerdings auch schon von früh an in die öffentlichen Auftritte bei Hofe eingebunden,

In der Familie sind sie völlig locker. Sie mögen sich alle sehr. Da geht es recht salopp zu wie in jeder anderen Familie auch.

Johann Georg Prinz von Hohenzollern, Schwager Carl Gustafs

Ich würde sagen, bei uns geht's fast sozialistisch zu. Das sollte ich wohl nicht sagen. Aber es gibt im Alltag bei Hofe keine Etikette.

Alice Gräfin Trolle-Wachtmeister, Erste Hofdame

Ich finde unsere schwedische Königsfamilie sympathisch. Sie verkörpert eine Mischung aus Volksnähe und ein bisschen Hoheit. Er ist an allem interessiert. Er ist ein guter König.

Siw Malmkvist, schwedische Schlagersängerin

auch wenn es dadurch bei manchen Anlässen ein wenig drunter und drüber ging. Der vormalige deutsche Bundespräsident Richard von Weizsäcker erinnert sich noch genau an einen Staatsbesuch in Stockholm, bei dem just in dem Moment, in dem er mit dem König eine Parade abnehmen sollte, ein heftiger Platzregen einsetzte. »Schirme waren offenbar im Protokoll nicht vorgesehen«, schmunzelt von Weizsäcker, »und so standen wir da in unseren hübschen Anzügen und wurden klitschnass.« Der royale Nachwuchs hatte vom trockenen Schlossfenster einen hervorragenden Aussichtsplatz auf die ulkige Szene. »Man konnte nicht nur sehen, man konnte es geradezu hören, wie die da hinter der Scheibe standen und sich kaputt lachten, dass der Vater und der Gast da einmal so richtig abgewaschen wurden.«

Die Sommer verbrachte die Familie alljährlich auf Schloss Solliden auf der Insel Öland. In dem eher kleinen und bescheidenen weißen Landsitz fühlte sich die Familie ausgesprochen wohl, und die Kinder hatten alle Möglichkeiten zum Bootfahren, Reiten und Spielen. Am 14. Juli wird dort regelmäßig Victorias Geburtstag, der »Victoria-Tag«, gefeiert, an dem Nachbarn und Freunde vor Schloss Solliden Geschenke überreichen und ein Ständchen darbringen.

Auch sonst stand die Kronprinzessin im Gegensatz zu ihren jüngeren Geschwistern schon stets ein wenig mehr im Rampenlicht. Seit der Erbfolgeänderung von 1980 war sie dazu bestimmt, den Thron zu übernehmen. Ehre oder Bürde? Victoria scheint es in ihrem Leben als beides empfunden zu haben. Wie Alice Trolle-Wachtmeister, die Erste Hofdame, berichtet, war es der kleinen Prinzessin bereits im Alter von vier oder fünf Jahren bewusst, dass sie etwas von ihren Geschwistern unterschied. »Carl Philip sagte immer: ›Ich werde der König‹«, erinnert sie sich schmunzelnd, »und Victoria entgegnete dann: ›Nein! Ich bin die Kronprinzessin. Also werde ich der König.‹« Was das allerdings bedeutete, wurde Victoria erst im Laufe ihrer Kindheit klar. Nach der Einschulung stellte sich heraus, dass die Kronprinzessin wie ihr Vater an einer Lese- und Rechtschreibschwäche leidet, die es ihr sehr schwer machte, dem Unterricht zu folgen. »Es war jahrelang sehr frustrierend«, erinnert sich Victoria im Buch »*Victoria, Victoria*«, das sie gemeinsam mit der Autorin Alice Bah und ihrer langjährigen Mentorin Elisabeth Tarras-Wahlberg verfasste. »Ich habe

Sie ist sehr fürsorglich und nimmt ihre Pflichten ernst. Sie versucht immer, ihr Bestes zu geben, ist nett und lustig.

Madeleine über Victoria, 2005

Ja, ich bin in meiner Schulzeit gemobbt worden. Es war die Hölle. Mir wurde schon übel, wenn ich morgens zum Unterricht musste. Meine Mitschüler haben mich ausgelacht, weil mir das Lesen und Schreiben so schwer fiel.

Victoria, 2002

lange gedacht, dass es an mir liegt. Dass ich einfach nicht gut genug war.« Erst gezielte Nachhilfe und Förderung halfen Victoria, ihre »Wortblindheit«, wie Legasthenie in Schweden genannt wird, zu bewältigen. Sie schaffte es schließlich, mit den Mitschülern Schritt zu halten und die Schule am Ende sogar sehr erfolgreich abzuschließen. Im Vergleich zu ihren Schulkameraden allerdings musste sie erheblich mehr Disziplin und Fleiß an den Tag legen. »Wenn die anderen ins Café gingen, fuhr ich nach Hause, um zu lernen«, so Victoria.

Von ihrem fünfzehnten Lebensjahr an wurde sie schrittweise an ihre Aufgaben als künftige Regentin herangeführt. Sie begleitete ihre Eltern zu offiziellen Terminen und stand dort schnell auch im Mittelpunkt des medialen Interesses.

Am 14. Juli 1995 wurde Victoria achtzehn Jahre alt und damit volljährig. Das Ereignis wurde mit einem offiziellen Festakt im Reichssaal des Stadtschlosses gewürdigt. Anwesend waren das Kabinett, der Ministerpräsident, royale Gäste, zahlreiche Familienmitglieder und die Kameras des schwedischen Fernsehens. Doch entgegen den Befürchtungen, dass die Belastung für Victoria zu groß sein könnte, wirkte die Kronprinzessin gefasst und selbstbewusst: »Eure Majestät, lieber Papa! Der Tag, an dem man volljährig wird, bedeutet für alle eine große Veränderung. Denn nach diesem Tage ist man für seine Zukunft selbst verantwortlich. Für mich bedeutet dieser Tag jedoch auch, dass ich dem König und der Königin in Zukunft bei ihrer schweren Arbeit als Staatsoberhäupter helfen kann. – Ich bedanke mich bei meinen Eltern für die Erziehung, die ich genossen habe. Ich verspreche, dass ich dem schwedischen Königshaus, dem Reichstag und dem schwedischen Grundgesetz immer treu sein werde.«

Tosender Applaus belohnte sie für ihre gelungene Premiere, und die erleichterte Kronprinzessin konnte gemeinsam mit ihren Eltern vor dem

Wenn etwas gegen das Wohl meiner Kinder geht, werde ich zur Löwin. Ich habe lange gezögert, Victorias Krankheit zu bestätigen, aber ihre Magersucht war deutlich zu sehen. Außerdem wollte ich anderen Betroffenen Mut machen, sich nicht länger zu schämen, und offen zu ihrer Krankheit zu stehen. Ohne psychologische Hilfe schafft man es einfach nicht, Essstörungen zu heilen.
Silvia, 2000

»Offener Umgang mit dem Problem der Magersucht«: Kronprinzessin Victoria an ihrem 18. Geburtstag 1995 und zweieinhalb Jahre später

Stadtschloss ein Bad in der Menge nehmen. Mit ihrer Volljährigkeit begann für Victoria auch ihre »offizielle« Ausbildung zur Thronfolgerin. Im Oktober 1996 schrieb sie sich an der Université Catholique de l'Ouest in Angers für ein Französischstudium ein, im darauffolgenden Sommer folgte ein Praktikum bei Schwedens Ministerpräsident Göran Persson.

1997 dann wirkte die Prinzessin, die als Kind und Jugendliche stets proper gewesen war, plötzlich verhärmt und abgemagert. Vor allem die Bilder von der Nobelpreisverleihung dieses Jahres, auf denen Victoria in ihrem Ballkleid nur noch aus Haut und Knochen zu bestehen schien, alarmierten die Öffentlichkeit. Das Mädchen litt offensichtlich unter Essstörungen, ein klassisches Zeichen von Überforderung und Stressüberlastung. Silvia und Carl Gustaf entschieden sich für einen offenen Umgang mit dem Problem, um Victoria helfen zu können. Sie appellierten an die Presse, Victoria gegenüber Zurückhaltung zu üben, und schickten sie zum Studium in die USA. Dort konnte sie sich, von den Medien weitgehend unbehelligt, erholen. 1999 war die Prinzessin zurück in Schweden und wirkte sichtlich gefestigt.

Es war ein Schock für mich, als ich davon erfuhr. Ich habe mich oft gefragt, was ich falsch gemacht habe und worin die Ursachen für die Krankheit lagen, habe aber keine Antwort gefunden. Vorwürfe mache ich mir natürlich trotzdem.

Silvia, 2000

Manchmal würde ich mir gerne eine Tarnkappe überziehen, um unerkannt durch den Tag gehen zu können. Andererseits finde ich den enormen Zuspruch auch schön, den ich bekomme.

Victoria, 2001

In Amerika habe sie gelernt, dass die »Privatperson Victoria« und die öffentliche Person »Kronprinzessin« nicht zwingend in Konkurrenz zueinander stehen müssten, hat Victoria später erklärt. Beide könnten mittlerweile nebeneinander und miteinander gut auskommen. Sie habe sich in dieser Zeit ganz bewusst entschieden, die Verpflichtungen der Thronfolge anzunehmen und als Bereicherung anzusehen.

Der offensive Umgang mit Victorias Krankheit hat der Königsfamilie in Schweden viel Respekt eingebracht. Hier war augenscheinlich nicht versucht worden, ein Problem unter den Teppich zu kehren. Doch hatte diese Episode ebenso gezeigt, dass dem bis dahin sehr ungezwungenen Umgang der Bernadottes mit den Medien auch Grenzen auferlegt waren. Vor allem die deutsche Regenbogenpresse hatte, seit die Kinder des Königspaares zu Jugendlichen herangewachsen waren, immer neue Geschichten von bevorstehenden Verlobungen und Hochzeiten, gebrochenen Herzen und Schwangerschaften auf die Titelblätter gehoben. Das allermeiste war vollkommen frei erfunden. Mittlerweile wehrt sich die Familie gegen derartige Berichterstattungen mithilfe des deutschen Anwalts Matthias Prinz, der im Sinne der Königsfamilie schon einige Gegendarstellungen erwirken konnte. Dennoch: Auch in seriöseren Blättern stehen die Bernadottes innerhalb und außerhalb Schwedens immer im Mittelpunkt des Interesses. Von vielen Lesern begeistert verschlungen, gehen diesbezügliche Geschichten den schwedischen Monarchiegegnern auch bisweilen gründlich auf die Nerven. »Natürlich stehen die immer im Rampenlicht«, sagt Mats Einarsson von der Linkspartei, »aber schauen Sie sich doch mal an, was die wirklich machen. Es ist schlichtweg nichts Relevantes dabei.«

Tatsächlich gleicht der royale Alltag einer schier endlosen Kette von Empfängen, Eröffnungen und Veranstaltungsbesuchen. Einmal in der Woche trifft sich das Königspaar im Stockholmer Stadtschloss mit seinen engsten Mitarbeitern, um die anstehenden Termine zu besprechen und auf die Familienmitglieder zu verteilen. Neben zahlreichen Inlandsreisen und feststehenden Großevents wie der jährlichen Verleihung der Nobelpreise am 10. Dezember stehen auch immer wieder große Staatsbesuche im Ausland an. Hier knüpft das Königspaar auch Kontakte für die schwedische

Wirtschaft. »Der König kann Türen öffnen, die für andere verschlossen bleiben würden«, weiß der langjährige Ministerpräsident Ingvar Carlsson die Arbeit des Monarchen zu schätzen. Aber auch im Rahmen derartiger Reisen ist die Aufgabe der Bernadottes strikt auf die Repräsentation beschränkt. Politische Äußerungen jeder Art sind nicht gestattet.

Die Schweden reagieren empfindlich, wenn es um die Definition von »politischer Äußerung« geht. Königin Silvia bekam das zu spüren, als sie 1996 auf dem »Weltkongress gegen die kommerzielle Ausbeutung von Kindern« deutliche Worte wählte und von einer »modernen Form der Sklaverei« sprach. Dass Königinnen sich wohltätig engagieren, gehört zum guten Ton. Die schwedische Königin aber packte ein heißes Eisen an. Mit der »World Childhood Foundation«, die sie 1999 ins Leben rief, engagiert sie sich gegen den Missbrauch von Kindern in aller Welt. Auf der Gründungsveranstaltung von »Childhood« warnte sie: »Sexueller Kindesmissbrauch und Kinderpornographie nehmen ständig zu – nicht zuletzt aufgrund von Mängeln in der Gesetzgebung. Eine zusätzliche Gefahr erwächst durch die ständige, unkontrollierte Verbreitung der Pädophilie durch das Internet.« Dies waren gewagte Äußerungen für eine Frau, die in den Augen vieler lediglich lächelnde Freundlichkeit verkörpern soll. »Ja, ich habe die Partei der Kinder ergriffen, das ist richtig«, bestätigt Königin Silvia im Interview. »Manche haben mich da missverstanden und meinten, ich würde mich in politische Dinge einmischen. Ich sehe das nicht so, es sind ja humanitäre Fragen. Es geht um das Wohl unserer Kinder.«

Unter ihren zahlreichen Verpflichtungen – die Königin ist Schirmherrin von mehr als sechzig wohltätigen Stiftungen – ist ihr »Childhood« besonders ans Herz gewachsen. Im Sommer 2005 besuchte die Königin ein »Childhood«-Projekt namens »Lua Nova« in Brasilien. Es hat sich zum Ziel gesetzt, jungen Müttern, die vielfach Opfer von Missbrauch geworden sind, und deren Kindern ein Heim und eine Zukunft zu bieten. Der Besuch der Monarchin war lange vorbereitet worden, und dementsprechend gespannt waren die Mädchen. Raquel Barros, Projektleiterin von »Lua Nova«, hatte die Visite der Königin ausdrücklich befürwortet. »Durch einen solchen Besuch bekommen

Niemand kann sich vorstellen, wie viel meine Frau arbeitet. Sie ist fleißig wie eine Ameise, setzt sich unermüdlich für das Wohl benachteiligter Menschen ein.

Carl Gustaf, 2006

Durch die Person der Königin wächst das Interesse an unserem Projekt, es bekommt eine andere Bedeutung. Die Menschen interessieren sich für die Königin und deshalb auch für das, wofür sich die Königin interessiert.

Raquel Barros, Leiterin des Projektes »Lua Nova«

Oben: »Souverän und gelassen ihre Pflichten erledigt«: Königin Silvia im Gespräch mit dem Nobelpreisträger Abdus Salam
Unten: »Royaler Alltag«: Einmal in der Woche findet im Stockholmer Stadtschloss eine Besprechung des Königspaares mit seinen engsten Mitarbeitern statt

Oben: »Der König kann Türen öffnen«: Das schwedische Königspaar 1979 in Bonn während eines Deutschlandbesuchs
Unten: »Die Kinder früh in öffentliche Auftritte eingebunden«. Carl Gustaf und Silvia mit Victoria, Carl Philip und Madeleine bei Papst Johannes Paul II., 1989

Mein Mann und ich sehen auf unseren Reisen nicht nur Glanz und Gloria. Wir bemühen uns sehr, auch hinter die Kulissen zu schauen. Ich weiß durchaus, dass Millionen von Kindern um ihre Kindheit betrogen werden, sei es durch Prostitution, sexuellen Missbrauch oder Sklavenarbeit. Um diese unsägliche Misere anzugreifen, habe ich die »World Childhood Foundation« gegründet. Sie soll besonders die Not der weltweit etwa zehn Millionen Straßenkinder lindern helfen.
Silvia, 2000

wir eine Aufmerksamkeit, die uns sonst nie zuteil werden würde«, hoffte sie. Die Königin selbst ging hier in Brasilien, ihrem ersten Heimatland, ganz offen und ungezwungen mit den Mädchen und deren Kindern um. »Es ist eine Freude zu sehen, dass sie an ihre Zukunft glauben können und dass sie ihr Leben wieder aufbauen wollen«, sagte sie im Interview. Und auch die Mädchen, die die Königin kennen lernten, waren begeistert von ihr. »Ich hatte gedacht, die hat eine Krone auf und einen langen Mantel an«, lacht Cirlene, eines der Mädchen, die vom Projekt unterstützt werden, »aber dann kam sie und war ganz normal.« Tatsächlich wirkt das wohltätige Handeln der Monarchin keineswegs wie eine royale Verpflichtung, sondern ist ihr offenkundig eine Herzensangelegenheit.

Kritiker in Schweden pflegen allerdings zu monieren, dass Charity-Projekte oftmals mehr dem Ruf der Wohltäter als dem Wohl der Empfänger dienen würden. Königin Silvia dagegen hat einen ganz pragmatischen Ansatz für ihr vielfältiges Engagement: »Ich habe die Möglichkeit, dank meiner Position Aufmerksamkeit auf diese Themen zu ziehen. Das tue ich, und ich tue es gern. Man hat auch mittlerweile akzeptiert, dass diese Fragen nichts mit Politik zu tun haben, sondern es handelt sich hier um humanitäre Fragen.«

Im Februar 2004 überschritt König Carl XVI. Gustaf die Grenze dessen, was seine Untertanen unter »politischer Äußerung« verstehen, und löste damit in Schweden einen Sturm der Entrüstung aus. Auf dem Reiseplan von Silvia und Carl Gustaf stand diesmal das Sultanat Brunei. Der kaum vierhunderttausend Einwohner zählende Staat auf der Insel Borneo wird von Sultan Haji Hassanal Bolkiah seit mehr als vier Jahrzehnten mit eiserner Hand regiert. In dem islamisch-konservativen Sultanat gibt es keine freien Wahlen, und der Strafkatalog für Gefangene beinhaltet noch die Auspeitschung. Ein gigantisches Erdölvorkommen hat den Sultan zu einem der reichsten Männer

Oben: »Unermüdlicher Einsatz für das Wohl Benachteiligter«: Silvia besucht ein Projekt für Straßenkinder in Brasilien
Unten: »Es geht um humanitäre Fragen«: Das Wohl von Kindern liegt Silvia besonders am Herzen

Brunei ist ein sehr offenes Land, der Sultan hat eine große Nähe zu seinem Volk.

Carl Gustaf über Brunei

Wir wurden im Pressebüro angerufen und sollten das kommentieren. Und ich habe gesagt: »Ich kommentiere überhaupt nichts, bis ich mit dem König gesprochen habe.«

Elisabeth Tarras-Wahlberg, Pressesprecherin des Hofes

der Welt gemacht. Geschätzte dreizehn Milliarden Euro soll er besitzen, investiert unter anderem in einen Harem, den größten Palast der Welt mit einem Festsaal für mehrere tausend Gäste, nahezu zweihundert Rolls-Royce und eine eigene Fluglinie.

Vor Ort fragte ein schwedischer Reporter den König, ob er denn keine Probleme habe, mit einem solchen Machthaber Umgang zu pflegen. Nein, antwortete Carl Gustaf frei heraus, er erlebe den Sultan ganz anders. Dieser habe eine große Nähe zu seinem Volk, er empfange beispielsweise an seinem Geburtstag bis zu vierzigtausend Menschen in seinem Palast. So gesehen sei Brunei doch wohl ein durchaus offenes Land.

Unmittelbar nach der verhängnisvollen Aussage klingelte in der Pressestelle des schwedischen Hofes in Stockholm das Telefon. Elisabeth Tarras-Wahlberg, zur damaligen Zeit Pressesprecherin bei Hofe, sah sich in der Bredouille. Wie der Hof die Sätze des Königs kommentiere, lautete die Frage. Tarras-Wahlberg wehrte zuerst einmal ab. Bevor sie nicht Rücksprache mit dem König gehalten habe, werde sie gar nichts kommentieren. Aber Rücksprache war zunächst gar nicht möglich, denn das Königspaar saß bereits wieder in einem Flugzeug nach Vietnam und war telefonisch nicht erreichbar.

Es war eine royale Katastrophe, denn wenige Stunden später lief der Kommentar des Königs bereits im Rundfunk, woraufhin in Schweden die Entrüstung hohe Wellen schlug. Der König lobe öffentlich eine menschenverachtende Diktatur, hieß es. In harmloseren Zeitungsmeldungen wurde gemutmaßt, Carl Gustafs Vorliebe für den Sultan gründe auf deren beider Leidenschaft für Sportwagen. Gravierender waren dann aber schon Äußerungen wie die Olof Petersons, eines renommierten Professors für Staatsrecht, der eine konstitutionelle Krise aufziehen sah und den Untergang der Monarchie prophezeite. Die »Republikanische Vereinigung« witterte Morgenluft und erklärte den König nicht ohne Humor zum »Republikaner des Jahres«.

Carl Gustaf erfuhr von der Aufregung in der Heimat erst durch einen Anruf von Elisabeth Tarras-Wahlberg, nachdem er in Vietnam gelandet war. »Der König war erstaunt, er konnte die Reaktionen gar nicht verstehen«, so die Pressechefin. Nach seiner Rückkehr nach Schweden verwies der Monarch auf ein Dossier des Auswärtigen Amtes, aus dem er lediglich zitiert habe. Tatsächlich stand da zu lesen: »Der Sultan ist populär und bereit zur Offen-

»Dank ab, König!«: Nach unglücklichen Äußerungen Carl Gustafs im Jahr 2004 blies dem schwedischen Königspaar der Wind ins Gesicht

heit, er garantiert politische Stabilität.« Weiter ging es allerdings mit Verweisen auf fehlende demokratische Strukturen, die Prügelstrafe und die Diskriminierung der Frauen. Und all diese Punkte hatte der König eben nicht zitiert.

Das Dossier des Außenministeriums entlastete den König von dem Vorwurf, hier eine eigenständige undemokratische Meinung herausposaunt zu haben. Peinlich blieb der Vorfall aber trotzdem, war er doch ein deutlicher Fingerzeig auf die Unselbstständigkeit des Monarchen. Carl Gustaf bedauerte selbstredend, für Irritationen gesorgt zu haben, was ihn aber nicht davor schützte, von da an eine Art Kindermädchen an seiner Seite dulden zu müssen. Ein Regierungsvertreter begleitet ihn nun auf Auslandsreisen und führt die inhaltlichen Gespräche. Dem König bleibt nun auch im Ausland lediglich das zu tun, was auch in Schweden sein täglich Brot ist: Hände zu schütteln, Höflichkeitsfloskeln von sich zu geben – und wieder Hände zu schütteln.

Die »Brunei-Affäre« brachte in Schweden die seit langem ruhende Debatte nach Sinn und Unsinn der Monarchie wieder ins Rollen. »Dank ab, König!«, hatte die schwedische Zeitung *Aftonbladet* getitelt. Denn auch nachdem sich die Wogen um die fatale Asienreise wieder geglättet hatten, wurde weiterdiskutiert. Was bringt ein Staatsoberhaupt, das eigentlich nur als Marionette von Beratern durch die Weltgeschichte reist? Die Reichstagsabgeordnete Britta Lejon beklagt, dass die schwedische Verfassung hier nach wie vor ein erhebliches Defizit aufweise. »Gäbe es auch bei uns einen Präsidenten, dürfte dieser wenigstens zu wichtigen Fragen etwas sagen. Unser Staatsoberhaupt muss schweigen. Und wofür brauchen wir es dann?« Tatsächlich zieht das schwedische Festhalten an der Monarchie nach sich, dass es im Land außerhalb der aktuellen Tagespolitik keine Institution gibt, die Denkanstöße geben und Stellung zu grundsätzlichen Fragen beziehen kann. Eine Rede wie die Richard von Weizsäckers zum 8. Mai oder die »Ruck-Rede« Roman Herzogs wird und darf es in Schweden vonseiten des Staatsoberhauptes nicht geben. Der schwedische Monarch besetzt somit den Posten einer überparteilichen Instanz, ohne als eine solche auftreten zu dürfen. Noch mehr sind die Monarchiegegner dadurch vergrätzt, dass es keinerlei Mitspracherecht bei der Frage nach der Besetzung dieses Postens gibt. »Im Moment haben wir einfach Glück«, sagt Britta Lejon, »wir können absehen, dass Kronprinzessin Victoria ihren Job kompetent und verantwortungsvoll ausüben wird. Aber es hätte auch ganz anders kommen können, und das müssten wir dann genauso hinnehmen.«

Ebenfalls ins Kreuzfeuer der Kritik geriet die königliche Schatulle, die selbstredend auch vom Steuerzahler gefüllt werden muss. Die Bernadottes mögen hinsichtlich ihrer Budgets eher eine »IKEA-Monarchie« sein, doch erregte es wachsenden Unmut, dass Carl Gustaf keine Rechenschaft darüber ablegen musste, wofür er die staatlichen Millionen denn so ausgibt.

»Traut euch, einander zu helfen«: Nach der Tsunami-Katastrophe fand Carl Gustaf die richtigen Worte

Zwar sprachen sich selbst auf dem Höhepunkt des Brunei-Skandals zweiundsiebzig Prozent der Bevölkerung für den Erhalt der Monarchie aus, gleichwohl zeigte die zunehmend auch mit vernünftigen sachlichen Argumenten geführte Debatte, dass der Thron der Bernadottes vielleicht doch nicht für die Ewigkeit gemacht ist.

Ein Ereignis von besonderer Tragik allerdings sicherte dem König in den Herzen seines Volkes wieder einen dauerhaften Platz. An Weihnachten 2004 starben 562 Schweden bei der verheerenden Tsunami-Katastrophe in Südostasien. Die kleine Nation, die niemals Kriege führt und von Naturkatastrophen weitgehend verschont blieb, war zutiefst erschüttert. »Das war ein nationales Trauma«, sagt die schwedische Journalistin Agneta Bolme Börjefors. »Es war das Schlimmste, was Schweden seit dem Untergang des Fährschiffs *Estonia*, der auch viele Tote gefordert hatte, passiert war.«

Maria Ekdahl gehörte zu denjenigen, bei denen das Schicksal mit besonderer Härte zuschlug. Die junge Frau war mit ihrem Mann und ihren beiden Söhnen zu einem Weihnachtsurlaub im Ferienort Khao Lak und genoss die freie Zeit mit der Familie. Am zweiten Weihnachtstag war sie allein auf einem Tauchausflug, als die von einem Seebeben verursachte Welle auf das

Lasst uns wagen, einander zu helfen. Lasst uns wagen, die Masken abzulegen und Menschen zu sein.

Carl Gustaf nach der Tsunami-Katastrophe

Das war hart an der Grenze, die der König eigentlich nicht überschreiten dürfte, er darf nicht infrage stellen, wie die Regierung handelt.

Ingvar Carlsson, ehemaliger Ministerpräsident von Schweden

Er hat sich getraut, seine Gefühle zu zeigen. Durch sein Vorbild hat er mich ermutigt, mein Schicksal zu teilen und andere zu trösten, obwohl mich ein sehr, sehr schwerer Schicksalsschlag getroffen hat.

Maria Ekdahl verlor ihre Familie durch den Tsunami

Festland prallte. Maria erkannte das Ausmaß der Katastrophe erst, als sie bei ihrer Rückkehr einen völlig zerstörten Hafen vorfand. Gemeinsam mit ihren Begleitern wurde sie nach Phuket gebracht, wo sie zunächst eine provisorische Unterkunft in einem Hotel zugewiesen bekamen. Maria war verzweifelt, weil sie keine schwedische Behörde finden konnte, die ihr weiterhalf oder ihr zumindest Auskunft geben konnte. »Als Schwede denkt man natürlich, die Botschaft würde einem helfen, oder eine kirchliche Organisation. Aber die standen da in ihren blau-gelben Shirts und konnten nichts machen.« Tatsächlich lief die Katastrophenhilfe aus Schweden nur sehr schleppend an. Angehörige in Schweden blieben ohne Informationen, es gab zu wenige Telefon-Hotlines und konkrete Handlungsanweisungen. Maria Ekdahl nahm die Sache schließlich selbst in die Hand und schlug sich am 28. Dezember eigenständig nach Khao Lak durch. »Bereits als ich dort ankam, wusste ich, dass mein Mann und meine Söhne nicht mehr leben«, sagt sie. »Aber wer weiß – wenn die Hilfe schneller gekommen wäre, hätten sie vielleicht noch eine Chance gehabt.«

Auch in Stockholm wurde die schwedische Regierung heftig kritisiert. Später als in allen anderen Staaten hätten Hilfsflüge eingesetzt, Informationen seien gar nicht oder zu spät weitergegeben worden, so die öffentliche Meinung. König Carl Gustaf entschloss sich zu einem gewagten Schritt. In einem Interview mit der Zeitung *Dagens Nyheter* wählte er offene Worte. »Am Abend des zweiten Weihnachtstags waren wir wie jedes Jahr bei meiner Schwester, der Prinzessin Christina. Dort standen wir alle vor dem Fernseher und schauten zu. Dann haben wir versucht, beim Außenministerium und in der Kanzlei des Ministerpräsidenten Informationen einzuholen – aber unsere Anfrage kam nicht durch. Erst nach vielen Wenn und Aber haben wir dann am Abend des 27. den Staatssekretär erreicht«, polterte der Monarch. Und damit noch nicht genug. In diesem Land übernehme einfach niemand mehr Verantwortung, die Leute hätten Angst, selbst initiativ zu werden. Mit diesen Worten hatte Carl Gustaf seinen Untertanen aus der Seele gesprochen. Die Regierung jedoch fühlte sich brüskiert und mahnte den König, sich aus der Tagespolitik herauszuhalten. Das schwedische Volk allerdings stellte sich voll hinter seinen Landesvater, der in Anbetracht der Krise Mut bewiesen und ausgesprochen hatte, was viele dachten.

Bei der Gedenkfeier für die Opfer des Tsunami am 10. Januar 2005 war es nun Aufgabe des Königs, eine Rede zu halten. Es war wohl die schwierigste in seiner Laufbahn als Monarch. Carl Gustaf war die Last der Verantwortung anzusehen, als er die Stufen zum Rednerpodium hinaufging. »Was kann ich denn sagen, was euch helfen kann?«, hob er an. »Viele Kinder haben ihre Eltern verloren. Ich war selber ein solches Kind. Mein Vater ist bei einem Flugzeugunglück gestorben, als ich sehr klein war. Ich weiß, was es bedeutet, ohne einen Vater aufzuwachsen. Wie vielen Männern meiner Generation fällt es mir schwer, Gefühle zu zeigen. Aber ich will an alle appellieren, die ebenso empfinden: ›Trau dich, Schwäche zu zeigen, zeig deine Gefühle, gib deine Wärme weiter.‹ Traut euch, einander zu helfen.«

Die hochemotionale Rede Carl Gustafs erstaunte und berührte die Zuhörer zutiefst. Solche Worte hatten die wenigsten dem ansonsten eher als Genussmensch und Spaßvogel bekannten König zugetraut. »Es war die beste Rede, die er je gehalten hat«, sagt der ehemalige Ministerpräsident Ingvar Carlsson. Auch die Betroffenen der Katastrophe rechneten es dem König hoch an, dass er es gewagt hatte, sehr persönliche Worte zu finden. »Echte Rührung kann man nicht lernen«, sagt Maria Ekdahl, »und man konnte in den Augen des Königs sehen, dass er es aufrichtig meinte. Seine Worte haben mich so getröstet, sie haben mir die Kraft gegeben, mit anderen über mein Schicksal zu sprechen und es tragen zu können. Mit dieser Rede hat er das ganze Land geeint.«

Wohin führt der Weg der schwedischen Monarchie im einundzwanzigsten Jahrhundert? Die Stimmen im Parlament, die das Königshaus für antiquiert und überholt halten, werden sicherlich in Zukunft kaum verstummen. Doch mit Kronprinzessin Victoria haben die Bernadottes eine Thronanwärterin vorzuweisen, bei der alles darauf schließen lässt, dass sie ihre Stellung dezent und sinnvoll einsetzen wird. Einzig strittiger Punkt ist der potenzielle Vater der künftigen Königskinder. Noch hat Victoria offiziell keine Wahl getroffen, wem sie den eigentlich eher undankbaren Job des Prinzgemahls anbieten will. Auch wenn die Mehrheit der liberalen Schweden der Meinung ist, dass ihre Kronprinzessin den Mann heiraten soll, den sie liebt, wird der aktuelle Anwärter, Fitnesstrainer Daniel Westling, von den Untertanen noch kritisch beäugt. Simpel sei er, wurde Victorias Herzbube gescholten, unge-

Als die Kronprinzessin siebenundzwanzig wurde, sagte ich ihr: »Weißt du, dass ich in deinem Alter meinem Großvater auf den Thron folgte?« Da war sie völlig geschockt. Sie fühlte sich noch nicht reif dafür – aber das ist man vielleicht nie. Man wird König und ist es dann für den Rest seines Lebens. Victoria kann sich also in Ruhe auf ihre Aufgabe vorbereiten, das ist gut für sie und für Schweden.
Carl Gustaf, 2006

bildet, und er spreche nicht gut genug Englisch. Ob das tatsächlich so ist, bleibt Westlings Geheimnis, denn er ist zumindest klug genug, keine Interviews zu geben. Dank des schwedischen Grundrechts auf die Veröffentlichung aller staatlichen Dokumente weiß man, dass Daniel in einem Jahr ganze vierunddreißigtausend Euro versteuert. Bei der Apanage seiner Eventualzukünftigen allerdings dürfte das wohl kaum ein Problem sein. Aber welche Figur würde der gut gebaute junge Mann aus dem schwedischen Ockelbo machen, sollte er beispielsweise bei einem Staatsempfang die

»Einen Prachtburschen erwischt«: Fitnesstrainer Daniel Westling (rechts) hat im Moment die besten Aussichten, Victorias Prinzgemahl zu werden

Queen von England zu ihrem Platz führen, wie würde er sich im Smalltalk mit der gestrengen Königin Beatrix von den Niederlanden machen? Victoria jedenfalls scheint hinter den Kulissen offenbar wie eine Wikingerin für ihren Froschkönig zu kämpfen. Herausfordernd schmückte sie sich mit einem Anhänger mit den Initialen des Paares und zeigt sich privat relativ häufig öffentlich mit Daniel. Bei offiziellen Terminen allerdings ist der Platz an ihrer Seite noch immer leer. Sollte sie ihre Wahl endgültig treffen, so wartet auf den Prinzgemahl ein Leben, um das ihn die meisten wahrscheinlich nicht beneiden dürften. Denn das royale Dasein ist am schwersten für diejenigen, die es nicht von Kindesbeinen an gelernt haben. Dass der Einzug einer bürgerlichen Person ins Königsschloss allerdings auch eine enorme Bereicherung sein kann, hat die Geschichte Königin Silvias gezeigt. Sie eroberte die Herzen der Schweden und trug nachhaltig dazu bei, dass das Renommee des Hauses Bernadotte heute so ist, wie es ist. Die schwedische Königsfamilie ist eine Verkörperung dessen, was Monarchie im einundzwanzigsten Jahrhundert sein kann: zeitgemäß, aufgeschlossen und bereit, sich einem neuen Bild von gekrönten Häuptern anzupassen. Ein modernes Märchen eben.

An dem Tag, an dem es mit einer eventuellen Heirat aktuell wird, da hoffe ich, dass man die Person, die ich gewählt habe, respektiert.

Victoria, 2005

Der Hof hat ein verdammtes Glück, dass er so einen Prachtburschen erwischt hat.

Rolf Larsson, Freund von Daniel Westling

Beatrix und der traurige Prinz

Das niederländische Königshaus

> **Eigentlich ist mir das Königshaus gleichgültig. Aber ich glaube, Beatrix macht ihre Sache gut. Es läuft alles wie geschmiert, und offene Kritik höre ich keine mehr. Also – warum sollten wir die Monarchie abschaffen?**
>
> Harry Mulisch, niederländischer Schriftsteller, 2005

Das Amt muss eine Zumutung sein. Es sei »ganz unmöglich«, sagt Königin Beatrix, dass man ein ganz normaler Mensch bleibe. »Immer brennt in meinem Hinterkopf so ein kleines rotes Lämpchen, das mir signalisiert: Darfst du das so sagen, darfst du das tun, ist dies oder jenes zu verantworten? Als Königin muss man stets auf der Hut sein.« Es sind sensible Worte einer starken Frau, die immer alles richtig machen will. »Sie ist eine Perfektionistin«, sagte ihr verstorbener Mann Prinz Claus. Seinem Sohn Johan Friso ging dieser Charakterzug manchmal »ganz schön auf die Nerven«. Dabei ist Königin Beatrix am besten, wenn sie unvorbereitet ist. Als am 13. Mai 2000 in Enschede die Explosion einer Feuerwerkskörperfabrik dreiundzwanzig Tote forderte und ein ganzes Wohnviertel zerstörte, war die Königin umgehend vor Ort. Voller Mitgefühl umarmte sie die traumatisierten Opfer, stützte eine weinende junge Frau, war einfach nur da. Da war nichts von königlicher Distanz. Ihre Anteilnahme bedeutet den Menschen viel, das spürt man. Sie erneuert die Bande zwischen dem Volk und dem Haus Oranien-Nassau, einer Dynastie, die tief in der Geschichte der Niederlande verwurzelt ist. Hier liegt die symbolische Kraft der Monarchie, die der königlichen Familie bei Umfragen immer wieder Zustimmungswerte von weit über achtzig Prozent bringt.

Über ein Vierteljahrhundert regiert Königin Beatrix nun schon. Das bedeutet mehr als drei Dutzend Staatsbesuche, alljährliche Thronreden und Weihnachtsansprachen, unzählige Bankette und Eröffnungsfeiern, hunderttausendfaches Händeschütteln und immer wieder lächeln, lächeln. Als eine von wenigen Fürstinnen und Fürsten in Europa ist die niederländische Königin nicht nur schmückendes Beiwerk. Bei einem Regierungswechsel bestimmt sie den »Informateur«, der die Möglichkeiten für eine neue Regierung auslotet, und beauftragt dann den »Formateur« mit der Regierungsbildung. Damit erfüllt sie in einem parlamentarischen Wahlsystem ohne Sperrklausel mit Abgeordneten von oft acht bis zehn Parteien im Parlament eine wichtige Aufgabe.

Dabei ist die Königin persönlich bescheiden geblieben, für royale Verhältnisse zumindest. Die Schlösser, die sie benutzt, sind klein im europäischen Durchschnitt und gehören dem niederländischen Staat. Als Arbeitssitz dient das zweigeschossige Palais Noordeinde im Zentrum von Den Haag. Huis ten Bosch im Stadtwald des Regierungssitzes war für ihre Vorfahren nur eine Sommerresidenz. Jetzt wohnt hier die Königin. Das Essen am Hof ist gediegen. Eintopf oder Frikadellen kommen regelmäßig auf den Tisch. Zurschaustellung und Verschwendung verachtet Ihre Majestät. Wenn es die Zeit erlaubt, dann stellt Beatrix sich auch selbst an den Herd. Sie koche gut, sagen Freunde. Beatrix liebt Hunde – Journalisten dagegen hält sie auf Abstand. »Niederländische Presse – verpissen!«, krähte Sohn Willem-Alexander als kleiner Junge einmal einer versammelten Pressemeute entgegen. Er wurde umgehend von seiner Mutter zur Ordnung gerufen, aber eine gewisse Nachdenklichkeit blieb bei den anwesenden Journalisten zurück.

Königin Beatrix ärgert sich, wenn man sie nicht ernst nimmt. Anlässlich eines Staatsbesuchs in Moskau wollte sie von Wladimir Putin beim Bankett wissen, was eine seiner Personalentscheidungen bezüglich des Energieriesen Gasprom für die russischen Wirtschaftsreformen bedeute. Die Königin sprach Deutsch mit dem Gastgeber, der ihre Frage mit einer Gegenfrage konterte: »Ich dachte, wir wollten über Kultur reden!«

Als sie fünfundsechzig wurde, beantragte die Königin eine staatliche Rente, die ihr wie jedem Beamten zusteht – und stiftete sie für einen guten Zweck. Sie liebt das Repräsentieren, aber sie bleibt bodenständig dabei. Ihr

> *Wir wurden als Presse nicht ernst genommen. Wir haben dem Königshaus gesagt, dass wir die Familie ernst nehmen, aber dass wir auch gerne ernst genommen werden wollen. Wir wollen mit der Familie, über die Monarchie sprechen. Es hat eine Weile gedauert, aber man hat sich dafür entschieden im Zusammenhang mit der Modernisierung der Monarchie. Sie realisieren, dass es klug ist, die seriöse Presse ernst zu nehmen.*
>
> Jan Hoedeman, Hofberichterstatter

»Ich dachte, wir wollten über Kultur reden!«: Königin Beatrix zu Gast in Moskau, 2001

deutschstämmiger Vater Prinz Bernhard, der sie geprägt hat, sagte einmal: »Eins muss man sich bewusst machen, und mir ist das sehr bewusst: Man darf niemals denken, dass man auch nur um einen Deut besser ist als seine Mitmenschen. Wir sind alle vollkommen gleich. Ob König oder Bettler – wir haben alle einen Kopf, Arme und Beine. Das Leben mag es unterschiedlich gut mit uns meinen, aber dadurch sind wir nicht besser oder schlechter als andere.«

Tochter Beatrix wurde zur Königin geboren. Sie hat die Höhen und Tiefen ihres Lebens mit königlicher Würde durchschritten und ist sich dabei treu geblieben. Ihren Untertanen ist sie so ans Herz gewachsen. »Königin sein bedeutet, Mutter deines Landes zu sein«, hat Beatrix als Dreizehnjährige gesagt. »Jeder schaut zu einer Königin auf wie ein Kind zu seiner Mutter. Sie muss immer das richtige Beispiel geben. Das ist eine schreckliche Verantwortung.« Fünfundfünfzig Jahre später kann man feststellen, dass sie diese Aufgabe mit Bravour erledigt hat.

Die Niederlande sind gar keine Monarchie. Die Niederlande sind eine Republik mit einem Herrscher in Erbfolge, der in engem Kontakt zur Bevölkerung steht. Die Außenminister haben 1815 auf dem Wiener Kongress beschlossen, dass die Niederlande eine Monarchie werden – wahrscheinlich in der Pause zwischen zwei Walzern.
Prinz Claus, 1999

Prinzessin Beatrix Wilhelmina Armgard kam am 31. Januar 1938 in Schloss Soestdijk in der Provinz Utrecht als erstes Kind der Kronprinzessin Juliana und des deutschen Prinzen Bernhard von Lippe-Biesterfeld zur Welt. Einundfünfzig Böllerschüsse verkündeten den Niederländern die Ankunft der kleinen Prinzessin – bei einem Jungen wären es hunderteins gewesen. Lakonisch äußerte Vater Bernhard sich am Tag nach der Geburt gegenüber der Presse: »Ich hatte gehofft, es würde ein Junge sein. Aber da es nun ein Mädchen ist, bin ich nicht weniger glücklich.« Für den Fortbestand des Hauses Oranien-Nassau spielte das Geschlecht Neugeborener keine Rolle. Die niederländische Verfassung erlaubt die Thronfolge in der weiblichen Linie. Seit 1890 bereits regieren weibliche Fürsten in den Niederlanden.

Sehnsüchtig war damals im ganzen Land die Geburt des Kindes erwartet worden, denn für einen Moment in der Geschichte der Niederlande schien die Dynastie gefährdet – mangels Nachwuchses. Seit dem sechzehnten Jahrhundert, als die Niederländer unter dem aus dem deutschen Dillenburg stammenden Wilhelm I., Prinz von Oranien, Graf von Nassau, gegen die spanische Gewaltherrschaft kämpften, haben Mitglieder dieser Familie auf dem Gebiet der heutigen Niederlande eine herausgehobene Rolle gespielt. Wilhelms Erbe in Südfrankreich, das Fürstentum Orange, das später wieder an die Franzosen verloren ging, wurde in Form der Farbe Orange zum Symbol für die Niederlande.

Bis zu Beatrix' Geburt bestand das Königshaus über Jahrzehnte nur aus der verwitweten Königin Wilhelmina und ihrer einzigen Tochter, Prinzessin Juliana. Die aber war 1936 mit siebenundzwanzig Jahren noch unverheiratet. Der rundlichen, äußerst schüchternen Kronprinzessin waren bereits einige Bewerber vorgestellt worden, ohne Erfolg. Da hörte ein deutscher Adliger von den Heiratsnöten im niederländischen Königshaus und beschloss, sich selbst ins Spiel zu bringen. Prinz Bernhard zur Lippe-Biesterfeld hatte in Paris als Direktionssekretär bei der dortigen Niederlassung der IG Farben die Bekanntschaft des niederländischen Botschafters gemacht. Dieser erzählte ihm beim gemeinsamen Diner beiläufig von der Absicht Ihrer Majestät, Königin Wilhelmina, anlässlich der Olympischen Winterspiele 1936 in Garmisch-Partenkirchen zusammen mit Tochter Juliana den Skiurlaub in der Region zu verbringen. Mithilfe des Botschafters erhielt der junge Prinz aus altem Geschlecht die Möglichkeit, den königlichen Hoheiten einen Höflichkeitsbesuch in deren Urlaubsort Igls bei Innsbruck abzustatten. Der deutsche Adlige hinterließ einen vorzüglichen Eindruck. »Er schloss sich für einige Tage unserer Gesellschaft an und nahm mit Juliana Skiunterricht«, notierte Mutter Wilhelmina, die sich diskret im Hintergrund hielt. »Was folgte, lässt sich denken.« Juliana verliebte sich unsterblich in den unterhaltsamen Galan mit dem weltmännischen Auftreten.

Bereits am 7. Januar 1937 fand die Hochzeit in Den Haag statt. Das Volk war begeistert, auch wenn es wegen Bernhards Mitgliedschaft in diversen NS-Organisationen ein bisschen Wirbel gab. Prinz Bernhard hatte die SA-Uniform getragen, war als leidenschaftlicher Pilot der Flieger-SS beigetreten und hatte mit dem SS-Motorsturm an Rallyes teilgenommen. Königin Wilhelmina hatte ihm vor der Hochzeit ein unabhängiges Einkommen als

»Sich selbst ins Spiel gebracht«: Die Hochzeit von Prinzessin Juliana mit Prinz Bernhard zur Lippe-Biesterfeld, 7. Januar 1937

Prinzgemahl zugesagt. Er wollte nicht ein Leben als mittelloser Anhang einer Königin führen. Wilhelmina ging gerne auf seine Vorstellungen ein. Per Gesetz verlieh man dem deutschen Adligen den Titel »Prinz der Niederlande«. Für Prinz Bernhard bedeutete die Verbindung mit der zwei Jahre älteren niederländischen Kronprinzessin eine gute Partie. Die eheliche Liebe habe sich im Laufe der Jahre dann auch eingestellt, bekannte der Prinzgemahl freimütig am Ende seines Lebens.

Mit der Geburt der kleinen Prinzessin Beatrix Anfang 1938 war die Zukunft der Dynastie gesichert. Doch nur ein Jahr später drohte Gefahr von anderer Seite. Am 1. September 1939 befahl Hitler den Überfall auf Polen und brach damit den Zweiten Weltkrieg vom Zaun. Die Niederlande beriefen sich auf ihre traditionelle Neutralität, mit der sie sich im Ersten Weltkrieg erfolgreich aus dem Kriegsgeschehen hatten heraushalten können. Doch diesmal ging die Strategie nicht auf. Im Rahmen der »Westoffensive« fielen am 10. Mai 1940 deutsche Truppen in das kleine Nachbarland ein. »Plan Gelb« sah vor, Königin Wilhelmina und ihre Regierung in Den Haag festzunehmen. Kronprinzessin Juliana und ihre Kinder – 1939 wurde Beatrix' Schwester Irene geboren – waren auf Anraten der niederländischen Regierung gleich nach dem Überfall von Schloss Soestdijk im Landesinneren nach Den Haag übergesiedelt, um von dort jederzeit evakuiert werden zu können. Während deutsche Panzerverbände das Land am Niederrhein überrollten, geriet die Luftschlacht um Den Haag für die Deutschen zum Fiasko. Die Niederländer hatten aus dem Einsatz deutscher Fallschirmverbände in Dänemark und Norwegen ihre Schlüsse gezogen und besonders die Flugplätze um Den Haag gesichert. So misslang wider Erwarten die Landung von Fallschirmjägern der 22. Infanteriedivision im Gebiet dieser Flugplätze am 10. Mai 1940. Die deutschen Luftlandeeinheiten mussten hohe Verluste hinnehmen. Sie wurden in kleine Gruppen aufgesplittert, die um ihr Überleben kämpfen mussten.

Doch es war ein ungleicher Kampf. Am 14. Mai 1940 legte die deutsche Luftwaffe Rotterdam in Schutt und Asche. Die historische Altstadt brannte nahezu vollständig aus. Über neunhundert Zivilisten starben, Zehntausende wurden obdachlos. Am

Unser Platz ist hier in den Niederlanden, ob nun Gefahr droht oder nicht. Wir werden niemals unseren Posten verlassen.

Kronprinzessin Juliana, 9. Mai 1940

Ob man ihre Überfahrt nach England nun »als einen plötzlichen Entschluss zur Abreise« oder als eine »vorbereitete Flucht« bezeichnen möchte – so oder so ließ Königin Wilhelmina ihr niederländisches Volk im Stich.

Nanda van der Zee, niederländische Historikerin

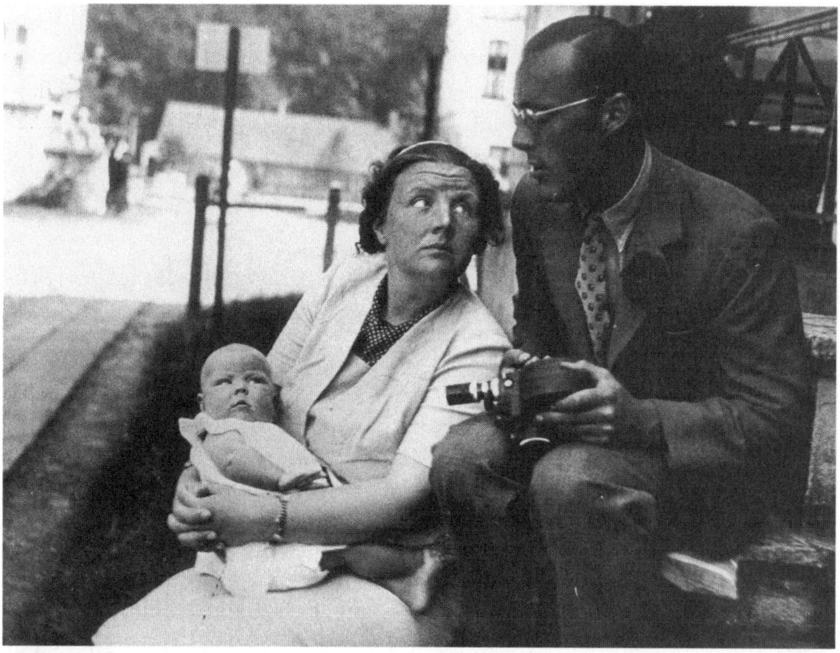

Oben: »Da es nun ein Mädchen ist, bin ich nicht weniger glücklich«: Bernhard und Juliana mit der kleinen Beatrix
Unten: »In Baarn ist eine kleine Prinzessin geboren«: Amtliche Bekanntmachungen aus Schloss Soestdijk anno 1938

»Ich war mir natürlich voll und ganz bewusst, welchen bestürzenden Eindruck dieses Weggehen zu Hause machen würde, aber da das Landesinteresse es forderte, sah ich mich verpflichtet, die Schmach dieser scheinbaren Flucht auf mich zu nehmen.«
Königin Wilhelmina, *»Einsam und doch nicht allein«* (1959)

Tag danach kapitulierten die niederländischen Streitkräfte. Im letzten Moment rettete sich die königliche Familie auf den britischen Zerstörer *Hoek van Holland*, der sie nach London bringen sollte. Die kleinen Prinzessinnen, die Zukunft des Hauses Oranien-Nassau, wurden in giftgassicheren Containern an Bord befördert. Prinz Bernhard wollte damals im Land bleiben, um im Untergrund den Kampf gegen die deutschen Aggressoren, seine ehemaligen Landsleute, fortzusetzen. Doch Schwiegermutter Wilhelmina bestand auf seiner Ausreise. Im Park von Schloss Huis ten Bosch drohte sie mit Selbstmord, sollte Bernhard Frau und Kinder im Stich lassen. Prinz Bernhard gab nach: »Ich habe keinen Augenblick an dem Ernst der Drohung Königin Wilhelminas gezweifelt.« Er schloss sich den flüchtenden Frauen an – nicht ohne vorher große Mengen guten Weins im Schlosspark zu vergraben, die er nach Kriegsende unversehrt wieder zutage fördern konnte.

Während Königin Wilhelmina mit Schwiegersohn Bernhard in London blieb, um von dort den Widerstand gegen die Okkupanten zu organisieren, wurden die kleinen Prinzessinnen mit ihrer Mutter, Kronprinzessin Juliana, in die kanadische Hauptstadt Ottawa geschickt. Fern der Heimat, über die alsbald ein hartes deutsches Besatzungsregiment hereinbrach, führten Beatrix und Schwester Irene nun ein unbeschwertes Leben, ohne den Zwängen des rigiden Hofzeremoniells von Schloss Soestdijk ausgesetzt zu sein. Die Familie wohnte in einem normalen Bürgerhaus, umgeben von prächtiger Natur. Es gab kaum Personal, und selten nur verirrte sich ein Pressefotograf in die Idylle. Zur Sommerfrische fuhren sie nach Cape Cod am Atlantik, und im Pool hinter dem Haus lernte Beatrix schwimmen. Die Prinzessinnen besuchten im kanadischen Exil sogar Kindergarten und Grundschule – ein Novum in der Geschichte der Oranier. Wilhelmina und Juliana waren als Kinder Privatlehrern im Schloss anvertraut worden.

Das war natürlich ein ganz unbeschwertes Leben – nicht normal für eine königliche Familie, weil nicht immer Leute und Scheinwerfer da waren.
Reinildis van Ditzhuyzen, Königshausexpertin, über die Zeit in Ottawa

Jene Jahre im kanadischen Exil erlaubten Beatrix eine ganz normale Kindheit – während die Welt um sie herum in Flammen aufging. Nur der Vater

Oben: »Ein ganz unbeschwertes Leben«: Juliana, Irene, Beatrix und Bernhard im Exil in Ottawa, Januar 1943
Unten: »Der Einzige, der den Zweiten Weltkrieg genossen hat«: Prinz Bernhard (rechts) im Herbst 1944 mit Feldmarschall Bernard Montgomery (Mitte) und einem britischen General

Er wird als Held in die Geschichte eingehen und als der Mann, der als Einziger den Zweiten Weltkrieg genossen hat.

Harry Mulisch, niederländischer Schriftsteller

Königin Wilhelmina war unsere Mutter des Vaterlandes. Die Holländer sagen auch oft: Sie war damals der einzige Mann in unserer Regierung

Reinildis van Ditzhuyzen, Königshausexpertin

fehlte im Familienidyll, wie in Millionen anderer Kinderbiographien während des Krieges.

Prinz Bernhard war für Königin Wilhelmina in London unentbehrlich geworden. Im Auftrag Ihrer Majestät fungierte er als Oberkommandeur der niederländischen Streitkräfte im Exil. Als Pilot der britischen Royal Air Force flog er sogar Einsätze über dem Deutschen Reich. Dass er sich ohne Zögern gegen sein eigenes Vaterland gestellt hatte, haben die Niederländer ihm zeitlebens hoch angerechnet. So wuchs Beatrix auf in dem Bewusstsein, Tochter eines Kriegshelden zu sein – und Enkelin einer Symbolfigur des Widerstands. Großmutter Wilhelmina war durch ihre nächtlichen Rundfunkansprachen aus London ihren Landsleuten eine wichtige moralische Stütze geworden in jenen schwierigen Jahren. Über »Radio Oranje« hatte sie Millionen Niederländer in ihrem Willen zum Durchhalten bestärkt. Als Anfang 1943 die Deutschen die Ablieferung aller Radiogeräte anordneten, übernahm die Untergrundpresse die Verbreitung von Wilhelminas Botschaften. »Der einzige Kerl in der niederländischen Regierung« nannte der britische Premier Winston Churchill Königin Wilhelmina anerkennend wegen ihrer Standhaftigkeit. Unter dem Kommando von Prinz Bernhard wurden bei Kriegsende die militärischen Widerstandsgruppen in die niederländische Armee integriert. Als die Alliierten in Wageningen im Mai 1945 die Kapitulation der Wehrmacht entgegennahmen, war er dabei. Die alte Monarchin aber, deren verstorbener Mann gleichfalls Deutscher war, soll nie mehr ein Wort Deutsch gesprochen haben.

Im August 1945, zwei Monate nach Kriegsende, kehrte Kronprinzessin Juliana mit den Kindern heim aus dem kanadischen Exil. Holland war vom

Er hat sich, ohne zu zögern, gegen sein Vaterland gestellt, als es 1940, allen Beteuerungen zum Trotz, das unsere überfiel. Als er am 10. Mai 1940 im Schlossgarten in Den Haag zu seinem Entsetzen die deutschen Flugzeuge am Himmel erblickte, da zerbrach etwas in ihm. Wenn es einen Moment gegeben hat, der ihn zum Niederländer unter Niederländern gemacht hat, dann war es dieser.

Pfarrer Carel ter Linden in seiner Trauerpredigt für Prinz Bernhard, Dezember 2004

»Fremde Heimat«: Prinzessin Beatrix (Mitte) und ihre Schwestern Irene (rechts) und Margriet nach der Rückkehr aus dem Exil, 1946

Krieg schwer gezeichnet. Es herrschte Hungersnot. Mit einer Puppe auf dem Arm entstieg die siebenjährige Beatrix einem Militärflugzeug, das sie in die fremde Heimat gebracht hatte, und fand sich damit im Rampenlicht der Weltöffentlichkeit wieder. Fotografen und Kameraleute umlagerten die Maschine, wetteiferten um Beatrix' Aufmerksamkeit. Als ihr der Berichterstatter Frits Thors ein Mikrofon vor die Nase hielt, schob sie es resolut zur Seite mit den Worten: »Ich mag diese Dinger nicht.« Es war der Beginn ihres angespannten Verhältnisses zu den Medien.

Die Familie der Kronprinzessin bezog ihr altes Domizil in Baarn, Schloss Soestdijk. Jetzt wohnte sie wieder standesgemäß. Das Erziehungsprogramm für Prinzessin Beatrix war ausgesprochen progressiv für die damalige Zeit. Mutter Juliana, selbst Einzelkind, wollte Beatrix und ihren Schwestern eine Erziehung gemeinsam mit anderen Kindern angedeihen lassen, frei von

Juliana war noch sehr traditionell erzogen worden, isoliert. Aber sie wollte, dass ihre Tochter mit anderen Kindern gemeinsam erzogen wurde.
Coos Huijsen, Biograph der Königin

Als Prinz Bernhard entdeckte, dass die Kinder nicht rechnen konnten, hat er gemeint, dass für seine Tochter eine andere Schule, eine traditionelle Schule, besser wäre.
Coos Huijsen, Biograph der Königin

Standesdünkeln und höfischen Traditionen. Ihre Wahl fiel auf eine junge experimentelle Ganztagsschule unweit des Schlosses. »De Werkplaats« – »Arbeitsstätte« – nannte sich die Einrichtung des Gründers Kees Boeke in Bilthoven. Der Name war Programm. Zum reformpädagogischen Erziehungskonzept gehörte, die Schüler und Schülerinnen die einfachen Dinge des Lebens zu lehren: darunter Hausarbeiten wie staubsaugen und Toiletten putzen. Für die kleine Prinzessin Beatrix gab es da keine Ausnahme. Ein Foto zeigt »Trix«, wie sie alle hier nannten, beim Teppichklopfen, ein anderes beim Rollenspiel. Durch Theateraufführungen und gemeinsames Musizieren sollten die kleinen »Arbeiterinnen und Arbeiter« vielseitige künstlerische Förderung erfahren. Beatrix' Liebe zur Bildhauerei stammt aus dieser Zeit. Nur im Blockflöten- und Klavierunterricht sei sie ein hoffnungsloser Fall gewesen, bedauerte sie später. Zu Beatrix' Schulkameraden gehörten Kinder einfacher Leute, wie eine Bäckerstochter und der Sohn eines Briefträgers. Auch sonst war alles wie bei anderen Kindern dieser Zeit. Die beiden Prinzessinnen fuhren mit dem Fahrrad zur Schule, und wie andere Schulkinder wurden sie auch mal beim Äpfelstibitzen erwischt. Doch der freie Unterricht in Bilthoven ging auf Kosten der Vermittlung des konventionellen Lehrstoffs. Als Vater Prinz Bernhard merkte, dass Beatrix und ihre jüngere Schwester auf der Schule nicht richtig rechnen lernten, veranlasste er den Wechsel auf ein traditionelles Gymnasium.

Im Jahr 1948 – Beatrix war zehn Jahre alt – dankte Großmutter Wilhelmina ab. Achtundfünfzig Jahre hatte sie regiert und dabei zwei Weltkriege überstanden. Ihre Popularität hatte sie als junge Königin über die revolutionären Wirren von 1917 gerettet, als Sozialisten auch in den Niederlanden die Monarchie abschaffen wollten. Als die alten europäischen Fürstenhäuser untergingen, die Romanows, die Habsburger und die Hohenzollern, blieb sie, die Königin eines neutralen Landes, von diesen Konflikten nicht verschont. In der Nacht vom 9. auf den 10. November 1918 suchte der letzte deutsche Kaiser Wilhelm II. bei ihr um Asyl an. Wilhelmina gestattete ihm zu bleiben – nach kurzem Zögern, weil sie seine Handlungsweise einfach »unglaublich« fand, wie sie in ihren Erinnerungen schrieb. Als aber die Alliierten den Deutschen vor ein Kriegsgericht stellen wollten, verweigerte Königin Wilhelmina beharrlich seine Auslieferung. 1940 hatte sie dem deutschen Ex-Kaiser sogar angeboten, sie bei ihrer Flucht vor den deutschen Truppen ins englische Exil zu begleiten. Doch Wilhelm II. zog es vor, im Land zu bleiben und Adolf Hitler telegrafisch zu seinen Kriegserfolgen zu gratulieren.

Drei Jahre nach Kriegsende, am Ende der Regierungszeit Königin Wilhelminas, bestimmte der Kalte Krieg das Verhältnis zwischen den Großmächten. Deutschland war noch in Zonen geteilt und in alliierter Hand, die Niederlande waren ein ausgeblutetes Land, das versuchte, an die Kolonialzeit vor dem Kriege anzuknüpfen. Mit der Inthronisierung von Königin Juliana 1948 wurde Beatrix Kronprinzessin. Nun erfuhr sie aus erster Hand, wie das Amt seine Inhaberin fordert.

Königin Juliana entwickelte schnell ihren eigenen Regierungsstil. Volkstümlich wollte sie sein und bürgernah, eine Königin zum Anfassen. Die junge Monarchin schaffte den Hofknicks ab und ließ sich mit »Mevrouw«, »Gnädige Frau«, anreden. Rollte man ihr den roten Teppich aus, so ignorierte sie diesen oft, indem sie nebenherging. In der Nähe des Schlosses war das Staatsoberhaupt sogar auf dem Fahrrad anzutreffen. »Das Protokoll ist mein natürlicher Feind«, soll sie einmal gesagt haben. »Eigentlich wäre sie lieber Sozialarbeiterin geworden«, heißt es am Hof. Kronprinzessin Beatrix hat dies alles aus nächster Nähe verfolgt. Einmal, so erzählt die Königshausexpertin Reinildis van Ditzhuyzen, war Beatrix mit ihrer Mutter auf einem Fest, als jemand, der die Königin aus den gemeinsamen Studienjahren in Leiden kannte, diese mit »Jula, Jula«-Rufen auf sich aufmerksam zu machen versuchte. Der jungen Beatrix muss dieser Mangel an Distanz ziemlich missfallen haben. 1980, nach ihrer Inthronisation, ließ sie die traditionellen Anredeformen offiziell wieder einführen. Ihr Presse- und Informationsamt verkündete damals: »Die Königin legt Wert darauf, künftig in der Öffentlichkeit wieder mit ›Ihre Majestät‹ angeredet zu werden.« Die niederländische Öffentlichkeit quittierte diesen Rückzug auf formellere Höflichkeitsbekundungen mit Erstaunen.

Die Jahrzehnte nach dem Krieg waren eine Zeit des Aufbruchs und wirtschaftlichen Aufschwungs in den Niederlanden, an deren Spitze sich Königin Juliana und Prinz Bernhard als glückliche Landeseltern präsentierten. Vier Töchter hatten die königliche Familie mittlerweile. Noch in Kanada war als dritte Tochter Prinzessin Margriet zur Welt ge-

Ich halte nichts vom Protokoll, das ist mein natürlicher Feind.

Königin Juliana

Er war lustig, man konnte lachen mit ihm, er machte ganz komische Sachen. Das Protokoll war ihm egal. Das muss herrlich gewesen sein für so ein Mädchen.

Reinildis van Ditzhuyzen, Königshausexpertin, über Prinz Bernhard

Juliana hielt sich viel mehr auf Abstand, sie war mehr die Mutter des Vaterlandes; sie war eine herzliche, nette Persönlichkeit – die sich glücklicherweise fast nirgendwo einmischte. In dieser Hinsicht sind die Monarchisten vielleicht etwas weniger begeistert von Juliana, aber wir als Republikaner sind der Meinung, dass Juliana es eigentlich besser machte.
Hans van den Bergh, Republikanische Gesellschaft

kommen, die heute bei offiziellen Anlässen ihre Schwester Beatrix gelegentlich vertritt. 1947 wurde zurück auf Schloss Soestdijk Nesthäkchen Marijke geboren. Sie lebte als Sängerin lange unter dem Namen »Christina« in New York. Trotz der jahrelangen Trennung der Familie während des Zweiten Weltkriegs boten das Königspaar und seine Kinder nach außen ein Bild der Harmonie. Die eher hausbackene Landesmutter suchte im Land den direkten Kontakt mit der Bevölkerung, während Prinzgemahl Bernhard, der weltgewandte Aristokrat, mit Charme und guten Kontakten der niederländischen Wirtschaft wieder auf die Beine verhalf. Doch hinter der Fassade fröhlicher Unbekümmertheit rumorte es. Beatrix' Vater nahm sich persönliche Freiheiten heraus. »Das Land wird von meiner Frau regiert; in unseren vier Wänden bestimme ich«, machte Bernhard gegenüber einem amerikanischen Reporter klar. Immer wieder hatte der Prinz Affären. Eine Freundin, die er während der Zeit seines Londoner Exils kennen und lieben gelernt hatte, begleitete mit dem Einverständnis Königin Julianas die Familie noch später jahrelang in den Skiurlaub. Beatrix muss die Freundin ihres Vaters gekannt haben. Doch eine Erklärung der wahren Zusammenhänge wird man der Heranwachsenden erspart haben.

Nicht verbergen vor der Kronprinzessin ließ sich jedoch eine Affäre, die die Monarchie existenziell ernsthaft bedrohte. Es begann mit der Sorge um die jüngste Tochter Marijke, die nach einer Rötelnerkrankung ihrer Mutter während der Schwangerschaft mit einer tückischen Augenkrankheit auf die Welt gekommen war. Die Ärzte konnten der kleinen Prinzessin nicht helfen. Ihr Sehvermögen verschlechterte sich dramatisch, bis Marijke auf einem Auge erblindete. Da hörte Prinz Bernhard auf einer Jagdpartie von einer Heilpraktikerin namens Greet Hofmans, die das sechsjährige Kind eines Jagdfreundes von einer schweren Tuberkulose geheilt hatte. Die wundersame Genesung ließ den überaus besorgten Vater hoffen, und so führte Prinz Bernhard die Wunderheilerin in seine Familie ein. Greet Hofmans, ein ältli-

Oben: »Das Protokoll als natürlicher Feind«: Die königliche Familie kurz nach dem Amtsantritt von Juliana, 1948
Unten: »Volkstümliche Herrscherin«: Die Königin besucht im Februar 1953 ein Hochwassergebiet auf der Insel Texel

Einer der größten Schürzenjäger, die Nordeuropa je gesehen hat, was dazu führte, dass ihn auch außerhalb der Niederlande zahllose Menschen »Papa« nennen.

Leon de Winter, niederländischer Schriftsteller, über Prinz Bernhard

Wenn die Menschen denken, dass ich mich ab und zu wie ein Schuft verhalten habe, dann gebe ich ihnen Recht. Es würde mich aber stören, wenn sie denken: Der hat nichts getaugt.

Prinz Bernhard

ches Fräulein in den Fünfzigern, behauptete, mit Gott »direkte Zwiesprache« zu halten, wobei ihr der Allmächtige aufgetragen habe, in seinem Namen zu heilen: »Er fragte mich, ob ich bereit sein würde, mich ausschließlich seinem Dienst zum Wohl meiner Mitmenschen zu widmen. Er werde mir Macht geben, ihnen zu helfen. Aber er stellte eine Bedingung. Ich müsse allen weltlichen Ansprüchen entsagen. Nun, natürlich nahm ich an.«

Bei Königin Juliana fiel der religiös-spiritistische Heilungsansatz der Gesundbeterin auf fruchtbaren Boden. Ein Hang zur Mystik war der Landesmutter nicht fremd, deshalb griff sie nur allzu gern nach diesem letzten Strohhalm. Hofmans versprach Hoffnung in einer hoffnungslosen Situation. Dafür durfte sie ins Schloss einziehen. Bei der ersten Begegnung mit der kleinen Marijke fixierte sie das Kind eine Weile, versank dann im Gebet und sprach: »Marijke wird sehen. Gott wird ihr volles Augenlicht geben – innerhalb von zwei Jahren.« Nach Ablauf der Frist war der Zustand der kleinen Prinzessin unverändert. Die Wunderheilerin hatte sich jedoch in der Zwischenzeit das Vertrauen der jungen Königin erschlichen und erklärte ihren Misserfolg mit dem fehlenden Vertrauen des Vaters in ihren göttlichen Heilungsauftrag. Prinz Bernhard müsse sich vollkommen Christus zuwenden, sonst könne das noch minderjährige Kind nicht gerettet werden.

Allmählich trieb die Gesundbeterin einen Keil zwischen die Eheleute. Bernhard veruntreue das königliche Vermögen, flüsterte Hofmans der Monarchin ein. Der Prinzgemahl, der mittlerweile wieder eine konventionelle Behandlung seiner jüngsten Tochter durchgesetzt hatte, bestand darauf, das ältliche Fräulein vom Hof zu weisen. Hofmans verließ das Schloss, blieb aber im benachbarten Baarn. So konnte sie ihren Einfluss auf Königin

»Wie einst der legendäre Mönch Rasputin am Hof des russischen Zaren, so nutzte im Palast von Soestdijk die einundsechzigjährige Greet Hofmans die Krankheit eines Königskindes, um Einfluss auf die Herrscherin in politischen und personellen Angelegenheiten zu gewinnen.«

Der Spiegel, 13. Juni 1956

»Wie einst Rasputin am Hof des Zaren«: Die angebliche Wunderheilerin Greet Hofmans stürzte das Königshaus in die Krise

Juliana weiter ausbauen. Die Monarchin übernahm langsam die ideologischen Grundsätze ihrer engsten Beraterin. In ihrem Hofstaat sammelte sie Anhänger der fanatischen Frömmlerein um sich. Ihren Ministern stellte sie beim Rapport religiös motivierte Fragen. Während einer Amerikareise 1952 kam es zum Eklat. Vor der UN-Vollversammlung in New York verlas Königin Juliana als Staatsoberhaupt eines NATO-Staates eine pazifistische

Beatrix hat darunter gelitten, dass die Eltern sich stritten. Sie liebte beide.

Coos Huijsen, Biograph der Königin

Die Ehe lief wirklich sehr schlecht, es war fast ein Kriegszustand. Er hat dann auch verlauten lassen: Ich werde nur noch geduldet. Königin Juliana hat ihn aus dem Palais schmeißen wollen.

Reinildis van Ditzhuyzen, Königshausexpertin

Grundsatzrede, die sie persönlich ausgearbeitet hatte. Sie befürwortete dabei die Idee eines dritten Weges zwischen Kapitalismus und Kommunismus, womit sie der Haltung ihrer eigenen Regierung widersprach. Das eigenmächtige Vorgehen der Monarchin brachte das Land an den Rand einer Verfassungskrise. Der Skandal war so ungeheuer, dass die Papiere der zur Untersuchung der Affäre eingesetzten Kommission noch bis 2056 für die Öffentlichkeit gesperrt sind. Eine Parallele zum russischen Mönch Rasputin, der vor dem Ersten Weltkrieg an den Hof des letzten Zaren gekommen war und die Heilung des unter der Bluterkrankheit leidenden Thronfolgers Alexej in Aussicht gestellt hatte, lag auf der Hand.

Längst kriselte es in der Ehe des niederländischen Herrscherpaars. Man sprach schon von Scheidung. Gerüchte machten die Runde, Prinz Bernhard wolle seine eigene Frau entthronen, um selbst zu regieren. Kronprinzessin Beatrix, sechs Jahre älter als Marijke, muss die Entfremdung der Eltern nicht verborgen geblieben sein. In dieser angespannten Atmosphäre feierte die Prinzessin ihren achtzehnten Geburtstag, der sie zur Mitgliedschaft im Staatsrat berechtigte. In diesem höchsten Beratungsorgan der Krone wird die gesetzgeberische Arbeit der Regierung besprochen. Auf offiziellen Empfängen von ihren Eltern begleitet, versuchte Beatrix, sich nichts anmerken zu lassen. Aber die Anspannung stand ihr ins Gesicht geschrieben. Längst gab es Andeutungen der Krise in der Presse. Beatrix erfuhr so am eigenen Leib, was es bedeutet, wenn Familienstreitigkeiten in die Öffentlichkeit gezerrt werden. »Sie hat darunter gelitten, dass die Eltern sich stritten. Sie liebte beide«, sagt ihr Biograph Coos Huijsen. Aber die Angelegenheit hatte längst die Grenzen der Familie gesprengt.

Das Drama um die Gesundbeterin weitete sich aus, als Königin Juliana ihren Mann aus dem Schloss entfernen lassen wollte. Der Prinzgemahl wehrte sich. Heimlich lancierte er über den britischen Journalisten Sefton Delmer Informationen über den wahren Zustand der niederländischen Monarchie in der bundesdeutschen Presse. Jeder, »vor allem aber das Kabinett«, sollte »wachgerüttelt« werden, begründete er später seine Indiskretion. Am 13. Juni 1956 zeigte der *Spiegel* auf seinem Titel Prinz Bernhard, dandyhaft mit weißer Nelke im Knopfloch. Unter der Schlagzeile »Zwischen Königin und Rasputin« veröffentlichte das Blatt die Machenschaften der Greet Hofmans als Posse zwischen Königshaus und Regierung. »Dat Schmutzblatt«, wie der deutsche Kanzler Konrad Adenauer es gerne nannte, erhielt in den Niederlanden umgehend Verkaufsverbot. Vergeblich – der *Spiegel* verfehlte mit der Veröffentlichung seine Wirkung nicht. Greet Hofmans verschwand endgültig aus dem Leben der Oranier, was die Rettung der Monarchie bedeutete. Die Ehe zwischen Königin Juliana und Prinz Bernhard blieb jedoch auf lange Zeit zerrüttet.

Hätte Königin Juliana schon 1956 abdanken müssen infolge jener Affäre, so wäre Beatrix bereits mit achtzehn Königin geworden. Bernhards Pressecoup hatte diesen Wechsel verhindert. Dank der Beendigung der Staatskrise gewann Beatrix die Zeit, die sie brauchte, um sich gewissenhaft auf ihre Aufgabe vorzubereiten. Die erbliche Thronfolge betrachtete die Kronprinzessin stets als große Herausforderung. Es könne nicht sein, sagte sie einmal, dass man aller Sorgen enthoben sei, weil man in einer bestimmten Wiege gelegen habe. Schon in jungen Jahren war es ihr ein ernstes Anliegen, das Amt, das ihr aufgrund ihrer Herkunft vorherbestimmt war, durch Arbeit und Leistung zu »verdienen«.

1956 begann Prinzessin Beatrix ein Studium der Rechtswissenschaft in der Universitätsstadt Leiden. Hier hatte in den zwanziger Jahren bereits Mutter Juliana ihre akademischen Weihen erhalten. In den späten fünfziger Jahren verlief das Studentenleben noch in geordneten Bahnen. Von wilden Partys oder geschwänzten Vorlesungen der Kronprinzessin ist nichts bekannt. Immerhin: Beatrix nahm sich eine ganz normale Privatwohnung, ohne Diener und Koch. Es soll auch eine Romanze mit einem Bürgerlichen gegeben haben, die die Eltern unterbanden. Vor allen Dingen aber war es ein Abschnitt in ihrem Leben, in dem sie Zeit hatte zum Nachdenken, über die Zukunft und über die Annahme der Königswürde. »Ich glaube, die Bereitschaft dazu ist erst allmählich in mir gewachsen. Dann gab es einen Moment, als

Wenn Prinz Bernhard und Königin Juliana sich hätten scheiden lassen, dann wäre Beatrix schon achtzehnjährig Königin geworden. Dann hätte sie keine Jugend gehabt, hätte nicht studieren können in Leiden, und das wäre natürlich tragisch gewesen.

Coos Huijsen, Biograph der Königin

»Angespannte Atmosphäre«: Trotz aller Querelen wurde nach außen hin die Fassade einer heilen Familie aufrechterhalten (Familienfoto von Mitte der fünfziger Jahre)

ich auf einmal dachte: Jetzt muss ich mich entscheiden, ob ich es tun will oder nicht. An diesen Moment kann ich mich gut erinnern, das war ein tiefer Einschnitt in meinem Leben. Da habe ich es schlagartig innerlich akzeptiert: Ich stelle mich dem, und ich will mein Bestes dafür tun.« Nach fünf Jahren legte Beatrix 1961 ihr Examen ab. Ganz stolze Mutter, holte Königin Juliana ihre Tochter mit Blumen wieder nach Hause.

Doch Beatrix wollte nicht wieder in den Hort der Familie zurückkehren. Nicht weit von Soestdijk, idyllisch im Wald gelegen, bezog die Junggesellin ein romantisches Wasserschloss namens Drakensteyn. Nun, da sie die Entscheidung für sich getroffen hatte, machte sich Beatrix daran, Land und Leute näher kennen zu lernen. Dass sie darunter nicht nur Schönwetter-Besuche verstand, machte sie schnell klar. Sie wollte hinter die Kulissen schauen und ihre zukünftigen Untertanen in ihrem sozialen Umfeld erleben: Drogenabhängige bei der Entziehungskur, Frauen beim nächtlichen Schichtdienst, Behinderte in einer Anstalt. Die Kronprinzessin kannte keine Berührungsängste – da war sie ihrer unprätentiösen Mutter sehr ähnlich. Und wie diese hatte sie ihren eigenen Kopf. Was sie sich einmal vorgenommen hatte, das verfolgte sie auch beharrlich bis zum Ende – selbst wenn die Umsetzung eines Planes einmal Jahre dauern sollte, wie der Besuch des Prostituiertenviertels von Amsterdam. Viele Bedenken gab es vorher zu zerstreuen. Königin Juliana und Prinz Bernhard reagierten mit Entsetzen auf den Vorschlag der Tochter, nächtens das Rotlichtmilieu der Hauptstadt zu durchstreifen. Die Regierung erachtete das Unternehmen als zu gefährlich und lehnte jegliche Verantwortung ab. Schließlich erhielt Kronprinzessin Beatrix doch die ministerielle Erlaubnis für diese Stippvisite. Es gelang ihr, Alida Bosshardt für ihren Plan zu gewinnen. Diese, eine Majorin der Heilsarmee, sollte die Thronfolgerin bei ihrem Gang durch die engen Gassen Amsterdams begleiten. Um nicht erkannt zu werden, trug Beatrix Perücke, Kopftuch und dunkle Brille, als sich die beiden Damen auf den Weg »durch die Szene« machten.

Alida Bosshardt präsentierte der hochwohlgeborenen jungen Frau die ganze Palette des Angebots: »Frauen, die in den Fenstern saßen und ihre Körper für Geld verkauften. Etablissements, in denen homosexuelle Männer auf Kunden warteten, und viele Obdachlose.« Zwei Sicherheitsbeamte folgten den Frauen bei ihrem Gang durch die Kneipen und Bordelle wie Schatten. »Die sagten, wir sollten sie gar nicht beachten«, erinnert sich noch heute die über neunzigjährige Bosshardt, »die benahmen sich so, als ob sie Kunden wären.« Plötzlich hatte die Majorin von der Heilsarmee eine Idee. Sie zeigte der Kronprinzessin eine unbekannte Verbindung zwischen zwei Gassen. Als die Damen sich umdrehten, waren ihre Bewacher verschwunden. Sie hatten das unternehmungslustige Duo aus den Augen verloren. »So oft wäre ich sie gerne los, und es gelingt mir nie«, sagte Beatrix zu Alida Bosshardt, »heute Abend aber sind wir sie los.« Bis weit nach Mitternacht setzte Kronprinzessin Beatrix ihre Feldstudie fort. Dann flog ihr Inkognito auf. Sie war dem Journalisten Peter Zonneveld über den Weg gelaufen. Beatrix kannte ihn, und er kannte sie. Sie wusste, dass ihr jetzt auch Kopftuch und Brille nicht mehr helfen würden. »Der erkennt mich an meinen Beinen«, erklärte sie ihrer Begleiterin. Es kam, wie es kommen musste: Am nächsten Tag erschien ein

Eine Königin muss wissen, wie das Volk lebt. Sie wollte eben auch das Prostituiertenviertel von Amsterdam besuchen, nicht nur weil das ein moralisches Thema ist, sondern auch wegen der sozialen Aspekte.

Coos Huijsen, Biograph der Königin

Es war gefährlich, aber ich glaubte nicht, dass etwas passieren würde. Königin Juliana und Prinz Bernhard und auch die Heilsarmee hatten damit ein Problem – ich nicht.

Alida Bosshardt, Heilsarmee

Foto der Prinzessin in ihrer lächerlichen Verkleidung in *De Telegraaf*. Doch Prinzessin Beatrix bereute nichts – im Gegenteil: Es sei der außergewöhnlichste Abend ihres Lebens gewesen, ließ sie die Frau von der Heilsarmee wissen; ein wertvoller Abend, so etwas müsse man einfach einmal erleben.

Beatrix war dreiundzwanzig Jahre alt, als sie die Hochschule in Leiden verließ – höchste Zeit zum Heiraten und Kinderkriegen. Schließlich lebt die Monarchie von der dynastischen Reproduktion. Vater Prinz Bernhard schickte sie und Schwester Irene durch ganz Europa zu den Bällen des Hochadels. Im Sommer 1964 feierte der deutsche Prinz Moritz von Hessen seinen Polterabend auf Schloss Kronberg im Taunus. Auf dem Fest erweckte ein gut aussehender Mann Beatrix' Interesse. Er war Deutscher, hieß Claus von Amsberg und entstammte dem niederen Landadel, zwar ohne Eintrag im Gotha, aber international erfahren als Diplomat. Ihm schien eine glänzende Karriere vorbestimmt. Eben erst hatte er das Angebot erhalten, mit dem ersten deutschen Botschafter Rolf Pauls in Israel die Aufnahme diplomatischer Beziehungen zwischen der Bundesrepublik Deutschland und Israel mitzugestalten – neunzehn Jahre nach Kriegsende eine ehrenvolle und verantwortungsvolle Aufgabe. Amsbergs israelischer Freund Avi Primor, der ihn im diplomatischen Korps von Abidjan an der Elfenbeinküste kennen gelernt hatte und später israelischer Botschafter in Bonn wurde, hatte bereits eine Wohnung in Israel besorgt. Da erhielt Primor einen Brief von seinem Freund, in dem jener mitteilte, er werde auf seinen Posten in Israel verzichten, möglicherweise sogar auf seine Karriere. Er habe sich in die niederländische Kronprinzessin verliebt, wisse aber noch nicht, ob das holländische Volk eine solche Verbindung gutheißen würde.

Amsbergs Zweifel waren berechtigt. Als am 1. Mai 1965 morgens um neun Uhr ein Paparazzo ein Foto von Beatrix und Claus beim Spaziergang im Park von Schloss Drakensteyn machte, ging ein Aufschrei der Empörung durch das Land. Ausgerechnet ein »Mof«, ein »hässlicher Deutscher«, an

> *Es ist sehr kompliziert für einen Prinzen oder eine Prinzessin, wenn die Öffentlichkeit zu früh weiß, dass sie verliebt sind. Denn dann können die jungen Leute sich nicht mehr frei kennen lernen. Und deswegen versucht man das so lange wie möglich geheim zu halten.*
> Coos Huijsen, Biograph der Königin

»Sie wollte hinter die Kulissen schauen«: Kronprinzessin Beatrix als Studentin in Leiden (oben Mitte) und mit Brille und Perücke verkleidet im Amsterdamer Rotlichtviertel (unten links)

Er war Deutscher, und die Erinnerung der Niederländer an den Krieg und an die Deutschen waren synonym mit »schlecht«. Und er war doch ein Symbol für alle Deutschen.

Reinildis van Ditzhuyzen, Königshausexpertin

Es war Liebe auf den ersten Blick. Hätte ich geahnt, was da alles auf mich zukam, ich hätte zum Rückzug geblasen.

Prinz Claus

der Seite der Kronprinzessin, zudem ein ehemaliger Soldat der deutschen Wehrmacht! Noch im März 1945 war der damals achtzehnjährige von Amsberg nach Italien zu einer Panzerdivision abkommandiert worden. Dort geriet er bei Kriegsende in amerikanische Gefangenschaft. Die Jahre davor hatte er wie viele Hitlerjungen als Flakhelfer gedient. »Sehr beunruhigt wegen der Vergangenheit: Deutscher …«, notierte der damalige niederländische Ministerpräsident Jo Cals Anfang Mai 1965 in sein Tagebuch. Die niederländische Regierung prüfte sorgfältig den Lebenslauf des Mannes, in den sich ihre Kronprinzessin verliebt hatte. Ohne Zustimmung des Parlaments würde Beatrix nicht heiraten dürfen, wenn sie nicht die Thronfolge riskieren wollte. So steht es in der Verfassung. Auch in Italien ließen die niederländischen Behörden Nachforschungen anstellen und prüfen, ob Amsbergs Einheit dort an Kriegsverbrechen beteiligt gewesen war. Die Untersuchungen ergaben nichts, führten aber zu Irritationen mit der Heimat des Zukünftigen. »Was zu viel ist, ist zu viel. Schließlich will Beatrix nicht Herrn Globke oder Herrn Seebohm heiraten«, fasste eine führende deutsche Zeitung den allgemeinen Unmut in Worte.

Dem Königshaus blieb nur die Flucht nach vorne. »Die Zeit, in der die Eltern bestimmen, wen die Kinder heiraten sollen, ist vorbei«, ließ Prinz Bernhard verlauten. Am 28. Juni 1965 verkündete Königin Juliana die Verlobung ihrer Tochter mit dem Deutschen. Claus von Amsberg überraschte die Niederländer, indem er ihre Sprache schnell erlernte und bei der Pressekonferenz offen die Vorbehalte gegen ihn ansprach: »Ich bin mir Ihrer Gefühle wohl bewusst und weiß, dass viele von Ihnen Schwierigkeiten damit haben, was in der jüngsten Vergangenheit geschehen ist. Ich verstehe und respektiere das, aber ich werde mein Bestes tun, um Ihr Vertrauen zu gewinnen.« Die Charmeoffensive des smarten Deutschen konnte nicht verhindern, dass sechzigtausend Holländer eine Protestschrift gegen die Hochzeit unterschrieben, die von der jüdischen Gemeinde Amsterdams boykottiert wurde. Auch Amsbergs israelischer Freund Avi Primor musste unter diesen Umständen seine Teilnahme an den Feierlichkeiten absagen. Die Wunden, die der Zweite Weltkriegs und die Zeit der deutschen Besatzung gerissen hatten, waren noch zu frisch. Ein deutscher Bräutigam schien nicht »vermittelbar«. Im Sommer 1965 diskutierte der Ministerrat allen Ernstes darüber, ob der Rufname des zukünftigen Bräutigams in »George« geändert werden sollte, weil der Name Claus so »typisch deutsch« sei. So weit sollte es dann aber doch nicht kommen. Immerhin, über neun Stunden debattierte das niederländische Parlament über die Heiratsabsicht ihrer Kronprinzessin. Erst dann wurde das Heiratsgesetz mit großer Mehrheit angenommen. Über die Jahre wurde »Prinz Claus«, wie er mit neuem Titel hieß, zum beliebtesten Mitglied der Königsfamilie.

Ich könnte einige Ratschläge geben. Ich kenne meine Tochter und weiß, dass sie einen sehr starken Charakter hat. Ich würde ihm raten, sich von ihr nicht unterkriegen zu lassen.

Prinz Bernhard anlässlich der Bekanntgabe der Verlobung am 28. Juni 1965

Für die meisten Menschen ist ihr Hochzeitstag einer der schönsten Tage ihres Lebens. Das möchte ich für meinen Hochzeitstag nicht so absolut behaupten. Die Verlobungszeit war eine schwierige Periode.

Prinz Claus, 1978

In Anwesenheit des europäischen Hochadels fand am 10. März 1966 die Trauung statt, auf besonderen Wunsch der Braut in Amsterdam, Zentrum des Widerstands während der deutschen Besatzungszeit. Doch was eine Märchenhochzeit werden sollte, wurde überschattet von antideutschen Krawallen. »Claus raus« und »Trix ist nix«, skandierten Demonstranten. Rauchbomben flogen, Fensterscheiben gingen zu Bruch, als das Brautpaar in der goldenen Kutsche zur »Nieuwe Kerk« fuhr. Unbeeindruckt von den Protesten einer Minderheit, feierten die Medien die frisch Vermählten als das Liebespaar des Jahres, und das mit Recht. Beatrix und Claus waren das erste Paar in der Geschichte des Hauses Oranien-Nassau, das aus Liebe geheiratet hatte und nicht aus irgendeiner Art von Staatskalkül. Die Menschen spürten, dass sich da zwei gefunden hatten – wider alle historische Vernunft. Für die Niederlande und Deutschland bedeutete diese Liebe einen Neuanfang der nachbarschaftlichen Beziehungen. Die Hochzeit versöhne zwei Länder, hieß es.

Die Ehe wurde für Beatrix – im Gegensatz zu der ihrer Eltern – ein Hort privaten Glücks. In rascher Folge wurden drei Söhne geboren: 1967 Willem-Alexander, 1968 Johan Friso, der sich heute nur noch Friso nennt, und 1969 Constantijn. Erstmals seit 1890 würde damit in der nächsten Generation wieder ein König auf dem Thron sitzen. Prinz Claus hatte sich um die Dynastie verdient gemacht. Fünfzehn Jahre verblieben dem jungen Paar für ein relativ normales Familienleben, das die jungen Eltern in vollen Zügen genossen. Prinzessin

Sie waren das erste fürstliche Paar in der Geschichte des Hauses Oranien, das nur aus Liebe geheiratet hat und nicht aus politischen Gründen.

Coos Huijsen, Biograph der Königin

Ein großer Teil der linken Intellektuellen, die diese Heirat stark kritisierten, hat seine Kritik zurückgezogen und sich bewusst gemacht, dass es natürlich Unsinn ist, dass alle Deutschen schlecht waren.

Jan Hoedeman, Hofberichterstatter

Oben: »Symbol für alle Deutschen«: Nach der Bekanntgabe der Verlobung von Beatrix mit Claus von Amsberg hagelte es in den Niederlanden Proteste
Unten: »Nur aus Liebe geheiratet und nicht aus politischen Gründen«: Die königliche Hochzeit am 10. März 1966

»Claus raus!«: Die Feierlichkeiten wurden von antideutschen Krawallen überschattet. Eine Rauchbombe behindert den Hochzeitszug

Der Erfolg dieser Ehe beruhte darauf, dass es ein »love team« ist. Sie haben sehr gut zusammengearbeitet. Und es war echte Liebe.

Jan Hoedeman, Hofberichterstatter

Sie war sehr jung damals und unerfahren, und sie hat unheimlich viel bei ihm gelernt. Sie wollte von ihm lernen, und er war nicht nur ihr Mann, er war auch ein Lehrer für sie.

Avi Primor, Freund der Familie

Beatrix war eine liebevolle Mutter, Prinz Claus ein umsichtiger Vater, der seinen Söhnen jederzeit mit Rat und Tat zur Seite stand. Später, als Königin, erinnerte sich Beatrix mit Wehmut an diese Jahre in Drakensteyn, dem »verlorenen Paradies«, wie sie es nannte: »Es war natürlich eine herrliche Zeit in Drakensteyn – das Haus, die Umgebung –, wir hatten sehr glückliche Jahre. Mein Mann und ich haben vor allem versucht, allen drei Söhnen ein glückliches Familienleben zu bieten, damit sie ausgeglichene, glückliche Menschenkinder werden.«

Der zwölf Jahre ältere Prinz Claus wurde während jener Zeit engster Berater und Mitarbeiter der Kronprinzessin. Im Gegensatz zu seinem Schwiegervater hielt Prinz Claus sich bewusst im Hintergrund. Er fädelte keine großen Geschäfte ein, trug nie eine prächtige Uniform. Das Leben eines Jetset-Aristokraten wie Prinz Bernhard war ihm fremd. Aus seiner Zeit als Diplomat in Afrika interessierte er sich besonders für die Probleme der Dritten Welt. Er reiste oft nach Afrika und stellte seine Kenntnisse auf diesem Gebiet in den Dienst der niederländischen Regierung – als Sonderberater des Ministers für Entwicklungszusammenarbeit.

Während Prinzessin Beatrix und Prinz Claus als Königspaar im Wartestand ihr Glück im Grünen genossen, braute sich über Schloss Soestdijk ein neues Unwetter zusammen. Ausgerechnet dem rührigen Prinz Bernhard, dem als »Botschafter der niederländischen Wirtschaft« ein großer Anteil am Aufblühen der holländischen Nachkriegswirtschaft zukam, wurde vorgeworfen, 1,1 Millionen Dollar Schmiergeld von einem amerikanischen Flugzeugkon-

Die »Lockheed-Affäre«, die Zeitungen waren damals voll damit. Unter anderem habe ich einen Satz gelesen, Prinzessin Beatrix habe gesagt: Sollte ihre Mutter unter solchen Umständen zurücktreten, dann würde sie den Thron nicht besteigen. Ich habe sie sofort gefragt: »Stimmt das?« Sie antwortete: »Warum soll ich den Thron nicht besteigen? Diese Sache schmerzt mich aus persönlichen Gründen. Was hat das mit meiner Thronbesteigung zu tun?«

Avi Primor, Freund der Familie

»Auf den Grabstein gemeißelt«: Ministerpräsident Joop den Uyl informiert das niederländische Parlament über die Untersuchungen zur Lockheed-Affäre, August 1976

zern angenommen zu haben. Die Affäre kam ins Rollen, als 1976 im US-Senat bekannt wurde, dass der US-Flugzeughersteller Lockheed den Verkauf seiner Düsenjäger F 104, der »Starfighter«, weltweit mithilfe von Bestechungsgeldern gefördert hatte. Auf der Liste der Geldempfänger tauchte ein hoher Regierungsbeamter der Niederlande auf. Ein niederländischer Untersuchungsausschuss entdeckte daraufhin ein persönliches Schreiben von Prinz Bernhard an Lockheed, in dem er die Überweisung der Provision für den Kauf der Starfighter durch die niederländische Armee anforderte. Alles deutete also auf den Vater von Kronprinzessin Beatrix hin, doch konnte ihm die Annahme des Geldes nicht nachgewiesen werden. Die vielen offenen Fragen boten Raum für Spekulationen. Die Boulevardpresse brachte die großzügige Zahlung von Lockheed in Verbindung mit dem Kauf eines Luxusappartements für Bernhards Pariser Geliebte Helene Grinda – und dies nicht ganz ohne Grund, wie sich später zeigen sollte. Der Gatte der Königin stand kurz vor einem Strafverfahren, das niederländische Königshaus

Ich habe mich damit ausgesöhnt, dass dieser Tatbestand mit dem Wort »Lockheed« auf meinen Grabstein gemeißelt sein wird.

Prinz Bernhard, 2002

Er ist immer ein Taugenichts geblieben.

Juliana

direkt vor dem Abgrund. Königin Juliana drohte mit Rücktritt, sollte ihrem Mann der Prozess gemacht werden. Diesen Skandal wollten die Eheleute zusammen durchstehen. Die Öffentlichkeit spekulierte bereits, ob sich Kronprinzessin Beatrix überhaupt zur neuen Königin ausrufen lassen würde, sollte sich ihre Mutter unter derart demütigenden Umständen zurückziehen müssen. Die Mitte-Links-Regierung unter Ministerpräsident Joop den Uyl sah von einem Gerichtsverfahren ab. Prinz Bernhard wurde jedoch unehrenhaft aus allen Ämtern entlassen, es waren fast dreihundert. Seine Posten als Generalinspekteur der Landstreitkräfte, Admiralleutnant der königlichen Marine und General der königlichen Luftwaffe musste er aufgeben und auf das Tragen seiner geliebten Uniform verzichten. Die Sozialisten hätten die Monarchie gerettet, sagte Königin Juliana.

Vier Jahre nach dem Skandal wurde Kronprinzessin Beatrix Königin. Mutter Juliana dankte an ihrem einundsiebzigsten Geburtstag, dem 30. April 1980, ab und nannte sich fortan wieder »Prinzessin«. Die mittlerweile zweiundvierzigjährige Beatrix ging mit frischem Elan das Amt an, auf das sie zeitlebens vorbereitet worden war. Alle königlichen Rituale kamen auf den Prüfstand. Bei der Inthronisierung bestimmte sie, dass die Insignien der Königsherrschaft, Krone, Zepter und Reichsapfel, durch das niederländische Grundgesetz, das »Fundament der Zusammenarbeit« zwischen ihr und dem Staat, ergänzt werden sollten. Ernsthaft erwog Beatrix, ob sie nicht statt des Königsmantels mit Hermelinbesatz und aufgestickten goldenen Löwen eher ein zeitgemäßes Kleidungsstück tragen sollte, ein Kostüm etwa. Doch dann siegte die Tradition, und Beatrix schritt würdevoll im purpurroten Königsmantel zur Zeremonie. Die Krone blieb – wie bei den Oraniern üblich – bei den Reichsinsignien liegen: »Sie würde wahrscheinlich auch gar nicht passen«, meint Königin Beatrix.

Wie schon während der turbulenten Hochzeitsfeierlichkeiten nutzten die Amsterdamer die Inthronisierung zu Protestkundgebungen. Erneut wurde die Krönungsstadt Schauplatz heftiger Krawalle. Diesmal richteten sich die Proteste nicht gegen den deutschen Ehemann der Königin, sondern gleich gegen die ganze Institution Erbmonarchie. Sie entfachten sich daran, dass das Schloss Huis ten Bosch, der zukünftige Wohnsitz der königlichen Familie in Den Haag, für vierzig Millionen Euro renoviert worden war, während in der Hauptstadt Wohnungsnot herrschte. Amsterdamer Hausbesetzer, die »Krakers«, lieferten sich Schlachten mit der Polizei. Aus Sicherheitsgründen blieb die goldene Kutsche diesmal im Depot. Als drinnen, in der »Nieuwe Kerk«, in der Beatrix und Claus auch getraut worden waren, die junge Kö-

Oben: »Der Wille, der Gemeinschaft zu dienen«: Die Krönung von Königin Beatrix am 30. April 1980
Unten: »Ein Königreich für ein Haus«: Zahlreiche Demonstranten nutzen die Krönungsfeiern zu Protesten gegen die in Amsterdam herrschende Wohnungsnot

nigin ihren Eid leistete, skandierten die Randalierer draußen: »Geen woning, geen kroning« – »Keine Wohnung – keine Krönung!« Beatrix pompöser Amtsantritt endete im Missklang. Nach außen ließ die neue Königin sich nichts anmerken. Wie schmerzhaft sie die Proteste gegen ihre Inthronisierung empfunden hat, kann man nur ahnen. Als acht Jahre später bei einem inoffiziellen Besuch Amsterdams ein Bürger der Stadt Beatrix spontan um den Hals fiel und sie auf die Wangen küsste, ließ sie es mit einem glücklichen Lächeln geschehen – als ob es ein Versöhnungsangebot der Stadt wäre an ihre Königin.

Die neue Königin ließ alte Zöpfe wie das königliche Defilee abschaffen. Sie förderte moderne Kunst. Die neuen Geldmünzen trugen ein abstraktes Porträt der Herrscherin. Beatrix' Wohn- und Dienstort war jetzt Den Haag, der Regierungssitz, denn sie wollte nahe am politischen Zentrum sein. Von Anfang an ging sie ihre Aufgabe höchst professionell an. »Dies muss ich nun einmal tun. Aber dann möchte ich es auch gut machen und so gut wie möglich informiert sein«, erklärte sie. Jeden Montagnachmittag empfängt sie den Regierungschef in ihrer Residenz Huis ten Bosch. Das wöchentliche Gespräch mit dem Premier ist Ihrer Majestät »unglaublich wichtig«. Auch von den Ministern lässt sie sich regelmäßig informieren. »Der König«, wie es in der niederländischen Verfassung heißt, ist Mitglied der Regierung, aber es sind die Minister, die die Verantwortung für das Staatsoberhaupt tragen. Ansprachen und Reden des Monarchen müssen mit dem Ministerpräsidenten abgestimmt werden. Doch die Königin kann Akzente setzen. Ihre Aktenkenntnis ist in aller Munde. »Die Königin weiß alles«, heißt es unter Politikern. Manch einer, der zum Gespräch gebeten wurde, empfand dies wie eine Prüfung. Über die Jahre hat Beatrix Hunderte von Notizbüchern zu den unterschiedlichsten Themen anlegt. »So kann sie zurückblättern, und dann sagt sie auf einmal: ›Schau, das haben wir vor sieben Jahren schon mal besprochen, und damals sagten wir …‹«

Sie ist eine intellektuelle Frau mit unheimlich viel Charakter.
Avi Primor, Freund der Familie

Nicht Macht, persönlicher Wille oder Anspruch oder ererbte Autorität, sondern allein der Wille, der Gemeinschaft zu dienen, kann der Monarchie heutzutage einen Inhalt geben.
Königin Beatrix 1980 bei ihrer Inthronisierung

Viele fanden es unter Königin Juliana gemütlicher. Doch die Anerkennung der Lebensleistung von Beatrix überwiegt. Sie habe aus dem etwas chaotischen Regierungsgebäude ihrer Vorgängerin »einen modernen Palastbetrieb gemacht, geleitet von einem arbeitswütigen Manager, der Monarchin selbst«, heißt es. Als »Verwaltungsratspräsidentin

Königin Juliana wollte eine ganz normale Frau sein. Gemütlich sein und sich normal benehmen. Als Königin Beatrix antrat, wollte sie eine professionelle Königin sein. Niemand, der genauso wie die Nachbarin und der Nachbar ist – jemand, der ein Land verkörpert und hart daran arbeitet, die Monarchie zu erhalten. Dies ist ihr zur Mission geworden.
Jan Hoedeman, Hofberichterstatter

des Unternehmens Niederlande« bezeichnet sie spöttisch-respektvoll die heimische Presse. Was Ihre Majestät unter vier Augen mit ihren Ministern bespricht, bleibt der Öffentlichkeit vorenthalten. »Für den politischen Einfluss ist das Parlament zuständig«, sagt Königin Beatrix. Doch sie hat das Recht, um Rat gefragt zu werden, und sie nutzt es gerne. Ihren Gesprächen unter dem Siegel der Verschwiegenheit räumt sie einen hohen Stellenwert ein. Da habe sie die Möglichkeit, auf Probleme hinzuweisen und Lösungsansätze vorzuschlagen. »Ich kann Signale abgeben, mitteilen, was meiner Meinung in der Gesellschaft geschieht. … Das mag alles ein bisschen umständlich klingen«, gesteht sie selbst ein, aber dieses diskrete Verfahren sei »keineswegs weniger effektiv«. Königin Beatrix steht in dem Ruf, hinter den Kulissen in diplomatischen Angelegenheiten durchaus mehr als einmal ihren Einfluss geltend gemacht zu haben. »Die Macht der Königin ist das Geheimnis des Palastes«, sagt die Hofkennerin und Historikerin Reinildis van Ditzhuyzen.

Den Republikanern im Land ist diese »Geheimniskrämerei« ein Dorn im Auge. 1996 haben einige von ihnen einen Verein gegründet, die »Republikanische Gesellschaft«, die sich für die Abschaffung der vererbbaren Monarchie von Gottes Gnaden einsetzt. Es ist, zumindest bislang, ein Kampf gegen Windmühlen. 2005 plädierten noch nicht einmal achteinhalb Prozent der Niederländer für die Abschaffung der Monarchie. Doch die Mitglieder dieses kleinen Zirkels, darunter viele Professoren, sind keine Spinner. Unter der Regentschaft von Beatrix sehen auch sie keine reale Möglichkeit, das Königshaus aufs Altenteil zu schicken. Beatrix sei einfach zu gut, heißt es lapidar. Viele Niederländer halten es wie Harry Mulisch, der große niederländische Autor, der anlässlich Beatrix' fünfundzwanzigjährigen Re-

Beatrix ist ein echter Manager, sie hat dem ganzen Königshaus eine straffe Einrichtung verpasst.
Hans van den Bergh, »Republikanische Gesellschaft«

Manchmal möchte ich doch mehr Einfluss nehmen.
Königin Beatrix, 1988

Das Problem ist, dass viele Politiker glauben, es käme einem politischen Selbstmord gleich, das Königshaus infrage zu stellen.

Jackjan Wirken, Vorsitzender der Neuen Republikanischen Gesellschaft

Vor allem täuscht man sich, wie einsam es ist. Das ist etwas, das man vorher gar nicht abschätzen kann.

Königin Beatrix, 2005

gierungsjubiläums 2005 sagte: »Eigentlich ist mir das Königshaus gleichgültig. Aber ich glaube, Beatrix macht ihre Sache gut. Es läuft alles wie geschmiert, und offene Kritik höre ich keine mehr. Also, warum sollten wir die Monarchie abschaffen?«

Die Monarchie lebt. Doch die Monarchin leidet. Offen wie kaum ein anderer europäischer Fürst, hat Königin Beatrix immer wieder auf die Schattenseiten ihres hohen Amtes hingewiesen und damit Vorstellungen vom sorglosen Leben in Glanz und Gloria ins Reich der Legenden verwiesen. Erstmals sprach sie davon bei ihrer Krönung, an Mutter Juliana gerichtet: »Das Amt, das Ihr mir heute übertragen habt, liebe Mutter, ist sehr einsam. Wie einsam, könnt nur Ihr allein wissen. Aber ebenso wenig wie Ihr bin ich allein. Ich begreife, wie glücklich ich bin, dass neben mir mein Mann steht, der mich stützt, ergänzt und korrigiert.« Juliana wiederum hatte anlässlich ihrer eigenen Inthronisierung voller Selbstzweifel gefragt: »Wer bin ich, dass ich diese Last tragen muss?«, und hatte dann doch zweiunddreißig Jahre die Krone getragen. Das Gefühl, den enormen Anforderungen nicht immer gerecht werden zu können, das Gefühl, auf sich gestellt zu sein – Beatrix und ihre weiblichen Vorfahren haben dies stark empfunden und auch öffentlich eingestanden. Unter dem Motto »Eenzaam, maar niet alleen« – »Einsam, aber nicht allein« veröffentlichte Beatrix' Großmutter Wilhelmina ihre Erinnerungen. Es war nicht Amtsmüdigkeit, eher Erfahrung, als Beatrix nach zehn Jahren auf dem Thron sagte: »Dieses Amt ist nicht erworben. Es beinhaltet eine Funktion, um die kein Mensch von sich aus fragen würde. Es ist ein Amt, von dem nur der äußere Glanz, nicht aber die Last und Selbstbeschränkung, die es immerwährend auferlegt, sichtbar wird.« Prinzgemahl Claus wurde 1998 gegenüber dem ZDF noch deutlicher: »Unser Leben spielt sich ab zwischen Pflicht und vierundzwanzig Stunden im Dienst zu sein. Wir sitzen in einem gläsernen Haus.«

Die Lüge regiert in der einheimischen Journalistik.

Königin Beatrix, 2000

Nein, Majestät, nicht die Lüge regiert, es sind die Lakaien, die regieren – Ihre Lakaien.

Antwort von *NRC Handelsblad*

Es ist der öffentliche Druck auf das Privatleben, der den Oraniern zu schaffen macht. Als junges Mädchen soll sich Beatrix einmal vor die versammelten Fotografen gestellt und kokett posiert haben: »Dies bin ich von vorne, und so sehe ich von hinten aus.« Selten nur geben sich Journalisten

> *Wir legen großen Wert auf unser Privatleben und entziehen es weitgehend dem Einblick der Öffentlichkeit. Andererseits ist diese Offenheit in offizieller Funktion ein Merkmal der niederländischen Monarchie seit Jahrhunderten. Und ich selber glaube, man muss zugänglich sein, offen für die Probleme und Gedanken der Menschen, offen für die moderne Zeit.*
> Königin Beatrix, 1991

damit zufrieden. »Hermelinflöhe« nennt Königin Beatrix die sensationslüsternen Pressefotografen und drückt damit aus, wie sehr sie sich geplagt fühlt von diesem Berufsstand. Prinzgemahl Claus, so sehen es viele Beobachter des Hofes, zerbrach an den Zumutungen seiner Rolle: »Als meine Frau Königin wurde, wurde ich automatisch Prinzgemahl. Im Gegensatz dazu wird aber die Frau eines Königs in einem solchen Fall Königin« – nicht, dass der scheue Prinz gleich selbst König werden wollte, aber er litt doch offensichtlich unter seiner Rolle. Das königliche Protokoll hinderte den Prinzgemahl daran, seinen vielfältigen Interessen nachzugehen. Der Mann der Königin durfte auf keinen Fall Gegenstand politischer Kontroversen werden. Dies war nicht zuletzt eine Konsequenz aus der Lockheed-Affäre. Sie hatte dem Prinzgemahl das letzte bisschen Spielraum genommen. »Es war eine Kinderrolle«, schrieb der *Spiegel* 1982, »gerade sitzen, Öhrchen spitzen, Hände falten, Mündchen halten. So kam die Schwermut über ihn.« Eine patriarchalisch ausgerichtete Öffentlichkeit sah in der Umkehr der Rollenverteilung einen schweren Traditionsbruch. Einem richtigen Mann musste die dominante Königin ja aufs Gemüt schlagen: »Der Claus wa' ja schwermütich«, hieß das bei Else Stratmann alias Elke Heidenreich. »Ich hab dat immer gut verstanden, weil blöd muss sich einer schon vorkomm', immer zwei Schritte hinter de Gattin un als Prinzgemahl.« In der Tat verlangt die Etikette, das der Mann an der Seite der Königin hinter ihr geht und bei öffentlichen Anlässen dreißig Zentimeter tiefer zu sitzen hat.

Gleichwohl wurde Prinz Claus nach der Inthronisierung von Königin Beatrix ein viel beschäftigter Mann. Er beriet den Minister für Entwicklungszusammenarbeit, saß in Gremien der Umweltpolitik und Raumordnung, gehörte Stiftungsvorständen zum Schutz von Nationalparks und Kulturdenkmälern an, begleitete die Königin, hielt Reden und Grußansprachen und eröffnete Kongresse. Dann brach er zusammen. »Als er Prinzessin Beatrix heiratete, dachte er noch, dass er Botschafter für die Niederlande in

»Öhrchen spitzen, Hände falten, Mündchen halten«: Es war auch der dröge Alltag als Prinzgemahl, der bei Claus zu Depressionen führte (Foto aus dem Jahr 1982)

einem anderen Land werden konnte. Ihm war gar nicht deutlich, wie sehr er gefesselt sein würde durch die Funktion seiner Frau«, sagt der Hofberichterstatter Jan Hoedeman.

Im Herbst 1982 wurde Seine Königliche Hoheit Prinz Claus der Niederlande zum ersten Mal in die Nervenklinik des renommierten Professors Paul Kielholz in Basel eingeliefert. Die Blätter schrieben, der Prinz habe versucht, sich das Leben zu nehmen. Von offizieller Seite wurde sein Zustand als »Apathie, das Resultat von Depression, Ermüdung und Asthma«, beschrieben. Auf Anraten der Ärzte wurde Prinz Claus für einige Zeit seiner Pflichten am Hof entbunden. Der Prinzgemahl verbrachte wieder viel Zeit bei Freunden in seiner deutschen Heimat. Am »Prinsjesdag« 1983, nur drei Jahre nach der Krönung seiner Frau, nahm Prinz Claus zum ersten Mal nicht an der feierlichen Parlamentseröffnung in Den Haag teil. Der zweite und kleinere Thron neben der Königin wurde entfernt. Königin Beatrix absolvierte erstmals ihr Pflichtprogramm alleine. Die anstehenden Staatsreisen nach Dänemark und Italien verschob sie. Die Ärzte befürchteten, dass sich bei Prinz Claus die Depressionen noch verstärkten, wenn seine Frau ohne ihn reiste. Sah sich Prinz Claus nur noch als Statist am königlichen Theater? Fühlte er sich als »Leibeigener der Königin«, wie es eine deutsche Wochenzeitung formulierte?

Menschen, die beide kannten, wie Altbundespräsident Richard von Weizsäcker, sahen ein Paar, das gut aufeinander eingespielt war: »Prinz Claus hat sich ja sehr bescheiden im Hintergrund gehalten, wenn man so will, und doch mit seiner großen Klugheit seiner Frau ganz außerordentlich viel und entscheidend geholfen. Sie selber war die, die uns das immer wieder spüren ließ – es war wirklich schön, wie sie so im privaten Gespräch, auch wenn sie zunächst natürlich immer die Initiative hatte, dann an irgendeinen Punkt kam, wie sie so richtig zu Claus rüberblickte und dachte, er wird das jetzt auf den Punkt bringen.« Auch Freunde der Familie, wie Avi Primor, halten einen Zusammenhang der Depressionen mit seiner Rolle als Prinzgemahl für absurd: »Als Beatrix Königin geworden war, wurde er ihr engster Berater, ihr Verbündeter, ihr Partner. Er stand im Schatten, natürlich, weil er keine offizielle Position hatte. Aber er war sehr glücklich, nicht nur mit dieser Rolle, sondern auch mit der Rolle, die die holländische Regierung an ihn übergeben hat, das heißt die Hilfe für die Dritte Welt. Das war immer seine Leidenschaft. Seine Krankheit war eine physische Krankheit, die Leute haben es nicht begriffen.«

Depressionen, das Verzweifeln am Leben und der Überdruss am eigenen Tun – das passt so gar nicht zu den Hochglanzbildern europäischer Königshäuser. Die Krankheit von Prinz Claus warf einen dunklen Schatten auf das Familienglück. Der Gegensatz zwischen der vitalen Königin und ihrem seltsam starren Mann schmerzte. Für die patente Beatrix war das Funktionieren der königlichen Familie immer auch eine Voraussetzung für den Erfolg der Monarchie gewesen. Würde das Königspaar die Last des Amtes weiterhin zusammen tragen können? Manche munkelten jetzt von Rücktrittsabsichten, aber ein pflichtbewusster Mensch wie Beatrix gibt nicht einfach auf. Die Königin und ihr Prinzgemahl beschlossen, mit dem Leiden ehrlich umzugehen. »So etwas kann jedem passieren« erklärte Beatrix 1990 betont nüchtern in einem Fernsehinterview, Jahre nach Ausbruch der Depressionen. »Jetzt ist es eben uns passiert.«

Ich kann nicht ausschließen, dass eine erbliche Anlage zur Depression durch sein Leben im Schatten verstärkt wurde. Er konnte gar nicht absehen, wie sehr er durch das Amt seiner Frau gefesselt sein würde.
Jan Hoedeman, Hofberichterstatter

Er war sehr glücklich, nicht nur mit dieser Rolle, das war es nicht. Seine Krankheit war eine physische Krankheit, die Leute haben es nicht begriffen. Er hatte eine physische Nervenkrankheit, und die hat ihn bedrückt, aber geistig war er immer vollkommen in Ordnung.
Avi Primor, Freund der Familie

»Versöhnungsangebot der Stadt an die Königin?«: Ein junger Amsterdamer drückt Beatrix bei einem Besuch der Stadt 1988 ein Küsschen auf die Wange

Doch die Strapazen des Kampfes gegen die Krankheit waren ihr ins Gesicht geschrieben. Geduldig hörte sie ihrem Mann zu, der mit schleppender Stimme hinzufügte: »Inzwischen fühle ich mich gut, ich habe die Krankheit hinter mir. Aber es ist natürlich etwas anderes als ein gebrochenes Bein, das geheilt ist und um das man sich dann nicht mehr kümmern muss. Es ist etwas, das viel tiefer geht, etwas, dass das Denken und die ganze Persönlichkeit beeinflusst. Das eigene Funktionieren, die Zukunft und alles, was mit der Position zusammenhängt.« Prinz Claus war danach nicht mehr derselbe. Aber er machte immer wieder deutlich, dass er ohne die Hilfe seiner Frau die dunkelste Phase seines Lebens nie hätte überwinden können, sie »vielleicht nicht einmal überlebt hätte«.

In späteren Jahren folgten weitere Krankheiten: Parkinson, Krebs, ein Herzinfarkt. Mit stiller Würde ertrug der Prinzgemahl seine Gebrechen. Es kostete ihn für alle sichtbar eine große Kraftanstrengung, wenn er trotzig mit dem Protokoll spielte, wenn er bekannte, dass eine Rede, die er vorzutragen gedenke, erstens nicht von ihm, zweitens langweilig sei und er drittens deshalb gleich zum gemütlichen Teil des Abends übergehen wolle;

Die Krankheit hat die Beziehung einerseits inniger gemacht, aber andererseits die Situation auch schwieriger. Er war ja physisch krank – er hatte Parkinson – und psychisch, die Depressivität. Und die Arbeit der Königin ging einfach weiter. Sie hat zwar versucht, immer wieder Zeit für ihren Mann zu finden. Aber sie konnte das natürlich nie in dem Maße wie eine »normale« Frau. Das belastete ihre Ehe natürlich. Aber sie haben nach bestem Wissen und Gewissen versucht, die Sache zu überwinden und damit umzugehen. Das wird nicht einfach gewesen sein. Ich habe davor großen Respekt.

Carel ter Linden, ehemaliger Seelsorger der Königsfamilie

wenn er seine Krawatte in einer Geste der Befreiung vom Hals nestelte und im hohen Bogen auf die Bühne warf; wenn er seiner Beatrix vor geladenem Publikum spontan eine Liebeserklärung machte: »Ich bin so glücklich, dass du da bist. Und, meine Damen und Herren, Sie können sich nicht vorstellen, was ich empfinde. Es ist fabelhaft. Danke, Beatrix.« – Die Niederländer liebten ihn für seine unkonventionelle und bescheidene Art.

Die Krankheit brachte es mit sich, dass sich die königliche Familie noch mehr abschottete. Vehement bestand die Königin auf ihrem Recht auf Privatleben und versuchte es weitgehend dem Einblick der Öffentlichkeit zu entziehen. Sie habe große Probleme, wenn die Medien in ihre Privatsphäre drängten, gestand sie, sie sei da »sehr empfindlich«. Auch möge sie nicht, wenn ihre Gespräche mit Menschen in die Öffentlichkeit gezerrt würden. Das Privatleben müsse man bewusst abschirmen, um wenigstens ab und zu Ruhe zu finden. »Sie verkörpert zwei Personen«, sagt die Königshausexpertin Reinildis van Ditzhuyzen, »sie ist die Königin, und sie ist Beatrix. Es gibt zwei Welten für sie, die soll man nicht verbinden. Die Privatsphäre ist ihr einfach sehr wichtig.« Kritiker machen Königin Beatrix ihre Reserviertheit gegenüber den Medien zum Vorwurf. Wer sie jedoch in den letzten Jahren beobachtet hat, seit sie mehrfache Großmutter geworden ist, der kann ihr mit zunehmendem Alter eine gewisse Lässigkeit im Umgang mit privaten Angelegenheiten nicht absprechen.

Wenn ich mir Europa anschaue, dann muss ich sagen, dass ein Besuch in Deutschland immer eine besondere Dimension hat.

Königin Beatrix, 2005

Das starke Temperament, der eigene Wille, der Verstand und die völlige Identifizierung mit dem Moment, in dem sie gerade gefordert war, das sind Eigenschaften, die sie als Königin praktiziert.

Richard von Weizsäcker

Von Anfang an räumte die junge Königin der Aussöhnung mit Deutschland einen besonderen Stellenwert ein. Nach zwei kurzen Staatsbesuchen bei den »Vettern« in Luxemburg und Belgien – Belgien gehörte bis zur Revolution 1830 zum Königshaus, Luxemburg fiel erst beim Regierungsantritt von Königin Wilhelmina 1890 an eine andere Linie, weil dort die weibliche Thronfolge nicht erlaubt war – statteten Ihre Majestät und Prinz Claus im März 1982 der Bundesrepublik Deutschland einen Besuch ab, knapp zwei Jahre nach Beatrix' Thronbesteigung. Ihre Mutter, Königin Juliana, hatte erst sechsundzwanzig Jahre nach Kriegsende wieder deutschen Boden betreten. Unter »fremder Flagge«, mit einem Charterflugzeug der Pan Am, flog das Königspaar nach Berlin. Noch stand die Stadt unter alliiertem Besatzungsrecht, und nur Fluglinien der westlichen Siegermächte durften in Berlin-Tegel landen. Noch gab es auch eine Mauer, die Stadt und Land teilte und auf die der Besuch aus den Niederlanden am Brandenburger Tor einen Blick werfen durfte. Beatrix würdigte in der geteilten Stadt die Ausdauer, mit der Berlin über drei Jahrzehnte für seine Ideale eingetreten sei. Vielleicht, so erklärte sie beim Eintrag in das Goldene Buch der Stadt im Schloss Charlottenburg, werde diese Beharrlichkeit Berlins auf die Dauer auch andere Völker ermutigen und so »ganz Europa Wege in eine glückliche Zukunft weisen«. Bei aller Zustimmung, deren das niederländische Staatsoberhaupt für solch moralische Unterstützung gewiss sein konnte: Es war – und ist – die Vergangenheit, die auf den deutsch-niederländischen Beziehungen lastet und der sich das niederländische Staatsoberhaupt und ihr deutscher Mann zu stellen hatten. Die Königin tat dies, indem sie zusammen mit dem damaligen Regierenden Bürgermeister von Berlin, Richard von Weizsäcker, in der Gedenkstätte Plötzensee einen Kranz niederlegte, zum Gedenken an die Opfer des Widerstands.

Als ich sie kennen lernte, 1965/66, habe ich gesagt: »Wir sind ja mit dem Mythos vom heroischen holländischen Volk aufgewachsen, das so wundervoll im Widerstand gegen die Nazis war und Juden gerettet hat.« Sie sagte: »Hör auf… …hör auf damit, das sind Legenden. Natürlich gab es Leute, die Widerstandskämpfer waren. Natürlich gab es Leute, die Juden retteten. Es gab aber so viele andere, die Juden verraten und mit den Deutschen kollaboriert haben. Die meisten waren weder das eine noch das andere.«

Avi Primor, Freund der Familie

»Aussöhnung mit Deutschland«: Der Besuch in Deutschland im Jahr 1982 hatte für Beatrix einen hohen Stellenwert. Hier mit dem Regierenden Bürgermeister Richard von Weizsäcker im geteilten Berlin

Der Widerstand gegen die braune Diktatur wird in vielen Ländern hoch geehrt, auch in den Niederlanden. Das Land war weitgehend immun gegen die Ideologie des Antisemitismus. Spektakuläre Aktionen prägen die Erinnerung an die Tapferkeit der Niederländer. Mit einer zweitägigen Arbeitsniederlegung, dem »Februar-Streik«, reagierten mutige Arbeiter 1941 auf die Deportation von vierhundert Amsterdamer Juden in ein Konzentrationslager. Der Streik wurde blutig niedergeschlagen, aber er ist ein einmaliges Zeugnis des Widerstands in der Geschichte des besetzten Europa. Etwa fünfundzwanzigtausend Juden gelang es in den Niederlanden während der Besatzungszeit unterzutauchen. Zwei Drittel überlebten. Mehr als viereinhalbtausend jüdische Kinder wurden bei nichtjüdischen Familien versteckt.

Viele glauben, dass alle Holländer im Krieg die Juden verteidigt hatten und dass alle Helden im Widerstand waren – die Geschichte von Anne Frank und so weiter. Aber das ist nicht die Realität.

Coos Huijsen, Biograph der Königin

Sie alle wurden von ihren nichtjüdischen Landsleuten, die dafür die Einweisung ins Konzentrationslager riskierten, mit Lebensmitteln unterstützt und mit falschen Papieren ausgestattet. Die Geschichte der Anne Frank und ihrer Familie, die von 1942 bis 1944 in einem Amsterdamer Hinterhaus im Versteck lebte und dort von ehemaligen Angestellten ihres Vaters versorgt wurde, ist weltweit bekannt.

Aber es gibt auch eine andere Seite der Geschichte: Fast fünfundsiebzig Prozent der niederländischen Juden wurden während der deutschen Besatzungszeit ermordet. Diese Quote ist höher als in jedem anderen westeuropäischen Land. Mit dazu beigetragen haben Kollaborateure und Denunzianten, die es ebenfalls in Holland gegeben hat, und dies nicht nur innerhalb der »Nationaal-Socialistische Beweging« (NSB), der einzig zugelassenen Partei unter der deutschen Besatzung. Viele niederländische Landsleute beteiligten sich an der Judenjagd. 160 820 Juden wurden auf Betreiben der deutschen Besatzer kurz nach dem Einmarsch gezählt, davon 16 000 Flüchtlinge aus dem Deutschen Reich und 8000 aus anderen Ländern. Weit über 100 000 ließen ihr Leben im Holokaust. Meistens wurden sie in das Durchgangslager Westerborg in der Drenter Heide gebracht und von dort aus in die Vernichtungslager im Osten. Der Abtransport der Juden und die Enteignung ihres Besitzes verliefen relativ reibungslos, weil die niederländischen Behörden bei der Ermittlung der Wohnorte der Juden halfen und die Amsterdamer Polizei sich an der Deportation beteiligte. Als die Deutschen merkten, dass sie nicht aller Juden habhaft werden konnten, schufen sie einen finanziellen Anreiz für Nichtjuden, ihre verfolgten Landsleute zu verraten. Gegen eine »Fangprämie« von 7,50 Gulden (was heute etwa 37,50 Euro entspricht) konnten Juden bei den deutschen Behörden abgeliefert werden, die den »Empfang« in einem »Übernahmeschein« quittierten und die Prämie auszahlten. Eine Gruppe um die Holländer Wim Henneicke und Willem Briedé, die so genannte Kolonne Henneicke, war bei der Menschenjagd besonders erfolgreich. Diese Kopfjäger gingen Hinweisen aus der Bevölkerung nach, durchsuchten Wohnungen nach dort Versteckten und griffen Verdächtige direkt von der Straße auf. Hunderte ihrer jüdischen Mitbürger haben allein diese Männer und ihre Helfershelfer auf dem Gewissen. Auch das Versteck von Anne Frank wurde verraten und die damals Fünfzehnjährige mit ihrer Familie im August 1944 verhaftet und nach Westerborg gebracht. Im März 1945 starb Anne Frank in Bergen-Belsen an Entkräftung, nur wenige Wochen vor der Befreiung des Lagers durch britische Truppen. Allein ihr Vater überlebte die Lager.

Anlässlich der Gedenkfeierlichkeiten zum fünfzigsten Jahrestag der Befreiung am 4./5. Mai 1995 hatte die niederländische Regierung beschlossen, keine deutschen Politiker einzuladen. Königin Beatrix forderte ihre Landsleute zur Versöhnung mit den ehemaligen Kriegsgegnern auf. Fünfzig Jahre nach dem Ende des Zweiten Weltkriegs dürfe die Vergangenheit die Gegenwart nicht mehr beherrschen: »Auf Unterdrückung folgt Befreiung, aber auf Befreiung folgt Versöhnung.« Sie, deren Vater wegen seiner Mitgliedschaft in zahlreichen NS-Organisationen immer wieder angegriffen worden war, schlug konziliante Töne an: Die deutsche Bevölkerung sei damals im »Angst einjagenden Würgegriff« des Regimes starr vor Schrecken gewesen. Auch sei es damals nicht so einfach gewesen, wie es heute erscheine, zwischen Gut und Böse zu unterscheiden. Offen prangerte sie den Gründungsmythos der niederländischen Nachkriegsgesellschaft an, die Niederländer hätten in den Jahren der deutschen Besatzung in ihrer überwiegenden Mehrheit Widerstand geleistet: »Der Widerstand war nicht allgemein. Die meisten zogen es vor, einfach weiterzuleben, in der Hoffnung zu überleben.«

Drei Monate später, im März 1995, wiederholte Beatrix dieses Eingeständnis des Versagens der niederländischen Zivilgesellschaft im Angesicht einer brutalen Diktatur vor der Knesseth, dem israelischen Parlament: »Wir wissen, dass viele unserer Landsleute mutig und manchmal erfolgreich Widerstand geleistet haben, dass sie oft bedrohten Mitmenschen beigestanden und sich selbst dabei in Lebensgefahr begeben haben. Wir wissen aber auch, dass das die Ausnahme war und dass das niederländische Volk die Ver-

Beim Besuch an Israel dachte ich, dass es nötig ist, auch unser eigenes Land zu betrachten. Wir neigen dazu, unsere eigene Rolle im Krieg – glücklicherweise gab es viele Menschen, die unglaublich tapfer gewesen sind, die wahnsinnig viel Gutes getan haben –, dies als Maßstab dafür zu nehmen, wenn wir zurückblicken, wie Niederländer sich im Krieg verhalten haben. Und es gab natürlich auch andere Seiten, es gab auch Schattenseiten, und nicht alles hat sich so mutig und heroisch zugetragen, wie es manchmal dargestellt wird. Ich dachte, dass es gut ist, so viele Jahre nach dem Krieg diesen Teil doch einmal anzusprechen.
Königin Beatrix, 2005

»Die Vernichtung der jüdischen Mitbürger nicht verhindert«: Die Königin spricht vor der israelischen Knesseth, März 1995

nichtung der jüdischen Mitbürger nicht verhindern konnte.« Diese Worte riefen zwiespältige Gefühle hervor bei ihren Untertanen. Die einen pflichteten ihr bei und lobten ihren Mut, die Dinge beim Namen zu nennen. Andere hielten die königliche Kritik für wohlfeil: Sie selbst und ihre Familie hätten diese schwierige Zeit schließlich im bequemen Exil verbracht. »Es geht nicht darum, Vergangenheit zu bewältigen. Das kann man gar nicht. Sie lässt sich ja nicht nachträglich ändern oder ungeschehen machen. Wer aber vor der Vergangenheit die Augen verschließt, wird blind für die Gegenwart. Wer sich der Unmenschlichkeit nicht erinnern will, der wird wieder anfällig für neue Ansteckungsgefahren«, hatte der damalige Bundespräsident Richard von Weizsäcker am 8. Mai 1985 in einer Gedenkstunde im Deutschen Bundestag gesagt. Prinz Claus hatte diese Rede übersetzen lassen und, mit einem eigenen Vorwort versehen, unter den Journalisten des Landes verteilt – das war seine Art, Stellung zu beziehen.

Zu Besuch in der eigenen Vergangenheit – für das königliche Staatsoberhaupt erwies sich das nicht immer als einfache Aufgabe. Selten nur offenbart Königin Beatrix, wie es dabei um ihre persönlichen Gefühle und Ansichten

»Schwierige Visite«: In der ehemaligen niederländischen Kolonie Indonesien wurde Königin Beatrix (hier mit Staatschef Suharto) im August 1995 nicht eben herzlich empfangen

bestellt ist. Sie muss repräsentieren, gelassen und souverän. Die Kraftanstrengung, die dahinter steht, lässt sie sich nicht anmerken. Nur beim Besuch in der früheren Kolonie Indonesien im Spätsommer 1995 gab sie einmal offen zu, dass es sich um eine »schwierige« Visite handle. Schon im Vorfeld ihres zehntägigen Staatsbesuchs hatte es Streit gegeben. Die größte holländische Kolonie, »Niederländisch-Indien«, wie sie damals genannt wurde, war im Zweiten Weltkrieg von den Japanern besetzt worden, die sich jedoch nach dem Sieg der Alliierten wieder zurückziehen mussten. Die Niederländer wollten die Herrschaft erneut übernehmen, stießen dabei aber auf Widerstand der indonesischen Nationalisten unter ihrem Führer Blitar Sukarno. Es begann ein blutiger Unabhängigkeitskampf. Den paramilitärischen Nationalisten begegnete die alte Kolonialmacht mit brutaler Gewalt; Dörfer wurden niedergebrannt, Gefangene an Ort und Stelle erschossen. Als »Polizeiaktionen« gingen die blutigen Auseinander-

Die Königin fuhr nach Indonesien und hätte sich auch im Namen der Niederlande für die Kolonialzeit entschuldigen können. Aber die Politik hat ihr das nicht gestattet.

Coos Huijsen, Biograph der Königin

Beatrix sollte sich ihrem cord-business, dem Durchtrennen von Schleifen und dem Überreichen von Orden, widmen und sich weiter nicht einmischen.

Hans van den Bergh, Republikanische Gesellschaft

setzungen in die Geschichte ein, an der rund zweihunderttausend niederländische Soldaten beteiligt waren. Etwa sechstausend Niederländer und Mischlinge sowie etwa zweihunderttausend Indonesier verloren in dem Konflikt ihr Leben. Erst im Dezember 1949 erkannte Den Haag auf Druck Washingtons die indonesische Unabhängigkeit an und zog sich aus dem Inselreich zurück.

Seither führen Diskussionen über die koloniale Vergangenheit immer wieder zu emotionalen Auseinandersetzungen. Die einflussreichen Veteranenverbände verhinderten 1995 die geplante Teilnahme von Königin Beatrix an den Feierlichkeiten zum fünfzigsten Jubiläum der indonesischen Unabhängigkeitserklärung. Dies hätte, so meinten die alten Kämpfer damals, zu sehr nach später Anerkennung der Unabhängigkeit ausgesehen. Beatrix fügte sich und traf erst vier Tage nach der offiziellen Zeremonie in Indonesien an. Es wurde eine brisante Mission, in der Königin Beatrix einige Brüskierungen auszuhalten hatte. Offizielle Gesprächstermine wurden früher beendet als vorgesehen, geplante Essen kurzfristig abgesagt. »Die Königin wird hier regelrecht durchs Land gejagt, damit sie so schnell wie möglich wieder draußen ist«, kommentierte ein Journalist aus ihrer Entourage das seltsame Verhalten der Gastgeber. Die Regierung in Jakarta ließ die Königin deutlich spüren, dass sie nicht willkommen sei. Gespannt wurde nun Beatrix' Erklärung beim festlichen Staatsbankett erwartet. »Tiefe Trauer« bekundete die Königin für die vielen Opfer des indonesischen Unabhängigkeitskampfes in den Jahren 1945 bis 1949. Für viele Einheimische war das zu wenig. Mehr war aber wohl innenpolitisch nicht durchzusetzen in einem Land, in dem gerade erst der Schriftsteller Graa Boomsma zu einer Geldbuße verurteilt worden war, weil er die »Polizeiaktionen« mit den Verbrechen der Nazis verglichen hatte. Die von der ehemaligen Kolonie erhoffte formelle Entschuldigung für über dreihundert Jahre Kolonialherrschaft blieb aus. »Ich muss das Suchen von Lösungen anderen überlassen«, hatte die Monarchin einmal fast bedauernd gesagt. Ihr waren die Hände gebunden. Stattdessen versuchte Beatrix es mit versöhnlichen Tönen. In den Niederlanden, so sagte sie, habe damals die Überzeugung vorgeherrscht, dass das Kolonialregime für beide Länder vorteilhaft wäre. Seitdem hat die Königin die Ex-Kolonie nicht mehr besucht. Eine nationale Debatte über das dunkelste Kapitel niederländischer Kolonialgeschichte steht wohl noch aus.

Das neue Jahrtausend, das weltweit mit friedlichen Millenniumsfeiern so positiv angefangen hatte, brachte für Königin Beatrix persönliches Leid und

»Mutter der Nation«: Die Königin lässt sich im Jahr 2000 am traditionellen Königinnentag einen rohen Hering schmecken

eine Reihe von Skandalen, die das Königshaus in seinen Grundfesten erschütterten. Für ersten Unmut sorgte eine Meinungsumfrage anlässlich ihres zwanzigjährigen Regierungsjubiläums Anfang 2000. Rund die Hälfte der Niederländer, so das überraschende Ergebnis, befürwortete eine Pensionierung Ihrer Majestät mit nur fünfundsechzig Jahren, also bereits 2003. Köninginmutter Juliana, die sich als »Mutter der Nation« einer großen Sympathie seitens ihrer Untertanen erfreuen konnte, war immerhin schon einundsiebzig Jahre, als sie aus freien Stücken zugunsten ihrer ältesten Tochter abdankte. Das schlechte Umfrageergebnis mag im Zusammenhang mit der Kritik an Beatrix' sechzigstem Geburtstag gestanden haben, den die Königin 1998 »ganz privat« und hinter verschlossenen Türen mit Freunden und den lieben Verwandten aus Europas Königshäusern gefeiert hatte. Das Volk hatte damals mit Enttäuschung registriert, dass es in den Feierlichkeiten Ihrer Majestät überhaupt nicht vorgesehen war. Beatrix reagierte auf die

Umfrage am »Königinnentag« 2002 mit einer »Offensive des Charmes« und schlug dabei selbstkritische Töne an. Sie wolle Bilanz ziehen, erklärte sie: »Eine kritische Selbstanalyse, denke ich, ist ganz nützlich, besonders wenn man etwas länger in einer bestimmten Position ist.« Doch sei es nicht oberflächliche Popularität, nach der sie strebe. Sie wolle an ihrer Linie festhalten, ruhig weiterarbeiten, Dinge machen, an die sie glaube. »So bin ich nun einmal« – ungewohnt offene Worte für eine Monarchin von Gottes Gnaden. Sie fielen auf fruchtbaren Boden. Republikanische Bestrebungen, die Rechte des Königs in der niederländischen Monarchie einzuschränken, verliefen im Sande. Als am 6. Oktober 2002 nach langer Krankheit der allseits beliebte Prinz Claus starb, stand das Volk in seiner Mehrheit längst wieder geschlossen hinter der königlichen Familie und ihrem Oberhaupt.

Der Tod von Prinz Claus riss nach sechsunddreißig Jahren Ehe ein großes Loch in das Leben von Königin Beatrix. Der Prinzgemahl fand in der Neuen Kirche in Delft seine letzte Ruhestätte, unter dem marmornen Grabdenkmal Wilhelms von Oranien, des Stammvaters der Oranier. Selten nur verbarg Königin Beatrix ihre Gefühle so wenig wie bei der Beerdigung ihres Gatten. Sie habe tagelang ununterbrochen geweint, erinnert sich Avi Primor, der Freund der Familie: »Die beiden waren nicht nur nach außen hin – für die Fotografen oder für das Volk – ein Paar. Sie haben sich wirklich geliebt und waren sehr, sehr glücklich.«

»Mein Mann war der Regisseur des Königshauses«, sagte die Witwe nach seinem Tod.

Ein letztes Mal hatte Prinz Claus seinen Einfluss geltend gemacht bei der Hochzeit des Kronprinzen Willem-Alexander mit Máxima Zorreguieta. Claus begrüßte die Brautwahl seines ältesten Sohnes und setzte sich in der Familie für die beiden ein. Dabei herrschte grundsätzlich Konsens zwischen den Eheleuten, dass auch den Prinzen eine Liebesheirat gestattet sei. Die Qualitäten der zukünftigen Frauen sollten der Maßstab sein und nicht Ebenbürtigkeit. »Mein Mann und ich waren uns einig«, sagte Beatrix öffentlich, nachdem alle Söhne verheiratet waren, »dass man die Mädchen, die unsere Söhne mit nach Hause bringen, kritisch ansehen muss.« Doch weil die Ehen der Prinzen vom Parlament genehmigt werden müssen, galt es auch politische Kriterien anzulegen.

Sie hat tagelang ununterbrochen geweint. Für mich war das eine sehr, sehr seltene, echte Liebesgeschichte. War wunderschön, das zu beobachten.

Avi Primor, Freund der Familie

Er war eine Perle in der niederländischen Krone.

Algemeen Dagblad nach dem Tod von Claus

Als 1999 Willem-Alexander in Sevilla die Ar-

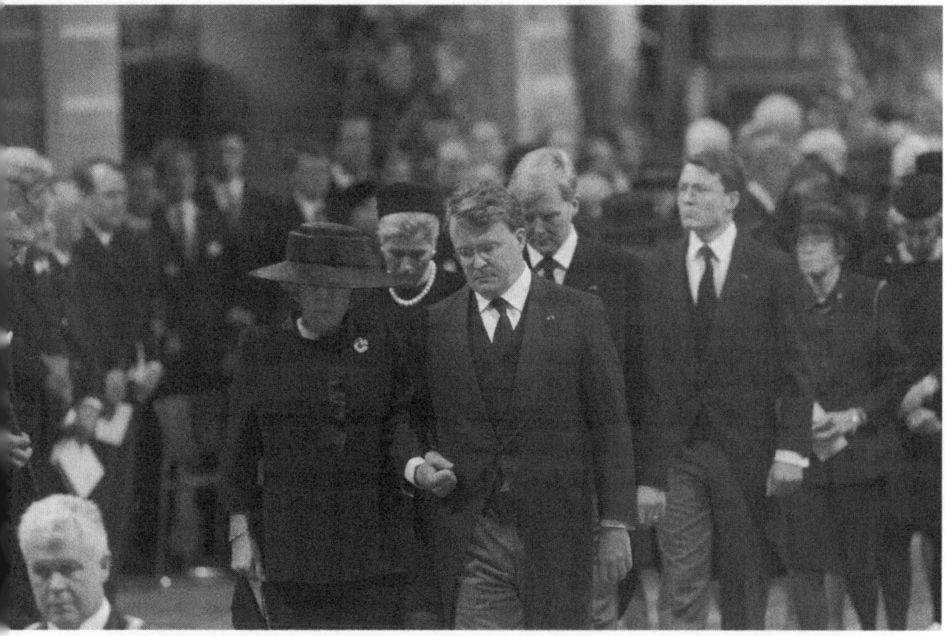

Oben: »Von der Krankheit gezeichnet«: Beatrix und ihr Ehemann während eines Theaterbesuchs im Januar 2002
Unten: »Sie hat tagelang ununterbrochen geweint«: Die Beerdigung von Prinz Claus am 15. Oktober 2002 in der Neuen Kirche in Delft

Mein Mann und ich waren uns einig, dass man die Mädchen, die unsere Söhne mit nach Hause bringen, kritisch ansehen muss. Bei uns kommt natürlich noch hinzu, dass die Funktion hohe Anforderungen stellt. Aber ich kann sagen, wenn es das Klischee gab, »böse Schwiegermutter« – ich bin eine glückliche Schwiegermutter. Ich wünsche jedem so fantastische Schwiegertöchter, wie ich sie habe. Ich bin sehr stolz und froh über sie.
Königin Beatrix, 2005

gentinierin Máxima Zorreguieta kennen lernte, sah es auf den ersten Blick nach einer guten Partie für den Thronfolger aus. Nachdem erste Gerüchte von der Liebesbeziehung durchgesickert waren, schickte der damalige Ministerpräsident Wim Kok einen Beauftragten nach Argentinien, wo dieser das Umfeld der zukünftigen Braut erkunden sollte. Das Ergebnis der geheimen Untersuchung war nicht gerade erfreulich. Máximas Vater Jorge Zorreguieta hatte während der argentinischen Militärdiktatur von 1976 bis 1983 hohe Regierungsfunktionen innegehabt und hätte damit qua Amtes von dem Verschwinden Tausender politischer Gegner während der Juntajahre Kenntnis haben müssen. Premier Kok hielt zwar nicht viel davon, Tochter Máxima für die Vergangenheit ihres Vaters verantwortlich zu machen. Gleichwohl, die Anwesenheit eines argentinischen Juntamitglieds bei den Jubelfeiern in Amsterdam wäre der Stimmung sicherlich abträglich gewesen.

Der breite Widerstand gegen die Braut muss Königin Beatrix an die Vorbehalte gegen ihren eigenen Ehemann erinnert haben. Prinz Claus, der 1965 so angefeindet worden war, verteidigte seine zukünftige Schwiegertochter. Premier Wim Kok gelang es, den Gordischen Knoten zu zerschlagen. Auf seinen salomonischen Ratschluss hin distanzierte sich Máximas Vater öffentlich von der Terrorherrschaft der Militärjunta: »Ich verurteile diese vollkommen, denn ich kann keinesfalls Entführung, Tod und Folter von Personen akzeptieren. Ich empfinde großen Schmerz darüber, dass unter einer Regierung, zu der ich gehörte, derartige Menschenrechtsverletzungen begangen wurden.« Zorreguieta akzeptierte außerdem, auf die Teilnahme an der Hochzeit seiner Tochter zu verzichten. Am 2. Februar 2002 erlebte Amsterdam eine Märchenhochzeit mit argentinischem Tango und einer von ihren Emotionen überwältigten Braut. Für den Vater des Bräutigams, Prinz Claus, bedeutete die Hochzeit seines Ältesten einen letzten großen Auftritt in der Öffentlichkeit. Die innerfamiliären Skandale der kommenden Jahre hat er nicht mehr erlebt.

Denn es sollte noch ärger kommen. Johan Friso, zweiter Sohn von Beatrix und Claus und nur ein Jahr jünger als Willem-Alexander, war so lange ohne Freundin in der Öffentlichkeit aufgetaucht, dass es bereits Gerüchte gab, er sei homosexuell. Der Prinz fühlte sich genötigt, dies offiziell durch den königlichen Reichspressedienst RVD dementieren zu lassen. Als Johann Friso dann endlich 2003 mit der Bürgerlichen Mabel Wisse Smit seine Zukünftige vorstellte, war das Interesse groß. Wie im Falle seines älteren Bruders Willem Alexander musste sich auch diese Braut die Überprüfung ihres familiären Umfelds gefallen lassen, bevor das Parlament dem Ehegesuch der beiden stattgab. Immerhin stand Johann Friso damals noch auf Rang zwei der Thronfolge. Doch auf Fragen nach ihrer Vergangenheit verstrickte sich Frisos Auserwählte in Widersprüche. Widerstrebend nur gab sie ihre Bekanntschaft mit dem Kriminellen Klaas Bruinsma zu, einer führenden Figur der Drogenszene, die mehrere Morde auf dem Gewissen hatte. 1991 war Bruinsma von einem Killer, der im Sold der Jugosla-

Mit diesem Vater kann Máxima nicht meine Königin sein. Wenn Willem sie heiraten will, muss er seine Rechte auf den Thron abtreten.

Jan van Walsem, niederländischer Politiker, 2001

Jorge Zorreguieta ist mitschuldig an der argentinischen Militärjunta. Wir verurteilen ihn, aber nicht seine Tochter.

Enriqueta Barnes del Carlotto, argentinische Menschenrechtlerin

»Von Emotionen überwältigt«: Die Hochzeit von Willem-Alexander mit Máxima Zorreguieta, 2. Februar 2002

wien-Mafia stand, auf offener Straße erschossen worden. Konfrontiert mit den Vorwürfen, sprach Mabel von einer harmlosen »Segelfreundschaft«, die sie mit Bruinsma verband. Doch das war wohl nur die halbe Wahrheit. Die blonde Mabel hatte häufig auf Bruinsmas Segelschiff genächtigt. Zeugen berichteten, dass dort mitunter unliebsame Geschäftspartner liquidiert wurden. Ein ehemaliger Leibwächter des Drogenbarons bezeugte, sein Chef sei ganz wild nach der jungen Mabel gewesen. Diese bestritt ein Liebesverhältnis.

Weitere Ungereimtheiten kamen hinzu. Eine enge Freundschaft soll sie mit dem ehemaligen bosnischen UN-Botschafter Muhamed Sacirbey verbunden haben, der wegen Unterschlagung von UN-Hilfsgeldern in Höhe von 2,4 Millionen Dollar in den USA im Gefängnis saß und dessen Auslieferung Bosnien-Herzegowina betreibt. »Lügen, gegen die kein Kraut gewachsen ist«, schimpfte Premier Jan Peter Balkenende, der sich wie Königin Beatrix über die bruchstückhafte Informationspraxis des Paares ärgerte. Es war klar, dass Frisos Braut unter diesen Umständen niemals die Rolle einer »Reservekönigin« erfüllen könne. Der jüngere Bruder Willem-Alexanders zog deshalb den Antrag auf parlamentarische Genehmigung seiner Ehe zurück. Königin Beatrix dagegen hielt zu ihrer Schwiegertochter. Sie hatte Mabel in ihre Familie aufgenommen und schätzte die junge Frau mit den zwei Doktortiteln. Für ihre Familie kämpfe sie wie eine Löwin, heißt es am Hofe. Kurz nach den peinlichen Enthüllungen der Presse nahm sie Mabel und Johan Friso demonstrativ mit zum Kirchenbesuch. Wir sind eine Familie, wir lassen uns nicht auseinander dividieren, sollte das wohl heißen. Die besondere Wertschätzung, die die Königin Mabel entgegenbringt, zeigte sie bereits

Königin Beatrix wurde in Verlegenheit gebracht. Sie hatte sich für Mabel entschieden. Sie fand es in Ordnung, dass ihr Sohn Mabel heiraten würde. Sie hielt Mabel auch für eine engagierte, interessante junge Frau. Und wenn die Königin sich für dich entscheidet, wenn sie jemanden in die Familie holt und dich umarmt, dann passt es nicht zu dieser Königin, einen dann wieder loszulassen. Kurz nach den Enthüllungen ist die ganze Familie am Sonntag in die Kirche gegangen mit Mabel und Johan Friso, um zu zeigen: Wir sind eine Familie und wir lassen uns nicht auseinander treiben. Das war eine PR-Offensive.

Jan Hoedeman, Hofberichterstatter

2002, als sie Frisos Freundin beim Begräbnis von Prinz Claus mit in die Gruft nahm. Damals waren Mabel und Friso nicht einmal verlobt.

Die Hochzeit von Beatrix' Zweitältesten und Mabel Wisse Smit fand am 24. April 2004 in Delft statt – ein glanzvolles Ereignis, dem jedoch die Vertreter des ausländischen Hochadels fern blieben. Die Ehe mit Prinz Johan Friso machte aus der bürgerlichen Braut zwar nominell eine Prinzessin, schloss den Bräutigam jedoch gleichzeitig von der Thronfolge aus. Prinz Friso verlor seine Apanage, den Anspruch auf Bodyguards und seinen besonderen diplomatischen Status. In den offiziellen Verlautbarungen des »Koninklijk Huis« taucht er mit seiner Familie nicht auf. Am traditionellen »Prinsjesdag« in Den Haag, an dem die Königin mit der goldenen Kutsche zum Parlament fährt, um dort die Thronrede zu verlesen, dürfen Mabel und Friso nicht teilnehmen. »Mabelgate« hat die Königin einen potenziellen Nachfolger gekostet – für das Oberhaupt der Familie eine schmerzliche Erfahrung. Sie trage schwer an Dingen, die die Monarchie und ihr Haus betreffen, sagt ihr Biograph Coos Huijsen. Im Sommer 2005 machte ein Foto von Mabel weltweit Furore. Es zeigte die junge Frau in einem ärmellosen grünblauen Kleid auf einer Hochzeit im Familienkreis. Mit dem Kleid stahl sie der Braut die Schau, denn in ihm hatte zuletzt Beatrix selbst gesteckt, und zwar bei der Bekanntgabe ihrer Verlobung mit Claus von Amsberg – eine PR-Offensive der mütterlichen Beatrix für ihre in Verruf geratene Schwiegertochter?

Ich bin glücklich darüber, dass mit ihr eine sehr liebe und begabte Schwiegertochter unsere Familie bereichert.

Beatrix anlässlich der Verlobung von Johan Friso mit Mabel

Der zukünftige geregelte Umgang von Frau Wisse Smit im persönlichen Umkreis des Staatsoberhaupts wird keine Folgen für die Sicherheit und die Integrität des Staatsoberhauptes haben.

Ministerpräsident Balkenende nach dem Ende der Affäre um Mabel, 2003

Für die Mitglieder der Familie kämpft die Königin wie eine Löwin.

Coos Huijsen, Biograph der Königin

Wenige Wochen vor Frisos Hochzeit war im hohen Alter von vierundneunzig Jahren die Königinmutter Prinzessin Juliana verstorben. Die alte Dame litt unter Alzheimer und Altersdemenz, erkannte am Ende nicht einmal mehr ihre engste Verwandtschaft. »It's a Gift to Be Simple«, sang Tochter Christina alias Marijke in der gotischen Kirche von Delft auf besonderen Wunsch der Mutter. Juliana hatte sich eine weiße Beerdigung erbeten und so kamen die engsten Angehörigen in heller Kleidung zum Begräbnis.

Nur neun Monate später, am 1. Dezember 2004, verlor Beatrix auch ihren Vater Prinz Bernhard. Er war dreiundneunzig geworden. Auch Prinz Bern-

»Eine liebe und begabte Schwiegertochter«: Trotz aller Anfeindungen hielt Beatrix zu Johan Frisos Verlobter Mabel Wisse Smit (Foto von Juni 2003)

hard hatte so seine eigenen Vorstellungen für seinen letzten Weg. Eigentlich hatte er testamentarisch verfügt, dass seine Familie auf weißen Elefanten seinem Sarg folgen sollten. Bernhard war ein großer Liebhaber dieser Dickhäuter, besaß auf Schloss Soestdijk eine umfangreiche Sammlung von Miniaturelefanten. Dann hatte er im letzten Moment doch ein Einsehen und strich die königliche Elefantennummer. Allein der Gedanke an die Inszenierung habe ihm aber viel Freude bereitet, berichtete ein Freund des Prinzen. Dessen Sarg wurde auf einer Lafette aus dem Jahr 1940 befördert, neuntausend Soldaten standen Ehrenwache. Die Beerdigung hatte ein stark militärisches Gepräge, schließlich wurde hier eine Ikone des Zweiten Weltkriegs zu Grabe getragen. Fünf Töchter begleiteten den Vater zu seiner letzten Ruhestätte: neben Königin Beatrix und ihren drei Schwestern auch die Französin Alexia Grinda, uneheliche Tochter aus Bernhards Beziehung mit einem französischen Fotomodell. Längst war ihre Existenz ein offenes Geheimnis.

»Annus horribilis«: Die Königin trauert am Sarg ihres im Dezember 2004 verstorbenen Vaters Bernhard

Nur drei Tage nach Bernhards Beerdigung explodierte eine Bombe, die der alte Vater noch kurz vor seinem Tod gezündet hatte. Lange schon hatte sich Prinz Bernhard darüber geärgert, dass er zu all den Vorwürfen und Verdächtigungen, die seine Person betrafen, auf Weisung der Regierung nicht öffentlich reagieren durfte. Heimlich hatte er sich deshalb mit zwei Redakteuren der liberalen Zeitung *Volkskrant* getroffen und ihnen insgesamt zwanzig Stunden Rede und Antwort gestanden. Nie zuvor hatte ein Mitglied der königlichen Familie unautorisiert ein so ausführliches Interview gegeben. Königin Beatrix wusste offensichtlich nichts von dem Pressecoup ihres Vaters. Premier Balkenende gab zu, »überrascht« zu sein. Die vierundzwanzigseitige Sonderbeilage der *Volkskrant* mit dem Titel »Der Prinz spricht« war innerhalb von Stunden ausverkauft. Aus erster Hand erfuhren die Niederländer überraschend offen vom lockeren Lebenswandel ihres Prinzen. Da war auf einmal von einer sechsten Tochter die Rede – aus der Beziehung mit

Mein Chefredakteur hat am Abend, bevor in unserer Zeitung diese Enthüllungen erschienen, im Schloss angerufen und mitgeteilt, dass am nächsten Morgen dieses Interview mit ihrem Vater publiziert wird. Man war damals schon sehr geschockt, und als die Tatsachen dann auch auf dem Tisch lagen, war man noch mehr geschockt. Das ist sehr hart angekommen.

Jan Hoedeman, Hofberichterstatter

einer Amerikanerin: Alicia, rund fünfzig Jahr alt. Die Familie wisse von ihrer Existenz, erklärte Prinz Bernhard auf Nachfrage der Journalisten. »Beide Kinder«, so Prinz Bernhard, »waren überrascht darüber, wie lieb Mammie [Juliana] zu ihnen war. Und meine Frau sagte, dass es sehr liebe Kinder sind.« Im Übrigen habe Ehefrau Juliana seine außerehelichen Eskapaden für »normal« gehalten, so »als ob ich ihr erzählt hätte, dass wir anderntags Tennis spielen sollten«. – Juliana nannte ihren Bernhard einen »liebenswerten Taugenichts«. Prinz Bernhard wollte der Nachwelt seine Sicht der Skandale präsentieren, die mit seinem Namen verbunden waren. Nein, er sei kein Nazi gewesen. Ja, er habe Geld genommen vom US-Flugzeugkonzern Lockheed, aber es sei für andere gewesen, auch für den von ihm gegründeten World Wildlife Fund (WWF). Dass man dort keinen Eingang feststellte, steht auf einem anderen Blatt. Bernhard bedauerte die Annahme der Bestechungsgelder: »Ich habe stets viel Geld verdient. Die Million von Lockheed hatte ich nicht nötig. Wie hatte ich auch so dumm sein können?« Ein echtes Bedürfnis schien ihm auch gewesen zu sein, die Mär von der reichen Königin Beatrix zu erschüttern, die vom Finanzmagazin *Forbes* lange Jahre auf die Liste der reichsten Frauen der Welt gesetzt worden war. Auf Initiative des Königinvaters korrigierte *Forbes* das Vermögen der niederländischen Königin von 2,5 Milliarden auf lumpige 270 Millionen Dollar nach unten. Beatrix sei böse gewesen, erklärte der Vater, sie habe keine öffentliche Diskussion um das Familienvermögen gewollt.

Prinz Bernhards spektakuläre Enthüllungen platzten in eine Situation, die seit Monaten bereits durch öffentliche Äußerungen einer Nichte der Königin angeheizt war. Margarita von Bourbon, Beatrix' Patenkind und Tochter ihrer Schwester Irene, warf der Königin Mobbing vor. Weil sie sich ärgerte, dass ihr bürgerlicher Ehemann Edwin de Roy van Zuydewijn – ein etwas windiger Geschäftsmann, der hauptsächlich von Subventionen lebte – vom Geheimdienst der Königin überwacht worden war, plauderte die Nichte aus dem Nähkästchen: Königin Beatrix spreche dem Wein stärker zu, als es ihrem Status gut tue. Die königliche Familie mache sich nach den royalen Auftritten auf dem Balkon von Schloss Noordeinde mit obszönen Gesten über das Volk lustig – und überhaupt: Ihre Tante wolle die totale Kontrolle über die Familie.

Tatsache war, dass das »Kabinett der Königin«, ihr persönliches Büro, die Bespitzelung des ungleichen Paares in Auftrag gegeben und dies dem Ministerpräsidenten gegenüber verschwiegen hatte – ein Fall von Amtsmissbrauch also. Das gekränkte Pärchen, das sich längst wieder getrennt hat, klagte auf Schadenersatz. Millionen sollten fließen für den Imageverlust, den der Mann der Nichte durch die königliche Lauschaktion erlitten hatten. Die Schlammschlacht traf die Königin schwer. Ganz gegen ihre Gewohnheit nahm sie fern der Heimat auf einem Staatsbesuch in Chile öffentlich Stellung zu den Vorwürfen: »Ich erkläre nachdrücklich, dass wir uns in den Berichten über die Familie, die verbreitet werden, nicht wiedererkennen. Ich will jetzt nicht weiter darauf eingehen; es betrifft immerhin die Tochter meiner Schwester.« 2004 war das »annus horribilis« für die niederländische Queen. Die Affären um Schwiegertochter und Nichte haben Beatrix die Grenzen ihrer Macht aufgezeigt. Immerhin – es hätte noch schlimmer kommen können. Beatrix' Vater Prinz Bernhard wollte auf seiner eigenen Beerdigung eigentlich

Unangenehme Dinge vergesse ich gerne. Mir gelingt dies, indem ich sie zur Anekdote reduziere.

Prinz Bernhard

Viele Menschen waren von den Enthüllungen des Prinzen geschockt. Die Gerüchte gab es natürlich schon immer. Aber wenn es der Prinz selber sagt, und das auch noch mit der besonderen Dimension, dass er dies nach seinem Tod tut, dann ist das schockierend.

Jan Hoedeman, Hofberichterstatter

Sie missbrauchen ihre Macht und ihre Position. Das darf nicht sein, bestimmt nicht gegen Verwandte, aber eigentlich gegen niemanden. So kann man mit Menschen nicht umgehen.

Prinzessin Margarita,
Nichte von Königin Beatrix

Das Kabinett der Königin hat eine Untersuchung in Auftrag gegeben über die Vergangenheit von Edwin de Roiy van Zuydewijn. Das war der Verlobte von Prinzessin Margarita. Sie entdeckte, dass es diese Untersuchung durch die staatliche Sicherheitsbehörde gab. Deshalb ist sie wütend geworden. Sie hat es verstanden als Widerstand gegen die Heirat und hat die Öffentlichkeit in Interviews über ihre verletzte Privatsphäre unterrichtet und die Neigung der Königin, sich in alles einzumischen.

Jan Hoedeman, Hofberichterstatter

Beatrix mit ihren Kindern und Enkeln Ende 2005. Stehend von links Johan Friso, Mabel mit Luana, Willem-Alexander mit Catharina-Amalia, Constantijn mit Claus Casimir. Sitzend von links Máxima mit Alexia, Beatrix sowie Laurentien mit Eloise

»Goodbye to All the Beautiful Ladies I Knew« erklingen lassen. In einem gnädigen Augenblick hatte er dann doch beschlossen, seiner Tochter diese Demütigung zu ersparen, und auf diesen Passus in seinem Testament verzichtet.

Ihr könnt Willem-Alexander verprügeln, aber schlagt ihn nicht tot – denn sonst muss ich König werden.

Prinz Johan Friso zugeschrieben

Die Zukunft der Oranier-Dynastie ist sicher. Nach Kronprinz Willem-Alexander wird seine 2003 geborene Tochter Prinzessin Catharina-Amalia den Thron besteigen. Dann werden die Niederländer wieder ein königliches Matriarchat erleben, mit dem sie nun über ein Jahrhundert so gute Erfahrungen gemacht haben. Königin Beatrix aber wird mit ein bisschen Abstand zu den Skandalen der letzten Jahre als moderne Monarchin in die Geschichte eingehen, der es gelang, Liebe und Thron zu vereinen.

Die Tränen der Prinzessin

Masako von Japan

> **In mir gibt es sowohl die Tradition als auch Neues. Mein Ziel ist es, das gute Alte mit den Herausforderungen der neuen Zeit auszubalancieren.**
>
> Prinzessin Masako

Die *Washington Post* verkündete als Erste die Nachricht von der bevorstehenden Verlobung des Kronprinzen mit der Harvard-Absolventin Masako Owada. Hatte sich die japanische Presse bislang an das Stillschweigeabkommen mit dem Kaiserpalast gehalten, so gab es für sie nun kein Halten mehr. Fernsehsender unterbrachen ihre Programme, Sonderausgaben von Zeitungen wurden eilig gedruckt. Viele hatten schon nicht mehr an ein Happy End der Brautsuche des zweiunddreißigjährigen Kronprinzen Naruhito geglaubt. Umso größer war die Freude, die sich nun nach fast einem Jahr Funkstille in Hupkonzerten auf den Straßen und spontanen Feuerwerken äußerte. Noch am Abend des 6. Januar 1993 bezogen mehr als dreihundert Journalisten vor dem Haus der Familie Owada Stellung, peinlich darauf bedacht, keine Bewegung der künftigen Kronprinzessin zu verpassen. Doch Masako ließ sie anderthalb Tage in der Kälte stehen, bis sie sich ihnen stellte. Hubschrauber mit Fernsehteams kreisten über dem Nobelviertel in Tokio, als sie endlich vor die Haustür trat. Ein Blitzlichtgewitter brach über die junge Frau herein, Reporter bestürmten sie mit Fragen, Schaulustige jubelten. Mit einem schüchternen Lächeln beantwortete sie artig einige Fragen nach ihrem Befinden. Dann drängte der erste offizielle Fototermin mit dem kaiserlichen Hofamt.

Die Entscheidung, den Heiratsantrag des Kronprinzen anzunehmen, war der Diplomatentochter sicherlich nicht leicht gefallen. Über fünf Jahre hatte Naruhito um sie geworben, mehrmals hatte er sich bei Masako eine Abfuhr geholt. Dabei war sie aus der Sicht der Traditionalisten Nippons aufgrund ihrer bürgerlichen Herkunft nicht einmal erste Wahl. Eine Frau, die einen eigenen Beruf ausübte – das hatte es bei Kronprinzessinnen hierzulande noch nicht gegeben. Durch ihren Vater, einen hohen Beamten im Außenministerium, lernte sie schon als Kind die Welt kennen. 1963 in Tokio geboren, verbrachte sie die ersten Lebensjahre fern der Heimat in Moskau und New York. Danach folgten einige Schuljahre in Tokio, in denen sie ihre Freundin Kumi Hara kennen lernte. »Masako war ein Mädchen, das nie Gefühle zeigte, selbst wenn es ihr sehr schlecht ging. Sie war immer sehr diszipliniert«, erinnert sich diese, »sie wusste schon mit zwölf Jahren, dass sie Diplomatin werden wollte.« Mit fünfzehn zog Masako mit den Eltern und den beiden jüngeren Schwestern nach Boston im US-Bundesstaat Massachusetts, später bestand sie die Aufnahmeprüfung an der amerikanischen Eliteuniversität Harvard. Nach einem glänzenden Examen in Wirtschaftswissenschaften kehrte sie nach Japan zurück – mit dem Wunsch, ihrem Land als Diplomatin zu dienen. 1986 schrieb sie sich an der Todai-Universität von Tokio im Fach Jura ein, im selben Jahr bestand sie die Aufnahmeprüfung für den diplomatischen Dienst, den sie 1987 antrat. Mit vierundzwanzig hatte sie es weit gebracht. Einer Zeitung verriet sie ihre Zukunftspläne: »Ich denke jetzt nicht an Heirat, für mich ist Arbeit alles.«

Masako wollte Karriere machen – auch dem Vater zuliebe. »Der war ein Top-Diplomat. Von ihr als der ältesten Tochter wurde erwartet, dass sie seinen Beruf erfolgreich fortführen würde«, erklärt die Psychoanalytikerin Rika Kayama. »Diese Erwartungen hat sie erfüllt. Sie hat sich nie aufgelehnt, nie widersprochen.« Tatsächlich waren die Aussichten der jungen Japanerin glänzend: Intelligenz, Charme, fließendes Englisch, gute Manieren und nicht zuletzt unermüdlicher Fleiß sorgten dafür, dass ihre Vorgesetzten im Außenministerium auf sie aufmerksam wurden – und nicht nur sie.

Auf der Suche nach einer geeigneten Gemahlin für den Kronprinzen fiel auch Masakos Name. Kaum eine junge gebildete und attraktive Frau aus gutem Hause entging in dieser Zeit der Aufmerksamkeit der kaiserlichen Brautjäger, einem Gremium alter Männer, das unermüdlich Listen mit den Namen potenzieller Kronprinzessinnen anfertigte. Wie exakt das vonstatten ging, welche Kriterien die perfekte Gemahlin aus der Sicht dieser Herren erfüllen musste, unterlag dem Hofgeheimnis. Immerhin handelte es sich um die künftige Kaiserin. Kronprinz Naruhito durfte zustimmen, aber nicht selbst aussuchen. Eine gefühlvolle Romanze hatte da wenig Chancen.

An seinem fünfundzwanzigsten Geburtstag hatte der 1960 geborene Kronprinz vollmundig verkündet, er beabsichtige, in spätestens fünf Jahren verheiratet zu sein. Da war der einst schüchterne Tenno-Sohn gerade von einem zweijährigen Studienaufenthalt im englischen Oxford zurückgekehrt. In England hatte er eine konkrete Vorstellung von den nötigen Eigenschaf-

Oben: »Artig einige Fragen nach dem Befinden beantwortet«: Masako Owada am 7. Januar 1993 im japanischen Fernsehen
Unten: »Anderthalb Tage in der Kälte«: Wartende Reporter vor dem Haus der zukünftigen Kronprinzessin in Tokio

Die Kronprinzessin war mit ihrem Vater zu einer Teezeremonie der spanischen Prinzessin Elena im Jahr 1986 eingeladen. Kronprinz Naruhito hat sich auf den ersten Blick in Masako verliebt – so war das. Die Kronprinzessin war sich damals überhaupt nicht bewusst, dass sie als Heiratskandidatin ausgewählt worden war; seitens Masako gab es keinen entsprechenden Willen, aber der Kronprinz hat dann seine Umgebung gebeten, ein nächstes Treffen mit ihr zu arrangieren.
Yoko Kobayashi, Journalist

ten seiner künftigen Ehefrau entwickelt: »Meine ideale Partnerin muss ihre Meinung standhaft vertreten können. Ein weiterer Wunsch ist, dass sie in gewissem Maß eine Fremdsprache beherrscht, weil wir häufig mit Ausländern Kontakt haben werden.«

Die ahnungslose Masako Owada, die aus einer ehemaligen Samurai-Familie stammt, geriet immer deutlicher ins Visier der Brautjäger. Am 18. Oktober 1986 kam es zum ersten Treffen mit Naruhito. Bei einem Empfang zu Ehren der spanischen Prinzessin Elena im Akasaka-Palast wurde Masako wie zufällig dem Kronprinzen vorgestellt. Sie sei etwas nervös und angespannt gewesen, gab sie später über ihre erste Begegnung mit dem Thronfolger preis. Für den sechsundzwanzigjährigen Kronprinzen war es Liebe auf den ersten Blick. Naruhito ließ nicht mehr locker. Die oder keine, soll er gesagt haben. In den nächsten Monaten arrangierte er mehrere Treffen mit Masako – konspirativ in Tiefgaragen und bei Freunden. Ein ganzes Jahr lang machte er seiner Angebeteten den Hof, wähnte sich schon fast am Ziel, als die Eltern Owada Ende 1987 mit Ablehnung reagierten: Ihre Tochter habe doch gerade erst im Außenministerium zu arbeiten begonnen, außerdem sollte sie im Sommer zu einem zweijährigen Aufbaustudium nach Oxford reisen. Für jeden Japaner war klar, was das bedeutete: die höfliche Umschreibung für ein klares »Nein«.

In der Zwischenzeit waren auch beim kaiserlichen Hofamt Bedenken gegen die Verbindung laut geworden: Der Großvater Masakos sollte als Direktor der Chemiefirma Chisso in den größten Umweltskandal der japanischen Nachkriegsgeschichte verwickelt gewesen sein. Die Fabrik hatte in den fünfziger und sechziger Jahren auf der Insel Kyushu giftiges Quecksilber ins Meer geleitet und damit Fische und Muscheln schwer belastet. Hundertzwanzig Menschen starben an Vergiftungen nach dem Verzehr der Fische, tausende erlitten Hirnschäden, Neugeborene kamen mit Missbildungen zur Welt, der so genannten »Minamata-Krankheit«. Als der Kronprinz um Masako warb, prozessierten noch rund zweitausend Opfer gegen die Firma Chisso. Auch wenn sich die Vorwürfe gegen ihren Großvater nach gründlicheren Recherchen als nichtig erwiesen, weil er erst nach dem Chemieunfall Direktor geworden war, blieb ein Makel an ihr haften. Ob dies der einzige Grund der Brautjäger war, den verliebten Naruhito zur Aufgabe seiner Braut in spe zu drängen, ist unklar. Aus der Sicht der Traditionalisten am Hofe verstieß die Karrierefrau noch gegen eine ganze Reihe anderer Kriterien: Mit 1,61 Metern war sie einige Zentimeter größer als der Kronprinz, außerdem erschien sie einigen Herren als zu selbstbewusst für eine Prinzessin. Sie hofften noch auf die perfekte Braut. Masako nahm es gelassen und bestieg sichtlich erleichtert am 1. Juli 1988 ein Flugzeug nach England, um in Oxford weiter an ihrer Diplomatenkarriere zu basteln.

Es hat eine sehr große Rolle gespielt, dass er Masako als seine Traumfrau gefunden hatte und unabhängig von ihrer Karriere mit ihr zusammen sein wollte.
Rika Kayama, Psychoanalytikerin

Als über ein Jahr später, im September 1989, der alte Kaiser Hirohito an Darmkrebs erkrankte, wurde die Brautsuche wieder forciert. Der Tenno sollte die Hochzeit seines Enkels noch miterleben. Jede Frau, die nur in den Verdacht kam, eine mögliche Kandidatin zu sein, wurde zum Freiwild der Paparazzi. Auch Masako blieb nicht verschont. Mehrere japanische Fernsehteams fielen in dem ruhigen Universitätsstädtchen Oxford ein, um ein Interview mit der jungen Diplomatin zu ergattern. In den japanischen Nachrichten erschien eine entschlossene, selbstbewusste und elegante Masako mit schwerer Aktentasche, die alles entschieden dementierte: »Ich habe damit nichts zu tun. Ich will als Diplomatin arbeiten. Mich geht das alles nichts an.« So wie sie wollten viele junge Japanerinnen sein: erfolgreich, selbstsicher, gut aussehend und kosmopolitisch. Solche Charktereigenschaften waren keine Selbstverständlichkeit in einem Land, in dem Frauenemanzipation für manche Männer immer noch ein Fremdwort ist. »Etliche Japaner sind der Überzeugung, dass Männer die stärkeren und besseren Menschen sind. Die Frau ist in ihrem Denken vor allem dazu da, den Mann zu unter-

Masakos Vater war erfolgreicher Diplomat. Sie wurde als die älteste Tochter geboren, und japanische Eltern haben eine große Erwartung gegenüber dem ersten Kind, egal, ob es ein Mädchen oder ein Junge ist. Vor allem bei Masako war wohl irgendwo die Erwartung da, dass sie seinen Beruf fortführen werde, quasi als seine Nachfolgerin.
Rika Kayama, Psychoanalytikerin

»Symbolfigur für das moderne Japan«: Vor allem viele junge Frauen hofften auf eine Signalwirkung für die verkrustete japanische Gesellschaft

stützen und am Herd zu stehen«, erklärt die Frauenrechtlerin Nakano Mani. Das japanische Wort für »Ehefrau« bedeutet auf Deutsch »Die im Haus bleibt«.

Für ihre Altersgenossinnen war Masako das Paradebeispiel einer Frau, die sich aus dieser Rolle gelöst und ihr Leben selbst in die Hand genommen hatte. Anders als bei den europäischen Königshäusern erschien es den meisten Töchtern Nippons nicht mehr attraktiv, in das verkrustete, in Tradition erstarrte Kaiserhaus einzuheiraten. Dort erwarteten sie jede Menge Pflichten, aber kaum Privilegien, wie sie die europäischen Royals besaßen. Die Aussicht auf ein Leben des Verzichts und der Askese ließ einige der Kandidatinnen panisch die Flucht ins Ausland ergreifen. So lief die Brautsuche fünf Jahre ergebnislos weiter.

Die Herzensdame des Kronprinzen, die 1990 nach Japan zurückgekehrt war, widmete sich unbeeindruckt ihrer Karriere in der renommierten Nordamerika-Abteilung des Außenministeriums. Ihre langjährige Freundin Kumi Hara erinnert sich, dass sie dort oft bis in die frühen Morgenstunden arbeitete. Da blieb wenig Zeit und Muße für andere Aktivitäten. »Hard worker Masako«, wie man sie in Schulzeiten nannte, machte ihrem Spitznamen alle Ehre. Die Überraschung muss groß gewesen sein, als die Brautjäger Ende April 1992, über fünf Jahre nach dem ersten Treffen, mangels Alternative eine zweite Offensive bei ihr starteten. Erst nach vier Monaten stimmten Masakos Eltern einem neuen Rendezvous zu. Was hinter verschlossenen Türen im Hause Owada besprochen wurde, lässt sich erahnen. Der Druck, der auf der angesehenen Familie lastete, muss enorm gewesen sein. Immerhin war der Vater Masakos inzwischen Japans stellvertretender Außenminister. Ein zweites Mal konnte die Diplomatin den Kronprinzen kaum abblitzen lassen. Masako gab später zu, »gemischte Gefühle« gehabt zu haben. Als Naruhito am 3. Oktober 1992 um ihre Hand anhielt, wich sie zunächst aus. Erst als er ihr das Prinzessinnen-Dasein schmackhaft machte und eine diplomatische Tätigkeit in Aussicht stellte, gab sie ihm Wochen später das Jawort. War es Liebe oder doch eher Pflichtbewusstsein? Man munkelt, dass ihr Vater auf sie einwirkte, das Flehen des Kronprinzen zu erhören. »Sicherlich hatte sie großen Respekt vor dem Charakter des Kronprinzen. Das bedeutet aber nicht, dass sie ihn liebte. Ihr war wohl von Anfang an klar, dass sie ihr bisheriges Leben aufgeben musste, deswegen lehnte sie den Heiratsantrag zunächst ab. Sie glaubte wohl auch selbst nicht daran, dass sie von ihrem Typ her ins Kaiserhaus passte«, deutet die Journalistin Yoko Kobayashi Masakos wankelmütige Haltung.

Die Funktion des japanischen Tenno ähnelt der des Dalai Lama. Als Priester sollte er ein sehr stilles, würdevolles Leben führen, am besten wieder in den alten Kaiserpalast in Kyoto ziehen. Die Übersetzung »Kaiser« ist da irreführend.

Hideaki Kase, Hofbeobachter

Ein System, in dem die Jahre nach der Lebenszeit eines Kaisers gezählt werden, hat eine tief greifende psychologische Wirkung. Es ist das alte Konzept, dass der Kaiser der Souverän über Raum und Zeit ist.

Shigeyoshi Murakami, japanischer Religionshistoriker

Doch welcher moderne Mensch passt schon in das japanische Kaiserhaus, das seit angeblich hundertfünfundzwanzig Generationen ununterbrochen regiert? Auch wenn die 2665 Jahre viel zu hoch gegriffen sind, handelt es sich um die älteste Dynastie der Welt. Darauf ist man in Japan besonders stolz. Bis heute führt das Kaiserhaus seine Wurzeln in direkter Blutlinie auf die Sonnengöttin Amaterasu zurück. Der Tenno ist, wie der Name im Japanischen schon sagt, ein »Herrscher des Himmels« und damit göttlich, zumindest war er das offiziell bis 1945.

Regierungsgewalt hatte der Kaiser allerdings selten. Im alten Japan hatten seit dem zwölften Jahrhundert Shogune, kriegerische Stammesfürsten, das Sagen. Sie brauchten den Tenno zur Legitimation ihrer eigenen Macht. Alle staatliche Gewalt leitete sich von ihm ab. Deshalb achteten sie darauf, dass es ihm an nichts fehlte. Während der Shogun in seiner Burg in Edo, dem heutigen Tokio, saß, residierte der Tenno bis ins neunzehnte Jahrhundert im fernen Kyoto. Dort verfassten die Kaiser Gedichte und hielten Zwiesprache mit den Göttern. Die japanischen Regenten waren Künstler, Kalligraphen und Priester. Sie bewunderten die Schönheit des Herbstlaubs und lauschten dem Gesang der Grillen. »Japans Kaiser hatten selten Macht, aber immer Autorität«, erklärt der Tenno-Forscher Hiroshi Takahashi die Sonderstellung des japanischen Monarchen. »Europas Könige mussten sich in großen Schlössern und hinter dicken Burggräben verschanzen. Bei ihnen gab es Palastrevolten, Staatsstreiche, selbst Revolutionen. Einige von ihnen landeten sogar auf der Guillotine. Japans Kaiser mussten vor so etwas nie Angst haben. Sie hatten nie irgendwelche Feinde.«

In der neuen japanischen Verfassung von 1947 ist die Rolle des Kaisers genau definiert: Er ist das Symbol für die Einheit Japans – nicht mehr und nicht weniger. Das ist seine staatliche Funktion. Daneben gilt er aber auch als spirituelles Oberhaupt. Als höchster Priester der archaischen Shinto-Religion betet er für das Volk und kommuniziert mit den Göttern. Shinto ist ein uralter Glaube, demzufolge allen Naturerscheinungen Kräfte innewohnen, die das Schicksal der Menschen entscheidend prägen. Shinto bedeutet »Weg der Götter«. Es ist die Welt der »Kami«, unzähliger Götter, Natur-

Die Konservativen glauben, dass Japan eine starke geistige Kraft braucht, um eine Großmacht zu sein. Für sie ist diese Kraft die Shinto-Religion und das kaiserliche System. Das erklärt, warum sie Schritt für Schritt weiter in die Vergangenheit vordrängen.
Shigeyoshi Murakami, japanischer Religionshistoriker

geister und spiritueller Wesen. So gibt es in der Welt des Shinto einen Gott des Feuers, des Wassers, des Windes, des Frosches, des Vogels etc. Insgesamt spricht man von acht Millionen Kami, der Tenno ist nur einer davon. Verehrt werden sie in Shinto-Schreinen, die man in Japan an fast jeder Ecke findet. Allein Kyoto zählt über zweitausend solcher Schreine. Mittels strenger Riten, Gebete und Opfergaben sollen die Götter milde gestimmt werden – etwa für eine reiche Ernte, einen guten Ehepartner, für schulische und berufliche Erfolge, für die Gesundheit, für die Toten. Im Land der Taifune, Erdbeben und Vulkanausbrüche brauchen die Menschen diese Art von »Anlaufstelle« für ihre existenziellen Sorgen und Nöte.

Bis heute bildet der Shintoismus mit dem Kaiser an der Spitze eine der wichtigsten Säulen der nationalen Identität Japans. Die Mittlerrolle zu den Göttern setzt aus der Sicht der Traditionalisten ein tadelloses Verhalten aller Mitglieder der Kaiserfamilie voraus.

Damit auch wirklich nichts schief geht, wachen die gut tausend Beamten des kaiserlichen Hofamts auf die peinliche Einhaltung des Protokolls. Sie kontrollieren jeden Schritt und jede Verlautbarung der japanischen Royals. Das Hofamt ist die oberste Instanz in allen kaiserlichen Belangen. Es ist ein Bollwerk des Schweigens und der Steifheit. An den Bürokraten des Hofamts kommt keiner vorbei, nicht einmal der Kaiser selbst. »Skandale wie im britischen Königshaus wird es in Japan dank des Hofamts nicht geben«, erklärt der Shinto-Forscher Yasuo Ohara stolz. Seiner Meinung nach muss die primäre Aufgabe dieser Institution darin liegen, das Kaiserhaus nach außen hermetisch abzuschotten: »Wenn Geheimnisse der Kaiserfamilie nach außen dringen, dann zerstört das ihre Existenz. Wenn das Kaiserhaus sich öffnete, dann würde Japans Einheit verloren gehen.«

Das Hofamt ist zwar naturgemäß schwerfällig und neigt zu konservativer Zurückhaltung, aber es hat sich auf die Rolle eines Sekretärs zu beschränken, der uns bei unserer Arbeit unterstützt.

Prinz Takamado, Neffe von Kaiser Hirohito

Der Tenno der Vater, die Kaiserin die Mutter des Staates. Wie es in der Meiji-Verfassung steht: Der Tenno ist heilig und unverletzlich.

Kazumi Wakashima, Verehrer des Kaiserhauses

»Äußerlich gewandelt«: Naruhito und Masako Owada auf der ersten gemeinsamen Pressekonferenz am 19. Januar 1993

In diese ehrwürdige Familie mit direktem Draht zu den Göttern sollte nun die moderne Karrierediplomatin Masako Owada einheiraten. Es war ein gewaltiger Schritt vom auswärtigen Dienst in die abgeschlossene Welt des Hofes. Beim Abschied von ihren Arbeitskollegen im Außenministerium vergoss die Braut bittere Tränen. Doch sie behielt ihren Traum, ihrem Land als eine Art kaiserlicher Diplomatin zu dienen. »Es wäre gelogen zu sagen, ich sei nicht traurig über mein Ausscheiden aus dem Außenministerium«, bekannte sie offenherzig. »Aber ich bereue es nicht und fühle, dass es nun meine Aufgabe ist, mich in der Kaiserfamilie nützlich zu machen.« Es sind dies Worte einer Braut wider Willen. Ihre Schwiegermutter in spe, Kaiserin Michiko, die selbst unter der Palastbürokratie schwer gelitten hatte, soll ihr gut zugeredet haben, und auch Naruhito gelobte, in allen Lebenslagen treu zu ihr zu stehen.

Viel Zeit hatte die künftige Kronprinzessin nicht, sich mit den jahrhundertealten Regeln des Kaiserhauses vertraut machen. Ein dickes, handgeschriebenes Buch mit den elementaren Anstandsregeln einer Prinzessin gab ihr einen ersten Überblick: In welchem Abstand sie hinter ihrem Mann zu gehen hat, in welcher Geschwindigkeit sie trippeln und wie sie winken soll. Jedes Wort, jeder Schritt, jede Geste – alles unterliegt dem Protokoll und musste in anderthalb Monaten und fünfzig Unterrichtsstunden neu erlernt werden.

Bei der ersten gemeinsamen Pressekonferenz mit Naruhito am 19. Januar 1993 erschien dann auch eine äußerlich gewandelte Masako mit züchtigem zitronengelbem Seidenkleid und zartgelbem Hütchen. Ihre Schuhe waren fast absatzlos, damit sie ihren etwas kleineren Verlobten nicht allzu sehr überragte. Ihre Kleidung hatte sie in kürzester Zeit dem Geschmack des Palastes angepasst, ihr Wesen war aber das alte geblieben. Als sie es wagte, vor den Journalisten neun Sekunden länger als ihr Verlobter zu sprechen und dabei ihre eigene Meinung kundzutun, verursachte sie einen ersten Skandal. Dabei hatte sie doch nur gesagt, dass sie ihren künftigen Mann ehren und lieben wollte. Sofort meldeten sich konservative Kritiker zu Wort: Masako sei ein egoistischer Mensch und als Kronprinzessin denkbar ungeeignet. Eine japanische Frau habe sich ihrem Mann unterzuordnen. Schon hieß es, die Braut sei zu wenig japanisch, weil sie zu lange im Ausland gelebt habe. Dieser Vorwurf sollte auch später nicht verstummen. Von einem zersetzenden Einfluss auf die Mystik des Kaiserhauses war sogar die Rede. Außerdem sei sie mit neunundzwanzig Jahren zu alt, wurde gemäkelt.

Die Mehrheit der Bevölkerung hingegen freute sich mit Naruhito, der nach über achtjähriger Brautsuche endlich ans Ziel gelangt war. Ein kollektives Masako-Fieber war über Nippon hereingebrochen. Für führende Politiker genau zur rechten Zeit, lenkte es doch von politischen Skandalen und dem wirtschaftlichen Niedergang des Landes ab. Japanische Brautkleid-Produzenten und Babyausstatter sahen einer rosigen Zukunft entgegen. Tausende Paare wollten nun wie das royale Paar den Bund der Ehe schließen und eine Familie gründen. Wen wundert es, dass der beliebteste Mädchenname für Neugeborene »Masako« lautete? Die »Märchenhochzeit« des Kronprinzen mit der Karrierefrau werde »eine stärkere Wirkung auf die Wirtschaft haben als das 87-Milliarden-Dollar-Konjunkturprogramm der Regierung«, prognostizierte damals Takuya Okada, der Chef einer Supermarktkette in Tokio. Vor allem junge Japanerinnen hofften auf die Signalwirkung, die vom Image der selbstbewussten, kosmopolitischen Braut ausging. Masako als Aushängeschild eines modernen, erfolgreichen Japan? Nur die Feministinnen wollten nicht so recht daran glauben. Sie prophezeiten der Kronprinzessin eine düstere Zukunft.

Die Verlobungszeremonie stand dann auch ganz im Zeichen der Tradition. Masako, die in ihrem Leben angeblich noch nie einen Kimono getragen hatte, empfing am Morgen des 12. April 1993 den kaiserlichen Hofmarschall im traditionellen Gewand. Nach einem strengen Zeremoniell überreichte der kaiserliche Bote der Braut die rituellen Verlobungsgeschenke: fünf Ballen Seide, mehrere Flaschen Sake (Reiswein) und zwei große Meerbrassen: die Seide als Zeichen des Wohlstands, den Sake als shintoistische Beigabe und die Fische als Zeichen des Glücks. Nach wenigen Minuten war der Festakt beendet, die Verlobung mit der Annahme der Geschenke besiegelt. Die Bekanntgabe des Hochzeitstermins erfolgte nach ähnlichem Muster: Diesmal erschien Großhofmarschall Yamamoto im Hause Owada. Förmlich verkündete er: »Hiermit wird mitgeteilt, dass die Hochzeitszeremonie für den Kronprinzen am 9. Juni stattfinden wird.« Masako blieb nicht mehr zu sagen als: »Ehrfurchtsvoll nehme ich an.«

Am Morgen der Trauung holte eine schwarze Limousine aus dem Fuhrpark des Kaisers die Braut bei ihren Eltern ab. Für die zahlreichen Reporter, die der Abschiedsszene beiwohnten, trug sie ihr schönstes Lächeln zur Schau, während die Eltern betreten zu Boden schauten und die beiden Schwestern weinten. Der anhaltende Regen machte die Szenerie nicht weniger beklemmend. Ohne sich umzudrehen, stieg Masako in das Auto, das sich Richtung Palast in Bewegung setzte. Als sich das schwere Tor der Burgmauer hinter ihr schloss, wusste sie, dass es kein Zurück mehr in ihr altes Leben gab.

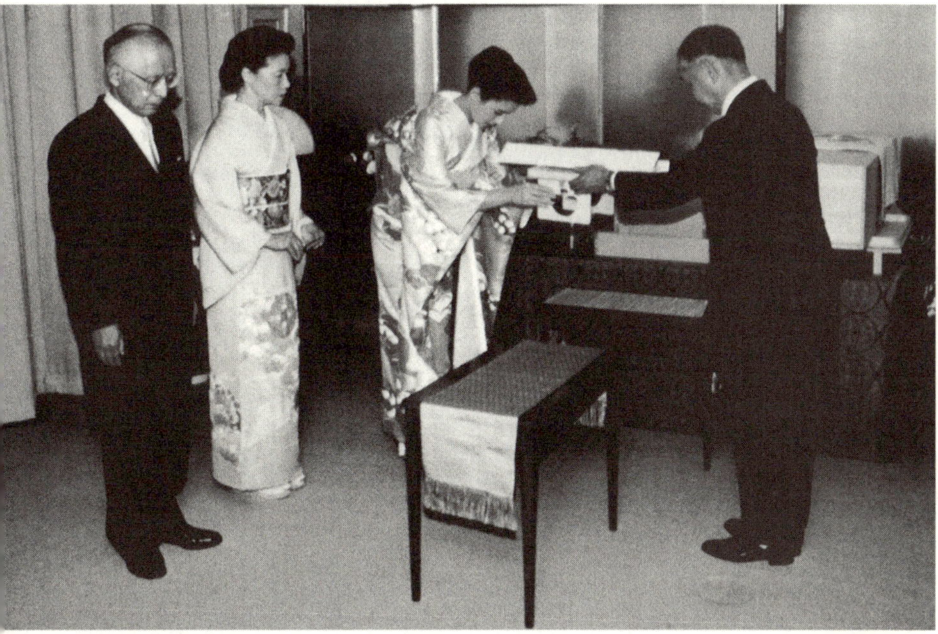

»Ehrfurchtsvoll nehme ich an«: Die Verlobungszeremonie am 12. April 1993 folgte althergebrachten Ritualen

Der Zeremonie auf dem Palastgelände wohnten 812 Gäste bei. Nur das Kaiserpaar fehlte entsprechend der Tradition. Im Kashikodokoro, dem Schrein der Sonnengöttin, fand die eigentliche Trauung statt. Totenstill war es, als Naruhito im orangeroten Seidenkimono über weißem Unterrock und dem flachen Zepter in der Hand erschien. Seit etwa tausend Jahren ist dies das offizielle Hofgewand für große Feierlichkeiten. Einige Schritte hinter ihm tauchte Masako auf – mit komplizierter Perücke, weißem Make-up und einem aus zwölf Lagen bestehenden Seidenkimono, der allein vierzehn Kilo wog. Wie Blei legte sich die ganze Würde und Starre der Dynastie auf die Neunundzwanzigjährige. Puppenhaft starr sah sie dabei aus, so als sei sie nicht von dieser Welt.

Die eigentliche sakrale Handlung entzog sich den Blicken der Hochzeitsgäste. Im Innern des Schreins erwiesen Braut und Bräutigam der mythologischen Urahnin des Tenno, der Sonnengöttin Amaterasu, ihre Ehrerbietung. Der Prinz verlas vor einem Priester laut ein Gebet, in dem er versprach, mit seiner Ehefrau einträchtig leben zu wollen. Dann erbat er noch den Segen der Gottheit. Nachdem das Paar drei Schlucke Sake getrunken hatte, war die etwa fünfzehnminütige Zeremonie beendet. Masako,

Oben: »Kein Zurück mehr ins alte Leben«: Das kaiserliche Hochzeitspaar in den traditionellen Festgewändern
Unten: »Fremde Welt der Traditionen und Riten«: Nach der Hochzeit stand für das Brautpaar der Besuch im Schrein von Ise auf dem Programm

die während des ganzen Hochzeitsakts zu schweigen hatte, war nun Mitglied der kaiserlichen Familie.

Gemäß der Tradition begaben sich die frisch Vermählten anschließend zu Kaiser Akihito und Kaiserin Michiko, den Eltern des Kronprinzen, um die Hochzeit zu vermelden. Die traditionellen Gewänder hatte man inzwischen gegen westliche Hochzeitskleidung eingetauscht. Nach einem rituellen Mahl mit den Schwiegereltern stand die Hochzeitsparade auf dem Programm. Der Himmel hatte ein Einsehen und seine Schleusen geschlossen. Nie wieder hat man Masako so glücklich lächeln sehen wie an diesem Nachmittag, als sie gemeinsam mit Naruhito im offenen Rolls-Royce durch Tokio fuhr. Hunderttausende Schaulustige säumten den etwa vier Kilometer langen Weg, der mit der japanischen Nationalflagge, der aufgehenden roten Sonne auf weißem Grund, Lampions und roten Rosen geschmückt war. Begeisterte Japaner jubelten dem Brautpaar zu. Einen Moment lang schienen alle Bedenken wie weggewischt. Doch nach der Parade kehrte die Braut zurück in die für sie fremde Welt der Traditionen und Riten. Eine romantische Hochzeitsreise musste dem Dienst an den Göttern weichen. Eine Woche nach den Feierlichkeiten brach das junge Paar nach Ise auf, vierhundert Kilometer westlich von Tokio, um dort der Sonnengöttin Amaterasu im heiligsten aller Schreine zu huldigen. Dem folgten weitere Schreinbesuche an anderen Orten. Erst drei Wochen nach der Trauung hatte das junge Ehepaar seine Hochzeitspflichten erfüllt. Erschöpft zog es sich in seine Residenz in Tokio zurück, etwa vier Kilometer vom Kaiserpalast entfernt, unter die Aufsicht der Palastbeamten.

Zunächst schien es so, als würden sich die Hoffnungen der Reformer erfüllen. Die Hochzeit hatte das Kaiserhaus den Bürgern wieder näher gebracht. Doch Bürgernähe ist nicht das, was zählt am Chrysanthemenhof. Das Volk soll auf Distanz gehalten werden. Entsprechend selten zeigt sich der amtierende Kaiser Akihito in der Öffentlichkeit. Abgeschottet von der

»Ob sie es will oder nicht: Masako wird die wichtigste Symbolfigur des modernen Japan sein. Sie wird einem Land, mehr für seine Produkte als seine Menschen bekannt, ein dringend benötigtes menschliches Antlitz geben. In einer gruppenorientierten Gesellschaft wird sie unvermeidlich herausstehen und ihren Mann genauso überschatten wie Prinzessin Diana den ihren.«
US-Magazin *Newsweek*, 1993

Außenwelt, lebt er mitten in Tokio in der vermutlich teuersten Immobilie der Welt, einer grünen Oase im Häusermeer der zwölf Millionen Einwohner zählenden Mega-City. Der Kaiserpalast steht auf dem Gelände der Edo-Burg, in der einst die militärischen Befehlshaber, die Shogune, residierten. Es ist kein Prachtbau und kein Prunkschloss. Erschreckend glanzlos wurde das kaiserliche Wohngebäude im neotraditionalistischen Architekturstil in den sechziger Jahren errichtet.

Japans Kaiser hat kein eigenes Vermögen, da nach dem Krieg sein gesamter Besitz konfisziert wurde. Heute lebt die ganze Familie von Steuergeldern, die Insider auf etwa 260 Millionen US-Dollar pro Jahr schätzen. Dies wäre eine gewaltige Summe, wenn man berücksichtigt, dass das Budget der englischen Royals etwa umgerechnet 152 Millionen US-Dollar beträgt. Doch nur ein Bruchteil der Summe ist für die persönlichen Bedürfnisse des Kaisers vorgesehen. Das meiste Geld fließt in den gigantischen Apparat mit seinen weit mehr als tausend Beamten.

Der Tenno muss das Land repräsentieren, shintoistische Rituale pflegen, Ausstellungen und Sportfeste eröffnen, Wohltätigkeitsgalas besuchen und Staatsgäste begrüßen. Noch immer hat der Tenno politisch nichts zu sagen, nicht einmal wählen darf er. »Er ist trotzdem immer sehr beschäftigt«, erzählt der ehemalige Zeremonienmeister des Hofamts, Yoshio Karita, »zweimal die Woche muss er stapelweise Regierungspapiere gegenzeichnen. Er verkündet Gesetze, eröffnet die Sitzungsperiode des Parlaments. Er empfängt Staatsgäste und gibt Teegesellschaften.« Wenn Botschafter beim Kaiser vorstellig werden – meistens werden sie mit der Kutsche vorgefahren –, dann geschieht dies in einem seiner schlichten Empfangsräume.

Nur zweimal im Jahr öffnet der Palast seine Pforten für das Volk: zu Akihitos Geburtstag am 23. Dezember, einem nationalen Feiertag, und zur Neujahrsansprache des Kaisers. Die Bilder, die im Fernsehen übertragen werden, ähneln sich frappierend. Blau uniformierte Sicherheitsbeamte heben die schweren Riegel des drei Meter hohen Holztores der Nishu-Bashi, der Doppelbrücke, an, um den Gratulanten Einlass zu gewähren. Dabei geht es immer sehr geordnet zu. Ein paar tausend Besucher versammeln sich mit Japan-Fähnchen in den Händen vor dem Kaiserpalast. Dort harren sie geduldig aus, bis die erste Familie des Landes nach dem immer gleichen Ritual den verglasten Balkon betritt. Kaiser Akihito, seine Gemahlin Michiko, Thronfolger Naruhito, Prinzessin Masako sowie der jüngere Bruder Naruhitos, Prinz Akishino, und dessen Frau Kiko winken huldvoll lächelnd dem Volk zu, das mit seinen Fähnchen zurückwinkt. Die Kaiserfamilie wirkt entrückt,

Oben: »Teuerste Immobilie der Welt«: Der Kaiserpalast ist eine Oase der Ruhe inmitten der pulsierenden Metropole Tokio
Unten: »Künstlich vom Volk ferngehalten«: Menschenandrang vor dem Kaiserpalast am Neujahrstag 2004

Das Kaiserhaus wird künstlich vom Volk ferngehalten, sie sitzen wie hinter einem Vorhang, den man nur gelegentlich durchbrechen kann.

Gebhard Hielscher, deutscher Journalist in Japan

Ich glaube, wir sind bereits sehr offen. Wenn Sie darunter allerdings verstehen, dass wir den Hof für jedermann öffnen sollen, so bin ich dagegen. Wir wollen keine Dauerparty.

Prinz Takamado, Neffe von Kaiser Hirohito

jede Bewegung scheint genau einstudiert. »Tenno Heika – Banzai!« – »Der Kaiser lebe zehntausend Jahre!«, rufen einzelne Begeisterte dem Tenno zu. Der spricht wie bei jedem seiner Balkon-Auftritte über Mikrofon ein paar unverbindliche Worte in der ihm eigenen Sprache, dann winken alle Familienmitglieder noch einmal wie auf Kommando und verschwinden wieder in ihrer eigenen künstlichen Welt. »Wenn der Kaiser redet, benutzt er keine Höflichkeitsfloskeln gegenüber dem Volk. Er spricht sehr einfach, sehr verkürzt, etwa so wie Eltern mit ihren Kindern sprechen würden«, weiß Gebhard Hielscher, der langjährige Japan-Korrespondent, zu berichten.

Es sind fast immer gestellte Bilder von befremdlicher Steifheit, die das japanische Volk von der Kaiserfamilie zu sehen bekommt. Besonders beliebt sind Aufnahmen von Gartenspaziergängen in stiller Zweisamkeit. Manchmal musizieren sie sogar zusammen. Aber man hört sie nie musizieren oder reden, denn Tonaufnahmen sind im Palast untersagt. Es sind Bilder von stummen Majestäten, gefangen wie Fische im Aquarium. Jeder Auftritt, jedes Foto, jede Äußerung ist geplant. Es gibt keine Diskobesuche, keine Partys und keine heimlichen Ausflüge in die Welt außerhalb des Palasts. Und wenn doch, dann würde es niemand wagen, heimlich geschossene Fotos zu veröffentlichen. Solche Vergehen werden vom Hofamt streng geahndet. So traf den Fotografen Toshiaki Nakayama der Bannstrahl des kaiserlichen Hofamts, weil er ein Bild veröffentlicht hatte, auf dem die junge Kiko, die Schwiegertochter des Tenno, ihrem Prinzgemahl Akishino eine Haarsträhne aus dem Gesicht streicht. Die Kaiserfamilie ist und bleibt für die japanische Klatschpresse tabu. Bei Pressekonferenzen, die von Zeit zu Zeit gegeben werden, müssen Fragen Wochen im Voraus eingereicht werden. Sie sind in der Regel an Harmlosigkeit nicht zu überbieten, ebenso wie die Antworten. Meinungen hört man nur sehr selten vom Kaiser.

Seine Aufgabe als Symbol des Staates und der Einheit Japans verpflichtet ihn dazu, als Person hinter seinem Amt zurückzutreten, glanzlos und irgendwie eigenschaftslos zu sein. Als der Kaiser noch als Gott verehrt wurde, durfte alles, was der Kaiser benutzte, nur der Kaiser nutzen. So verfügt er noch heute über einen eigenen Eisenbahnwaggon und einen eigenen Bahnsteig. Im Tokioter Wetteramt, in dem die in Japan so häufigen Erdbeben gemessen werden, steht sein eigener Seismograph, der ausschlägt, wenn die Erde auf dem Palastgelände bebt. Der Kaiser bestimmt sogar Japans Zeitrechnung. Zwar weiß jeder Japaner, welches Jahr nach dem christlichen Kalender gerade geschrieben wird, geläufiger ist ihm aber das jeweilige Jahr der Regentschaft von Kaiser Akihito, mit dessen Thronbesteigung die Ära »Heisei«, die Ära der »Schaffung des Friedens«, begann. Das Jahr 2006 ist das Jahr Heisei 18. Da die Japaner am liebsten nach ihrer Zeit datieren, muss man als Ausländer das jeweilige Jahr der Inthronisation der letzten Kaiser samt Regierungsmotto kennen. Alle Züge und Autobahnen, die aus Tokio wegführen, werden »kudari«, »absteigend«, genannt, die nach Tokio führen »nobori«, »aufsteigend«. Auch dies ist eine Geste an die Anwesenheit des Kaisers in der Hauptstadt. In den Medien begegnet man dem Kaiser stets in den ehrerbietigsten Worten. Niemals wird nur vom »Tenno« berichtet oder von »Akihito« gesprochen, sondern immer nur von »Seiner Majestät dem Kaiser«.

Wenn das Kaiserpaar verreist, bleibt nichts dem Zufall überlassen. Schon Monate zuvor fallen die Teams des Hofamts in der zu besuchenden Stadt ein und planen jeden Schritt, den der Tenno und seine Gemahlin unternehmen. Hunderte von Sicherheitsbeamten begleiten das Paar bei allen Besuchen, manchmal bis zu vierzig im Jahr. Sie reisen leise, ohne Fanfaren und ohne Glamour. Journalisten und Kamerateams werden geduldet, aber taktvoll auf Distanz gehalten. Aus der Nähe betrachtet, wirkt das sonst so entrückte Kaiserpaar überraschend freundlich, warmherzig und würdevoll. Mit großer Anteilnahme kümmern sich Akihito und Michiko um Randgruppen der Gesellschaft. Im November 2005 besuchten sie eine Insel vor Okayama, auf der ehemalige Leprakranke leben. Sie wurden bis in die jüngste Zeit als Aussätzige behandelt. Voller Mitgefühl kniete die Kaiserin vor den Patienten nieder, um ein paar Worte mit ihnen zu wechseln. Dabei streichelte sie den Kranken ganz bewusst über die verstümmelten Hände. Man braucht nicht viel Phantasie, um sich vorzustellen, was in den alten Menschen vorging, von denen die meisten seit über sechzig Jahren abgeschoben von ihren Familien in der völligen Isolation leben.

Die Amtsaufgabe des kaiserlichen Hofamts besteht darin, alle öffentlichen und privaten Aspekte des Kaiserpaares und der kaiserlichen Familie – wie soll ich sagen, … zu beschützen. Dabei müssen wir schon mit einer gewissen Ordnung vorgehen.
Yoshio Karita, ehemaliger kaiserlicher Zeremonienmeister

Begegnungen mit dem Volk sind bis ins Detail vorgeschrieben – der Kniefall kommt dabei nicht vor. Das erste Mal sank Kaiserin Michiko 1991 vor den Opfern des Vulkanausbruchs in Unzen auf die Knie, 1995 vor den Erdbebenopfern von Kobe. Über 6400 Menschen waren bei der verheerenden Katastrophe ums Leben gekommen, 43 000 Menschen wurden verletzt. Die Wirkung dieser Geste auf die Opfer ist kaum zu überschätzen. Für die Traditionalisten war dies ein Schock: Ein Kaiser hat nicht vor anderen Menschen zu knien. Es ist eine gefährliche Gratwanderung, offen für das Volk und zugleich unantastbar zu sein. Trotz aller Ermahnungen – in diesem Punkt haben sich Akihito und Michiko durchgesetzt. Wann immer sich im Land eine Katastrophe ereignet, ist das Kaiserpaar zur Stelle, um den Menschen Mut und Trost zu spenden. Der Japan-Experte Gebhard Hielscher ist überzeugt davon, dass »die wirkliche Bedeutung des Kaiserhauses erst dann ermessen werden kann, wenn es eine große Krise gibt. Dann ist der Kaiser oder das Kaiserhaus eine Art Hoffnungsträger, ein Symbol für die Hilfe, die Menschen in Not vom Staat benötigen.«

Nippon ohne den Tenno – für die meisten Japaner ist dies unvorstellbar. Nicht einmal die japanischen Kommunisten, lange Zeit die härtesten Kritiker des Kaisersystems, fordern heute noch seine Abschaffung. Tenno-Gegner sind in der absoluten Minderheit, sagt der Kaiserkritiker Yasukazu Amano: »Nur zehn Prozent der Japaner sind laut Meinungsumfragen gegen den Tenno. Der Rest, also achtzig Prozent oder mehr, heißt das System gut, oder er hat zumindest nichts dagegen.« Die hohe Zustimmung des Volkes hat sicherlich auch mit Masakos Eintritt in die erste Familie des Landes zu tun. Von einem Diana-Effekt war in den Medien die Rede. Masakos Lächeln verzauberte die Japaner, doch mit der Zeit wurde es immer stiller um sie. Ihr Traum, als Kronprinzessin für ihr Land nach außen wirken zu können, erfüllte sich nicht. Nur fünf Reisen wurden ihr vom Hofamt gestattet. Gebhard Hielscher vermutet, dass sie »bewusst daran gehindert wurde, solche Gelegenheiten wahrzunehmen. Schließlich reduzierte sich alles auf die Frage: Wird sie denn irgendwann einen männlichen Thronfolger produzieren?«

Selbst die Kommunisten akzeptieren den Kaiser als eine Institution für Gesamtjapan. Man kann schon sagen, dass sie in der Volksseele etabliert sind.

Gebhard Hielscher, deutscher Journalist in Japan

Als drei Jahre nach der »Märchenhochzeit« noch immer kein Thronfolger in Sicht war, stieg der öffentliche Druck. Masako sollte sich hundertprozentig der Fortpflanzung widmen, Reisen waren bis auf weiteres gestrichen. Naruhitos jüngerer Bruder Akishino und seine Frau Kiko, die schon zwei Töchter hatten, wurden an ihrer Stelle

»Eine Art Hoffnungsträger in Notsituationen«: Kaiser Akihito und seine Gattin Michiko besuchen die durch ein Erdbeben zerstörte Stadt Kobe, Januar 1995

Der Druck, einen Nachfolger zu gebären und das Kaiserhaus zu stützen, ist für einen modernen Menschen nicht auszuhalten. In diesem Sinn ist es ein sehr unmenschliches System.

Akira Yamada, japanischer Historiker

»Selbst Goldfische haben mehr Privatsphäre, wenn sie Nachwuchs zeugen.«

Washington Post, 1999

auf Staatsbesuche geschickt – eine herbe Enttäuschung für die Ex-Diplomatin, die sich nicht wehren konnte. Als Mitglied der Kaiserfamilie unterlag auch ihr Leben strikten Regeln und Kontrollen. Sie konnte nicht einfach ausgehen, um sich mit ihrer Familie oder ihren Freundinnen zu treffen, Telefonate mit der Außenwelt mussten angemeldet werden. Das Leben im goldenen Käfig trieb Masako, eine Frau voller Energie und Schaffensdrang, mehr und mehr zur Verzweiflung. Ihr Ehemann Naruhito, der einst versprochen hatte, ihr stets beizustehen, war machtlos. Von allen Seiten hagelte es Kritik an der Kronprinzessin: Sie solle sich gefällig bemühen, einen Sohn zu gebären. Andere hatten es schon immer gewusst: Masako sei die falsche Wahl gewesen, da in der Familie Owada immer nur Mädchen geboren würden. Dabei vergaß man, dass auch im Kaiserhaus der letzte Sohn 1965 das Licht der Welt erblickt hatte. Ein Freund des Kaisers, Akira Hashimoto, macht aus seiner Meinung keinen Hehl: »Sie hat eine amerikanische Erziehung genossen. Sie ist anders als die Frauen, die in Japan aufgewachsen sind. Wenn sie eine Japanerin wäre, sollte sie ihre Lage einigermaßen ertragen und versuchen, Verständnis für die andere Seite zu haben. Aber eine solche japanische Denkweise hat sie nicht.« Masako schwieg und lächelte tapfer weiter, wenn auch nicht mehr ganz so entspannt wie früher. Auf ihren Schultern lastete die gesamte Verantwortung für das Weiterbestehen der ältesten Dynastie der Welt. Ihr blieb nichts anderes übrig, als sich den Anweisungen des kaiserlichen Hofamts zu fügen. Japans Feministinnen sahen ihre schlimmsten Befürchtungen bestätigt. Der frische Wind, den sich so mancher von Masakos Eintritt ins Kaiserhaus versprochen hatte, hatte schon bald dem Muff der ehrwürdigen Institution weichen müssen. Reform und Öffnung waren für die Herren Gralshüter undenkbar.

In Japan glauben immer noch viele, dass der Kaiser ein Gott ist. Deshalb fragt man sich, wo man hinkäme, wenn der Kaiser wie ein Normalbürger würde.

Yoko Kobayashi, Journalist

Der Tenno wird heute zwar nicht mehr wie ein Gott verehrt, aber in den Medien bis heute als etwas absolut Heiliges angesehen. Man darf ihn nicht kritisieren.

Amano Yasukazu, Kritiker des Kaiserhauses

Wer sich in Japan kritisch oder gar abfällig über den Kaiser äußert, muss um Leib und Leben fürchten. Nippons Rechte, Ewiggestrige, sind kaisertreu bis ins Mark. Für die nationalkonservativen Kampfgruppen, die »Uyoku«, ist der Tenno das unantastbare Symbol »japanischer Überlegenheit«. Mit ihren gefürchteten Lautsprecherbussen, mit Marschmusik und Hassparolen können sie jedem Kaiserkritiker das Leben zur Hölle machen und schrecken auch vor Mord nicht zurück. »Wenn man zum Beispiel über die Kriegsverantwortung des Tenno berichtet, kommen immer wieder Proteste und Drohungen von den Rechten«, berichtet der Historiker Akira Yamada. »Es wird Druck auf die Familie oder den Arbeitgeber ausgeübt. Man wird als ›Linker‹ beschimpft, der sein Land beleidigt.« Der ehemalige Bürgermeister von Nagasaki hätte eine solche »kritische Bemerkung« fast mit dem Leben bezahlt, als er in einer Rede die Mitverantwortung des Tenno beim Atombombenabwurf auf Nagasaki vom 9. August 1945 ansprach.

Um ein Haar hätte er sterben können, es wäre aber sinnlos gewesen, wenn ich ihn getötet hätte.
Kazumi Wakashima, schoss auf den Bürgermeister von Nagasaki

Der kaisertreue Kazumi Wakashima, der den Kaiser noch immer wie einen Gott und Vater verehrt, konnte die Schmach nicht ertragen und griff zur Waffe. »Wie soll man reagieren, wenn der eigene Vater krank daliegt und jemand Fremdes ihn mit Füßen tritt? Da muss man doch etwas unternehmen. Das haben damals alle gedacht«, rechtfertigt er seinen Mordversuch am Bürgermeister von Nagasaki. »Ich wollte nicht, dass er stirbt. Er sollte nur seine angemessene Strafe bekommen.«

Das Tabu bezieht sich auf den Vater des amtierenden Tenno, den verstorbenen Kaiser Hirohito. Er wollte Japan zu einer Weltmacht erheben, tatsächlich aber führte er es in den Untergang. Die Rolle Hirohitos im Zweiten Weltkrieg war lange Zeit umstritten, heute zweifelt fast kein Historiker mehr an seiner Mitschuld.

Mehr als sechzig Jahre hat der 1901 geborene Enkel des Meji-Kaisers das Bild Nippons geprägt. Seiner Regierungszeit war die Ära seines Vaters, des Taisho-Kaisers, und die seines Großvaters, des Meji-Kaisers, vorausgegangen. Eine reaktionäre Adelsclique hatte 1868 den letzten Shogun gestürzt und Hirohitos Großvater Mutsuhito, den Meji-Kaiser, als konstitutionellen

Es passierte zufällig auf einer Sitzung des Stadtrats. Da fragte mich ein kommunistischer Abgeordneter: »Glauben Sie, dass der Kaiser für den Krieg verantwortlich war?« Ich flüsterte daraufhin: »Ja, ich glaube schon.« Das war meine ehrliche Meinung.
Hitoshi Motoshima, ehemaliger Bürgermeister von Nagasaki

Kaiser Hirohito wurde kurz nach seiner Geburt in die Obhut eines Grafen gegeben und von diesem aufgezogen. Für den Meiji-Kaiser war er, das Enkelkind, der Hoffnungsträger, weil sein Sohn, der Taisho-Kaiser, oft krank war. So sollte Hirohito eine spezielle Erziehung erhalten und ist unter Leuten groß geworden, die nicht seine Eltern waren.
Akira Hashimoto, Journalist und Freund Akihitos

Monarchen eingesetzt. Es war die Geburtsstunde des modernen Japan. Der damals fünfzehnjährige Tenno wurde von seinen Beratern zum Modernisierer hochgespielt, in Wirklichkeit aber hatten sie das Sagen. Sie ließen sich auf verlustreiche Auseinandersetzungen ein – zuerst 1894/95 mit China, 1904 mit den Russen, dann 1910 mit den Koreanern. Sie fühlten sich den westlichen Kolonialmächten ebenbürtig und versuchten, mit ihnen gleichzuziehen – 1905 beim Waffengang mit dem Zarenreich, 1910 bei der Besetzung Koreas. Das schwache China betrachteten sie als legitime Beute. Der Versuch, auf dem chinesischen Festland Fuß zu fassen, scheiterte allerdings während des Ersten Weltkriegs am Widerstand der Westmächte.

Den expansiven Träumen der japanischen Machthaber hatte auch der nächste Tenno, Hirohitos Vater, nichts entgegenzusetzen. Als er bei einer Parlamentseröffnung das Manuskript zusammenrollte und die Abgeordneten damit wie durch ein Fernrohr beobachtete, ließ sich nicht länger verheimlichen, dass er geisteskrank war. Zum Glück stand Kronprinz Hirohito bereit, um in die Fußstapfen des kranken Vaters zu treten. Wie eine Lichtgestalt wirkte der hundertvierundzwanzigste Nachfahre des ersten Tenno allerdings nicht. Er war klein, introvertiert und sprach sehr leise, überdies mit einer Fistelstimme. Beim Gehen drückte er die Knie nicht richtig durch, weshalb sein Gang stets etwas schleppend wirkte. Als erster Kronprinz in der über zweitausendjährigen Tenno-Geschichte durfte Hirohito Europa besuchen. Die Lebensart im britischen Empire imponierte ihm – ebenso wie die modernen Waffen. Auch wenn der diplomatische Erfolg der Europa-Mission zu wünschen übrig ließ, die Zeit in England hatte Hirohitos Wesen geprägt. »England gab mir zum ersten Mal die Erfahrung persönlicher Freiheit«, vertraute er in einem Brief seinem Bruder Prinz Chichibu an. Zeitlebens kleidete er sich nach westlicher Manier und aß mit Vorliebe Spiegeleier mit Speck – zum Entsetzen des Hofamts, das vergeblich versuchte, ihm diese ganz und gar unjapanische Eigenart abzugewöhnen.

»Von klein auf als Soldat erzogen«: Hirohito nach seiner Krönung zum Tenno, November 1928

Nach dem frühen Tod seines geistig verwirrten Vaters im Jahr 1926 übernahm er die Geschäfte. Die Devise seiner Regierungszeit lautete »Showa« – »Erleuchteter Friede«. Friedlich ging es in den ersten beiden Jahrzehnten seiner Herrschaft allerdings nicht zu: Putschversuche des Militärs, die Weltwirtschaftskrise, eine unglückliche Bündnispolitik und nicht zuletzt die Expansion der Armee führten zu enormen innen- und außenpolitischen Spannungen.

Es ist eine Besonderheit, dass der Showa-Tenno von klein auf als Soldat erzogen wurde im Bewusstsein, der Oberbefehlshaber des japanischen Heeres zu sein.

Akira Yamada, japanischer Historiker

Es gab im kaiserlichen Japan nur einen freien Mann – Hirohito. Bis zum Schluss hatte er die Wahl, sein Wille war niemandem unterworfen außer seinen Vorfahren.

Herbert P. Bix, Hirohito-Biograph

Anders als seine Vorfahren war Hirohito kein machtloser Kaiser. Seine verfassungsmäßigen Rechte waren in den dreißiger Jahren erweitert worden: Er unterzeichnete alle Gesetze, hatte den Oberbefehl über die Armee, erklärte Krieg und schloss Frieden. Alle seine Amtshandlungen bedurften jedoch der Gegenzeichnung der zuständigen Minister. Offiziell hatte er in der Politik nichts zu sagen. Die eigentliche Macht lag in den Händen der Militärs. Hirohitos Rolle beruhte vielmehr darauf, als unantastbarer Kaiser über das Land zu walten, ohne zur Verantwortung gezogen werden zu können, wenn die Dinge schief liefen. Er sollte herrschen, aber nicht regieren. Als Japans Truppen 1937 in China einfielen, geschah dies in seinem Namen. Im Dezember standen die Japaner vor Nanking, Chiang Kai-sheks Hauptstadt in Nordchina. Nachdem der chinesische Kommandant geflohen war, spielte sich in den folgenden Wochen das ab, was als »Massaker von Nanking« in die Ge-

»Bestialische Grausamkeiten«: Opfer der japanischen Massaker in Nanking, Oktober 1937

schichte eingehen sollte. Japanische Soldaten wüteten bestialisch, vergewaltigten und verstümmelten ihre Opfer. Die genaue Opferzahl wird vermutlich nie ermittelt werden. Sie liegt auf jeden Fall im sechsstelligen Bereich. Prinz Asaka, ein Onkel Hirohitos, hatte als Oberbefehlshaber der Truppen in Nanking die Gräueltaten persönlich befohlen, ohne dass er dafür jemals hätte Rechenschaft ablegen müssen.

»Ein Schwein ist jetzt wertvoller als das Leben eines [chinesischen] Menschen. Das liegt daran, dass Schweine essbar sind.«

Aus dem Tagebuch des japanischen Soldaten Shiro Azuma

»Wegen des heftigen Widerstands der chinesischen Armee, die den Japanern schwere Verluste zufügte, töteten die japanischen Truppen viele chinesische Soldaten und Zivilisten.«

Japanisches Schulbuch von 1983

Die militärischen Erfolge in China bewirkten einen dramatischen Wandel der nationalen Stimmung im Reich der aufgehenden Sonne. Rechtsextreme Parolen mündeten im Hass gegen den Rest der Welt. Zur gleichen Zeit steigerten sich die Japaner in einen unglaublichen Kaiserkult, angestachelt vor allem durch nationalistische Publizisten. Die Pflichterfüllung gegenüber dem Kaiser wurde zur höchsten Lebensaufgabe hochstilisiert. Den meisten Japanern war der Tenno mehr als eine Ikone, er war ein Gott. Fuhr er mit seiner Limousine durch Tokios Straßen, so knieten die Passanten nieder, den Blick zu Boden gerichtet. In der Straßenbahn verbeugten sich alle, wenn sie das Tor zum Kaiserpalast passierten. Die Lieblingspose des Gottkaisers war aber ein Ritt in Marschallsuniform, wenn er auf seinem stolzen Schimmel »Früher Schnee« die alljährliche Truppenparade abnahm.

Die Expansionsgelüste Japans in Asien alarmierten die Großmächte. Doch Großbritannien waren die Hände gebunden. Es befand sich bereits im Krieg mit Hitler-Deutschland und Italien.

Um der zunehmenden außenpolitischen Isolation zu entgehen, schloss die japanische Regierung im September 1940 den Dreimächtepakt mit Hit-

Die Soldaten zogen die Mädchen aus und wechselten sich dabei ab, sie zu vergewaltigen: Zwei oder drei von ihnen vergewaltigten die Sechzehnjährige, drei die Vierzehnjährige. Nachdem sie fertig waren, erstachen die Japaner das ältere der Mädchen nicht bloß, sondern rammten auch einen Bambusstock in ihre Vagina. Die Jüngere wurde einfach mit dem Bajonett erstochen.

Augenzeugenbericht über japanische Gräueltaten im Dezember 1937 in Nanking

»Wie eine Spinne im Netz«: Kaiser Hirohito in seiner Lieblingsrolle – als Feldherr hoch zu Ross

Es war nicht so, dass Dinge beschlossen wurden, wovon der Tenno keine Ahnung gehabt hätte. Trotzdem steht fest, dass der Tenno selbst bis September 1941 recht passiv gegenüber dem Krieg eingestellt war. Aber danach hat das Militär, insbesondere der Generalstab, dem Tenno verschiedene Daten gezeigt und erklärt, dass ein Krieg möglich sei. Danach ist der Tenno selbst zum Ergebnis gekommen, dass der Krieg machbar sei, und neigte immer mehr zum Angriff. Es war also nicht so, dass ihm der Krieg aufgezwungen wurde, vielmehr war er einverstanden und hat den Krieg angefangen.

Akira Yamada, japanischer Historiker

ler und Mussolini. Hirohitos Bruder, Prinz Chichibu, reiste nach Deutschland, um das Bündnis zu besiegeln. Als die USA dem weiteren Vordringen der Japaner in Ostasien durch ein Ölembargo den Riegel vorschoben, gewann in Tokio die Kriegspartei die Oberhand.

Die Rolle Hirohitos bei der Entstehung des Krieges war lange Zeit heftig umstritten. Seine Anhänger hielten den weltfremden Monarchen für einen Pazifisten, seine Gegner für einen Kriegsverbrecher. Nach dem Tod Hirohitos im Jahr 1989 wurden Dokumente zugänglich gemacht, auf die sich der amerikanische Historiker Herbert Bix bei seiner Untersuchung stützt. Demnach war Hirohito weder Pazifist noch eine Marionette in den Händen des Militärs. In seiner Biographie zeichnet Bix vielmehr das Bild eines Mannes, der anfangs nur Gefolgsmann war, der dann aber zum Strategen hinter den Kulissen heranwuchs. Schon als Kind soll Hirohito für die Rolle des Kriegsherrn gedrillt worden sein – ein scheuer, sturer Mensch, dem »fast von Geburt an Bürden aufgezwungen waren, denen kein Mensch gerecht werden konnte«. Laut Bix nahm Hirohito aktiv Einfluss auf politische und militärische Entscheidungen »wie eine Spinne im Netz«. Er agierte als lebender Gott, der zum allmächtigen Kriegsherrn heranreifte und der wusste, dass seine Beschlüsse endgültig waren. Vor dem Angriff auf Pearl Harbor habe sich der Kaiser wiederholt mit seinen Generälen beraten und schließlich seine Zustimmung gegeben. Als sich ihm die Gelegenheit bot, den Frieden doch noch zu sichern, habe Hirohito diese bewusst ignoriert. Der Tenno, so Bix, war zwar kein Diktator, aber der »führend Beteiligte«. »Hirohito war jederzeit über die Gefechtslage informiert«, meint auch der japanische Historiker Akira Yamada. »Das Kommando der japanischen Streitkräfte lag im kaiserlichen Hauptquartier, alle Befehle mussten vom Tenno genehmigt wer-

Er war kein Hitler oder Mussolini. Er war ausgebildet, eine Rolle zu spielen, keine böse oder dämonische Figur.

Herbert P. Bix, Hirohito-Biograph

Wenn man es mit einer Bestie zu tun hat, muss man sie wie eine Bestie behandeln.

Harry S. Truman, US-Präsident 1945–1953

den. Es kann gar keinen Zweifel daran geben, dass er sehr stark an der Kriegführung beteiligt war.«

Als Japans Marineluftwaffe am 7. Dezember 1941 den amerikanischen Marinestützpunkt auf Hawaii bombardierte und dabei einen Großteil der US-Pazifikflotte versenkte, provozierte sie den Kriegseintritt der USA. Hirohitos Marineberater Eiichiro Jo notierte am Tag des Angriffs: »Den ganzen Tag lang trug der Kaiser seine Marineuniform und schien in glänzender Stimmung zu sein.« Vier Jahre dauerten die Kämpfe im Pazifik, die allein in Asien rund vierundzwanzig Millionen Menschen das Leben kosteten. Nach anfänglichen Erfolgen auf den Philippinen, in China und Indonesien sahen sich die japanischen Truppen immer mehr in die Defensive gedrängt. Alliierte Bomberverbände flogen seit November 1944 systematisch Luftangriffe auf japanische Städte und Industrieanlagen. Am 10. März 1945 starben bei der Bombardierung Tokios über 88 000 Menschen – dreimal so viele wie beim Feuersturm in Dresden. Als sich im letzten Kriegsjahr die gefürchteten Kamikaze-Piloten als menschliche Bomben auf die anrückenden Amerikaner stürzten, taten sie es für den Kaiser. Der saß in seinem bombensicheren Bunker auf dem Palastgelände und ließ seine Generäle gewähren, während um ihn herum die Welt in Trümmer versank.

Noch immer weigerten sich die Militärs, bedingungslos zu kapitulieren, so wie die Alliierten es in der Potsdamer Erklärung gefordert hatten. Der oberste Kriegsrat in Tokio war unschlüssig, möglicherweise auch, weil die Alliierten über die Zukunft des Tenno schwiegen. Dabei war das Land militärisch längst am Ende, die meisten Städte lagen in Schutt und Asche. Die beiden Atombombenabwürfe auf Hiroshima und Nagasaki am 6. und 9. August 1945 zeigten in aller Konsequenz, dass der Krieg für Japan verloren war. In dieser aussichtslosen Situation ergriff Hirohito das Wort und entschied über das Schicksal der Nation. Die Militärs, so sagte er, hätten sich oft genug geirrt. Ob man die amerikanischen Streitkräfte zurückschlagen könne, sei mehr als zweifelhaft. Wenn man den Krieg fortführe, gehe die Nation zugrunde. Das könne er nicht ertragen, weshalb er die Potsdamer Erklärung annehme. Sein Schicksal und das seiner Familie kümmere ihn nicht, Hauptsache, der Friede würde herbeigeführt. Seine Entscheidung wolle er den Menschen über Rundfunk mitteilen. Dies war eine Ungeheuerlichkeit, denn noch nie hatte das Volk die Stimme seines Kaisers gehört. Eine Gruppe fanatischer Offiziere wollte das im letzten Moment mittels einer Palastrevolte verhindern. Sie suchten den ganzen Palast nach der Schallplatte ab, die Hirohito kurz zuvor aufgenommen hatte, fanden sie aber nicht. Der Putsch wurde niedergeschlagen, die Ansprache des Tenno am 15. August 1945 um zwölf Uhr mittags gesendet. Darin bat er die Bevölkerung, »das Unerträgliche zu ertragen« und sich der ersten Besetzung Japans durch eine fremde Macht widerstandslos zu fügen. Viele Untertanen reagierten verstört und brachen weinend zusammen. Tausende knieten vor der Nishu-Bashi-Brücke vor dem Palastgelände nieder und beteten für den Tenno. Einige Generäle und Offiziere begingen rituellen Selbstmord oder erschossen sich. Das Volk war wie gelähmt. Läden wurden geschlossen, Busse und Straßenbahnen stellten ihren Betrieb ein. Eine eigenartige Stimmung legte sich über die ausgebrannte Stadt. Es sollte Tage dauern, bis die Bewohner wieder aus ihrer Lethargie erwachten.

Den Krieg unter diesen Umständen fortzusetzen würde nicht nur zur völligen Vernichtung unserer Nation führen, sondern zur Zerstörung der menschlichen Zivilisation.

Hirohito, 15. August 1945

Der Showa-Tenno war zwar Japans Staatsoberhaupt, aber politisch verantwortlich war er nicht.

Keita Kita, kaiserlicher Hofchronist

Über drei Millionen Japaner, darunter 800 000 Zivilisten, hatten in diesem Krieg für den Kaiser ihr Leben gelassen, jeder Dritte war nun obdachlos. Das Trauma über die erlittene Niederlage saß tief. Im Ausland wurden Stimmen laut, die eine Verurteilung des Tenno als Kriegsverbrecher forderten. Mitglieder der eigenen Familie versuchten vergeblich, ihn zum Rücktritt zu bewegen. »Der Tenno hat über Abdankung nachgedacht. Aber weil er es nicht wirklich ernst meinte, war er sehr leicht davon wieder abzubringen«, berichtet der Hirohito-Forscher Akira Yamada.

Büßen mussten andere. In den Kriegsverbrecherprozessen von Tokio wurden vierzehn Generäle und Politiker zum Tode verurteilt, die Kriegsschuld des Tenno und seiner Familie fiel aber unter den Tisch. Seinen einstigen

Falls er vor Gericht gestellt wird, müssen die Pläne für die Besatzung vollkommen geändert werden. … Seine Anklage würde fraglos zu ungeheuren Erschütterungen im japanischen Volk führen, deren Folgen nicht überschätzt werden können. … Es kann nach meiner Einschätzung damit gerechnet werden, dass ganz Japan Widerstand gegen eine solche Aktion leisten wird, entweder mit passiven oder mit halbaktiven Mitteln.

Douglas MacArthur, 25. Januar 1946

Oben: »Der Kaiser war glänzender Stimmung«: Mit dem japanischen Angriff auf Pearl Harbor begann am 7. Dezember 1941 der Krieg im Pazifik
Unten: »Menschliche Bomben«: Japans Kamikaze-Piloten betrachteten es als Ehre, für den Tenno in den Tod zu gehen

Oben: Der US-Flugzeugträger *Bunker Hill* nach dem Angriff eines Kamikaze-Fliegers, 21. Juni 1945
Unten: »Das Unerträgliche ertragen«: Nach dem Abwurf der Atombombe im August 1945 auf Nagasaki kapitulierte das kaiserliche Japan

MacArthur war leger gekleidet und hat die Autorität des Tenno komplett zunichte gemacht.

Akira Yamada, japanischer Historiker

Ihn weiß zu waschen von jeder Verantwortung, von jeder Kriegsschuld, ist nicht akzeptabel.

Gebhard Hielscher, deutscher Journalist in Japan

Feinden, den Amerikanern, verdankte es Hirohito, dass er nicht angeklagt wurde, sondern im Amt blieb. Bei einem ersten Treffen mit General Douglas MacArthur, dem amerikanischen Oberbefehlshaber im Japan, soll Hirohito die »alleinige Verantwortung« für das Geschehene auf sich geladen haben. Der Amerikaner zeigte sich von dieser Geste offenbar so beeindruckt, dass er Hirohito in seinen Memoiren als »ersten Gentleman Japans« bezeichnete. Von der Idee, den Tenno vor ein Kriegsgericht zu stellen, war er längst abgekommen. Auch ließ er den alten Plan fallen, Hirohito zugunsten seines erst zwölfjährigen Sohnes Akihito zur Abdankung zu zwingen. »MacArthur hat die Regierung in Washington schlicht erpresst. Er sagte: Wenn wir den Kaiser absetzen, dann brauche ich eine Million Soldaten mehr, denn dann wird Japan nicht zu regieren sein«, erklärt der Historiker Hiroshi Takahashi. Der General zog es vor, den Tenno zu instrumentalisieren, indem dieser helfen sollte, das Land zu demokratisieren und zu stabilisieren. Grollend stimmte die amerikanische Regierung dem neuen Freundschaftskurs MacArthurs zu. Ein symbolträchtiges Foto, das Hirohito gemeinsam mit dem hemdsärmligen General zeigt, war die einzig sichtbare Demütigung Hirohitos durch den Amerikaner. »Das war ein Schock für uns«, erzählt Hiroshi Takahashi, »der Kaiser aufrecht im formellen Anzug und der Amerikaner ohne Krawatte, mit offenem Hemd und die Arme auf die Hüften gestützt. Das war wohl seine Art, sich als Sieger darzustellen. Viele Japaner dachten damals, dass dieser MacArthur überhaupt keine Manieren hatte.«

Alles in allem verlief die Angelegenheit für Hirohito mehr als glimpflich. Im Gegensatz zu Deutschland hatte Japan keinen Holocaust zu verantwor-

Die Amerikaner, vor allen Dingen der Oberbefehlshaber der Besatzungsmacht, General Douglas MacArthur, hatten ein Interesse daran, die Besatzung möglichst problemlos zu gestalten. Wenn er den Kaiser entfernt hätte, wusste er nicht, was das für Konsequenzen haben würde. Indem er ihn im Amt beließ, gingen viele Dinge einfacher. Aber im Grunde genommen ist dadurch die Aufarbeitung der Vergangenheit behindert worden.

Gebhard Hielscher, deutscher Journalist in Japan

ten, was es den amerikanischen Besatzern wesentlich leichter machte, sich mit dem Feind von einst zu arrangieren. Im Zuge der Demokratisierung musste Hirohito seiner offiziellen Göttlichkeit entsagen und seinen gesamten Besitz abtreten. Dafür erhielt er eine Apanage vom Staat, von der er und die Seinen gut leben konnten. Die von den Amerikanern 1947 konzipierte Nachkriegsverfassung reduzierte ihn auf ein »Symbol des Staates und der Einheit des Volkes«. Doch der Tenno blieb und mit ihm die nie gesühnte Schuld. Vergangenheitsbewältigung wie in Nachkriegsdeutschland fand in Japan nicht statt, wie Gebhard Hielscher bestätigt: »In Japan blieb der Tenno auf dem Thron und die Regierung im Amt, die so genannten parlamentarischen Verhältnisse blieben unberührt. Deshalb ist das ganze Thema hier nie aufgearbeitet worden.«

In die Weltgeschichte wird unsere Zeit unter diesem Kaiser eingehen als die größte Periode des Friedens, die es je gab.

Morse Saito, japanischer Journalist

Ich glaube nicht, dass er ein Mann des Friedens war; erst nach dem Ende des Krieges wurde er dazu gemacht.

Hitoshi Motoshima, ehemaliger Bürgermeister von Nagasaki

In Japan hat nach dem Ende der US-Besatzung 1952 exakt null Komma null juristische Aufarbeitung stattgefunden.

Manfred Kittel, Historiker

An seine neue Rolle gewöhnte sich der Tenno sehr schnell. Über die »unglückliche Vergangenheit«, wie er die Zeit der japanischen Gräuel in Asien nannte, verlor er später kein Wort mehr. Wegen dieses Schweigens sind die Wunden, die den japanischen Nachbarn zugefügt wurden, nie richtig verheilt. Hier liegt der Keim für das tiefe Misstrauen, das Japan von Koreanern und Chinesen bis heute entgegengebracht wird. In Japan sind die Fragen nach seiner Verantwortung und Verstrickung ein politisches Tabu. Die Exkulpierung des Tenno durch US-General MacArthur ermöglichte es einer ganzen Generation japanischer Politiker und schließlich weiten Teilen der Bevölkerung, die Ereignisse und Verbrechen des Krieges zu verdrängen. Von Entschuldigung für den Angriffskrieg wollen sie nichts wissen, von Entschädigung der Opfer ganz zu schweigen.

Unser ganzes Erziehungssystem der Vorkriegszeit war auf Verehrung des Kaisers ausgerichtet. Er wurde als Gott angesehen. Als er sich selbst nach dem Krieg zu einem »menschlichen Wesen« erklärte, war dieses Erziehungssystem natürlich nicht verschwunden, die Grundhaltung gegenüber dem Kaiser in den Herzen der Menschen vielmehr geblieben.

Hitoshi Motoshima, ehemaliger Bürgermeister von Nagasaki

»Die Autorität des Tenno komplett zunichte gemacht«: US-General Douglas MacArthur und Hirohito, September 1945

Nach dem Krieg feilte Hirohito kräftig an seinem Image als Friedenskaiser. Zwischen 1946 und 1954 unternahm er mit Hut und Straßenanzug mehrere Reisen durch Japan – und lernte Land und Leute kennen. Die Hofetikette sorgte gerade auf Reisen für manches Problem. Da man den Kaiser nicht beim Essen sehen durfte, mussten Eisenbahnfahrten genau berechnet werden. Zu Essenszeiten nahm der Zug dann besonders tunnelreiche oder

»Die Grundhaltung gegenüber dem Kaiser blieb«: Obwohl sich Hirohito 1945 zum »menschlichen Wesen« erklärte, verehrten ihn weiterhin viele Japaner als göttliche Gestalt (Foto von April 1946)

unzugängliche Bergstrecken, sodass Neugierige keine Chance hatten, einen Blick auf Hirohito zu erhaschen. Die neue Nähe zum Volk passte den Hofbeamten überhaupt nicht, die allmählich ihre Fassung und damit auch die Kontrolle über den Tenno zurückgewannen. Sie fanden es als völlig ausreichend, hin und wieder Bilder aus Hirohitos Leben zu veröffentlichen, die ihn als forschenden Meeresbiologen und guten Familienvater zeigten.

Selbst zu Friedenszeiten hat er seine Eltern höchstens einmal die Woche gesehen. Während des Krieges wurde er zusammen mit anderen Kindern evakuiert und musste Tokio verlassen.

Akira Hashimoto, Journalist und Freund Akihitos

Wiederholt gelang es ihm, aus dem engmaschigen Netz, das um ihn gespannt wurde, auszubrechen. 1971 reiste er nach Europa und 1975 zum ehemaligen Todfeind in die USA. Der Höhepunkt seiner Amerikareise war der Besuch von Disneyland, bei dem er sich eine Mickymaus-Uhr kaufte, die er noch Jahre später stolz an seinem Arm trug. Zum Entsetzen des Hofprotokolls beantwortete Hirohito während einer live übertragenen Pressekonferenz auch Fragen, die vorher nicht abgesprochen worden waren. Vom Krieg, Pearl Harbor und den Millionen Toten redete damals niemand mehr. Japan war längst zum Freund geworden, eine bedeutende Wirtschaftsmacht und ein wichtiger Verbündeter in Südostasien.

Hirohitos Erbe, Kronprinz Akihito, wurde 1933 geboren, kurz nach dem Einmarsch japanischer Truppen in China. Im zarten Alter von drei Jahren kam er nach altem Brauch in die Obhut von Erziehern, mit denen er in einem eigenen Palast lebte. Sein Schulfreund Akira Hashimoto erinnert sich an die Einsamkeit des Prinzen: »Es gab in seinem Palast ein eigenes Fotozimmer. Dort hingen Porträts von seinen Eltern. Jeden Morgen ging er dorthin und sagte ›Ohayo gozaimasu‹ – ›Guten Morgen‹. Abends ging er wieder in das Zimmer und sagte ›Oyasumi nasai‹ – ›Gute Nacht‹. So begann sein Tag und so endete sein Tag.«

Die ersten zwölf Lebensjahre wurde er in dem Bewusstsein erzogen, nach dem Tod seines Vaters als gottähnlicher Kaiser zu regieren. »Es gab für ihn kein normales Leben. Er wurde von Kammerfrauen und Hofbeamten erzogen. Seine Eltern durfte er nur selten sehen, aus Furcht, er werde zu sehr von ihnen verwöhnt«, erzählt Akira Hashimoto, der mit ihm die Adelsschule Gakushuin besuchte. Akihitos Schulpult stand in der Mitte des Klassenraums, sodass ihn keine Kreide und kein Speichel der Lehrer beschmutzen konnte. Sein Stuhl war nach shintoistischen Regeln gereinigt, die Auswahl seiner Mitschüler nach strengsten Kriterien erfolgt. Als der Krieg sich Japans Hauptstadt näherte, wurde er aufs Land evakuiert. Seine Eltern hat er in dieser Zeit nicht einmal getroffen. In der Schulgemeinschaft fühlte er sich wohl, war einer unter Gleichen. »Er wollte auch ein Namensschild tragen wie alle anderen, obwohl es natürlich für jeden ersichtlich war, wer von den fünfzig Schülern der Kronprinz war«, erzählt Akira Hashimoto. »Er wollte einfach nur einer von uns sein.« In den Bergen von Nikko vernahm er die

Stimme seines Vaters, der in seiner Radioansprache am 15. August 1945 den Krieg für verloren erklärte. Für den zwölfjährigen Akihito war dies eine traumatische Erfahrung: Seinem Vater drohte die Hinrichtung als Kriegsverbrecher, das Schicksal des Kaiserhauses war ungewiss.

Vierhunderttausend GIs besetzten das Land, das Fremde noch nie für längere Zeit geduldet hatte. Japan stand am Rande einer Hungersnot, die riesige Zahl heimkehrender Soldaten machte die Lage nicht besser. Gewerkschaften wurden gegründet, Rufe nach Abschaffung des Tenno-Systems wurden laut. Doch schon bald war klar, dass die Befürchtungen Akihitos unbegründet waren. Sein Vater Hirohito reagierte überaus flexibel, ging auf alle Forderungen der Amerikaner ein und bewahrte so den Thron für sich und seinen Sohn. Die Umstellung vom »Gott« zum »Symbol« fiel dem kleinen Prinzen nicht leicht. Die Besatzer sorgten dafür, dass Akihito ab Herbst 1946 von der amerikanischen Quäkerin Elizabeth Gray Vining unterrichtet wurde. Wie keine andere Frau aus der westlichen Welt vor oder nach ihr genoss sie eine einzigartige Vertrauensstellung im Kaiserhaus. Nach der mittleren Reife Akihitos kehrte sie im Dezember 1950 in die USA zurück. Ihr Schützling Akihito hatte viel von ihr gelernt – neben Englisch die wichtigsten Grundlagen des demokratischen Systems. Die Anforderungen waren hoch: Akihito sollte den idealen Japaner verkörpern. In den Medien wurde er als die »die Hoffnung Japans« gehandelt – keine leichte Aufgabe für einen jungen Mann mit ganz normalen menschlichen Bedürfnissen. Nur einmal wagte er in seiner Jugend etwas Verbotenes. Am Abend nach seiner letzten

> *Wir hatten vorsichtshalber einen Beamten der kaiserlichen Polizei als Leibwächter mitgenommen; dieser war ganz außer sich und hat uns angefleht, sofort zum Internat zurückzukehren, aber wir haben nicht auf ihn gehört. Irgendwie muss es ihm gelungen sein, das Internat anzurufen, und das Internat hat dann die Tokioter Polizei verständigt, die dann eine Zentrale eingerichtet und die Suche nach dem Kronprinzen gestartet hat. An der Ginza wurden dann alle zwanzig Meter Polizisten in Zivil aufgestellt. Die Hofbeamten des der Residenz des Kronprinzen haben sich dann entschlossen, uns austoben zu lassen, bis wir befriedigt waren. Als wir zu Hause ankamen, haben wir einen Riesenärger bekommen. Der Tenno hat sich in sein Zimmer eingeschlossen. Ein Freund und ich wurden in das Dienstzimmer verschleppt und wurden mit Schimpfwörtern bombardiert.*
> Akira Hashimoto, Journalist und Freund Akihitos

»Kein normales Leben«: Kronprinz Akihito mit seiner amerikanischen Erzieherin Elizabeth Gray Vining, Oktober 1946

Schulprüfung überredete er zwei seiner besten Freunde zu einem Ausbruch aus dem streng bewachten Internat. Konspirativ begab sich das Trio mit der Straßenbahn auf die abendliche Ginza in der Innenstadt Tokios. Dort tranken sie Kaffee – mehr nicht. Bei ihrer Rückkehr gab es natürlich Ärger, doch für den Thronfolger war dieser Abend etwas ganz Besonderes. »So glücklich hatte ich Akihito noch nie gesehen«, erinnert sich sein Schulfreund Akira Hashimoto, der mit von der Partie war.

Ein hoher Beamter des Kaiserhauses meinte zu mir: Emotional könne er uns verstehen, aber vom Verstand her seien wir Idioten.

Akira Hashimoto, Journalist und Freund Akihitos

Die fünfziger Jahre in Japan waren von wirtschaftlichem Aufschwung geprägt. In einem atemberaubenden Tempo hatte das Land seine zerstörten Industrien und Fabriken wiederaufgebaut, seine Handlungsfreiheit und sein Ansehen in der Welt weitestgehend wiedererlangt. Mit den USA hatte es nach dem Ende der Besatzung im Jahr 1952 einen Sicherheitsvertrag abgeschlossen, in dem das Fortbestehen amerikanischer Basen gewährleistet wurde. Im Gegenzug verpflichteten sich die USA, Japan im Kriegsfall zu schützen. Diese kostenfreie Sicherheit der Grenzen ermöglichte es Japan, sich hundertprozentig auf die Entwicklung seiner Wirtschaft zu konzentrieren. Binnen weniger Jahre war es Nummer zwei in der Herstellung von Radios und Fernsehgeräten, außerdem drittgrößter Autohersteller der Welt. Der ökonomische Erfolg bewirkte auch einen gesellschaftlichen Wandel im Land der aufgehenden Sonne.

Einige Industriellenfamilien waren in kürzester Zeit sehr reich und damit auch einflussreich geworden. Sie traten damit an die Stelle des Adels, der bis ins zwanzigste Jahrhundert die so genannte Elite Japans bildete, nach dem Zweiten Weltkrieg aber auf Geheiß der Amerikaner bis auf wenige Ausnahmen abgeschafft worden war.

Davon ließ sich das kaiserliche Hofamt bei seiner Suche nach einer Braut für Akihito nicht irritieren und erstellte Listen mit heiratsfähigen Töchtern aus dem ehemaligen und dem auf wenige Familien begrenzten noch existenten Adel. Zum Leidwesen des Gremiums war die Auflistung der potenziellen Kronprinzessinnen nicht nach Akihitos Geschmack. Manche Familien hatten schlichtweg abgesagt, was einige Jahrzehnte zuvor noch undenkbar gewesen wäre. Der Prinz war inzwischen weit gereist und hatte als erster Thronanwärter seines Landes ein Universitätsstudium absolviert. Er war ein passionierter Autofahrer, leidenschaftlicher Sportler und begabter Musiker. Seine Partnerin sollte über ähnliche Eigenschaften verfügen. Entschlossen nahm er sein Schicksal selbst in die Hand.

Auf einem Tennisplatz im vornehmen Luftkurort Karuizawa wurde er im Sommer 1957 fündig. Dort verlor er nicht nur das Match, sondern auch sein Herz an die Industriellentochter Michiko Shoda, eine Bürgerliche, deren Vater Präsident des größten Getreidemühlenunternehmens Japans war. In der Presse nannte man sie deshalb bald nur noch die »schöne Müllerin«. Die drei-

Ich glaube, was Michiko zu ihrem Jawort bewogen hat, war die Bitte des Tenno, dass er sich nach Familie sehne und ohne eine Familie nicht leben könne.
Akira Hashimoto, Journalist und Freund Akihitos

Man kann sich gar nicht vorstellen, was für ein Druck es ist, als Bürgerliche in diese älteste Familie Japans einzuheiraten. Schon Kaiserin Michiko brauchte sehr viel Zeit, um sich an diese andere Welt zu gewöhnen. Aber Masako wird noch länger brauchen, weil sie aus einem sehr viel aktiveren Leben kam.
Midori Watanabe, Beobachterin des Kaiserhauses

undzwanzigjährige Absolventin eines Anglistikstudiums war nicht nur intelligent, attraktiv und charmant, sie sprach auch ein hervorragendes Englisch. Die konservativen Kaisertreuen zeigten sich jedoch wenig erfreut über die Kandidatin: Michiko hatte eine katholische Universität in Tokio besucht, ihre Eltern waren Christen und zu allem Übel nicht von Adel. Der eigentliche Affront für die Konservativen war aber die Tatsache, dass sich der Kronprinz seine Braut selbst ausgesucht hatte. So viel Veränderung auf einmal konnte dem altehrwürdigen Kaiserhaus nur schaden, so die Meinung der Traditionalisten. Akihito zeigte sich unbeeindruckt und setzte sich gegen die Bedenkenträger bei Hofe durch.

Nach siebenundneunzig Stunden Prinzessinnenunterricht durfte Michiko ihren Traumprinzen am 10. April 1959 heiraten. Als das Brautpaar in der vierspännigen Kutsche durch die Straßen von Tokio fuhr, säumten eine halbe Million Zaungäste die Straßen. Ein Märchen schien wahr geworden zu sein. Fünfzehn Millionen Menschen verfolgten die Hochzeit am Fernsehbildschirm. Akihito und Michiko wurden zum Vorbild einer jungen, modernen Nachkriegsgeneration.

Der gute Hochzeitssegen zeigte nur ein Jahr später Wirkung: 1960 kam Thronfolger Naruhito zur Welt, fünf Jahre später Akishino und 1969 Töchterchen Sayako. Schon bald machte sich ein neuer Stil im Kaiserhaus bemerkbar. Hatte es bis dahin zu den Pflichten der künftigen Kaiserin gehört, einen männlichen Thronfolger zu gebären und Seidenraupen für rituelle Gewänder zu züchten, so präsentierten sich Akihito und Michiko dem staunenden Volk wie eine normale Beamtenfamilie von nebenan. Fernsehteams erhielten Zutritt zu den Privatgemächern des Thronfolgerpaars. Sie zeigten die Kronprinzessin mit der Kittelschürze beim Zubereiten der Mahlzeiten,

Akihito hat seinen Vater darum gebeten, seine eigenen Kinder behalten und selber aufziehen zu dürfen. Der Showa-Tenno war damit einverstanden. So hat Akihito seine drei Kinder selbst aufgezogen und eine liebevolle, menschliche Familie gegründet.
Akira Hashimoto, Journalist und Freund Akihitos

»Sehnsucht nach einer Familie«: Akihito und seine Frau Michiko im traditionellen japanischen Hochzeitsgewand (links) und nach dem Besuch eines shintoistischen Schreins (rechts)

das Paar bei der gemeinsamen Säuglingspflege, beim Vorlesen von Kinderbüchern und beim ausgelassenen Spiel im Garten. Michiko setzte durch, dass sie ihre Kinder selbst stillen und aufziehen durfte. So etwas hatte es in der jahrtausendealten Geschichte des Kaiserhauses nicht gegeben.

Es war ein schwerer Schlag für die Hofbeamten, die nun ihrerseits zurückschlugen. Da Kronprinz Akihito unantastbar war, stürzten sie sich auf die überaus populäre Michiko. Intrigen und üble Nachrede machten der modernen Kronprinzessin das Leben im Palast zur Hölle. Ihre Schwiegermutter Nagako soll dabei federführend gewesen sein. Die Verwandten am Hofe ließen die junge Frau deutlich spüren, dass sie aus ihrer Sicht nicht standesgemäß war. Ihre christlichen Eltern durften den Kaiserpalast nie betreten. »Michiko wurde am Hofe schikaniert und vorgeführt«, erzählt der Kaiserfreund Akira Hashimoto. »Zum Beispiel erhielt sie falsche Informationen über die Kleiderordnung. Wenn alle im Abendkleid erschienen, kam sie im Kimono. Das ist doch gemein.« Michiko schwieg und lächelte, auch wenn ihr nicht danach zumute war. Ihr Schicksal nahm vorweg, was vierzig Jahre später ihrer Schwiegertochter Masako widerfahren sollte: Mobbing und Anpassungsdruck. Michiko erlitt eine Fehlgeburt und stürzte in Depressionen.

»Wie eine normale Beamtenfamilie von nebenan«: Akihito, Michiko und Naruhito auf dem Tokioter Bahnhof, Juli 1963

»Wer sich der kaiserlichen Familie anschließt, der wird sich ihr anpassen müssen. Das hat sie krank gemacht«, berichtet der Kaiserkritiker Yasukazu Amano. »Der Hof hat sie so lange verbogen, bis sie ins Bild passte. Er verändert den Charakter. Das japanische Kaiserhaus kann nicht dadurch verändert werden, dass eine Bürgerliche beitritt.«

Das hat Michiko bitter zu spüren bekommen. Sie musste sich unterordnen – bis zur Selbstverleugnung. Wie ein Schatten trippelt sie heute im gebotenen Abstand hinter ihrem Gemahl her, sichtlich gezeichnet vom strengen Leben innerhalb der Palastmauern. Bei öffentlichen Auftritten verbeugt sie sich noch ein bisschen tiefer als der Kaiser. Keine Bewegung ist zu viel, das Lächeln zur Maske erstarrt. 1993 erlitt sie einen Schwächeanfall und konnte angeblich wochenlang nicht sprechen. Damit hatte sie vermutlich auf die ungewöhnlich scharfe Kritik in der Boulevardpresse reagiert, die sie beschuldigte, herrisch im Umgang mit der Dienerschaft zu sein, zu viele Gäste zu haben und zu spät ins Bett zu gehen. Die Kaiserin konnte sich wohl an fünf Fingern ausrechnen, dass die Informationen aus ihrer unmittelbaren Umgebung stammten. An ihrem siebzigsten Geburtstag bekannte sie rückblickend, seit ihrer Hochzeit mit Akihito mit dem Gefühl der »schweren Verantwortung« zu leben, »keine Schande für die kaiserliche Familie zu sein«.

Ich habe immer im Kopf, dass ich die Erwartungen vieler Leute nicht enttäuschen darf, des einfachen Volkes, von dem ich abstamme.

Michiko anlässlich ihres siebzigsten Geburtstags, 2004

Seine Majestät interessiert sich für die Entwicklungsgeschichte der Tiere und Pflanzen. Sein unmittelbares Spezialgebiet ist die Forschung über die Meergrundel, das ist sein Lebenswerk, dazu hat er viele Aufsätze geschrieben.

Yoshio Karita, ehemaliger kaiserlicher Zeremonienmeister

Heute bestimmt das Hofamt, wie viel Privates aus dem Palast nach außen dringt. Besonders gern informiert die Pressestelle über die wenig aufregende Freizeitbeschäftigung der einzelnen Familienmitglieder: Michiko spielt Harfe und Klavier, Akihito Cello, der Sohn Naruhito Viola und Violine. Akihito erforscht seit Jahrzehnten das Leben von Fischen, speziell der Meergrundel, sein ältester Sohn Naruhito dagegen britische Wasserwege. Schon Kaiser Hirohito betätigte sich in seinen späteren Lebensjahren als Meeresbiologe.

Anders als Hirohito, der noch als Gottkaiser verehrt wurde, suchte Akihito von Anfang an die Nähe zum Volk – auch zu dem Teil, der ihn ablehnte, wie die Menschen von Okinawa. 1975 besuchte er als erster Vertreter des Kaiserhauses nach vierundfünfzig Jahren die südlichste Insel Japans. Die hiesige Bevölkerung litt noch immer an den Folgen der blutigen Bodenkämpfe, die im Frühjahr 1945 dort getobt hatten. Unter den zweihunderttausend Kriegstoten befanden sich verhältnismäßig viele Kinder, die von der Militärführung rücksichtslos zur Verteidigung eingesetzt worden waren. Jahrzehntelange Ressentiments der in der Vergangenheit immer wieder benachteiligten Bevölkerung äußerten sich nun in heftigen Protesten. Trotz

Mit dem Tod des Kaisers wird unsere nationale Psyche befreit von der Schande der Niederlage, und endlich wird Japan eine wirklich freie und unabhängige Nation sein können.

Hideaki Kase, Hofbeobachter, 1989

größter Sicherheitsvorkehrungen wurde die Limousine des Kronprinzenpaares mit Steinen beworfen, ein Molotow-Cocktail verfehlte knapp sein Ziel. Hirohito, dem die Wut der Menschen eigentlich galt, mied Okinawa bis an sein Lebensende.

Als der krebskranke Tenno am 7. Januar 1989 starb, ging in Japan eine zweiundsechzigjährige Ära zu Ende. Spontan strömten Zehntausende zum kaiserlichen Palast, um sich in die Kondolenzlisten einzutragen. War es in früheren Jahrhunderten Brauch, dass sich dem Kaiser nahe stehende Beamte das Leben nahmen, so verzeichneten die Behörden nun lediglich zwei Fälle von rituellem Selbstmord. Nur wenige Stunden nach dem Tod des Kaisers erhielt sein Nachfolger Akihito als hundertfünfundzwanzigster Tenno die Insignien seines hohen Amtes: Spiegel, Schwert und Edelstein.

Im November 1990 folgten nach Ablauf der Trauerzeit die offiziellen Feierlichkeiten der Inthronisation, an der Staatsoberhäupter aus aller Welt teilnahmen. Bei der geheimnisvollen Zeremonie handelt es sich um shintoistische Rituale, die der neue Tenno wie eine Art Prüfung über sich ergehen lassen muss. Akihito soll alle einundsechzig Thronfolgeriten brillant gemeistert haben. Mit dem Ende der Feierlichkeiten war eine neue Ära angebrochen, die Heisei-Ära.

Akihito zeigte schon bald, wie ernst er es mit seinem Motto nahm. Deutlicher als die meisten Politiker Japans setzte er sich von Anfang an mit der dunklen Vergangenheit seines Landes auseinander. 1991 bereiste das Kaiserpaar die asiatischen Nachbarländer Thailand, Malaysia und Indonesien. Nach den Erfahrungen von Okinawa wusste Akihito, dass es keine leichte Mission werden würde. Vorsichtig mussten die durch den Krieg unterkühlten Beziehungen zu den asiatischen Nachbarn wiederbelebt werden. Fünfzig Jahre nach dem Überfall auf Pearl Harbor wollte er ein deutliches Zeichen für ein friedliches Miteinander setzen.

Akihitos wichtigste Auslandsreise war der fünftägige China-Besuch im Oktober 1992. Nie zuvor war ein japanischer Monarch im Reich der Mitte empfangen worden. Nationalistische Kreise Japans hatten im Vorfeld vergeblich versucht, die Reise zu verhindern. Erleichtert reagierte man in Tokio, als der Kaiser in seiner Pekinger Bankettrede nur sein »tiefes Bedauern« über das den Chinesen zugefügte Leid zum Ausdruck brachte, sich aber nicht direkt für die Kriegsverbrechen entschuldigte. Auch wenn sich die Chinesen mit mündlichen Erklärungen nicht zufrieden gaben und eine

»Nur eine Zeremonie unter vielen«: Der neue Kaiser erstattet am 27. November 1990 der Sonnengöttin Amaterasu Bericht über seine Thronbesteigung

Vor dem China-Besuch 1992 hat die Regierung gesagt, der Kaiser darf nicht das Wort »Entschuldigung« in den Mund nehmen, aber er hat das indirekt getan. Damit ist er persönlich auch gut angekommen.

Gebhard Hielscher, deutscher Journalist in Japan

Dass Japan sich ständig entschuldigt, ist auch für die jungen Leute nicht akzeptabel. Sie sollen endlich damit aufhören!

Hideo Suzuki, ehemaliger Kamikaze-Pilot

schriftliche Entschuldigung als Voraussetzung für gute Beziehungen forderten, wurde die Reise als wichtiger Schritt zur Aussöhnung gewertet.

Tiefe Animositäten prägen bis heute auch das Verhältnis zu Korea. Die Gräueltaten, die die Koreaner im Laufe der über dreißigjährigen Besatzung durch japanische Truppen hatten erleiden müssen, sind unvergessen. Dem Eröffnungsspiel der Fußballweltmeisterschaft in Seoul im Jahr 2002 blieb der Kaiser deshalb lieber fern.

Trotz aller Friedensbemühungen vonseiten des Kaiserhauses flammt der alte Konflikt immer wieder auf. Weil in Japan ein Geschichtsbuch erschienen war, das die Kriegsverbrechen der kaiserlichen Armee verharmloste, gingen im April 2005 Zehntausende chinesischer Studenten auf die Straße. Sie warfen Steine auf die japanische Botschaft, auf japanische Geschäfte und Restaurants. Die Polizei sah tatenlos zu, wie japanische Autos demoliert wurden. Per E-Mail wurden die Chinesen zum Boykott japanischer Waren aufgerufen. »Jede japanische Ware, die ihr kauft, gibt dem japanischen Militarismus neue Waffen in die Hand«, wurde darin gewarnt. Unklar blieb, von wem die Nachricht stammte. Vieles deutete darauf hin, dass die antijapanischen Proteste von den Behörden gebilligt, wenn nicht sogar angezettelt worden waren. Nippons Unternehmer und Investoren fürchteten um ihre Sicherheit und sagten ihre Geschäftsreisen ins Reich der Mitte kurzfristig ab.

China und Korea kommen mit dem Argument, Japan beschönige den Krieg und zeige kein bisschen Reue. Aber das ist nichts anderes als eine Einmischung in die inneren Angelegenheiten.

Hideo Suzuki, ehemaliger Kamikaze-Pilot

Ich verstehe nicht, warum die Besuche im Yasukuni-Schrein mit Militarismus in Verbindung gebracht werden.

Junichiro Koizumi, japanischer Ministerpräsident, 2005

Sechzig Jahre nach Kriegsende waren es vor allem die jungen Chinesen, die ihren Unmut äußerten. Japan war daran nicht unschuldig. Die provokativen Besuche von Ministerpräsident Junichiro Koizumi im Yasukuni-Schrein in Tokio trugen nicht gerade zu einem guten Verhältnis der Nachbarn bei. Der Yasukuni-Schrein unweit des Kaiserpalastes ist für viele Asiaten das Symbol des japanischen Militarismus und Revisionismus. An dem spirituellen Ort wird bis heute der zweieinhalb Millionen Soldaten gedacht, die für Kaiser und Nation ihr Leben ließen. Streitpunkt sind die in den

»Symbol für Militarismus und Revisionismus?«: Japans Ministerpräsident Koizumi besucht den Yasukuni-Schrein, Januar 2004

Tokioter Prozessen verurteilten und hingerichteten Kriegsverbrecher, die in einer stillen Shinto-Zeremonie im Jahr 1978 als Märtyrer dort »eingeschreint« wurden. Mit der Zeit wurde der Yasukuni-Schrein zum Hort des japanischen Patriotismus und Treffpunkt der Rechtsradikalen. Er ist aber auch Gedenkstätte für Veteranen und Familienangehörige der gefallenen

Ich glaube, dass es wichtig ist, sich in die Lage anderer zu versetzen und sich zu bemühen, den Schmerz in ihren Herzen zu verstehen.

Akihito vor dem Besuch in Großbritannien 1998

Von unseren insgesamt 560 Mann, die in Singapur von den Japanern gefangen genommen wurden, erlebten 70 das Kriegsende.

Jack Edwards, britischer Kriegsveteran

Soldaten. So verabredeten sich Kamikaze-Piloten kurz vor ihrem Einsatz auf ein »Wiedersehen« im Yasukuni-Schrein. Wo sonst sollen die Nachfahren dieser Männer für die Seelen der Verstorbenen beten, wenn nicht hier?, fragen viele Japaner verständnislos. Die Kontroverse um den Schrein wird inzwischen auch im eigenen Land geführt. Die Idee, eine neue, unbelastete Gedenkstätte zu schaffen, führte allerdings zu keinem Ergebnis. Koizumi ist nach Yasuhiro Nakasone der zweite Ministerpräsident, der jährlich zu diesem umstrittenen Ort pilgert – sei es aus wahltaktischen Gründen oder eigener Überzeugung. »Das Hauptmotiv der Verehrung der Kriegstoten im Schrein besteht darin, jenseits der militärischen Niederlage die Identität der japanischen Nation zu bestätigen«, meint der deutsche Japanologe Sven Saaler.

Die Schatten des Krieges holten Akihito auch bei seinen Staatsbesuchen in Europa ein. In England hagelte es 1998 Proteste ehemaliger britischer Kriegsgefangener und internierter Zivilisten, die von der japanischen Regierung eine angemessene Entschädigung für die erlittenen Qualen forderten. Überall dort, wo das Kaiserpaar auftauchte, verbrannten Demonstranten japanische Flaggen. In seiner Ansprache im Buckingham Palace versicherte Akihito: »Die Kaiserin und ich können niemals die Leiden unterschiedlichster Art vergessen, die so viele Menschen in diesem Krieg ertragen mussten. … Unsere Herzen sind von tiefem Kummer und Schmerz erfüllt.«

Im Jahr 2000 unternahm das Kaiserpaar eine weitere Europareise mit Station in den Niederlanden. An einer Gedenkstätte in Amsterdam erinnerte Akihito an die über hunderttausend Niederländer, die in Indonesien wäh-

In Kinkaseki werden die Kriegsgefangenen gezwungen, unter Tag in extrem gefährlichen, unmenschlichen Verhältnissen wie Sklaven zu arbeiten. Misshandlungen sind alltäglich. Ist einer wegen Krankheit oder Schwäche nicht in der Lage, die vorgegebenen Quoten zu erfüllen, so wird er brutal zusammengeschlagen. Hungrig, gefoltert und von der Ruhr geplagt, sterben die Männer zu Hunderten.
Jack Edwards, britischer Kriegsveteran

rend des Zweiten Weltkriegs von japanischen Besatzern interniert und zur Zwangsarbeit oder Prostitution gezwungen worden waren. Viele von ihnen haben die Gefangenschaft nicht überlebt. Entschädigungsforderungen niederländischer Kriegsopfer waren am Vorabend des Staatsbesuches in Tokio abgelehnt worden. Es war kein angenehmer Besuch für den Tenno, der aber anders als in England ohne große Proteste verlief.

Entspannter ging es auf den Reisen nach Italien, Belgien, Finnland, Deutschland und in die Schweiz zu. 1993 war das Kaiserpaar zu Gast in Deutschland, ein Besuch, an den sich der damalige Bundespräsident von Weizsäcker gern erinnert: »Gerade weil die Verbindung zwischen dem Kaiser und seiner eigenen Bevölkerung besonders eingefahren ist und strengen Regeln unterliegt, ist er, wenn jemand von außen kommt, besonders offen und zugänglich.« Das galt offenbar auch für Kaiserin Michiko, die ihre Gastgeber durch ungewohnte Lockerheit überraschte. Auf eigenen Wunsch besuchte sie einen halben Tag lang die Bodelschwingh'schen Anstalten in Bethel bei Bielefeld. »Das ist charakteristisch für sie. Das hat sie interessiert. Jeder normale Mensch möchte doch das, was ihn wirklich bewegt, auch leben können, auch dann, wenn er japanischer Kaiser oder japanische Kaiserin ist«, meint Richard von Weizsäcker, der das Kaiserpaar auch heute noch privat trifft.

Solche diplomatischen Auftritte blieben der Schwiegertochter Masako viele Jahre verwehrt. Das ganze Land starrte auf ihren Unterleib. Ihre Monatsblutungen wurden zum öffentlichen Thema. Fast schien es so, als wollte man sich die Schwangerschaft herbeireden. Trug sie flache Absätze oder hielt sie ihre Hände vor den Bauch, wurde dies als klares Zeichen gewertet. In allen Zeitschriften konnte Masako nachlesen, was sie tun musste, um einen Jungen zu gebären: Sojabohneneiweiß sollte förderlich sein, ebenso der Verzehr von Muscheln, Oktopus, Tintenfisch und Milchprodukten. Ein Junge musste es schon sein, denn nach Artikel eins des kaiserlichen Hausgesetzes durfte nur ein männlicher Nachkomme auf den Thron folgen. Zwar hatte es in der Geschichte auch Kaiserinnen gegeben, doch nie wurde das Amt in der weiblichen Linie weitervererbt. Nie wurde das Kind einer Kaiserin selbst Kaiser. Das Hausgesetz stammt aus der zweiten Hälfte des neunzehnten Jahrhunderts, aus der Meji-Zeit,

Ich weiß, dass mein Mann Musik liebt, aber ich hoffe, er erwartet nicht von mir, ihm ein Orchester zu gebären.

Masako nach der Hochzeit

Die gesamte japanische Nation widmet den Fähigkeiten ihres Unterleibs besondere Aufmerksamkeit. Das japanische Kaisersystem betrachtet Frauen als Gebärmaschinen. Das ist diskriminierend.

Shin Sugok, japanische Schriftstellerin

»Indirekte Entschuldigung«: Kaiser Akihito und Kaiserin Michiko besichtigen die Chinesische Mauer, Oktober 1992

Oben: »Unsere Herzen sind von tiefem Kummer erfüllt«: Akihito während des Staatsbesuchs in Großbritannien, Mai 1998
Unten: »Misshandlungen waren alltäglich«: Zahlreiche britische Kriegsveteranen protestierten gegen den Staatsgast aus dem Reich der aufgehenden Sonne

Ich erkenne vollkommen das Maß des Interesses der Menschen wie auch die Bedeutung dieser Angelegenheit.

Naruhito auf die Frage nach Kindern, 1998

Der Thronfolger ist wie ein Rennpferd, es spielt keine Rolle, wer seine Mutter ist.

Ein japanischer Palastreporter gegenüber der *Washington Post*

in der es noch üblich war, neben der Ehefrau eine ganze Reihe von Konkubinen zu haben. Diese rekrutierten sich aus den adligen Damen, die damals am Hofe ihren Dienst taten. Söhne, die aus solchen illegitimen Verbindungen hervorgingen, konnten problemlos Tenno werden. Erst Hirohito, der eine glückliche monogame Ehe mit Nagako führte, schaffte das System der Konkubinen ab. Das musste früher oder später das dynastische Prinzip erschüttern. Aus der Sicht der Traditionalisten war eine unfruchtbare Kronprinzessin untragbar. Dass sie es war, die Probleme hatte, war dabei keineswegs bewiesen.

Am 10. Dezember 1999, einen Tag nach Masakos sechsunddreißigstem Geburtstag, vermeldete die liberale Zeitung *Asahi Shimbun* Anzeichen einer Schwangerschaft. Der öffentlich-rechtliche Fernsehsender NHK stimmte ein in den Jubel und wusste erstaunliche Details zu berichten. Selbst der Geburtstermin wurde bekannt gegeben. Das Hofamt dementierte zunächst entsprechende Nachrichten, um Tage später die Möglichkeit einer Schwangerschaft einzuräumen. Als die Kronprinzessin zur Untersuchung ins Krankenhaus gefahren wurde, kreisten Hubschrauber mit Fernsehteams über der Fahrzeugkolonne. Am 30. Dezember bestätigte sich dann, was viele bereits befürchtet hatten: Masako hatte eine Fehlgeburt erlitten.

Als wäre das nicht schon schlimm genug für sie gewesen, sorgte der Pressewirbel für zusätzlichen Kummer. Durch eine Indiskretion war die Nachricht von der Schwangerschaft zu einem Zeitpunkt in die Öffentlichkeit gedrungen, an dem noch nicht einmal das Kaiserpaar informiert war. Es stellte sich heraus, dass Masako bereits am 2. Dezember einen Schwangerschaftstest durchgeführt hatte – mit positivem Ergebnis. Ausgerechnet am nächsten Tag wollte sie aber mit Naruhito zur Hochzeit des befreundeten belgi-

Das Konkubinat hat für die Aufrechterhaltung der japanischen Thronfolge eine große Rolle gespielt. Aber nach dem Showa-Tenno wurde das Konkubinat abgeschafft. Die öffentliche Meinung in Japan ist gegen die Wiedereinführung des Konkubinats – sogar viel stärker dagegen als gegen den Tenno weiblicher Linie. Deshalb bin ich der Meinung, dass die Wiedereinführung des Konkubinats unrealistisch ist.

Tsuneyasu Takeda, Urenkel von Kaiser Hirohito

»Anzeichen einer Schwangerschaft?«: Naruhito und Masako nach der Trauung des belgischen Kronprinzen Philippe, 4. Dezember 1999

schen Prinzen Philippe nach Brüssel fliegen. Nach hektischer Beratung mit der Kronprinzenabteilung des Hofamts einigte man sich darauf, dass der Test nie stattgefunden hatte und das Paar wie geplant nach Europa fliegen sollte. Inwiefern die strapaziöse Reise die Entwicklung des Embryos beeinflusst hat, wird niemand beantworten können. Die Stimmung bei allen Beteiligten sank nach der Fehlgeburt und dem unerfreulichem Nachspiel jedenfalls auf den Nullpunkt. Masako wusste, dass sie alle enttäuscht hatte. Zudem irritierte sie der detaillierte Bericht ihres Zustands zutiefst. Irgendjemand aus ihrer engsten Umgebung hatte die Informationen weitergegeben. Doch wo das Leck war, ließ sich nicht ermitteln.

Beim traditionellen Gedichtwettbewerb zum Jahreswechsel, an dem stets alle Mitglieder der kaiserlichen Familie teilnehmen, schrieb sie: »Sieben Jahre von dir geleitet, mit dir im Gespräch, glückliche Zeiten.« Vielleicht wollte sie ihren Mann damit aufmuntern. Dabei fühlte sie sich selbst miserabel. Zum seelischen Schmerz über die Fehlgeburt gesellte sich das tiefe

Wer nach drei Jahren noch kein Kind geboren hat, muss gehen.
Japanisches Sprichwort

Misstrauen ihrer Umwelt gegenüber. Bestürzt über Masakos schlechte Verfassung, beschloss das Hofamt, das Kronprinzenpaar auf Urlaub zu schicken. So verbrachten die beiden viel Zeit in der freien Natur und auf dem kaiserlichen Bauernhof in Tochigi, zwei Stunden von Tokio entfernt. Im Herbst hatte sich Masako wieder einigermaßen gefangen. Just in dem Moment erschütterte das Titelblatt eines deutschen Zeitungsmagazins den Kaiserhof. Abgebildet war Kronprinz Naruhito, neben ihm seine Frau. Auf seiner Hose stand in großen Lettern: »Tote Hose«. Dieser Fauxpas empörte ganz Japan und führte zu diplomatischen Verwicklungen.

Im Frühjahr 2001 verkündete der Chef des Hofamts, Masako zeige Anzeichen einer neuen Schwangerschaft. Diesmal ging alles gut. Am 1. Dezember 2001 erblickte ein gesundes Mädchen das Licht der Welt. Die überglücklichen Eltern nannten es Aiko, »Kind der Liebe«. Achteinhalb Jahre hatten sie auf dieses Kind gewartet. »Die Kronprinzessin hat heute Nachmittag um 14.43 Uhr im Krankenhaus des Kaiserlichen Hofamts eine Prinzessin geboren. Sie ist 49,6 Zentimeter lang und wiegt 3102 Gramm. Mutter und Kind sind in guter Verfassung«, verkündete ein Hofbeamter den wartenden Journalisten. Wahrer Jubel wollte nicht aufkommen, hatten doch alle auf einen Sohn gehofft.

Noch am Tag ihrer Geburt schickte Großvater Akihito seiner Enkeltochter einen Talisman – ein Schwert mit weißem Schaft, verziert mit der kaiserlichen Chrysantheme. Es war nur der Anfang einer umfangreichen Geburtszeremonie. Am siebten Tag nach der Geburt wählte der Kaiser den Namen des Kindes – in Rücksprache mit den Eltern. Dazu malte er ihn nach allen Regeln der Kunst auf ein Blatt Papier und schickte einen Boten damit zum Kronprinzenpaar. Für westliche Beobachter besonders befremdlich war folgendes Ritual: Während der Säugling gebadet wurde, trug ein Literat Verse aus dem Mythos »Nihon-Shoki« vor. Hinter ihm standen zwei Schützen, die den straffen Sehnen ihrer Bögen sirrende Laute entlockten. Das sollte die bösen Geister vertreiben, für körperliche und geistige Gesundheit des Kindes sorgen. Das ganze Zeremoniell konnte nicht darüber hinwegtäuschen, dass Masako ihre heiligste Pflicht, einen männlichen Thronfolger zu gebären, noch nicht erfüllt hatte. Mit Aikos Geburt war das eigentliche Problem nicht aus der Welt geschafft.

Zwar garantiert die Verfassung die Gleichbehandlung von Mann und Frau, aber wenn religiöse Belange berührt sind, kommen die Traditionalisten mit uralten Argumenten. »In unserer Religion, dem Shinto, gibt es bestimmte Rituale, die nur der Kaiser vollziehen darf«, erklärt der Urenkel des Meji-Kaisers, Tsuneyasu Takeda. »Doch Frauen sind wegen ihrer Monatsblutung unrein und dürfen deswegen nicht zu jeder Zeit mit den Göttern sprechen. Die Rituale sind aber nur dann sinnvoll, wenn sie an einem bestimmten Tag zu einer bestimmten Zeit vollzogen werden. Wenn eine Kaiserin gerade unpässlich wäre, würde das nicht gehen.« Außerdem würde Aiko irgendwann einen Partner suchen und heiraten. Als Frau wäre sie dem Willen ihres Mannes unterworfen. Was wäre, wenn es ihr einfiele, einen Ausländer zu heiraten? Schon der Gedanke daran lässt konservative Japaner erschauern. »Wenn Prinzessin Aiko ihr Leben lang ledig bliebe, dann könnte man über eine weibliche Kaiserin reden. Aber das kann man ja nicht erwarten, das wäre unmenschlich«, meint der Shinto-Forscher Yasuo Ohara. »So etwas hat es in unserem Land noch nie gegeben. Da wäre unser Nationalgefühl betroffen, ganz abgesehen von den rechtlichen Fragen.«

Selbstverständlich wird die Einführung der weiblichen Thronfolge geprüft. Wenn männlicher Nachwuchs ausbleibt, dann ist das für die Dynastie zur Zeit ein sehr ernstes Problem.

Toshiaki Kawahara, Beobachter des Kaiserhauses

Wenn eine Frau als Tenno eingesetzt werden soll, dann muss sie auf Heirat und Geburt von Kindern verzichten – das ist die traditionelle japanische Denkweise.

Tsuneyasu Takeda, Urenkel von Kaiser Hirohito

Die vom Mutterglück überwältigte Masako interessierten solche Überlegungen freilich nur am Rande. Auf dem obligatorischen Neujahrsfoto, das im Dezember 2001 entstand, überstrahlte sie mit ihrem Lächeln die mehr oder weniger steifen Verwandten: das Kaiserpaar, Kronprinz Naruhito, dessen jüngeren Bruder Prinz Akishino mit Frau Kiko und den beiden Töchtern Mako und Kako sowie die noch ledige Prinzessin Sayako. Als sie auf der Pressekonferenz, die sie im April 2002 mit Naruhito gab, tief berührt und voller Dankbarkeit von der Geburt erzählte, weinte ganz Japan mit ihr. Plötzlich schien es vielen gar nicht mehr so unvorstellbar, dass dieses Mädchen vielleicht doch einmal die erste Kaiserin der Neuzeit werden könnte.

Alles schien sich gut zu entwickeln. Masako hatte einen Mann an ihrer Seite, der sich hingebungsvoll um das Baby kümmerte, es badete und wickelte. Nach einigen Wochen der Ruhe ging Masako wieder ihren offiziellen Verpflichtungen nach. Im Dezember 2002 durfte sie das erste Mal seit sieben Jahren wieder eine offizielle Dienstreise nach Australien und Neuseeland antreten. »Die letzten Jahre war ich mit Schwangerschaft, Geburt und Kinderpflege beschäftigt. Aber ehrlich gesagt habe ich mich sehr bemüht, damit zurechtzukommen, dass ich in den sechs Jahren davor nicht leicht ins

Ausland fahren konnte«, kommentierte sie ihre Reisepläne. So offen hatte noch nie eine Kronprinzessin ihrer Meinung Ausdruck verliehen. Bei anderer Gelegenheit machte Naruhito deutlich, dass seiner Frau in der Vergangenheit übel mitgespielt worden war: »Ich möchte ihr sagen, dass ich für ihre Mühe während der letzten zehn Jahre wirklich dankbar bin. Du hast dich sehr angestrengt.« In der Kaiserfamilie wurden solche Äußerungen missbilligend zur Kenntnis genommen.

Für Töchterchen Aiko wollte das Kronprinzenpaar so viel Normalität wie möglich leben. Da das in der Isolation des Palastes unmöglich war, unternahmen sie im Mai 2003 heimlich einen Ausflug auf den nächstgelegenen Spielplatz – ganz ohne die obligatorischen Sicherheitsvorkehrungen. Aiko konnte so ungestört mit anderen Kindern ihres Alters herumtollen. Als Masako den Besuch zehn Tage später wiederholen wollte, stand schon eine ganze Horde von Journalisten parat. Irgendjemand aus der unmittelbaren Umgebung des Kronprinzenpaares hatte die Medien informiert. Beobachter vermuten, dass hinter der ganzen Geschichte das kaiserliche Hofamt stand, das Naruhito und Masako die Grenzen ihres Handelns aufzeigen wollte. Die Versuche der Eltern, die strikten Regeln des Hofes im Interesse ihres Kindes zu lockern, waren gescheitert. Masako musste erkennen, dass sie nie das Leben einer »normalen« Mutter führen würde.

Der Druck von außen, die anonymen Anfeindungen, das Leben im goldenen Käfig – all das ließ Masako verzweifeln. Ihr Lächeln wirkte nur noch aufgesetzt, das Gesicht aufgedunsen, die dunklen Augenringe unter dem Make-up waren nicht mehr übersehbar. Sie litt unter permanenter Müdigkeit, konnte nachts nicht mehr schlafen. Die Ärzte wollten die Symptome einer seelischen Erkrankung zunächst nicht wahrhaben und gaben wohl gemeinte, aber unnütze Ratschläge. »Ihr Lächeln von früher war weg«, erinnert sich ihre Schulfreundin Kumi Hara, »als ich ihr Gesicht im Fernsehen sah, da wusste ich, dass es ihr nicht gut ging. Als hätte sie ihre Lebensenergie verloren.«

Am 2. Dezember 2003, einen Tag nach Aikos zweitem Geburtstag, brach das Immunsystem der Kronprinzessin zusammen. Eine schmerzhafte Gürtelrose – die Folge der nervlichen Daueranspannung – hatte sie am Kopf befallen. Das Hofamt behauptete, dass die Doppelbelastung der jungen Mutter, Kindeserziehung und Repräsentations-

Früher war sie quicklebendig und offen. Jetzt scheint ihr die Persönlichkeit abhanden gekommen zu sein. Sie hat sich für ihr Land geopfert.

Tim Olewine, Masakos ehemaliger Englischlehrer, 2001

Masako ist ein Symbol für die Zustände, unter denen Japans Frauen leben müssen.

Chieko Akaishi, Demokratischer Frauenclub Tokio

»Einführung der weiblichen Thronfolge?«: Kronprinzessin Masako mit Töchterchen Aiko im Mai 2002

»Für ihr Land geopfert«: Gezeichnet von ihrer Gürtelrose-Erkrankung, verlässt Masako gemeinsam mit ihrem Ehemann im Dezember 2003 das Krankenhaus

pflichten, für Masakos Gesundheitszustand verantwortlich sei. Als es ihr nach mehreren Monaten immer noch schlecht ging, gestattete man ihr, gemeinsam mit Töchterchen Aiko zur Erholung ins elterliche Sommerhaus nach Karuizawa zu fahren. Das war ungewöhnlich, denn Mitgliedern des Kaiserhauses war es nicht gestattet, in bürgerlichen Häusern zu übernachten. Ihren Hofstaat hielt sie auf Distanz. Allein mit den Eltern und Töchterchen Aiko, fasste sie wieder neuen Mut. Doch nach vier Wochen zwang man sie unter fadenscheinigen Gründen, die Kur abzubrechen. Angeblich sei die Bewachung auf Dauer zu aufwändig und teuer gewesen.

Wieder musste sich Masako dem Druck des Hofamts fügen und in die Einsamkeit ihres Palastes zurückkehren. Dort verschlimmerte sich ihr Zustand rapide. Schwindel, Kopfschmerzen und bleierne Müdigkeit führten sie an den Rand des totalen Zusammenbruchs. Ihr Mann, der ihr einst versprochen hatte, ihr immer beizustehen und zu helfen, trat die Flucht nach vorne an. Auf einer Pressekonferenz, die er anlässlich seiner Europareise am 10. Mai 2004 geben musste, sorgte er für einen Eklat. Öffentlich kritisierte er das Hofamt und indirekt auch die eigene Familie. Seine Frau sei völlig erschöpft vom jahrelangen Versuch, sich der Kaiserfamilie anzupassen. »Man hat versucht, Masakos Karriere im diplomatischen Dienst und auch ihre Persönlichkeit zu verleugnen«, erklärte er in umständlichen Worten, die ganz Japan erschütterten und zu einem Schlagabtausch der gegnerischen Parteien führten. »Masako hat alles, was sie braucht«, erregte sich Akira Hashimoto, der Freund des Kaisers. »Da beschwert sie sich, die Diener seien nicht vertrauenswürdig, verschließt sich ihrer Umwelt und wird seelisch krank. Das ist doch nicht normal. Und dann zieht sie noch ihren Ehemann mit in den Schlamassel.« Mit großer Empörung trat der neununddreißigjährige Bruder, Prinz Akishino, vor die Presse: »Mein Vater, der Kaiser, und ich waren über Naruhitos Auftritt schockiert.«

Damit waren die Fronten klar definiert, das Drama hinter den Palastmauern war öffentlich geworden. Der Journalist Gebhard Hielscher hat die Diskussion hautnah miterlebt: »Naruhito hat gesagt: ›Hier, ich habe eine tolle Frau, die könnte wunderbar das Kaiserhaus nach außen vertreten. Aber man lässt sie nicht. Man nutzt ihre Fähigkeiten nicht und verweigert ihr damit die Menschenwürde.‹ Das war ein toller Ausbruch, ein mutiger Ausbruch. Es war interessant, dass der jüngere Bruder des Kronprinzen dann meinte, seinen älteren Bruder kritisieren zu dürfen oder zu müssen wegen dieses Ausbruchs.«

Das war wie ein Hilfeschrei des Kronprinzen.

Toshiya Matsuzaki, Beobachter des Kaiserhauses

Bevor man auf einer Pressekonferenz Bemerkungen dieser Art öffentlich macht, sollte man den Inhalt mindestens mit dem Tenno besprochen haben.

Akishino, Bruder von Naruhito

»Wir fordern das Hofamt auf, dem Ehepaar mehr Freiheit zu gewähren. Wir wollen sie [Kronprinz und Kronprinzessin] gesund und glücklich sehen.«

Kommentar der Tageszeitung *Asahi Shimbun*

Prinz Akishino und seine Frau Kiko, die 1990 geheiratet hatten, schmiedeten längst eigene Pläne, die männliche Blutlinie zu retten. Keiner glaubte an Zufall, als sie im Herbst 2005 gemeinsam einen Klapperstorch in die freie Wildbahn fliegen ließen. Das mächtige Hofamt hatte längst über die Möglichkeit nachgedacht, dass Prinz Akishino mit Kiko noch ein drittes Kind, einen Jungen, bekommen könnte. Damit wäre der Fortbestand der Dynastie über die männliche Linie gesichert. Kiko, die Tochter eines Universitätsprofessors, wurde

Die Kronprinzessin wird oft mit Prinzessin Diana verglichen, aber das ist ein Kurzschluss. Ich glaube, das Einzige, was sie wirklich gemein hatten, war die prunkvolle Hochzeit.

Yoko Kobayashi, Journalist

Sie war in den mehr als acht Jahren ihrer Ehe die wohl einsamste Frau im kaiserlichen Palast von Tokio.

Alf Schmidt, Adelsexperte

von vielen konservativen Japanern ohnehin als die bessere Schwiegertochter erachtet. »Masako hatte stark das Gefühl, dass sie vom Kaiserhaus nicht akzeptiert wurde«, sagt der Freund des Kaisers, Akira Hashimoto. »Wäre Prinzessin Masako so schlau und nett wie ihre Schwägerin Kiko und würde sie sich wie diese der Kaiserin und dem Kaiser unterordnen, wäre kein Familienproblem entstanden.« Die Schlammschlacht bei Hofe führte zu heftigen Diskussionen in allen politischen Lagern. »Der Grundsatz ›Danson-Johi‹ – ›Verehre den Mann, verachte die Frau‹ – ist der Grundsatz der Kaiserfamilie«, meint der Kaiserkritiker Yasukazu Amano. »Frauen sind nur dazu da, Jungen zu gebären. Das Tenno-System ist ein unmenschliches System. Ich finde nicht, dass man ein solches System am Leben erhalten sollte.«

Mittlerweile hatte sich auch die Politik eingeschaltet. Im Januar 2006 kündigte Ministerpräsident Junichiro Koizumi an, ein neues Thronfolgegesetz ausarbeiten zu lassen, das auch Frauen berücksichtige. Er folgte damit der Empfehlung eines hochrangig besetzten Expertengremiums, das dafür plädierte, das alte Gesetz von 1899 dem Wandel der Zeit anzupassen und Frauen darin gleichzustellen. Laut Umfragen hatten siebzig Prozent der Japaner nichts gegen eine Kaiserin einzuwenden. Der kleinen niedlichen Aiko schien zu gelingen, woran Generationen von Kritikern und Politikern, vor allem aber ihre Mutter und Großmutter gescheitert waren: Bewegung in den steifsten Hof der Welt zu bringen.

Aber nur wenige Tage bevor das Gesetz zur Änderung der Thronfolge ins Parlament kommen sollte, trat die Rivalin Kiko auf den Plan. Hochoffiziell ließ sie verkünden, dass sie schwanger sei. Als die Nachricht im Parlament die Runde machte, reagierten Abgeordnete eines gerade tagenden Ausschusses mit Applaus. Prompt wurde das neue Gesetz auf Eis gelegt, die Re-

Die Familie muss als Vorbild dienen, deshalb denke ich, dass sie dem Volk ein bisschen mehr von der Familiengemeinschaft, von der sichtbaren Form der Liebe, zeigen sollte. Das hat es doch auch bei Seiner Majestät dem Tenno, als Seine Kaiserliche Hoheit der Kronprinz ein Kind war, gegeben!

Yukiya Chikashige, Beobachterin des Kaiserhauses

»Kein Familienproblem«: Akihito und Michiko mit ihrer Familie. Sitzend von links: Naruhito, Akihito, Michiko, Akishino, Sayako. Kniend von links: Kiko, Mako, Kako, Aiko und Masako

form auf unbestimmte Zeit verschoben. Die Gegner der weiblichen Thronfolge spielen auf Zeit: Kommt im September 2006 ein Junge zur Welt, so erübrigt sich die Gesetzesänderung von selbst. Wird es »nur« ein Mädchen, dann ist Ministerpräsident Koizumi, der Verfechter der frauenfreundlichen Lösung, nicht mehr im Amt. Dann wird man nach einer neuen Lösung suchen müssen.

Kronprinzessin Masako, die seit Herbst 2005 wieder öffentliche Auftritte wahrnimmt, wäre vielleicht ganz froh, wenn Kiko einen Sohn gebäre. Dann wäre die ungeheure Last, für den Fortbestand der Dynastie zu sorgen, endlich von ihren Schultern genommen. Ihre Tochter könnte zwar dann nicht mehr Kaiserin werden, aber ein unvergleichlich freieres und vermutlich auch glücklicheres Leben führen. Dann müsste sie sich nicht mit den reaktionären Herren herumschlagen, die Aiko ganz nach altem Brauch lieber in der Obhut »geeigneter Erzieher« sehen würden. Die kaisertreuen Traditionalisten hätten allerdings einmal mehr gewonnen, wenn alles bleibt, wie es ist. So heißt es auch in Japans Nationalhymne: »So lange, bis Steine wachsen und zu Felsen werden, solange soll er leben, unser Kaiser.«

Der gemachte König

Juan Carlos und die Spanier

Juan Carlos ist ein Mann, den die Spanier respektieren, und dieser Mann verkörpert die Institution. Denn täuschen wir uns nicht – es war nicht die abstrakte Institution des Königtums, die die Spanier überzeugt hat, sondern der König.

Felipe González, ehemaliger spanischer Ministerpräsident

Das kleine Mädchen schlief selig. Selbst als der Erzbischof von Madrid, Antonio Varela, ihm das heilige Wasser über das zarte Köpfchen goss, verzog das Kind in dem wertvollen Taufkleid aus feinem Leinen und geklöppelter Spitze keine Miene. Franziskanermönche hatten das Wasser eigens aus der Stelle des Jordan entnommen, an der einst Johannes der Täufer Jesus getauft haben soll. Doch selbst dieses andächtige Zeremoniell verschlief das Mädchen – nur einmal zuckte es leicht zusammen und reckte im Schlaf sein Fäustchen empor. Das Kind, das am 14. Januar 2006 in der Hauskapelle des Zarzuela-Palasts bei Madrid feierlich auf den Namen »Leonor« getauft wurde, ist das jüngste Enkelkind des Monarchenpaares Juan Carlos und Sofia von Spanien. Es war nicht das erste Mal, dass eine Taufe in der Privatresidenz des spanischen Königs abgehalten wurde. Doch diesmal war es etwas ganz Besonderes. Dies machte schon das fast tausend Jahre alte Taufbecken des heiligen Dominikus von Guzmán deutlich, des Begründers des Dominikanerordens. Es ist allein königlichen Hoheiten und ihren Thronerben reserviert und wird normalerweise in einem Kloster aufbewahrt. Zuletzt wurde es zur Taufe ihres Vaters benutzt – vor achtunddreißig Jahren.

Leonor erblickte am 31. Oktober 2005 das Licht der Welt. Die kleine Prinzessin ist das erste Kind des spanischen Kronprinzen Felipe und seiner Frau Letizia, und sie wird in der Hierarchie des spanischen Königshauses nach dem Königspaar und ihren Eltern als zweite Thronanwärterin den dritten Rang einnehmen – vor ihren Tanten Elena und Cristina. Die korrekte Anrede lautet »Königliche Hoheit«, der kurze Titel »Infantin Leonor von Bourbon Ortiz« – Letzteres ist der Nachname ihrer bürgerlichen, in erster Ehe geschiedenen Mutter Letizia Ortiz. Die kleine Leonor – der Name erinnert an die legendäre Eleonore von Aquitanien, Muse der Minnesänger

»Den großen Moment verschlafen«: Die Taufe der »Infantin Leonor von Bourbon Ortiz« am 14. Januar 2006

und Königin von England und Frankreich – könnte somit einmal die Königin von Spanien werden. Doch noch wird in Spanien heftig um eine Reform der Verfassung gestritten, die auch die Thronfolge der spanischen Dynastie regelt. Bislang zieht die Erbfolge in Spanien einen Jungen einem Mädchen vor. Sollte Leonor also kein Einzelkind bleiben, sondern noch einen Bruder bekommen, so würde dieser den Thron besteigen. Viele Spanier halten diese Regelung für unmodern, und auch die Mutter Leonors, die ehemalige Journalistin Letizia Ortiz, empfindet das spanische Erbfolgegesetz als überholt. Andere Königshäuser in Europa, wie Großbritannien, Schweden und die Niederlande, haben längst ihre Thronfolgeregelung zugunsten der weiblichen Nachkommen geändert. Felipe, der spanische Kronprinz, scheint jedoch gegenteiliger Meinung zu sein. Bekämen er und seine Frau erst nach der Gesetzesänderung einen Sohn, so würde Leonor Thronfolgerin bleiben – und genau das will er vermeiden. »Wem Gott keinen Sohn gegeben hat, dem gibt der Teufel einen Neffen«, heißt es in einem alten spanischen Sprichwort. Das bedeutet so viel wie: Ohne Sohn bist du nichts. Im konservativen spanischen Königshaus scheint diese Weisheit sogar doppelt zu gelten. Eingeweihte behaupten, dies sei der Grund für derzeit heftige Auseinandersetzungen zwischen dem jungen Paar.

Nach ihrer Märchenhochzeit im Mai 2004 stand die damals zweiunddreißigjährige Journalistin unter der fast unerträglichen Belastung, schwanger zu werden. Schon kurz nach ihrer Rückkehr aus den Flitterwochen begannen die wilden Spekulationen über die Fruchtbarkeit von Prinzessin Letizia. Millionen Spanier fragten sich beinahe täglich, ob eine »königliche Empfängnis« stattgefunden habe und wann Letizia endlich Spaniens Thronfolger gebären werde. Als Monate vergingen und die Prinzessin unter dem Druck der Öffentlichkeit immer stärker abnahm, kamen Gerüchte auf, Letizia sei magersüchtig und unfruchtbar. Tatsächlich wirkte die einst selbstbewusste Karrierefrau Letizia Ortiz bedrückt und abgehärmt. Die Angst, einen Fehler zu begehen und für neue negative Schlagzeilen zu sorgen, ließ die attraktive TV-Moderatorin gleichsam versteinern. Schließlich sah sich ihr Schwiegervater, König Juan Carlos I., gezwungen einzuschreiten. Bei einer Pressekonferenz ermahnte er die anwesenden Journalisten nachdrücklich, Letizia nicht weiter zu belästigen.

Wir haben geheiratet, um eine Familie zu gründen und den wertvollen Wunsch zu teilen, Spanien von ganzem Herzen zu dienen.

Felipe, Oktober 2004

Doch erst als am 8. Mai 2005 die spanischen Fernsehsender ihr Programm unterbrachen, um »die Nachricht des Jahres« – Letizias Schwangerschaft – zu verkünden, ließen die hässlichen Spekulationen nach. Stattdessen breitete sich eine neue Hysterie in Spanien aus: Was wäre, wenn Letizia »nur« mit einer Tochter niederkommen würde? Was, wenn sie Zwillinge – einen Jungen und ein Mädchen – bekäme? Die spanischen Medien sorgten dafür, dass sich weite Teile der Bevölkerung als Ernährungsexperten und Gynäkologen aufführten: »Su Alteza sollte mehr essen!«, forderten die spanischen Untertanen oder beäugten skeptisch die Absatzhöhe der schwangeren Prinzessin. Der Druck auf Letizia war nicht weniger geworden – nur anders. Ihre Schwangerschaft verlief nicht immer problemlos. Letizia litt unter Übelkeit und Hitzewallungen, wegen Verdachts auf Frühwehen wurde sie vorzeitig ins Krankenhaus eingeliefert.

In der Nacht zum 31. Oktober 2005, um 1.46 Uhr, kam schließlich das Kind per Kaiserschnitt zur Welt: ein Mädchen, 47 Zentimeter lang und 3540 Gramm schwer. Das erste Bild von Prinzessin Leonor fertigte die stolze Großmutter, Königin Sofia, mit einem Handy. Am 7. November, rund eine Woche nach der Geburt, wurde die kleine Leonor zum ersten Mal der Öffentlichkeit präsentiert. Die hellen Augen dürfte sie vom Papa geerbt haben, und so mancher Beobachter glaubt, eine kräftige Nase erkannt zu haben, was als untrügliches Kennzeichen der Bourbonen gewertet wird.

»Der schönste Moment meines Lebens«: Kronprinz Felipe und seine Gattin Letizia präsentieren wenige Tage nach der Geburt ihr Baby

Mag auch mit der Geburt der Prinzessin die Diskussion um die Thronfolge in Spanien vorerst nicht beendet sein – eines ist gewiss: Um die Nachfolge seiner neu errichteten Monarchie, die mit dem Tod des Diktators Franco im Jahr 1975 begann, muss Juan Carlos I., der zwanzigste König Spaniens, nicht mehr bangen. Als er am 22. November 1975 – zwei Tage nach Francos Tod – inthronisiert wurde, konnte sich dessen niemand sicher sein. Die Erwartungen an den von Franco zum Nachfolger eingesetzten Juan Carlos waren eher bescheiden, die Ungewissheiten hingegen groß. Kaum jemand glaubte, dass eine Monarchie nach rund vierzig Jahren Diktatur in Spanien Erfolg haben würde. Doch neueste Umfrageergebnisse in der spanischen Bevölkerung zeigen: Der König und die Monarchie sind weitge-

Vielleicht wird das Kind in fünfzig Jahren Königin, aber die Spanier denken deswegen nicht anders über Letizia. Sie verleiht dem Prinzen keinen Glanz. Wer weiß – vielleicht gibt es bis dahin gar kein Königshaus mehr.
Jaime Penafiel, Journalist und Königshausexperte

hend unangefochten. Juan Carlos I., »der Bourbone, der herrscht, aber nicht regiert«, wird heute als Geburtshelfer einer stabilen Demokratie verehrt und für die Vereitelung eines Militärputschs im Jahr 1981 gefeiert. Als Staatsoberhaupt und Oberkommandierender der Streitkräfte hat er in den Augen der meisten Spanier, selbst der zahlreichen Antimonarchisten, größten Respekt verdient. Zum dreißigstenThronjubiläum erhielt der spanische Monarch überraschenderweise von den gegenwärtig regierenden Sozialisten viel Lob. Ministerpräsident José Luis Rodríguez Zapatero rühmte Juan Carlos I. als »institutionelle Säule« und »ausgleichenden innenpolitischen Faktor«, Parlamentspräsident Manuel Marín hingegen schätzte seine Volksnähe und Bescheidenheit. In einem Land, das immer wieder unter Terroranschlägen radikaler Separatisten auseinander zu brechen droht, wirkt der Monarch wie eine Klammer für die Einheit der Nation. Er gilt als »oberster Tröster« und »Sympathieträger«, wenn die Ladungen havarierter Öltanker die Strände Galiciens verseuchen, spanische Soldaten von internationalen Kriegseinsätzen nicht lebend zurückkehren oder Terroristen in Madrid ein Blutbad anrichten. Tatsächlich ist die Geschichte des spanischen Königs, der als »Francos Zögling« den Thron bestieg und heute an der Spitze einer parlamentarischen Monarchie steht, in Europa einzigartig.

Die wunderbare Erfahrung, Mutter zu werden, kann man nicht erklären. Das muss man selbst erleben. Für mich war es der schönste Moment meines Lebens!

Letizia nach der Geburt ihrer Tochter

Leonor soll ein Einzelkind bleiben. Diese Einstellung von Letizia überrascht mich nicht wirklich. Letizia war eben noch nie der Typ Frau, die ganz allein in der Mutterrolle aufgeht.

Jörg Turcer, Adelsexperte

Als Juan Carlos am 5. Januar 1938 in Rom geboren wurde, befand sich Spanien mitten im Bürgerkrieg. Sein Großvater, König Alfonso XIII., hatte mit seiner Familie Madrid überstürzt verlassen, nachdem am 14. April 1931 in Spanien die Republik ausgerufen worden war. Ende der zwanziger Jahre war es in Spanien zu großen Spannungen zwischen Konservativen und Sozialisten gekommen, dabei ging es vor allem um die Grundsätze der Staatsordnung – Monarchie, Demokratie oder Diktatur? Die katholische Kirche versuchte, ihre bisherige Machtstellung beizubehalten; zwischen den rivalisierenden Provinzen Katalonien, Aragón, dem Baskenland und der Zentralregierung in Ma-

Nie werde ich vergessen, was mein Vater mir eingeprägt hat und von dem ich glaube, dass es einen grundlegenden Gedanken widerspiegelt: Die Könige haben abzutreten, wenn der Dienst für das Vaterland es erfordert.

Don Juan, Vater von Juan Carlos

Ich habe oft meine Eltern erzählen hören, in welcher Anspannung die Menschen lebten, als ich geboren wurde. Für meine Familie war der Bürgerkrieg eine Tragödie, deren Ausgang noch im Ungewissen lag.

Juan Carlos

Spanien ging als Königreich schlafen und wachte als Republik auf.

Admiral Juan Bautista Aznar, 1931 spanischer Regierungschef

drid kam es zu heftigen Auseinandersetzungen. Der Unwille des Volkes richtete sich zunächst gegen den König; nachdem bei den Gemeindewahlen die Republikaner den Sieg errungen hatten, versammelte sich eine Menge wütender Menschen vor dem königlichen Palast und forderte lautstark die Abdankung – und bisweilen auch den Tod – des Königs. General Cavalcanti bot dem Monarchen an, den johlenden Mob mit einer Kavallerieschwadron hinwegzufegen, doch Alfonso XIII. wehrte ab: »Wegen meiner Person soll kein Tropfen spanischen Bluts vergossen werden.« Stattdessen dankte der König ab und erreichte in Verhandlungen mit den siegreichen Parteien, dass er nach dem Verzicht auf die Krone das Land in Ehren verlassen durfte und nicht mittellos ins Exil fliehen musste.

Schon am 15. April kehrte er mit seiner Familie Spanien den Rücken, zog zunächst nach Frankreich, später nach Rom. Zu seiner Genugtuung konnte der Ex-Monarch feststellen, dass das politische Chaos nach seinem Weggang keineswegs beendet war. Der neu gebildeten Regierung gelang es nicht, die starken Gegensätze zwischen den konservativen und nationalistischen Kräften auf der einen Seite und den republikanischen, sozialistischen und anarchistischen Strömungen auf der anderen Seite zu beseitigen. Als im Juli 1936 ein konservativer Politiker ermordet wurde, revoltierten große Teile der spanischen Armee unter der Führung rechtsgerichteter und faschistischer Offiziere gegen die Regierung. General Francisco Franco, den die linke Volksfrontregierung als Oberbefehlshaber der Streitkräfte abgesetzt und auf den Posten eines Militärkommandeurs der Kanarischen Inseln abgeschoben hatte, rief zum Bürgerkrieg auf. Von Marokko aus übernahm er die Führung der putschenden Militärs, denen Hitler und Mussolini sogleich umfangreiche Waffenhilfe zusagten. Fünfzigtausend Italiener und zwanzigtausend Deutsche kämpften schließlich aufseiten der »Nationalen« gegen die Republikaner, die ihrerseits von »Militärberatern« aus der UdSSR

Mein Vater war in Spanien geboren. Er hatte dort seine ganze Kindheit und einen Teil seiner Jugend verbracht. Er wusste nur zu gut, was er verloren hatte. Die Schmerzen, die ihm das Exil bereitete, waren real. Ich dagegen hatte keine Sehnsucht, nur Hoffnung.

Juan Carlos

»Wegen meiner Person soll kein Blut vergossen werden«: Parteigänger der Republik hängen eine Büste von König Alfonso, April 1931

und rund vierzigtausend Freiwilligen aus vielen Ländern in sechs »Internationalen Brigaden« unterstützt wurden. Drei Jahre dauerten die blutigen Auseinandersetzungen an – schwelende Konflikte im Land brachen sich Bahn. Landlose Bauern kämpften gegen Großgrundbesitzer, Regionen gegen das zentralistische Madrid. Zum Sinnbild für die Grausamkeit des Krieges wurde am 26. April 1937 die Zerstörung der baskischen Stadt Guernica durch ein Flächenbombardement der deutschen »Legion Condor«. Fast zweitausend Zivilisten starben bei dem Inferno, im Spanischen Bürgerkrieg kamen insgesamt hundertfünfzigtausend Menschen ums Leben. Weitere Hunderttausende, man schätzt bis zu einer Million, wurden Opfer politischer Morde – viele erst nach Ende des Krieges am 1. April 1939. Die Zerstörung Guernicas war durch das nationalspanische Oberkommando angeordnet worden, dem die »Legion Condor« unterstellt war. Bewusst hatte die Führung der »Nationalen« die »heilige Stadt der Basken« als Ziel ausgewählt, um die Widerstandskraft der Basken zu brechen – militärisch war sie bedeutungslos.

Aus dem Spanischen Bürgerkrieg ging General Franco klar als Sieger hervor; er gab sich selbst den Ehrentitel »Caudillo« – »Führer« – und errichtete ein faschistisches Regime, das sich im Wesentlichen auf seine Armee verließ. Dabei konnte Franco sich der rückhaltlosen Unterstützung seitens der katholischen Kirche gewiss sein: »Indem Wir Unser Herz zu Gott erheben, sagen Wir Ihrer Exzellenz innigen Dank für den Sieg des katholischen Spanien, den Wir herbeisehnten. Wir wünschen Uns, dass dieses so teure Land, nachdem der Friede erreicht ist, seinen alten Traditionen, die es so groß gemacht haben, neue Kraft verleihe. Wir erteilen Ihrer Exzellenz und dem gesamten edlen spanischen Volk Unseren apostolischen Segen«, lautete der Text eines Glückwunschtelegramms an Franco aus dem Vatikan. Verfasser war niemand Geringerer als das Oberhaupt der katholischen Kirche, Pius XII., der kurz zuvor zum Papst gewählt worden war. Gegen seine politischen Gegner ging der spanische Diktator mit äußerster Härte vor, schreckte selbst vor Foltermaßnahmen oder auch Befehlen zur »Beseitigung« Oppositioneller nicht zurück.

Waren die Nazi-Morde rassistisch motiviert, so hatten die Franco-Morde an den im Bürgerkrieg unterlegenen Republikanern einen politischen Hintergrund. Und proportional kamen mehr politische Gegner unter Franco ums Leben als unter Hitler.

Paul Preston, Franco-Biograph

Mit Franco triumphierten die Konservativen, unter denen sich rund achtzig Prozent Monarchisten befanden. Um seine eigene Macht zu festigen, machte ihnen Franco das Versprechen, die Monarchie »zu gegebener Zeit« wieder einzuführen.

»Sieg des katholischen Spanien«: Diktator Franco während einer Rede vor Jugendlichen im November 1939

Folglich hielt man den Franquismus allgemein für eine vorübergehende Erscheinung. In den 1947 proklamierten Grundgesetzen wurde festgelegt, dass Spanien ein Königreich sei; sie anerkannten die historische Legitimität Spaniens, enthielten jedoch keine Details hinsichtlich der Wiederherstellung der Monarchie. Es wurde lediglich bestimmt, dass der künftige König von Spanien mindestens dreißig Jahre alt, männlichen Geschlechts und königlicher Herkunft sein müsse. Nichts prädestinierte Juan Carlos de Borbón y Borbón dazu, eines Tages als Juan Carlos I. den spanischen Thron zu besteigen. Sein Vater, Don Juan de Borbón y Battenberg, Graf von Barcelona, war bei seiner Geburt weit davon entfernt, einen vorderen Platz in der Thronfolge einzunehmen.

Aus der Ehe Don Alfonsos mit Viktoria Eugenia von Battenberg, einer Enkelin der britischen Königin Victoria, waren sechs Kinder, darunter vier Söhne, hervorgegangen. Doch schien es, als würde der ungünstige Stern, unter dem die Hochzeit von Alfonso XIII. mit der deutschen Prinzessin Viktoria Eugenia gestanden hatte, dem Paar noch großen Kummer bereiten: Als die Brautleute am 31. Mai 1906 die Kirche in Madrid verließen, wo sie soeben getraut worden waren, stellte sich ihnen eine schwarz gekleidete Bettlerin in den Weg und bat um ein Almosen. Die Sicherheitskräfte des Monarchen vertrieben die Frau mit Schlägen, woraufhin die Gezüchtigte die Arme zum Himmel reckte und die Frischvermählten und ihre Nachkommen verfluchte. Kurz darauf entging das Brautpaar nur knapp einem heimtückischen Attentat. Als seine Hochzeitskutsche die Calle Mayor passierte, warf ein Anarchist eine in einem Rosenbukett verborgene Bombe aus dem Fenster. Das königliche Paar blieb wie durch ein Wunder unverletzt, doch der Sprengsatz zerriss die Pferde und tötete das Begleitpersonal. Umherfliegende Scherben, Blut und Fleischfetzen besudelten das Kleid der schönen, achtzehnjährigen Braut. Der Ehe, die so dramatisch begann, sollte auch in den folgenden Jahren kein großes Glück beschieden sein: 1907 kam Alfonso, der Erstgeborene, zur Welt. Er litt unter der so genannten »deutschen Krankheit«, der Bluterkrankheit – einem Erbe seiner Mutter. Der zweitälteste Sohn, Jaime, Jahrgang 1908, war von Geburt an taubstumm. 1913 kam ein gesunder Junge, Juan, zur Welt. Im darauffolgenden Jahr schenkte Viktoria Eugenia einem vierten Sohn, Gonzálo, das Leben. Doch auch dieser litt an der tödlichen Hämophilie, die ihn nicht älter als zwanzig Jahre werden ließ.

Don Alfonso nahm die Schicksalsschläge mit offenkundigem Gleichmut hin; dennoch litt er sehr darunter und gab sicherlich Doña Viktoria Eugenia die Schuld für ihr familiäres Desaster.

José Luis de Vilallonga, Biograph von Juan Carlos

Obwohl sein ältester Sohn Alfonso zu keiner körperlichen Anstrengung fähig war und in ständiger Gefahr lebte, sich tödlich zu verletzen, sah der König lange Zeit in ihm den künftigen Thronfol-

Oben: »Schicksalsschläge mit Gleichmut hingenommen«: Der Bombenanschlag auf die Hochzeitskutsche von König Alfonso XIII. und Viktoria Eugenia von Battenberg 1906
Unten: König Alfonso XIII. und Viktoria Eugenia mit ihren Kindern Jaime, Beatrice, Gonzalo, Alfonso und Juan (von links nach rechts), Mitte der zwanziger Jahre

ger. Allen Ratschlägen zum Trotz weigerte er sich, den jungen Prinzen von seinem Recht auf die Krone auszuschließen. Schließlich befreite ihn dieser selbst von der schweren Entscheidung, indem er die bürgerliche Kubanerin Edelmira Sanpedro heiratete und den Anspruch auf die Thronfolge aufgab. Das ungleiche Paar verbrachte einige turbulente Jahre in Paris, bevor Geldnöte die Beziehung auseinander brechen ließen. 1937 wurden Alfonso und Edelmira geschieden. Schon wenige Monate später stürzte sich der Prinz erneut in eine Ehe, diesmal mit dem Mannequin Marta Rocafort. Nach nur vier Monaten trennte sich das Paar. Am 6. September 1938 prallte Alfonsos Wagen nach einem Besuch in einem Nachtlokal in Miami gegen einen Telegrafenmast. Der Prinz starb an den Folgen innerer Blutungen.

Legitimer Thronfolger wäre somit Don Jaime, der Zweitgeborene, gewesen, doch hatte dieser bereits im Jahr 1933 wegen seiner Behinderung auf seine Rechte verzichtet. Später widerrief er diese Entscheidung und wurde so zum Spielball im Machtkampf um den spanischen Thron. König Alfonso bestimmte in seinem Testament Juan, seinen dritten und einzig gesunden Sohn, »zum alleinigen legitimen Thronerben«, doch sollte dieser nie den spanischen Thron besteigen. Der gut aussehende, sportliche junge Mann, in dem viele Spanier bereits ihren künftigen König sahen, bereitete sich gerade auf seine militärische Ausbildung vor, als 1931 in Spanien die Revolution ausbrach. Die königliche Familie entschied, Juan nach England zu schicken, wo er vier Jahre Dienst in der Royal Navy tat. In dieser Zeit festigte sich in ihm die Überzeugung, dass Spanien eine konstitutionelle Monarchie liberaler Prägung benötigte. Im Oktober 1935 heiratete er in Rom Prinzessin María de Las Mercedes von Bourbon und Orléans, ein Jahr später wurde ihre Tochter María del Pilar geboren. Juan Carlos kam nur anderthalb Jahre danach, am 5. Januar 1938, in Rom zur Welt. Das Ereignis – Juan Carlos nahm immerhin den zweiten Rang in der spanischen Thronfolge ein – blieb in Spanien weitgehend unbemerkt. Lediglich auf Seite 13 in der in Sevilla erscheinenden Zeitschrift *ABC* war eine kurze Notiz zu lesen. Die Taufe des Infanten fand am 26. Januar 1938 in der Kapelle der Ritter des Malteserordens statt. Juan Carlos wurde von seiner eigenen Großmutter, Königin Ena, über das Taufbecken gehalten; die Zeremonie selbst vollzog kein Geringerer als Kardinal Eugenio Pacelli, der ein Jahr später als Papst Pius XII. Oberhaupt der Katholiken werden sollte. Die Familie Juan Carlos' hatte in der Villa Gloria an der Viale Parioli am Stadtrand von Rom eine Bleibe gefunden. »Das Viertel war gutbürgerlich zu nennen«, beschrieb Juan Carlos I. einmal sein damaliges Zuhause. »Dort wohnten Ärzte, Rechtsanwälte, Geschäftsleute.

Oben: »Der künftige König?«: Die Hochzeit von Don Juan mit María de las Mercedes von Bourbon und Orléans in Rom, Oktober 1935
Unten: »Keine ungetrübte Kindheit«: Don Juan und María Mercedes mit ihren Kindern Alfonso, Juan Carlos, María del Pilar und Margarita (von links nach rechts) im Schweizer Exil, August 1945

»Ich leiste zum Wohle meines Vaterlandes Verzicht auf alle meine Ansprüche, auf dass mein Sohn Don Juan nunmehr zum alleinigen legitimen Thronerben bestimmt sei.«

Testament von König Alfonso XIII., Februar 1941

Auf jeden Fall waren es keine Luxuswohnungen. Meine Eltern hätten sich das gar nicht leisten können.«

Juan Carlos, von seiner Familie liebevoll »Juanito« genannt, verbrachte die ersten vier Jahre seines Lebens unbeschwert und glücklich in seinem italienischen Zuhause, über einer Metzgerei, einer Parfümerie und einem Frisiersalon. Sein deutschschweizerisches Kindermädchen brachte ihm Deutsch, Italienisch und Französisch bei. Um sein Spanisch war es zunächst nur schlecht bestellt. Von seiner Großmutter Ena erfuhr der kleine Exilspanier alles über seine eigentliche Heimat, die ihm aus den Erzählungen wie ein fernes Paradies erschien. Als Juan Carlos drei Jahre alt war, starb sein Großvater, Alfonso XIII., nachdem er am 5. Februar 1941 seine Rechte zugunsten Don Juans abgetreten hatte.

Juan Carlos' Vater trug nun den Titel eines Grafen von Barcelona und war damit offizieller Anwärter auf den spanischen Thron. Seine Anhänger rechneten fest damit, dass er eines Tages nach Spanien zurückkehren würde, um dort als Juan III. die Herrschaft zu übernehmen. »Ich glaube, dass für meinen Vater das Exil nur deshalb erträglich war, weil er in der Gewissheit lebte, irgendwann einmal Spanien, sein verlorenes Paradies, wiederzufinden«, sagte Juan Carlos I. einmal seinem Biographen José Luis de Vilallonga. Doch General Franco hatte andere Pläne. Die »liberalen Ansichten« des Thronanwärters Don Juan und seine engen Beziehungen zu England machten ihn in den Augen des Diktators zu einem ungeeigneten Kandidaten. Der künftige König sollte ein absoluter Monarch sein, Don Juan galt hingegen als Demokrat. So begann der »Caudillo«, seine Restaurierungspläne auf die nächste Generation auszurichten – auf den Prinzen Juan Carlos. Ihn hoffte er zu einem geeigneten Nachfolger formen zu können.

Juan Carlos' Familie hatte sich im Laufe der Jahre vergrößert: Vierzehn Monate nach ihm war seine Schwester Margarita zur Welt gekommen. Schon bald hatten die Ärzte festgestellt, dass das kleine Mädchen von Geburt an blind war, sein Zustand unheilbar. Mit viel Liebe und Geduld gelang es seiner Mutter, das Kind so normal wie möglich aufzuziehen. Juanito half dabei, so gut es ging, erklärte unermüdlich seiner kleinen Schwester die Welt auf seine Weise. 1941 wurde Alfonso, von allen »Alfonsito« genannt, geboren. Juanito liebte seinen kleinen Bruder abgöttisch, er wurde sein bester Spielkamerad. Im Park der Villa Borghese verlebten die Kinder herrliche

Tage. Freunde und Verwandte beschreiben den kleinen Juan Carlos als »aktive Natur«, ständig in Bewegung und von »schwindelerregender Dynamik«.

Während des Zweiten Weltkriegs und nach dem Tod Alfonsos XIII. im Jahr 1941 geriet die königliche Familie unter immer größeren Druck der Faschisten. Schließlich beschloss das Familienoberhaupt Don Juan, in die Schweiz umzusiedeln. In Ouchy wurde eine Villa am See angemietet; für Juan Carlos war die Zeit der ungetrübten Kindheit vorüber. Am Vormittag besuchte er eine nahe gelegene Schule, am Nachmittag erhielt er Privatunterricht. Zu seiner Großmutter, Königin Ena, bestand ein inniges Verhältnis. Sie logierte nicht weit entfernt im »Hotel Royal« und wurde nicht müde, Juanito von seinem Großvater, Ex-König Alfonso, zu erzählen. Der Monarch hatte seiner Frau die Schuld an den schweren Schicksalsschlägen in der Familie, vor allem der tödlichen Erbkrankheit, die ihm zwei seiner Söhne nahm, gegeben. Schon früh waren die Ehepartner getrennte Wege gegangen. Dennoch hatte Ena nie aufgehört, ihren Gatten zu verehren.

Mit acht Jahren verließ Juan Carlos zum ersten Mal die Geborgenheit der Familie und besuchte ein Internat in Fribourg. Sein Vater Juan bestand darauf, dass der spanische Infant ohne jegliche Privilegien behandelt wurde. »Ich war stets der Ansicht, dass die Erziehung von Prinzen so normal wie immer möglich vor sich zu gehen hat, unter besonderer Betonung der Prinzipien Pflicht, Vaterlandsliebe und Kenntnis der lebenden Sprachen«, sagte er einmal. Juan Carlos fühlte sich in der neuen Umgebung zunächst sehr unglücklich, er litt unter der Trennung von seinen Eltern, die beschlossen hatten, wieder in die Nähe Spaniens zu ziehen, und ihr Domizil nach Estoril in Portugal verlegt hatten. »Jeden Tag wartete ich auf einen Anruf meiner Mutter, aber er kam nie«, beklagte er sich bei José Luis de Vilallonga. »Später habe ich erfahren, dass mein Vater sie daran gehindert hatte. ›Maria‹, sagte er ihr, ›du musst ihm dabei helfen, hart zu werden.‹«

Einziger Lichtblick in dieser Zeit waren für den Jungen die Wochenenden bei seiner Großmutter in Lausanne. Doch schon bald ließen die Eltern ihren Sohn nachkommen, im April 1946 traf Juan Carlos in Lissabon ein. Fast zwei Jahre verbrachte der Junge dort, lernte Portugiesisch als weitere Sprache hinzu – neben Italienisch, Deutsch, Englisch, Französisch und Spanisch – und besuchte eine geistliche Schule. Im Januar 1948 beschloss Don Juan, seinen Erstgeborenen zurück nach Fribourg zu schicken. Erneut fühlte sich Juan Carlos allein gelassen, erneut litt er unter der Trennung von seiner Familie.

In Fribourg, weit weg von meinen Eltern, habe ich gelernt, was es heißt, die Bürde der Einsamkeit zu tragen.

Juan Carlos

Wichtig war allein, dass die Monarchie wieder eingesetzt wurde, und nicht, ob ich oder mein Sohn sie verkörpern würde.

Don Juan, Vater von Juan Carlos

Am 25. August desselben Jahres sollte ein historisches Treffen stattfinden, das über das weitere Schicksal des Jungen entschied. Die Szene hätte aus einem »James-Bond«-Film stammen können: Vor der Küste der baskischen Stadt San Sebastián fand sich der Graf von Barcelona auf General Francos Yacht *Azor* ein. Der streng geheim gehaltenen Zusammenkunft war ein langwieriges protokollarisches Gezerre vorausgegangen. Schließlich hatte der Graf von Barcelona dem Drängen Francos nachgegeben und einer Vier-Augen-Unterredung auf hoher See zugestimmt. Drei Stunden lang besprachen sich die beiden Gegner – Hauptthema ihres Treffens war die Erziehung von Juan Carlos. Der »Caudillo« schlug Don Juan vor, den Infanten fortan in Spanien auszubilden. Beiden Männern lag die Zukunft Spaniens am Herzen. Don Juan ging es dabei aber auch um die dynastischen Ansprüche seines Hauses, während Franco um sein internationales Ansehen besorgt war. Ein veritabler Nachfolger – so hoffte er – würde seine Absicht, die Monarchie in Spanien eines Tages wiederherzustellen, glaubhafter machen. Der Graf von Barcelona ahnte, dass er seinen Sohn der spanischen Monarchie zum Opfer bringen musste, auch auf die Gefahr hin, ihn und seine eigenen Ansprüche auf den Thron zu verlieren. Schließlich willigte er ein, Juan Carlos' Erziehung in Madrid fortsetzen zu lassen. Der Prinz sollte dabei mit allen einem Herrscher vorbehaltenen protokollarischen Ehren behandelt werden, die Hofbediensteten würde sein Vater für ihn aussuchen. »Sicherlich war die Entscheidung sehr schmerzhaft für ihn, mich in die Heimat vorausschicken zu müssen«, vertraute Juan Carlos I. José Luis de Vilallonga an. »Manch-

Ich wusste, dass ich, indem ich meinem Sohn erlaubte, in Spanien zur Schule zu gehen und zu studieren, meinen Thronanspruch relativieren würde. Aber dennoch musste ich es tun. Es war notwendig, dass der Prinz unter Spaniern erzogen wurde und seine Ausbildung nicht weiter im Ausland fortsetzte. In einer Monarchie sind Personen von sekundärer Bedeutung, das Wesentliche ist die Institution. *Wichtig war allein, dass die Monarchie wieder eingesetzt wurde, und nicht, ob ich oder mein Sohn sie verkörpern würde.*
Don Juan, Vater von Juan Carlos

mal erbebe ich innerlich bei dem Gedanken, wie dieser Mann leiden musste.«

Schweren Herzens nahmen Don Juan und seine Frau María im November 1948 von ihrem zehnjährigen Sohn am Bahnhof von Rossio bei Lissabon Abschied. Der »Lusitania-Express« sollte den kleinen Jungen in seine eigentliche Heimat Spanien bringen, wo er fortan unter den Augen General Francos seine Erziehung fortsetzen würde. Während seine Mutter mit den Tränen kämpfte, legte Don Juan den Arm um ihre Schultern und sagte leise: »María, achte auf meine Worte – heute beginnen unsere wirklichen Sorgen!«

Nach stundenlanger Fahrt hielt der Zug plötzlich wenige Kilometer vor Madrid im Bahnhof von Villaverde. Der kleine Ort war als geheime Endstation ausgesucht worden, aus Furcht, dass Anhänger des Königshauses dem kleinen Prinzen einen überschwänglichen Empfang bereiten könnten. Auf dem verlassenen Bahnsteig, im eisigen Wind der kastilischen Steppe, stand Juan Carlos unvermittelt einem Dutzend Personen gegenüber, denen er zuvor noch nie begegnet war. Ohne freundliche Geste hießen sie den Prinzen der Etikette entsprechend willkommen und brachten ihn umgehend nach Madrid. Nach einer nicht enden wollenden Messe im Karmeliterkloster auf dem Cerro de los Angeles in Madrid wurde Juan Carlos aufgefordert, die gleichen Worte zu sprechen, mit denen sein Großvater Alfonso XIII. an dieser Stelle einst sein Land feierlich dem heiligen Herzen Jesu geweiht hatte. Mit zitternder Stimme kam der Junge der Bitte nach, anschließend wurde er nach Las Jarillas gebracht, einem kleinen Anwesen unweit des Jagdschlosses El Pardo, in dem der Diktator residierte. Doch erst Tage nach seiner Ankunft in Spanien sollte der kleine Prinz seinen künftigen Mentor, General Franco, kennen lernen.

Es war der 24. November 1948, noch immer herrschte eisige Kälte, auf den Gipfeln der Sierra lag Schnee. Im Jagdschloss El Pardo wimmelte es von Uni-

Offen gestanden gab ich nicht sehr Acht auf das, was Franco zu mir sagte, denn schon am Anfang der Unterhaltung hatte ich eine ganz kleine Maus bemerkt, die zwischen den Beinen des Sessels, auf dem der General saß, hin und her huschte, als sei dies seit langem ihr bevorzugter Spazierweg. Für das Kind, das ich damals war, weckte eine solch mutige Maus sehr viel mehr Interesse als dieser liebenswürdige Herr, der von den Königen der Westgoten erzählte.
Juan Carlos

Wenn man bedenkt, was für ein kalter und schweigsamer Mann er war, muss ich mein Verhältnis zu ihm eher als gut bezeichnen. Er war immer sehr höflich, ja liebenswürdig zu mir und zeigte die größte Achtung für das, was ich in seinen Augen repräsentierte.

Juan Carlos

Ich hatte den Eindruck, dass er mich ständig auf die Probe stellte, um meinen Charakter besser kennen zu lernen und mögliche Schwächen zu entdecken.

Juan Carlos

formierten und Adjutanten, durch halbdunkle Flure und Salons führte man Juan Carlos zum »Allerheiligsten«, Francos Arbeitszimmer. Die erste Begegnung mit dem spanischen Diktator überraschte den Jungen: »Er war kleiner als auf den Fotos, die ich von ihm kannte, besaß einen Schmerbauch und lächelte mich auf eine Weise an, die ich nicht sehr natürlich fand«, erinnert sich der König heute. »Im Übrigen war er sehr liebenswürdig zu mir und erkundigte sich nach dem Befinden ›Seiner Hoheit‹, des Grafen von Barcelona. Das Wort ›Hoheit‹ in seinem Mund überraschte mich, denn für Spanier die uns in Estoril besuchten, war mein Vater ›der König‹.«

Während des Gesprächs mit dem Diktator klangen Juan Carlos die Worte seines Vaters nach, der ihn gewarnt hatte: »Wenn du Franco begegnest, höre auf das, was er dir sagt, aber rede selbst so wenig wie möglich. Sei höflich und antworte knapp auf seine Fragen: In einen geschlossenen Mund kommen auch keine Fliegen!« Mit einer Reihe von Söhnen honoriger Familien wurde Juan Carlos auf Las Jarillas unterrichtet. Seine Lehrer waren vorher sorgfältig von Franco ausgewählt worden. Nur von Zeit zu Zeit empfing der Diktator den Jungen auf El Pardo, doch stets war er über alles unterrichtet, was den Prinzen betraf.

Während Juan Carlos in Madrid zum potenziellen Nachfolger des Diktators erzogen wurde, hielt sich Franco geschickt weitere Optionen offen. Don Jaime, der taubstumme Onkel Juan Carlos', hatte anderthalb Jahre nach seinem Thronverzicht in Rom die Tochter eines französischen Vicomte, Emmanuelle Dampierre, geheiratet. Zwei Kinder gingen aus dieser Ehe hervor, Alfonso und Gonzálo, einst Juan Carlos' Spielgefährten im römischen Exil. Angestachelt von seiner ehrgeizigen Gattin, widerrief Don Jaime mehrfach seine Verzichtserklärung auf den spanischen Thron, ernannte sich selbst – allen historischen Tatsachen zum Trotz – zum Prätendenten nicht nur der spanischen, sondern auch der französischen Krone, seinen Sohn Alfonso zum »Dauphin« und Gonzálo zum »Herzog von Aquitanien«. Obwohl die Kapriolen Don Jaimes allgemein belächelt wurden, waren sie für den Grafen von Barcelona stets Gegenstand der Sorge.

Die Situation begann sich zuzuspitzen, als Alfonso 1972 in der Kapelle des Jagdschlosses El Pardo die Lieblingsenkelin Francos, María del Carmen

»In einen geschlossenen Mund kommen keine Fliegen«: Juan Carlos beim Schachspiel mit einem seiner Lehrer, 1949

Martínez-Bordiu, heiratete. Zu keiner Zeit hatte der Diktator offiziell verkündet, wer einmal den spanischen Thron besteigen würde. Die Pläne des »Caudillo« blieben für alle Parteien im Kampf um die spanische Krone undurchsichtig. Wollte er seine Enkelin eines Tages zur Königin machen?

»Undurchsichtiges Spiel«: Die Heirat von Juan Carlos' Cousin Alfonso mit Francos Lieblingsenkelin María del Carmen-Martínez-Bordiu war einer der verwirrenden Schachzüge des Diktators

Sollte mit Juan Carlos die Monarchie wiederhergestellt werden? Franco verstand es, die Rivalen gegeneinander auszuspielen; Don Jaime und seine Söhne blieben Ersatzkandidaten für den Fall, dass sich sein Verhältnis zu dem Grafen von Barcelona oder Juan Carlos eines Tages verschlechtern könnte. »Mein Vater ist ein so zurückhaltender Mensch, dass er den hässlichen Intrigen fast wehrlos gegenübersteht, deren Opfer er oft in seinem Leben geworden ist«, sagte einmal Juan Carlos gegenüber Vilallonga. »So hatte er große Mühe, sich mit Franco zu verständigen. Während mein Vater

Damals sollte der Vater gegen den Sohn ausgespielt und Letzterer noch weiter seinem Vater entfremdet werden. Das Ganze erinnerte an ein mittelalterliches Königsdrama, für das es in der Geschichte eines modernen Landes keinen Platz mehr gab.
Felipe González, ehemaliger spanischer Ministerpräsident

ein Mann von großer Lauterkeit ist, liebte es der General, die Dinge absichtlich zu verwirren, so als müsse er immer den Eindruck des Gegenteils von dem erwecken, was er eigentlich tut.«

1954 bestand Juan Carlos sein Abitur. Am selben Tag empfing der »Caudillo« den Prinzen und seinen Bruder Alfonso auf El Pardo »als die Söhne, die ihm selbst versagt geblieben waren«. Zur gleichen Zeit litt der Graf von Barcelona in Portugal unter der Vorstellung, dass Juan Carlos zur Marionette des Staatschefs werden könnte. Er hoffte, den Einfluss Francos auf seinen Sohn durch ein Studium im Ausland verringern zu können, und schlug daher in einem Brief an den Diktator die Universität Löwen in Belgien vor, »die auf eine ruhmvolle spanische Tradition zurückblicken kann und eine überaus gesunde moralische und religiöse Richtung vertritt«. Doch davon wollte der Diktator nichts wissen. Mit einer einfachen Postkarte antwortete er dem Grafen, dass er andere Pläne für Juan Carlos habe und ihn statt zum Studium ins Ausland auf eine der Militärakademien in Spanien schicken wolle: »Das gesunde Leben an der Akademie wird dazu beitragen, seine körperliche Entwicklung zu vollenden.«

Im Dezember 1954 kam es zu einem zweiten Treffen zwischen Don Juan und General Franco. Diesmal fand die Zusammenkunft in Las Cabezas, einem Landgut in der Extremadura, statt. Für den Grafen von Barcelona war es ein bewegender Moment, betrat er doch zum ersten Mal seit seiner Flucht vor achtzehn Jahren spanischen Boden. In bequemen Ledersesseln vor einem prasselnden Kaminfeuer verhandelten die beiden Männer erneut über das Schicksal Juan Carlos'. Dabei wandte der Diktator seine übliche Verschleierungstaktik an, indem er stundenlang über alles Mögliche sprach und nur scheinbar nebenbei die Frage der weiteren Erziehung des Prinzen erwähnte. Erneut gelang es ihm, seine Pläne durchzusetzen: Juan Carlos sollte zuerst seine militärische Ausbildung absolvieren und anschließend ein Studium an einer der großen spanischen Universitäten aufnehmen. »Niemand hatte mich nach meiner Meinung gefragt«, schilderte Juan Carlos I. seinem Biographen Vilallonga. »Ich war wie ein Spieler auf einem Fußballfeld. Der Ball war in der Luft, und ich wusste nicht, wo er herunterkommen würde.«

1955 trat Juan Carlos in die Militärakademie von Saragossa ein und erhielt dort nach zwei Jahren sein Leutnantspatent. Es folgten ein Jahr in der Marine und ein weiteres in der Luftwaffe. Somit war der Prinz in allen drei Waffengattungen ausgebildet, zugleich schloss er in dieser Zeit Freundschaften mit anderen Offizieren – Kontakte, die sich einmal als äußerst wertvoll erweisen sollten. Ein dramatischer Unfall im Jahr 1956 überschattete die mili-

Oben: »Körperliche Entwicklung vollenden«: Juan Carlos im Januar 1955 in Madrid, kurz vor seinem Eintritt in die Militärakademie von Saragossa
Unten: »Der Ball war in der Luft«: Juan Carlos erhält in der Militärakademie privaten Geometrieunterricht, April 1955

> *»Während Seine Hoheit Prinz Alfonso in jener Nacht mit seinem Bruder einen Revolver reinigte, löste sich ein Schuss, der ihn in die Stirn traf und binnen weniger Minuten tötete. Der Unfall ereignete sich um 20.30 Uhr, nachdem der Prinz von einem Gründonnerstagsgottesdienst zurückgekehrt war, bei dem er die heilige Kommunion empfangen hatte.«*
> Kommuniqué der spanischen Botschaft in Lissabon, 30. März 1956

tärische Ausbildung Juan Carlos': Dem Prinzen war es in den Ferien gestattet worden, seine Familie im portugiesischen Estoril zu besuchen. Mit seinem jüngeren Bruder Alfonso verbrachte er die Tage meist im Park der Villa, wo die Jungen Schießübungen machten. Am 29. März hantierten sie in der Waffenkammer des Hauses mit einem Revolver – einem Geschenk General Francos. Im Lauf der Waffe steckte ein zu langes Projektil fest, das die Jungen entfernen wollten. Als Don Juan hinzukam, verbot er ihnen, die Waffe noch einmal anzurühren, nahm ihnen den Revolver weg und verschloss ihn im Waffenschrank. Doch die Brüder, die sich im Umgang mit Waffen erfahren glaubten, bettelten so lange bei der Mutter, bis diese ihnen den Schlüssel aushändigte. Erneut machte sich Juan Carlos, der achtzehnjährige Kadett, an der Waffe zu schaffen. Dabei löste sich ein Schuss und traf Alfonso mitten in die Stirn. Entsetzt kam Don Juan herbeigelaufen, doch es war vergeblich. Der vierzehnjährige Alfonso starb binnen weniger Minuten in den Armen seines Vaters. Juan Carlos, der seinen kleinen Bruder innig geliebt hatte, traf das Unglück schwer. In seiner Verzweiflung rang er damit, seine Bestimmung als künftiger König Spaniens aufzugeben und stattdessen ein Leben im Kloster zu wählen. Bei der Beerdigung Alfonsos sah Juan Carlos seine Mutter zum ersten Mal in seinem Leben weinen. Erschüttert kniete er vor ihr nieder und küsste, um Vergebung suchend, ihre Hände. María de las Mercedes streichelte tröstend über das Haar Juan Carlos' – ihr Kummer muss überwältigend gewesen sein: Sie hatte zwei Söhne zur Welt gebracht. Den älteren hatte sie an Franco verloren, der jüngere war ihr auf so grausame Weise entrissen worden. Nie sollte Doña María den Tod Alfonsos verwinden: Sie selbst gab sich die Schuld an dem Unfall, begann zu trinken und verbrachte viele Jahre in Kliniken und Sanatorien.

> **Es vergeht kein Tag, an dem ich nicht an Alfonso denke. Diese Tragödie bestimmt mein Leben. Sie ist der Grund, warum ich nie glücklich bin.**
> Juan Carlos

Während die königliche Familie noch den tragischen Verlust des kleinen Alfonso betrauerte, ließ

»Diese Tragödie bestimmt mein Leben«: Juan Carlos hinter seinem Vater bei der Beerdigung seines Bruders Alfonso, 2. April 1956

General Franco verkünden, dass – im Fall seines Todes oder seiner Abdankung – Spanien zur Monarchie zurückkehren werde. Wieder einmal gab er weder den Namen des potenziellen Königs noch die Dynastie preis und sorgte damit einmal mehr für Verwirrung. In Madrid kam es zu Zusammenstößen zwischen Anhängern der Krone und der Falange, der Staatspartei unter der Diktatur Francos. In Estoril empfing der Graf von Barcelona zahlreiche Besucher, die ihn aufforderten, zugunsten seines Sohnes Juan Carlos auf den Thronanspruch zu verzichten. Doch davon wollte Don Juan nichts wissen. Bestärkt von seiner Mutter Ena, verteidigte er seine legitimen Rechte als Thronfolger. Im Dezember 1959 erwiesen ihm als legitimem König Spaniens fünfhundert Monarchisten in Estoril die Ehre. Doch schon im darauffolgenden März sollte deutlich werden, dass der »Caudillo« keineswegs beabsichtigte, sich dem Druck der Anhänger seines Gegners zu beugen.

Zum dritten – und letzten – Mal kam es zu einem Treffen zwischen dem Grafen von Barcelona und General Franco, abermals nach der Regelung komplizierter protokollarischer Fragen und unter großer Geheimnistuerei. Die Zusammenkunft fand im Parador von Ciudad Rodrigo im Norden Spaniens statt, und diesmal machte es der »Caudillo« kurz: »Angesichts der von Grund auf falschen Interpretationen, zu denen der Aufenthalt des Prinzen in

Hoheit, schauen Sie sich selbst an. Zwei Brüder sind Bluter, einer ist taubstumm, eine Tochter blind, ein Sohn erschossen. So viel in einer einzigen Familie angehäuftes Unglück kann den Spaniern nicht gefallen.
Franco zu Juan Carlos' Vater Don Juan

Spanien Anlass gegeben hat, geben Seine Exzellenz der Staatschef und Seine Königliche Hoheit der Graf von Barcelona bekannt, dass dieser Aufenthalt pädagogische Gründe und mit seinem Nationalgefühl zu tun hat und dass es infolgedessen als angemessen erscheint, dass Juan Carlos auf dem Boden seines Vaterlandes ausgebildet wird; dies stellt keine Präjudiz, weder hinsichtlich der Nachfolgefrage noch hinsichtlich der normalen Weitergabe dynastischer Verpflichtungen und Verantwortlichkeiten, dar«, hieß es im Schlusskommuniqué. Wieder einmal hatte der »Caudillo« seine wahren Absichten gründlich verschleiert und sich alle Hintertüren offen gehalten.

Mit einer feierlichen Zeremonie in Saragossa im Dezember 1959 war Juan Carlos' militärische Ausbildung beendet worden, im Jahr darauf schrieb er sich an der Universität Madrid für Soziologie und Rechtswissenschaften ein. Daneben besuchte er Vorlesungen zur Geschichte, Philosophie und Literatur. General Franco stellte dem Studenten zunächst ein kleines Haus, »La Casita Ariba«, das er selbst als Unterschlupf während des Zweiten Weltkriegs benutzt hatte, zur Verfügung. Hier trafen jeden Morgen seine Privatlehrer ein, die ihn in Staatsrecht, Technokratie, Landwirtschaft und Bergbau unterwiesen. Nach einiger Zeit bezog der Prinz »La Zarzuela«, einen kleinen Palast, fünfzehn Kilometer vor Madrid und unweit El Pardos gelegen. So hatte der General größere Kontrolle über das Treiben seines jungen Schützlings.

Immer häufiger musste Juan Carlos den Staatschef nun auch zu offiziellen Veranstaltungen begleiten. »Was ich davon als positiv in Erinnerung habe, ist der Beginn eines Kontaktes mit der Bevölkerung«, entsinnt sich Juan Carlos I. dieser Zeit. »Auch das war Teil meiner Ausbildung. Traurig war ich darüber, dass es mir nicht möglich war, eine bestimmte Laufbahn bis an ihr Ende zu verfolgen. Ich konnte weder Anwalt noch Wirtschaftsexperte, noch Ingenieur werden, denn es war mir ja bestimmt, König zu werden.«

Trotz eines zum Bersten gefüllten Stundenplans fand Juan Carlos Zeit, sich dem weiblichen Geschlecht anzunähern. Schon im Sommer 1956 hatten

»In allen drei Waffengattungen ausgebildet«: Auch am Steuerknüppel eines Hubschraubers machte der Prinz eine gute Figur (Foto aus dem Jahr 1958)

die Zeitungen von einer möglichen Verlobung mit Maria-Gabriella von Savoyen berichtet, das Ereignis sei jedoch wegen des tragischen Todes von Alfonso verschoben worden. Die »Verlobte« war eine Tochter des italienischen Ex-Königs Umberto und seiner Gemahlin Marie-José. Juan Carlos und »Ella« – wie sie von ihrer Familie genannt wurde – kannten sich bereits seit ihrer Kindheit. Beide liebten den Sport und die Bewegung; die Prinzessin studierte Sprachen an einer Dolmetscherschule in Genf. Juan Carlos hatte stets ein Foto seiner Freundin dabei, auf der Militärakademie in Saragossa telefonierte er jeden Abend mit ihr, bis es ihm seine Vorgesetzten verboten. Die Familien der beiden waren mit der Verbindung einverstanden, doch General Franco durchkreuzte ihre Pläne: Ihm war das Mädchen zu modern und frei, außerdem hatte das Haus Savoyen nur wenige Anhänger in Spanien. Über den Direktor der Militärakademie ließ er Juan Carlos mitteilen, dass dieser sich das Mädchen aus dem Kopf schlagen solle. Schweren Herzens gehorchte er – wie er es gelernt hatte.

Kurze Zeit später geisterte ein anderer Name durch die spanischen Gazetten: Isabelle von Frankreich, älteste Tochter des Grafen und der Gräfin von Paris. Juan Carlos hatte die sechs Jahre ältere Französin bei einer Hochzeit im Herbst 1957 kennen gelernt. 1958 sah man die beiden auf einem Kostümball miteinander tanzen und flirten. Doch Eingeweihte wussten, dass eine Heirat der beiden jungen Leute ausgeschlossen war, da sich ihre Familien verwandtschaftlich viel zu nahe standen. Als Juan Carlos im Jahr 1960 die Olympischen Spiele in Rom zusammen mit Maria-Gabriella besuchte, knüpfte man erneute Hoffungen an diese Verbindung, zumal Ella einen Heiratsantrag des Schahs von Persien abgelehnt hatte. »Ich werde nur einen Mann heiraten, den ich liebe«, ließ sie wissen. Viele glaubten darin ein Bekenntnis für Juan Carlos zu erkennen. Aber noch weitere Namen kursierten: Cristina Cardenas, eine schöne Venezuelanerin, der Juan Carlos in der Schweiz begegnet war, und Prinzessin Alexandra von Jugoslawien wurden an Juan Carlos' Seite ausgemacht. Sein Vater hingegen bevorzugte eine Verbindung mit dem Hause Hohenzollern, er dachte dabei an Maria-Cäcilia

Ich bin kein leidenschaftlicher Mann. Keiner jener Kerle, die ihre Gefühle wie ein Vulkan hinausschleudern. Das Herz muss ja nicht gleich explodieren. Ich finde, der Kopf ist in Sachen Liebe viel wichtiger.
Juan Carlos, 2004

von Preußen. Es schien, als würden Juan Carlos' Herzensangelegenheiten der gleichen Kontrolle unterliegen wie seine militärische und zivile Ausbildung.

1961 sollten sich Liebe und Staatsräson miteinander verbinden. Bei der Hochzeit des Herzogs von Kent in York blieb keinem verborgen, dass Juan Carlos nur noch Augen für seine Tischdame hatte: Es war Sofia von Griechenland, die den jungen Prinzen so bezauberte. Die beiden hatten sich bereits im August 1954 kennen gelernt. Die damalige Königin Friederike hatte die Idee gehabt, für die königliche Familie eine Kreuzfahrt auf der *Agamemnon* zu organisieren, um den Tourismus in Griechenland anzukurbeln – aber auch, um für ihre Kinder nach geeigneten Partnern Ausschau zu halten. Einundneunzig Hoheiten hatten an der dreizehntägigen Kreuzfahrt teilgenommen, es war ungewöhnlich leger zugegangen: Die Plätze an der Tafel waren ausgelost, alle Arten von Tänzen zugelassen worden. Doch waren sich Juan Carlos und Sofia trotz der ungezwungenen Atmosphäre an Bord der *Agamemnon* nicht näher gekommen.

Erst sieben Jahre später sollte der Funke überspringen. Sofia war inzwischen zu einer attraktiven jungen Frau herangewachsen. Ihre hellen Augen standen in starkem Kontrast zu ihrem braunen Haar, ihre reservierte Art faszinierte den ungestümen jungen Prinzen. Sie war im selben Jahr geboren wie Juan Carlos: Am 2. November 1938 war sie als erstes Kind von Kronprinz Paul und Prinzessin Friederike in Athen zur Welt gekommen. Als Enkelin Kaiser Wilhelms II. war sie mit der preußischen und dänischen Dynastie verwandt, ihre Vorfahren waren Mitglieder der griechischen, englischen und russischen Königsfamilie. Sofia wuchs in Griechenland auf und erlebte eine unbeschwerte Kindheit, trotz des wechselhaften politischen Klimas in Griechenland und des Zweiten Weltkriegs. 1941 schiffte sich Prinzessin Friederike mit ihren beiden Kindern Sofia und Konstantin nach Kreta ein. Ihr Mann und der griechische König folgten wenig später. 1942 wurde Irene geboren.

Bis 1946 wechselte die Familie zweiundzwanzigmal den Wohnsitz, lebte zum Beispiel in Ägypten, dann wiederum in Südafrika. Die meiste Zeit mussten Friederike und die Kinder auf Kronprinz Paul verzichten, der sich oft in England und den USA aufhielt. Die kleine Sofia küsste jeden Abend das Foto ihres Vaters, bevor sie zu Bett ging. 1943 schrieb Prinzessin Friederike an ihre Eltern: »Sofia ist ein richtiger Clown. Sie zeigt einen sehr starken Willen, gleichzeitig aber auch mütterliche Gefühle, denn sie will ihren kleinen Bruder und ihre kleine Schwester beschützen.« Erst im Herbst 1946 kehrte die Familie nach Griechenland zurück.

Oben: »Mütterliche Gefühle«: Die kleine Sofia (links) beim Spiel mit ihrem Bruder Konstantin und ihrer Schwester Irene, 1947
Unten: »Sie wird einmal eine sehr wichtige Rolle spielen«: Prinzessin Sofia mit ihren Geschwistern und ihrer Mutter Friederike in Athen, 1954

Am 1. April 1947 erlag Georg II. einem Herzinfarkt, Sofias Vater wurde als Paul I. sein Nachfolger. Die Familie lebte nun in Tatoï, einem Landsitz unweit Athens – direkt neben einem Bauernhof. Das bescheidene Anwesen war eher bürgerlich als königlich ausgestattet, doch für Sofia und ihre Geschwister war es das Paradies: Hier lernten sie reiten, spielten mit Tieren und tollten unbeschwert umher. Sofia hielt zeitweise einen Hammel als Haustier, der sogar die Gäste im Salon begrüßte. In den Ferien zog die Familie nach »Mon Repos« auf Korfu um, wo 1921 Philip, der spätere Herzog von Edinburgh und Gemahl Elizabeths II. von England, das Licht der Welt erblickt hatte. Erst im Alter von dreizehn Jahren verließ Sofia ihre Heimat, um im Internat Schloss Salem am Bodensee ihre Erziehung zu vollenden. Diese Eliteanstalt war 1920 unter der Schirmherrschaft Max von Badens von Kurt Hahn gegründet worden, etliche Schüler entstammten europäischen Herrscherhäusern. Auch Prinz Philip hatte 1933 kurzzeitig zu den Schülern gehört. Obwohl Sofia unter der Trennung von ihrer Familie litt, gewöhnte sie sich rasch an das Leben in Salem. Sport und Disziplin standen an erster Stelle, aber auch musische Begabungen wurden gefördert. Nach ihrem Abitur kehrte die »Königstochter« – so die offizielle griechische Bezeichnung – in ihre Heimat zurück.

Im Juni 1956, mit dem Erreichen des achtzehnten Lebensjahres, gab Sofia ihr gesellschaftliches Debüt und begleitete ihre Eltern zu einem Staatsbesuch nach Paris. Zurück in Griechenland, begann Königin Friederike mit der Suche nach einem geeigneten Heiratskandidaten für ihre älteste Tochter. Zunächst wurde Harald von Norwegen ins Visier genommen. Sofia und der junge Norwegerprinz hatten gemeinsam an Segelregatten teilgenommen und waren sich bei gesellschaftlichen Anlässen begegnet. Doch sollte diese Verbindung aus einem wenig romantischen Grund ein vorschnelles Ende finden: Geld. Sofias Mitgift war – nach königlichen Maßstäben – absolut unbedeutend. Ihr Vater hatte beim griechischen Parlament um eine Aufstockung von umgerechnet 250 000 Euro nachgesucht, bekam aber lediglich 125 000 Euro bewilligt. Das war für das norwegische Königshaus schlicht und ergreifend zu wenig.

Statt sich zu verloben, beschloss Sofia, zunächst eine Ausbildung als Kinderpflegerin zu absolvieren – sicher auch in Hinblick auf ihre zukünftige Rolle als Ehefrau und Mutter. In »La Mitera«, einem Athener Waisenheim, nahm sie an Lehrgängen zur Kinderpsychologie teil und übte sich im Wickeln von Säuglingen. Nach zwei Jahren erhielt Sofia ihr Diplom und kümmerte sich in Tag- und Nachtschichten um ihre kleinen Schützlinge. Die

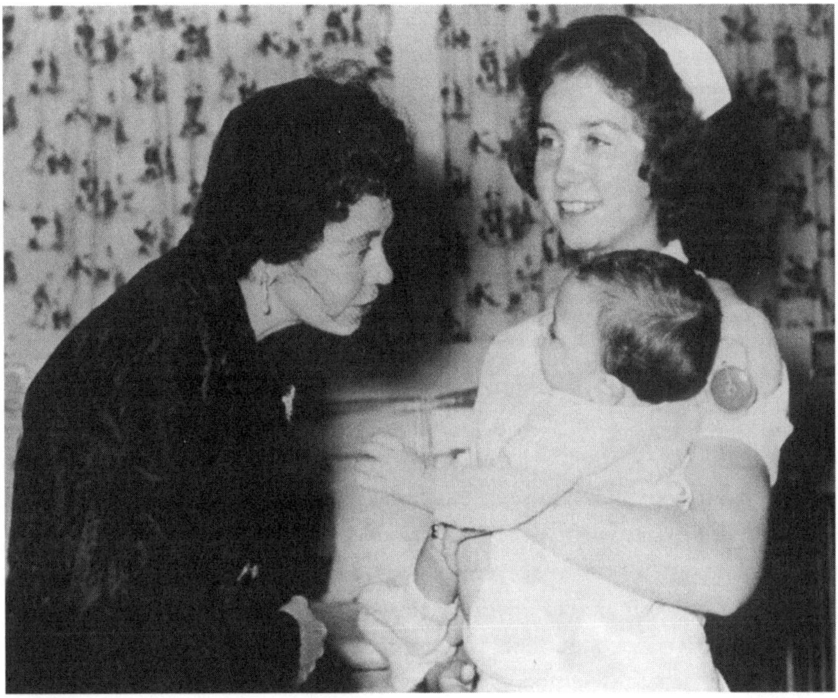

»Üben für die zukünftige Rolle:« Königin Friederike besucht ihre Tochter Sofia während deren Ausbildung zur Kinderpflegerin

Zukunft der zurückhaltenden griechischen Prinzessin schien ungewiss. Ihre kümmerliche Mitgift machte sie als Heiratkandidatin für viele europäische Königs- und Fürstenhäuser unattraktiv, zudem genoss die griechische Dynastie bei den Höfen Europas keinen sonderlich guten Ruf.

Als der spanische Prinz Juan Carlos auf der Hochzeit des Herzogs von Kent 1961 sein Interesse für die griechische Königstochter bekundete, schien die Lösung gefunden: Die spanische Dynastie galt zwar als eine der ältesten und angesehensten Königshäuser Europas, doch lag ihr Schicksal zum damaligen Zeitpunkt allein in den Händen General Francos. Ob Juan Carlos jemals den spanischen Thron besteigen würde, war nicht voraussehbar und abhängig von der Gunst des spanischen Diktators. Darüber hinaus hatte auch die spanische Dynastie mit finanziellen Schwierigkeiten zu kämpfen. Weder Don Juan noch sonst irgendwelche Mitglieder der königlichen Familie erhielten während der langen Jahre im Exil Zuwendungen vom spanischen Staat. Auch heute, nach der Wiedereinführung der Monarchie in Spanien, gilt der spanische König als der am schlechtesten bezahlte

Dieses schüchterne kleine Mädchen ist in Wirklichkeit eine große Persönlichkeit. Ihr werdet sehen, sie wird einmal eine sehr wichtige Rolle spielen.

Viktoria Eugenia (Ena), Großmutter von Juan Carlos

Mir machten alle Tänze Spaß: Cha-Cha-Cha, Samba, Tango, Bolero, Walzer. … Aber er tanzte am besten Slowfox, ganz langsam.

Sofia

Monarch in ganz Europa. Siebeneinhalb Millionen Euro Apanage sollen es jährlich sein. Doch muss Juan Carlos I. davon nur seine Angestellten bezahlen. Für den Unterhalt seiner Paläste, Yachten und Autos ist der Staat zuständig. Sofias Mitgift – so gering sie auch sein mochte – kam der spanischen Königsfamilie damals mehr als gelegen. Tatsächlich bewilligte schließlich das griechische Parlament rund neun Millionen Drachmen, umgerechnet 750 000 Euro – das war mehr, als bei einer Hochzeit mit dem norwegischen Prinzen genehmigt worden wäre.

Doch zunächst musste sich das ungleiche Paar einmal näher kommen. Königin Friederike tat das Ihre dazu, indem sie den spanischen Prinzen für den Sommer nach »Mon Repos« auf Korfu einlud. Gemeinsam unternahmen Sofia und Juan Carlos Segeltörns zu einer kleinen Felseninsel, aßen in einer einfachen Taverne zu Abend, tanzten und genossen den Sonnenuntergang. Hier, auf Korfu, machte Juan Carlos der griechischen Königstochter seinen Heiratsantrag. Dabei soll es – trotz romantischer Kulisse – wenig gefühlvoll zugegangen sein: Er habe seiner jungen Braut ein Kästchen zugeworfen, in dem sich der Verlobungsring befand, und gerufen: »Hier, das ist für dich!« Sicher mag Juan Carlos seine Zukünftige attraktiv gefunden, doch dürfte eher sein Verstand als das Herz die Wahl getroffen haben. Denn auch General Franco stimmte einer Verbindung mit dem griechischen Königshaus zu – für Juan Carlos war damit eine wichtige Hürde auf dem Weg zum spanischen Thron genommen.

Am 12. September 1961 wurde die Verlobung Sofias mit Juan Carlos bekannt gegeben. Wenig später streifte König Paul in Athen den Brautleuten zwei goldene Ringe über, die aus Münzen aus der Zeit Alexanders des Großen gefertigt worden waren. Die Griechen feierten die Verlobung »ihrer Königstochter« wie den Gewinn einer olympischen Goldmedaille: »Dies ist ein überwältigender Sieg für Griechenland, ein Sieg, den unser Land über alle anderen königlichen Häuser mit heiratsfähigen Töchtern davongetragen hat«, verkündete ein hoher Beamter pathetisch.

Die Hochzeitsfeierlichkeiten sollten im Mai 1962 stattfinden, doch galt es zunächst, die Tücken der höfischen Etikette zu überwinden. Da stellte sich vor allem das Problem der Konfession: Sofia war griechisch-orthodox getauft, Juan Carlos gehörte der katholischen Kirche an. Eine Konversion

»Ein überwältigender Sieg für Griechenland«: Kurz nach der Bekanntgabe ihrer Verlobung im September 1961 unternehmen Juan Carlos und Sofia einen gemeinsamen Segeltörn

Sofias zum Katholizismus galt als unumgänglich, wollte sie einmal den Thron Spaniens an Juan Carlos' Seite besteigen. In einer Privataudienz bei Papst Johannes XXIII. schien sich alles zu klären. Nachdem auch das Oberhaupt der griechischen Nationalkirche seine Zustimmung erteilt hatte, wurde eine doppelte Trauzeremonie, das heißt eine katholische und eine griechisch-orthodoxe, festgelegt. Allerdings sollte Sofia erst nach der Heirat konvertieren, um die Gemüter der stolzen Griechen zu schonen.

Die griechische Königstochter fügte sich in alles. Von Anfang an war sie entschlossen, ihre Pflichten als künftige Mutter und Ehefrau des spanischen Thronerben zu erfüllen: »Ich denke, dass die Rolle einer Frau darin besteht, ihrem Ehemann zur Seite zu stehen, ohne dabei aber ihre Unabhängigkeit zu verlieren. Mein Ziel ist es, meinen Mann glücklich zu machen und meine Aufgaben gegenüber Spanien zu erfüllen«, ließ sie einmal verlautbaren. Ihre Mutter schwärmte indes von ihrem zukünftigen Schwiegersohn: »Juanito ist unwahrscheinlich schön. Er hat blonde, krause Locken, die ihm selber zwar nicht besonders gefallen, die aber ältere Damen wie ich regelrecht anbeten. Er hat dunkle Augen mit langen Wimpern, ist groß und athletisch und setzt seinen Charme gekonnt ein. Was aber noch wichtiger ist, er ist intelligent, hat moderne Ideen und ist von großer Güte und Liebenswürdigkeit. Er hat Stolz, wie es sich für einen wahren Spanier gehört, besitzt aber auch genügend Zartgefühl, um andere nicht merken zu lassen, dass ihnen etwas fehlt, wenn sie keine Spanier sind.« König Paul betrachtete die Liebesangelegenheit seiner ältesten Tochter eher nüchtern: »Wenn das eine Vernunftheirat sein soll, so ist sie sehr unvernünftig. Sie wird sicher bei vielen Unzufriedenheit hervorrufen. Wie auch immer, die beiden werden manches Hindernis zu überwinden haben«, mäkelte er, meinte am Ende jedoch versöhnlich: »Aber bleibt die Liebe schließlich nicht immer Sieger?«

War es tatsächlich Liebe? Die Hochzeit des spanischen Kronprinzen mit der griechischen Königstochter Sofia galt zumindest als *das* gesellschaftliche Ereignis des Jahres 1962. Am 14. Mai strömten aus allen Weltgegenden blaublütige Gäste nach Athen. Bevor Juan Carlos nach Griechenland abgereist war, hatte ihn der »Caudillo« noch einmal zu sich bestellt. Aus den Händen des spanischen Diktators erhielt er die Kette des Ordens Karls III. – eine Ehre, die eigentlich nur regierenden Königen vorbehalten war. Wollte der gerissene Galizier mit dieser Geste einen versteckten Hinweis geben, wen er zu seinem Nachfolger ernennen würde?

Ich liebe ihn uneingeschränkt. Und ich würde unser Leben auf der Stelle noch einmal wiederholen.
Sofia

Als Juan Carlos in Athen eintraf, wurde er von

»Bleibt die Liebe schließlich nicht immer Sieger?«: Das offizielle Hochzeitsfoto von Sofia und Juan Carlos

Ich denke, dass die Rolle einer Frau darin besteht, ihrem Mann zur Seite zu stehen, ohne darüber ihre Unabhängigkeit zu verlieren. Mein Ziel ist es, meinen Mann glücklich zu machen und meine Aufgaben zu erfüllen.

Sofia nach der Hochzeit

der griechischen Bevölkerung jubelnd empfangen. Aber auch viertausend Spanier waren an Bord der *Canaris*, des größten Schiffes der spanischen Kriegsflotte, angereist, um die Hochzeit ihres Kronprinzen zu feiern. Obwohl sowohl die Familie der Braut als auch die des Bräutigams nach königlichen Maßstäben als »arm« galten, fiel die Hochzeit überaus prunkvoll aus: Sofia trug eine cremefarbene Robe mit vier Meter langem Spitzenschleier und sechs Meter langer Schleppe des griechischen Modeschöpfers Jean Dessès. Die erste Trauung fand in der katholischen Kathedrale statt, der Erzbischof von Athen gab dem Paar seinen Segen. Anschließend wurde die Trauungszeremonie nach byzantinischem Ritus in der orthodoxen Verkündigungskathedrale vollzogen. Als Brautmutter Friederike dabei die symbolischen Kronen über die Häupter des Paares hielt, gelang es Sofia nur mit Mühe, ihre Tränen zurückzuhalten. Unter dem Jubel von Tausenden, die den Weg des Hochzeitszuges säumten, bewegte sich die Fahrzeugkolonne anschließend zum Königspalast.

Immer wieder waren die Rufe »Viva el Rey!« zu hören – doch wer war damit gemeint? Juan Carlos oder sein Vater, der Graf von Barcelona? Noch am Vorabend der Hochzeit hatte General Franco zu einem Vertrauten gesagt: »Ich bin sicher, dass, wenn es nötig sein sollte, sein Vater zum Nutzen Spaniens und der Monarchie als echter Patriot – wie alle Könige – … auf die Krone verzichten würde, um so den Interessen seines Vaterlandes und der Dynastie am besten zu dienen. Ich sagte schon zu Don Juan Carlos: ›Ich versichere Ihnen, Hoheit, dass Sie erheblich mehr Chancen haben, König von Spanien zu werden, als Ihr Vater.‹« Doch während sich Juan Carlos und Sofia in Athen das Jawort gaben, empfing der Diktator in Madrid Karl-Hugo von Bourbon-Parma, in dem die Karlisten den legitimen Thronanwärter Spaniens sahen. Auch jetzt noch trieb der »Caudillo« sein undurchsichtiges Spiel.

Erst im Oktober 1962 ließen sich die Jungvermählten in Madrid nieder. Der »Caudillo« stellte ihnen als Zeichen seiner Gunst den frisch renovierten Zarzuela-Palast zur Verfügung, den die Königsfamilie bis heute bewohnt. Fünf Monate lang waren Juan Carlos und Sofia nach ihrer Hochzeit in der ganzen Welt unterwegs gewesen, hatten sich den Menschen auf fünf Kontinenten präsentiert und damit für Spanien Werbung gemacht. Kaum jemand zweifelte jetzt noch daran, dass General Franco Juan Carlos zu seinem Nachfolger machen würde, doch hatten der Thronanwärter und Sofia keinerlei offiziellen Status. Juan Carlos litt zunehmend unter dieser Ungewissheit. Trotz der militärischen Ausbildung ließ es General Franco nicht zu, dass sein Protegé in einer Kaserne oder auf einem Kriegsschiff Dienst tat. Juan Carlos fühlte sich nutzlos und suchte nach einer Beschäftigung. Als er den »Caudillo« bedrängte, ihm eine Aufgabe zu geben, riet dieser ihm nur: »Werden Sie mit den Spaniern vertraut, Hoheit.«

Juan Carlos machte sich ans Werk: Systematisch besuchte er das Land, reiste von Region zu Region, von Stadt zu Stadt. Nicht immer war der Empfang, den ihm seine Landsleute bereiteten, herzlich. »Ich erinnere mich an ein Dorf in der Nähe von Valladolid, wo uns die Leute mit Kartoffeln bewarfen, als wir im Auto vorbeifuhren«, schildert Juan Carlos I. eine solche Szene. »Der Landwirtschaftsminister, der mit im Wagen saß, war entsetzt. Ich musste ihn besänftigen: ›Beruhigen Sie sich, Exzellenz, auf mich sind die Leute wütend, nicht auf Sie!‹« In Valencia wurde Juan Carlos mit Tomaten beworfen, dennoch hielt er an Francos Empfehlung fest und bereiste ganz Spanien. Bei offiziellen Anlässen, bei denen Juan Carlos immer öfter an der Seite des Diktators stand, wirkte er häufig schweigsam und bedrückt. Viele Spanier fragten sich, wer sich hinter der rätselhaften Gestalt des jungen Kronprinzen verbarg. »Warum ich damals so schweigsam war? Warum ich nie das Wort ergriff? Nun, es war eine Zeit, in der niemand, auch ich nicht, sich zu äußern wagte«, erklärte Juan Carlos seinen Biographen einmal. »Ich persönlich wusste nicht, wie sich die Dinge entwickeln würden, ob ich noch zu Lebzeiten des Generals seine Nachfolge antreten würde oder ob ich erst seinen Tod abwarten müsste, um König von Spanien zu werden.«

Auch die Beziehung zu seinem Vater, der normalerweise vor ihm an der Reihe gewesen wäre, wurde durch Francos Geheimnistuerei belastet. 1963 beteuerte Juan Carlos zwar in einem Interview mit der amerikanischen Zeitschrift *Time*: »Ich werde nie, wirklich niemals die Krone annehmen, solange mein Vater am Leben ist«, und behauptete: »Zwischen meinem Vater und mir können überhaupt keine Probleme aufkommen. An der Existenz des dynastischen Erbfolgegesetzes kann niemand etwas ändern. Ich bin hier in Spanien als lebender Repräsentant der Dynastie, denn mein Vater lebt ja in Portugal.« Dennoch wurde das Verhältnis zu Don Juan Jahr für Jahr schwieriger.

Im Gegensatz zu seinem politischen Dasein gestaltete sich sein Privatleben überaus glücklich. Am 23. Dezember 1963 erblickte Infantin Elena das Licht der Welt, ihr folgte Schwester Cristina am 13. Juni 1965. Zur Taufe Elenas war zum offiziell ersten Mal seit seiner Abwanderung ins Exil Don Juan nach

Spanien gereist. Viele »Juancarlisten« sahen darin ein deutliches Zeichen, dass der Graf von Barcelona einer Thronbesteigung seines Sohnes nicht mehr im Weg stehen würde. Tatsächlich wäre ein Thronverzicht Don Juans zugunsten seines Sohnes ganz im Sinne General Francos gewesen. Doch dachte Don Juan nicht im Entferntesten daran, auf seine Ansprüche zu verzichten. Noch immer sah er sich als alleinigen Hüter der spanischen Krone, und seine Anhänger bestärkten ihn darin.

Als am 30. Januar 1968 der Infant Felipe geboren wurde, hatte die spanische Königsfamilie allen Grund zur Freude: Der Fortbestand der Dynastie war gesichert. Juan Carlos war außer sich vor Glück – lange schon hatte er sich einen Sohn gewünscht, nun war sein Herzenswunsch in Erfüllung gegangen. »Ich weiß überhaupt nicht mehr, was ich gesagt habe. Auf jeden Fall bin ich vor Freude in die Luft gesprungen und habe alle umarmt«, gestand er später einmal. Gerührt nahm er seinen Sohn in die Arme und küsste Sofia, der die Freudentränen über das Gesicht liefen. Schon eine Woche später sollte die Taufe Felipes stattfinden. Viktoria Eugenia, Ena, die ein Jahr zuvor ihren achtzigsten Geburtstag gefeiert hatte, bat darum, Patin des Kindes zu werden. Die alte Dame hatte dabei nicht nur die Patenschaft im Auge, sie hoffte, Spanien nach siebenunddreißig Jahren erstmals wieder betreten und eine Unterredung mit dem »Caudillo« herbeiführen zu können. Der Plan Enas ging auf: Der spanische Diktator erteilte der Ex-Königin die Genehmigung zur Einreise, woraufhin diese von der Bevölkerung unter großem Jubel am Flughafen von Madrid empfangen wurde. Bei der Taufe hielt Ena ihren Urenkel über das kostbare Taufbecken aus Silber, weißem Stein und Gold – dasselbe, das achtunddreißig Jahre später zur Taufe von Felipes Tochter Leonor benutzt werden sollte. Nach der feierlichen Zeremonie, die der Erzbischof von Madrid vollzog, gelang es Ena tatsächlich, einige Worte mit General Franco zu wechseln. Sie war fest entschlossen, für den Erhalt des spanischen Throns zu kämpfen: »Damals, vor siebenunddreißig Jahren, gab es einen regierenden Bourbonen, nämlich Alfonso XIII.«, sagte sie zu ihm. »Nun haben Sie drei Bourbonen, unter denen Sie wählen können – Vater, Sohn und Enkel.« Auch wenn der Mut der alten Dame dem Diktator imponierte, ihrem Drängen gab er deshalb noch lange nicht nach. Im darauffolgenden Jahr, am 15. April 1969, starb Ena, die einst als die schönste Königin ihrer Zeit gegolten hatte. Ihr war es leider nicht mehr vergönnt mitzuerleben, wie die spanische Krone wieder in den Besitz der Bourbonen überging.

Juan Carlos trauerte sehr um seine Großmutter. Seit er ein kleiner Junge gewesen war, hatte ihn eine innige Freundschaft mit ihr verbunden. Doch

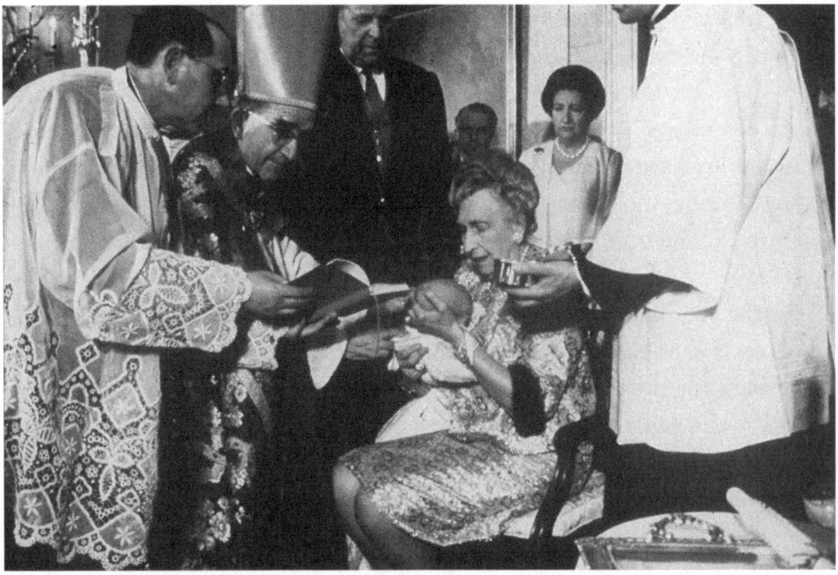

Oben: »Nun haben Sie drei Bourbonen, unter denen Sie wählen können«: Infant Felipe wird im Februar 1968 in den Armen seiner Urgroßmutter Viktoria Eugenia getauft
Unten: »Überaus glückliches Privatleben«: Juan Carlos und Sofia mit ihren Kindern Elena, Felipe und Cristina, Mitte 1968

auch in der Familie Sofias gab es Grund zur Sorge und Trauer. Im März 1964, kurz nach der Geburt ihrer ersten Tochter Elena, war ihr Vater, König Paul I. von Griechenland gestorben. Sofias einziger Bruder Konstantin war zum König ausgerufen worden. Konstantin II. sollte jedoch keine lange Regierungszeit vergönnt sein: Im Dezember 1967 putschte das Militär in Athen, der König und seine Familie mussten Hals über Kopf das Land verlassen. Auch die Königswitwe Friederike, Sofias Mutter, floh – ihre Rolle beim Putsch galt als umstritten. Angeblich soll sie ihrem Sohn geraten haben, Partei für die Obristen zu ergreifen. In der Presse spekulierte man bereits darüber, ob in Europa die letzte Stunde der Monarchien geschlagen habe. Angesichts der niederschmetternden Ereignisse innerhalb ihrer Familie und der undurchsichtigen Hinhaltetaktik General Francos mussten sich auch Juan Carlos und Sofia fragen, ob sie jemals als Königspaar über Spanien herrschen würden.

Dennoch wurde Felipe so erzogen, wie es sich für einen Thronerben geziemte: Schon früh lernte der kleine Infant, bei offiziellen Anlässen zu repräsentieren. Am 23. Juli 1969 – Felipe war gerade einmal achtzehn Monate alt – nahm er an einem für seine Familie überaus bedeutenden Ereignis teil: Sein Vater Juan Carlos erhielt an diesem Tag den Titel »Prinz von Spanien«. In einer feierlichen Zeremonie unterzeichnete Juan Carlos die Ernennungsurkunde. Zuvor hatte Franco vor den »Cortes«, dem spanischen Pseudoparlament, in dem die meisten Mitglieder der Staatspartei angehörten, erklärt: »Im Bewusstsein meiner Verantwortung vor Gott und der Geschichte, und nachdem ich mit angemessener Objektivität die Qualitäten, die sich in der Person Juan Carlos' von Bourbon y Bourbon vereinen, beurteilen konnte, habe ich beschlossen, ihn der Nation als meinen Nachfolger vorzustellen.«

Auf diesen Satz hatte Juan Carlos mehr als zwanzig Jahre gewartet. Seit er an jenem grauen Novembertag im Jahr 1948 nach Spanien gekommen war, hatten sich die Hoffungen seiner Familie auf ihn gerichtet. Wenn schon sein Vater nicht in den Besitz der spanischen Krone gelangen sollte, dann

Er hatte schon lange vorher entschieden, dass zu seinen, Francos, Lebzeiten mein Vater nicht den spanischen Thron besteigen sollte, und behielt sich vor, mich so lange auf die Probe zu stellen, wie es ihm richtig erschien. Erst dann hat er mich anstelle meines Vaters nominiert.
Juan Carlos

wenigstens er, der Sohn. Doch stets hatte der »Caudillo« gezögert, hatte andere Kandidaten wie Schachfiguren ins Spiel gebracht und taktisch hin und her geschoben. Nun endlich schien er seine Entscheidung gefällt zu haben. Dabei betonte der spanische Diktator, dass es sich nicht um die Restauration, sondern um die Errichtung einer neuen Monarchie handelte, die der Prinz fortan repräsentierte. Erst mit deren Beginn sollte die Erbfolge in Kraft treten: »Ich halte es für notwendig, Sie daran zu erinnern, dass die von uns mit der Zustimmung der Nation eingeführte Monarchie sich nicht auf die Vergangenheit berufen darf«, verlangte er von den Cortes. »Sie ist am 18. Juli 1936 entstanden, einem historischen Datum von überragender Bedeutung, und duldet weder Kompromisse, noch ist sie an Konditionen gebunden. Die politische Form des Nationalstaates ... ist die traditionelle, katholische, soziale und repräsentative Monarchie.« Das spanische Parlament stimmte mit großer Mehrheit der Ernennung Juan Carlos' zum Nachfolger Francos zu. Juan Carlos erhielt innerhalb der protokollarischen Ordnung den zweiten Rang direkt nach dem Staatschef und wurde gleichzeitig zum General aller drei Waffengattungen befördert. Der Titel »Prinz von Asturien«, den der spanische Kronprinz normalerweise getragen hätte, konnte Juan Carlos' nicht verliehen werden, da dies die Anerkennung eines Königs vorausgesetzt hätte. Auch »Prinz aller Spanier«, wie sich Philipp II. vor seiner Thronbesteigung genannt hatte, war abgelehnt worden. »Prinz und Prinzessin von Spanien« setzte schließlich Sofia durch – sechs Jahre lang sollten sie und ihr Mann diesen Titel tragen.

Sosehr sich Juan Carlos über seine Ernennung zum Nachfolger Francos freute, sosehr tat ihm die Entscheidung des Diktators in Hinblick auf seinen Vater Leid. Don Juan hatte in all den Jahren nicht aufgeben, seine legitimen Rechte als Thronaspirant zu verteidigen, und stets gehofft, doch noch eines Tages vor seinem Sohn die spanische Krone zu empfangen. Darüber hinaus hatte es General Franco wieder einmal verstanden, durch sein Taktieren das Vater-Sohn-Verhältnis mehr als nötig zu belasten. Anfang Juni 1969 waren Juan Carlos, Sofia und die Kinder nach Estoril gefahren, um den Johannistag im Kreise der Familie zu verbringen. Vor seiner Abreise hatte Franco seinen Zögling zu einer kurzen Unterredung herbeizitieren lassen. »Wann gedenken Sie zurückzukehren, Hoheit?«, fragte ihn der »Caudillo«.

»Am 12. oder 13. Juli, Herr General«, antwortete Juan Carlos. »Auf jeden Fall werde ich für die Militärparade am 18. Juli wieder da sein.«

Der General nickte nur und meinte dann: »Besuchen Sie mich, sobald Sie wieder zurück sind. Ich habe Ihnen etwas Wichtiges mitzuteilen.« Tagelang grübelte Juan Carlos über die geheimnisvollen Worte des Generals: Was sollte das bedeuten? Ging es um seine Ernennung zum Nachfolger? Aber warum hatte ihm der General dann seine Entscheidung nicht schon vor seiner Abreise mitgeteilt? In Estoril informierte ihn Don Juan schließlich, er wisse aus sicherer Quelle, dass Franco die Absicht habe, ihn, seinen Sohn, demnächst zum »Nachfolger als König« zu bestellen. Doch Juan Carlos winkte ab – das seien nur Gerüchte. Wenn die Ernennung tatsächlich bevorstehe, hätte ihn Franco sicher bereits davon unterrichtet.

Wieder in Madrid, empfing ihn der General in seiner Residenz. »Ich habe Ihnen eine Entscheidung mitzuteilen«, meinte er freundlich. »Ich werde Sie am 23. Juli zu meinem Nachfolger als König ernennen.« Juan Carlos war völlig perplex. Er fragte den General, warum er ihm dies nicht bereits vor seiner Abreise nach Portugal gesagt habe. »Ich wollte nicht, dass Sie es schon vor der Begegnung mit Ihrer Familie wussten«, entgegnete der Diktator lakonisch. Als Juan Carlos fragte, ob er seinen Vater von der bevorstehenden Ernennung in Kenntnis setzten dürfe, wehrte Franco ab: »Mir wäre es lieber, er wüsste nichts davon.« Juan Carlos schilderte später diese wichtige Unterredung mit dem General seinem Biographen Vilallonga: »Nun ging es nicht mehr darum, wer von uns beiden, mein Vater oder ich, König von Spanien würde. Das Entscheidende war nunmehr, die Monarchie in Spanien wieder in ihre Rechte zu setzen.« Der »Generalissimus« war sich nur zu gut darüber im Klaren, dass Juan Carlos in einer Zwickmühle steckte: Einerseits hatte er lange auf diesen Tag gewartet, andererseits fühlte er sich seinem Vater, dem nach der Erbfolge regulären Thronanwärter, verpflichtet.

Als Franco auf eine Entscheidung des Kronprinzen drang, wusste Juan Carlos: »Wenn ich ihm nicht sofort, auf der Stelle, antwortete, könnte er mich aus seinem Kalkül wieder herausnehmen, denn er mochte es nicht, wenn man ihm Widerstand leistete. Auch standen ihm genug andere Prätendenten zur Verfügung, um das Spiel, sofern ich mich zurückgezogen hätte, weiterführen zu können. ... Wenn er auch lange gebraucht hatte, um den künftigen König zu nominieren, so hieß das nicht, dass er kein überzeugter Monarchist gewesen wäre. Spanien – das schien mir bedeutsam – hat während der ganzen Zeit des Franquismus nicht aufgehört, offiziell eine Monarchie zu sein. Natürlich wäre es mir lieber gewesen, wenn die Dinge anders verlaufen wären, besonders in Hinsicht auf meinen Vater. Aber damals hatte mich Franco in die Enge getrieben: Er erwartete eine Antwort.« Als Juan Carlos schließlich zustimmte, schüttelte ihm der »Caudillo« mit einem feinen Lächeln die Hand. Sein Spiel war aufgegangen.

»Natürlich wäre es mir lieber gewesen, wenn die Dinge anders verlaufen wären«: Juan Carlos wird am 23. Juli 1969 von Franco zu dessen Nachfolger ernannt

Als Don Juan von Francos Absicht, Juan Carlos zum Nachfolger und König zu ernennen, erfuhr, reagierte er gekränkt: Er glaubte seinem Sohn zunächst nicht, dass dieser vor seiner Abreise nach Estoril nichts davon gewusst habe. Wochenlang zeigte er seinem Sohn die kalte Schulter, der unter dieser Situation besonders litt. Schließlich schrieb ihm Juan Carlos einen bewegenden Brief: »Es fällt mir schwer, dir auszudrücken, wie sehr mich dieser Augenblick bedrückt. Ich liebe dich unendlich, und du hast mir stets die beste Lektion in Sachen Vaterlandsliebe und Pflichtgefühl für Spanien erteilt. Gerade diese Lektionen aber verpflichten mich als Spanier und als Mitglied der Dynastie dazu, das größte Opfer meines Lebens zu bringen und sowohl in Erfüllung meiner Gewissenspflicht als auch im Bewusstsein meiner Überzeugung meinem Vaterland einen Dienst zu leisten, indem ich die Nominierung für die Wiedereinsetzung der Monarchie in Spanien annehme, damit in Zukunft unserem Volk mithilfe Gottes viele Jahre des Friedens und des Wohlstands garantiert seien. In dieser für mich so bewegenden und einmaligen Stunde habe ich den Wunsch, dich meiner Ehrerbietung als Sohn und meiner grenzenlosen Liebe zu versichern.«

Schließlich gab ihm Don Juan seinen väterlichen Segen. Am 23. Juli 1969 wurde Juan Carlos, Prinz von Spanien, offiziell zum Empfänger der Krone Spaniens ernannt. Als der junge Prinz vor dem spanischen Parlament seinen Eid leistete, befand sich sein Vater, der Graf von Barcelona, in einer Hafenbar im portugiesischen Sines. Bei einem Glas Bier wurde er vor dem Fernseher der Taverne Zeuge, wie sein Sohn erklärte: »Ich möchte zunächst vor allem anderen erklären, dass ich von Seiner Exzellenz dem Staatschef die politische Legitimität empfange, die am 18. Juli 1936 unter so vielen Opfern, Trauer und Leiden begründet wurde, die aber notwendig waren, um unserem Vaterland den Weg seiner eigentlichen Bestimmung zu zeigen.« In diesem Moment begrub der Graf von Barcelona seine letzten Hoffnungen, noch einmal selbst den spanischen Thron zu besteigen – auch wenn er weitere acht Jahre Franco gegenüber seine legitimen Rechte auf die Krone verteidigte.

Den größten Schmerz jedoch empfand er darüber, dass sein Sohn dem autoritären Franco-Regime das Wort redete und damit gegen die demokratischen Prinzipien verstieß, die er als Chef der spanischen Königsfamilie stets befürwortet hatte. Ihm war klar, dass dies die einzige Chance war, die spanische Krone für das Haus Bourbon wiederzuerlangen – aber der Preis dafür erschien ihm an jenem Tag sehr hoch. Wie würde Juan Carlos jemals regieren können – gekettet an das fatale Erbe des »Generalissimus«?

Nach der Ausrufung Juan Carlos' zu Francos Nachfolger übernahmen er und seine Frau vermehrt Staats- und Protokollpflichten. Insgeheim hatte der Prinz von Spanien längst beschlossen, später niemals die rigide Politik Francos fortzusetzen. Doch wussten dies ausschließlich die engsten Vertrauten und Mitglieder seiner Familie. Juan Carlos, Sofia und die Kinder absolvierten immer häufiger auch Auslandsreisen, nahmen an den Feierlichkeiten anlässlich des siebzigsten Geburtstags der Queen Mum in London teil oder folgten einer Einladung des französischen Staatspräsidenten nach Paris. Dabei knüpfte Juan Carlos wichtige Kontakte und deutete an, dass er keineswegs die Marionette Francos war, für die man ihn gemeinhin hielt.

Ich halte es für notwendig, daran zu erinnern, dass das Königreich, das wir mit der Zustimmung der Nation errichtet haben, der Vergangenheit nichts schuldet; es entsteht aus jenem entscheidenden Akt des 18. Juli [1936], der eine grundlegende historische Tatsache darstellt, die weder Pakte noch Bedingungen zulässt.

Franco vor der Vereidigung von Juan Carlos, 23. Juli 1969

Ich schwöre Loyalität gegenüber seiner Exzellenz, dem Staatschef, und Treue gegenüber den grundlegenden Prinzipien der Nationalen Bewegung sowie gegenüber den anderen Grundgesetzen des Staates.

Amtseid von Juan Carlos, 23. Juli 1969

Sein Sohn Felipe übernahm bereits früh protokollarische Aufgaben: Im Alter von gerade einmal vier Jahren taufte er Anfang September 1972 zwei Flugzeuge, die künftig zur Bekämpfung von Waldbränden eingesetzt werden sollten. »Wir alle können stolz sein auf unseren blonden Prinzen mit dem Engelsblick«, kommentierte ein Radiosprecher das Geschehen vor Ort. »Hören Sie den Applaus der Menschen? Hören Sie? Unser Prinz strahlt vor Freude!« Der Reporter, der da so begeistert ins Mikrofon jubelte, war Jesús Ortiz. Niemand, am wenigsten er selbst, konnte in diesem Moment ahnen, dass er über seinen künftigen Schwiegersohn berichtete. Kurz nach seiner Live-Reportage raste der junge Mann von Madrid zurück nach Oviedo in Nordspanien, wo seine hochschwangere Frau Paloma bereits sehnsüchtig auf ihn wartete. Jeden Tag konnte das Baby kommen. Das junge Paar freute sich auf sein erstes Kind. Am 15. September 1972 erblickte Letizia das Licht der Welt – Felipes spätere Ehefrau und künftige Königin Spaniens.

Franco redete nur sehr selten mit mir über Politik und gab mir nie Ratschläge. … Wenn er auf eine Frage nicht antworten wollte, tat er so, als hätte er mich nicht gehört, und wechselte das Gesprächsthema.
Juan Carlos

Es war das erste Mal in seinem Leben, dass er so ernste gesundheitliche Probleme hatte. Und das deprimierte ihn sehr. »Das ist der Anfang vom Ende«, sagte er immer wieder.
Juan Carlos über Franco

Sowohl Juan Carlos als auch der Diktator spielten derweil mit verdeckten Karten. Während der »Caudillo« Juan Carlos zu repräsentativen Aufgaben und zu Reisen ins Ausland beorderte, hielt er ihn weitestgehend von Staatsgeschäften fern. Der Prinz von Spanien durfte weder an den Ministerratssitzungen teilnehmen, noch teilte man ihm mit, worum es in geheimen Beratungen ging. Juan Carlos ließ sich nicht anmerken, was er von dieser Behandlung hielt. Wenn er eines gelernt hatte, seit man ihn 1948 in Francos Umgebung verpflanzt hatte, dann war es abwarten und genau zuhören. Seine Zurückhaltung mochte zwar dazu führen, dass ihn politische Gegner als »tonto«, »dämlich«, einschätzten, doch kam dem Prinzen von Spanien dieses Fehlurteil gerade recht. In Ruhe besorgte er sich Informationen aus dem Ausland, knüpfte auch Verbindungen dorthin und bereitete sich auf die Stunde der Ablösung vor.

Im Juli 1974 erkrankte General Franco und wurde in eine Klinik eingewiesen. Für die Zeit seiner Abwesenheit erhielt Juan Carlos provisorisch alle Vollmachten, doch erwies sich die »Stellvertretung« für den Prinzen von Spanien als außerordentlich schwierig. Da alle damit rechneten, dass der »Caudillo« schon bald wieder die Zügel in die Hand nehmen würde, fand Juan Carlos nirgendwo Unterstützung, am wenigsten bei der Verwaltung. Am 2. September übernahm Franco wieder die Staatsgeschäfte, doch der inzwischen Sechsundachtzigjährige sollte sich nie mehr richtig erholen. Seit Jahren litt er an Parkinson und Bluthochdruck. Sein rücksichtsloses Regime behielt der greise Diktator jedoch bei: Im April 1975 verübte die baskische Terrororganisation ETA mehrere Anschläge, Franco ließ sofort den Belagerungszustand für die betreffenden Provinzen verkünden. Fünf politische

Warum ich damals so schweigsam war? Warum ich nie das Wort ergriff? Nun, es war eine Zeit, in der niemand, auch ich nicht, sich zu äußern wagte. Selbstzensur – die Vorsicht, wenn Ihnen das lieber ist – herrschte allerorten. Ich persönlich wusste nicht, wie sich die Dinge entwickeln würden. Ich wusste nicht, ob ich noch zu Lebzeiten des Generals seine Nachfolge antreten würde oder ob ich erst seinen Tod abwarten müsste, um König zu werden. Ich wusste auch nicht, wie das Land einen Machtwechsel aufnehmen würde, der ihm in Aussicht gestellt wurde.
Juan Carlos

Oben: »Repräsentative Aufgaben«: Der designierte König als Teilnehmer eines Treffens von Franco mit dem Staatschef Paraguays, General Alfredo Stroessner
Unten: »Ich wusste nicht, wie die Dinge sich entwickeln würden: Juan Carlos in seinem Arbeitszimmer im Zarzuela-Palast, September 1972

»Der Anfang vom Ende«: Juan Carlos und sein Sohn Felipe machen einen Höflichkeitsbesuch beim erkrankten Diktator Franco, August 1975

Straftäter wurden mit der Garotte hingerichtet – einer besonders brutalen Form der Tötung, bei der die Delinquenten durch eine Würgeschraube langsam erdrosselt werden.

Am 21. Oktober 1975 schien das Ende für den »Caudillo« gekommen. Er leide an »koronarer Insuffizienz«, hieß es in den amtlichen Pressemitteilungen. Noch einen Monat lang wurde der spanische Staatschef künstlich am Leben erhalten. Dem Prinzen von Spanien wurden am 30. Oktober alle Vollmachten eines Staatsoberhaupts übertragen – diesmal per Gesetz und nicht aus den Händen des »Generalissimus«. Dennoch waren die meisten Spanier nicht von Juan Carlos' Fähigkeiten überzeugt. Zu sehr hatte er in den vergangenen Jahren im Hintergrund gestanden, niemand hatte sich ein rechtes Bild von Francos Nachfolger machen können.

Während Franco in Agonie dahinsiechte, hoffte die marokkanische Regierung, den Dauerstreit um die spanische Sahara zu ihrem Vorteil beenden zu können. Krieg lag in der Luft. Zum ersten Mal konnte Juan Carlos beweisen, was er gelernt hatte: Der Prinz von Spanien flog in die Sahararegion, stärkte die Moral der spanischen Truppen und bewies bei Verhandlungen mit den Marokkanern diplomatisches Geschick. Der Konflikt konnte friedlich beigelegt werden, Spaniens Bevölkerung atmete erleichtert auf. Am 20. November 1975 starb General Franco. Nur zwei Tage später wurde Juan Carlos zum König ausgerufen. Nach vierundvierzig Jahren hatte Spanien wieder einen Bourbonen auf dem Thron – und kaum jemand wusste, wie es nun weitergehen sollte.

»Eine freie und moderne Nation braucht die Mithilfe aller Bürger. Gerechtigkeit ist eine Vorbedingung für die Freiheit. Und als Erster muss der König seinen Pflichten nachkommen. Ich erbitte die Hilfe Gottes, wenn jene schwierigen Entscheidungen, mit denen wir ganz sicher konfrontiert sein werden, getroffen werden müssen. Ich vertraue dabei ganz besonders auf die Tugenden der spanischen Familien. Wenn wir vereint bleiben, gehört uns die Zukunft. Viva España!« Juan Carlos' Rede vor dem Parlament bei der feierlichen Vereidigung war kurz, aber deutlich. Modernität und Mitspracherecht – das klang nicht so, als hätte er die Absicht, Francos Regierungsstil fortzusetzen. Doch die Hürden für den designierten König waren hoch: Fast vier Jahrzehnte lang hatten sich in allen Schlüsselpositionen der Diktatur Mitglieder von Francos Staatspartei, der »Falange«, einnisten können. Sowohl im Parlament als auch in Justiz, Polizei und der Führung der

Ich persönlich habe nie an Juan Carlos geglaubt, diesen König aus dritter Hand. … Francos Nachfolge antreten! Wem nützt das, wenn man in den Abgrund springt?

François Mitterrand, Oktober 1975

»König aus dritter Hand?«: Die Vereidigung von Juan Carlos am 22. November 1975 in Madrid

Streitkräfte dominierten sie unangefochten. Selbst der Thronrat, der dem König gegenüber so gut wie weisungsbefugt war, wurde von der Falange kontrolliert.

Wieder einmal musste sich Juan Carlos in Geduld üben und darauf setzen, dass es ihm mit der Zeit schon gelänge, Spanien in die politische Moderne zu führen. Zunächst jedoch nutzte er die diktatorischen Vollmachten, die ihm als Staatschef zustanden, um die veralteten politischen Strukturen aufzubrechen. Im Juli 1976 gelang ihm der erste wichtige Schritt im Demokratisierungsprozess: Premier Carlos Arias Navarro, den Franco noch zu seinen Lebzeiten eingesetzt hatte, legte einen Verfassungsentwurf vor, der nicht die

Als König bewies Don Juan Carlos eine Hellsichtigkeit, die niemand bei ihm vermutet hätte. Geradezu meisterlich führte er Spanien von der Diktatur zur Demokratie, ohne dass auch nur ein Tropfen Blut vergossen worden wäre.
Jose Luis de Vilallonga, Biograph von Juan Carlos

nötige Zwei-Drittel-Mehrheit im Parlament fand. Juan Carlos I. entließ daraufhin den Regierungschef und beauftragte Adolfo Suárez González mit dem Amt – ein Glücksgriff, wie sich bald herausstellen sollte: Der neue Premier präsentierte einen Entwurf mit demokratischen Prinzipien, der mit überwältigender Mehrheit von Senat, Parlament und Kongress angenommen wurde. Auch die Bevölkerung sprach sich bei einem Referendum im Dezember 1978 bei einer Wahlbeteiligung von 86 Prozent mit 88 Prozent für die neue Verfassung aus, nur 8 Prozent votierten dagegen, während sich 4 Prozent der Stimme enthielten. Damit war Spanien bereits drei Jahre nach Francos Tod ein demokratischer Rechtsstaat in Form einer parlamentarischen Monarchie.

Ihm, dem Franquisten, gelang es, das Vertrauen der Antifranquisten zu erwerben, damit er den Wandel auf den Weg bringen konnte. Sein Erfolg übertraf alle Hoffnungen.
Juan Carlos über Adolfo Suárez

In den folgenden Jahren arbeitete Juan Carlos I. hart daran, Spaniens neue Staatsform zu stabilisieren und das Land in die Moderne zu führen. Seine Leistungen machten ihn in ganz Europa berühmt als »Fighting King«, der wenig ererbt und fast alles erkämpft hatte. Doch waren Juan Carlos' Gegner und diejenigen, die von der Franco-Diktatur profitiert hatten, nicht bereit, kampflos das Feld zu räumen. Im Februar 1981 wurde der junge Rechtsstaat noch einmal auf die Probe gestellt. Am späten Nachmittag des 23. Februar befand sich der König soeben auf dem Weg zum Squash Court in seiner Residenz Zarzuela, als ihm ein Adjutant aufgeregt meldete, dass im Kongress Schüsse gefallen seien. Was war geschehen?

Im spanischen Parlament wurde gerade die Wahl eines Nachfolgers von Ministerpräsident Suárez González beraten, als zweihundert bewaffnete Angehörige der gefürchteten Guardia Civil in den Plenarsaal eindrangen. Ihr Anführer, Oberstleutnant Antonio Tejero, stürmte zum Rednerpult vor und erklärte die Abgeordneten mit vorgehaltener Waffe zu Gefangenen. Mit einem Handstreich war es den Putschisten gelungen, die gesamte Regierung in ihre Gewalt zu bringen, denn das Parlament war vollzählig versammelt. »Nieder – alle auf den Boden!«, brüllte Tejero, ein überzeugter Franco-Getreuer, und feuerte mit seiner Pistole mehrfach in die Decke. »Das Heer an die Macht!«, verlangten die Putschisten. Zeitgleich rief Generalleutnant Jaime del Bosch in Valencia den Ausnahmezustand aus und forderte die Regierung auf, die Macht an das Militär abzutreten. Im Plenarsaal von Madrid verkrochen sich die meisten Abgeordneten unter die Bänke, nur Premier Adolfo Suárez González und der Kriegsminister, General Gutiérrez Mellado, leisteten Widerstand: Kaltblütig forderte Mellado den Putschisten

> *Ich habe den Prinzen von Asturien [Felipe] gezwungen, die Nacht in meinem Büro zu verbringen und dem König bei der Arbeit zuzusehen. ... Mehrere Male – der arme Junge war ja erst dreizehn Jahre alt – schlief er in seinem Sessel ein. Aber ich weckte ihn jedes Mal: »Felipe, schlaf nicht! Sieh zu, was man als König tun muss!« In dieser Nacht hat der Prinz von Asturien in wenigen Stunden mehr gelernt, als er in seinem ganzen restlichen Leben lernen wird!*
> Juan Carlos

Tejero auf, die Waffe niederzulegen. Doch dieser dachte gar nicht daran, stattdessen griff er den alten General tätlich an. Suárez eilte Mellado zu Hilfe, es kam zu einem gefährlichen Handgemenge. Eine der fest installierten Fernsehkameras im Plenarsaal, die die Putschisten übersehen hatten, hielt das Drama fünfundvierzig Minuten lang fest. Die Bilder sollten um die ganze Welt gehen.

Seit Monaten hatte der spanische Geheimdienst Anzeichen von Unruhe im Offizierskorps registriert. Einige Verschwörungen waren bereits aufgedeckt worden. Mit Tejero und seiner Gefolgschaft jedoch hatte niemand gerechnet. Dennoch gelang es loyalen Sicherheitskräften, die Aufrührer in den Cortes und in Valencia zu isolieren. Die Stunde des Königs war gekommen: »Operation Diana« wurde ausgelöst, die für den Fall eines Putschs vorgesehen war. Zwar waren Radio und Fernsehen in den Händen der Putschisten, doch blieb Juan Carlos I. noch das Telefon. Die ganze Nacht über verbrachte Juan Carlos I. in seinem Arbeitszimmer in Zarzuela – die Drähte glühten. Als intimem Kenner der Kommandostrukturen aller drei Waffengattungen gelang es dem König, die Kommandeure in den Schlüsselpositionen zur Ordnung zu rufen. Dabei waren ihm alte persönliche Bindungen aus seiner Zeit in den Militärakademien sehr hilfreich. »Alle warteten, was ich sagen würde, was ich tun würde«, schilderte Juan Carlos sein damaliges Verhalten. »Aber andererseits gab es auch niemanden, der mir den Gehorsam verweigerte. Der eine oder andere vielleicht zähneknirschend, aber sie gehorchten alle.«

Tejero und Bosch gerieten in Bedrängnis, als sich ihnen die Mehrheit der Befehlshaber verweigerte. Um 1.15 Uhr nachts wurde eine Fernsehansprache des Königs ausgestrahlt – die Revolution brach in sich zusammen. In den knappen Worten eines Oberkommandierenden teilte Juan Carlos I. unmissverständlich mit: »Die Krone duldet keine Handlungen, die die demokrati-

Oben: »Nieder – alle auf den Boden!«: Putschistenführer Antonio Tejero am 23. Februar 1981 im spanischen Parlament

Unten: »Die Krone duldet keine Handlungen, die die demokratische Entwicklung stören«: Die Ansprache des Königs im spanischen Fernsehen machte dem Staatsstreich ein schnelles Ende

Die Militärs haben mir gehorcht, und zwar nicht nur, weil ich einer der Ihren, sondern auch und vor allem, weil ich der Oberbefehlshaber der Streitkräfte war. Welche Macht hätte ich sonst über die Männer gehabt?

Juan Carlos

Als wir glaubten, wir hätten etwas Besseres verdient als einen König, stellte sich heraus, dass wir einen König hatten, den wir nicht verdienten.

Francisco Umbral, spanischer Publizist, 1981

Es besteht nicht der geringste Zweifel, dass ohne einige Entscheidungen des Königs alles anders gekommen wäre.

Javier Tussell, spanischer Historiker

sche Fortentwicklung der Verfassung stören.« Das war das endgültige Aus, die Putschisten gaben auf und wurden verhaftet. Ganz Spanien atmete auf – und feierte seinen König. Auch aus dem Ausland trafen Glückwunschtelegramme ein. US-Präsident Ronald Reagan persönlich rief Juan Carlos I. an, um ihm mitzuteilen, wie froh er darüber sei, dass die Demokratie überlebt habe. Noch heute sind die Spanier ihrem König dankbar, dass er sich damals voll vor die spanische Verfassung stellte und den Putsch somit abwehrte. Was folgte, waren Jahre der Stabilisierung und Erneuerung.

Mehr als dreißig Jahre nach Francos Tod gilt Spanien, einst vom Bürgerkrieg zerrissen und von Gewaltherrschaft gezeichnet, heute als »Modell für den Übergang zur Demokratie«. Auch die vollständige Integration in die Europäische Union hat Spanien maßgeblich seinem König zu verdanken. Dennoch liest man heute von Juan Carlos I. eher in der Yellow Press statt in seriösen Wirtschaftszeitungen. Seit Spanien der demokratische Umbau gelungen ist, sind viele Menschen im In- und Ausland vor allem am Privatleben des spanischen Monarchen und seiner Familie interessiert. Dabei gibt es immer wieder Gerüchte über angebliche Ehekrisen im Hause Bourbon. Tatsächlich sind Königin Sofia und König Juan Carlos I. in ihrem Wesen grundverschieden. Während sie sich vor allem für Archäologie und klassische Musik interessiert, liebt er den Sport, segelt, surft, fliegt, fährt Motorrad und schnelle Autos. Sie gilt als reserviert, zurückhaltend und äußerst pflichtbewusst. Selbst an heißen Tagen trinkt sie vor öffentlichen Auftritten nur wenig, um niemandem eine verschwitzte Königin »zuzumuten«. Sie ist Vegetarierin, er dagegen liebt die deftige spanische Küche. Zu Hause, im Zarzuela-Palast, heißt es, hat Sofia die Hosen an. Doch außerhalb der heimischen vier Wände hat die spanische Königin nur wenig zu melden.

Juan Carlos' Schwäche für schöne Frauen ist bekannt. Er flirtet gerne – und nicht wenige Frauen mögen dem Charme des sportiven Monarchen mitunter erlegen sein. Auch Prinzessin Diana sagte man in den achtziger Jahren, ob fälschlich oder nicht, eine Affäre mit dem spanischen König nach. Häufig besuchte sie Juan Carlos und Sofia mit den Kindern auf Mallorca, wo sie zu-

Oben: »Wir gleichen uns in nichts«: Im Gegensatz zu seiner Ehegattin ist Juan Carlos begeisterter Sportler
Unten: »Schwäche für schöne Frauen«: Auch eine Affäre mit Prinzessin Diana wurde dem spanischen König nachgesagt

Die Spanier unterstützen nicht die Monarchie, sondern Juan Carlos; sie sind nicht Monarchisten, sondern Juancarlisten.
Jaime Penafiel, Kenner des Königshauses

Ein Mann, ein König, kann sich schnell beliebt machen. Aber eine Monarchie schlägt nicht über Nacht Wurzeln im Herzen eines Landes. Sie braucht Zeit.
Juan Carlos

sammen fröhliche Tage verbrachten. Ob sich Diana und Juan Carlos einfach nur gut verstanden oder die beiden mehr verband als Freundschaft, ist ungewiss. Als gesichert gilt hingegen, dass Juan Carlos jahrelang eine Liebesbeziehung zu Marta Gayá pflegte: Nach ihrer Scheidung von einem spanischen Industriellen war die schöne Marta einige Male mit dem Aga Khan auf Segeltörns gesehen worden und hatte als PR-Frau eines Diskoclubs Schallplatten an Juan Carlos mit der Bitte um eine Widmung geschickt. 1990 wurde ihm Marta Gayá auf einer Abendgesellschaft auf Mallorca vorgestellt, wo sich Juan Carlos ohne Sofia zum Segeln aufhielt. Marta Gayá stammt aus einer angesehenen Familie auf Mallorca, ist Innenarchitektin, gilt als klug und humorvoll. Anfangs soll sich das Liebespaar heimlich auf Mallorca oder im Ausland getroffen haben, bis sie sich schließlich ein Luxusappartement in Madrid einrichtete, in dem der spanische König angeblich ein und aus ging wie im Zarzuela-Palast. 2001 tauchten Gerüchte über eine andere Frau auf: Ana della Rocha, Mitarbeiterin im königlichen Sekretariat, blond, hübsch und dreißig Jahre jünger als Königin Sofia. Es heißt, Juan Carlos I. habe sie bei einer Motorradexkursion auf Mallorca kennen gelernt.

Dass Sofia über die Eskapaden ihres Mannes informiert ist, gilt als sicher. Es soll sogar Juan Carlos selbst gewesen sein, der sie davon in Kenntnis gesetzt hatte. Juan Carlos und Sofia leben seit Jahren mehr oder weniger getrennt, jeder hat seinen eigenen Wohn- und Schlafbereich innerhalb des Zarzuela-Palasts, meist treffen sich die beiden nur zum gemeinsamen Frühstück. Eine Scheidung kommt für das streng katholische Paar jedoch nicht infrage. Sofia scheint sich damit arrangiert zu haben – zumindest nach außen wahrt sie wie stets die Form.

Es ist wahr, wir gleichen uns in nichts. Ihm gefallen schnelle Motorräder, mir Musik und Kunst. Er geht ohne Probleme aus sich heraus, ich bin reserviert. Er geht intuitiv vor, ich eher logisch. Er urteilt schnell, ich langsam. Er ist aufbrausend, und ich fresse alles in mich hinein. Wir sind alles andere als Töpfchen und Deckelchen, wahrscheinlich ergänzen wir uns deshalb so gut.
Sofia

Auch Kronprinz Felipe machte in den letzten Jahren vor allem wegen seiner Affären von sich reden. Vor seiner Hochzeit mit Letizia Ortiz galt der gut aussehende sportliche Prinz, der wie sein Vater eine militärische Ausbildung durchlief und obendrein Wirtschaft und Jura studierte, als einer der begehrtesten Junggesellen innerhalb der europäischen Hocharistokratie. Ende der achtziger Jahre war Isabel Sartorius ständige Begleiterin des spanischen Infanten. Achtzehn Monate lang waren die beiden unzertrennlich, dann beendete Felipe seine Liaison – wie es heißt, auf Drängen seiner Mutter. Die gestrenge Königin hatte entdeckt, dass Isabels Eltern – beide aus spanischem Adelsgeschlecht – geschieden waren: in ihren Augen ein Verstoß gegen die höfische Etikette. Damals ahnte sie noch nicht, dass sie eines Tages mit einer Schwiegertochter konfrontiert werden würde, die selbst bereits geschieden war. Isabel Sartorius verschwand zunächst von der Bildfläche – erst 1996 horchte die Presse wieder auf: Felipes Ex-Freundin war bereits im fünften Monat schwanger, als sie in England den Spanier Javier Soto Fitz-James Stuart heiratete. Im Juni brachte sie in Madrid eine Tochter zur Welt. Paparazzi fotografierten die junge Mutter, wie sie mit traurigem Gesicht und ihrem Baby auf dem Arm allein das Krankenhaus verließ. Wenig später kursierten Scheidungsgerüchte. In spanischen Adelskreisen munkelte man, dass nicht Ehemann Javier, sondern ein anderer Vater des Kindes sei. Tatsächlich ließ Isabel im Zivilregister den Namen des Vaters offen. War Felipe etwa derjenige, welcher …?

Sofia ist mein Rückhalt und mein Fels in der Brandung. Sie hat mich durch alle Zeiten des Lebens begleitet und mich immer gut beraten. Meine Frau hat ein wunderbares Gespür für Menschen. Sie ist meine große Liebe. Ich verdanke der Königin unendlich viel.

Juan Carlos, 2002

Sie ist zweifellos eine elegante, sich angenehm ausdrückende Dame mit einem Anflug öffentlicher Schüchternheit oder verhaltener Zärtlichkeit, und man sieht, dass sie Mitgefühl empfindet.

Javier Marías, spanischer Schriftsteller

Mehrfach bemühte sich der spanische König, vor allem aber seine Gattin Sofia, die passende Frau für Felipe zu finden. Juan Carlos I. hätte Fleur von Württemberg, seinem Patenkind, den Vorzug gegeben, Sofia hingegen favorisierte Prinzessin Tatjana von und zu Liechtenstein, lud sie einige Male

Mein Vater sagte, ich solle immer daran denken, wer ich bin, und mir stets die Zukunft, die mich erwartet, vor Augen halten. Als ich noch ein kleiner Junge war, konnte ich das nicht verstehen. Erst später wurde mir klar, was mein Vater damit meinte.
Felipe

ein und stellte sie dem Kronprinzen vor. Aber Felipe ließ sich nicht beeinflussen. In New York lernte er das bildhübsche Fotomodell Gigi Howard kennen, doch beendete Felipe die Liebesbeziehung, als die spanische Presse davon Wind bekam. Im Sommer 1998 war Felipe zum fünfundzwanzigsten Geburtstag seines Freundes Kronprinz Håkon von Norwegen eingeladen. Auf der zwanglosen Party wurde Felipe einem norwegischen Mädchen vorgestellt, in das er sich Hals über Kopf verliebte: Eva Sannum, auch sie ein Fotomodell. Über ein Jahr lang gelang es den beiden, ihre Affäre vor der Öffentlichkeit geheim zu halten. Meist trafen sie sich in Norwegen, wo sie in billigen Touristenhotels die Wochenenden verbrachten. Als Felipe Eva eines Tages nach Spanien einlud, schlugen die Paparazzi zu: Die Fotos des spanischen Kronprinzen mit seiner blonden Begleiterin landeten auf den Titelseiten der Zeitschriften. Noch wusste in Spanien niemand, um wen es sich bei Felipes neuer Flamme handelte. Doch norwegische Journalisten ließen die Bombe platzen: »Felipe liebt Eva, unser Dessous-Model!«

Damit hatte Spanien den Skandal, den Königin Sofia um jeden Preis vermeiden wollte. Die Klatschpresse überschlug sich geradezu vor Empörung: »Was will diese Frau an der Seite unseres künftigen Königs?«, lautete die Frage in den Leitartikeln. »Sie arbeitet als Dessous-Model für eine Werbeagentur, sie ist protestantisch, sie ist Ausländerin. Ihre Eltern sind geschieden. Vater: Autolackierer. Mutter: Hausfrau. So jemanden akzeptiert das spanische Volk nicht als zukünftige Königin!« Vor allem aber akzeptierte Königin Sofia Felipes Wahl nicht. Mit dem Mittelfinger ihrer rechten Hand klopfte sie auf den Tisch: unmissverständliches Zeichen, dass sie keinen Widerstand duldete. Nach einem Vier-Augen-Gespräch zwischen Mutter und Sohn kapitulierte Felipe. Bei einer Pressekonferenz gab Felipe bekannt: »Die Beziehung ist gescheitert.« Im August 2001, beim Polterabend des norwegischen Kronprinzen Håkon mit seiner Verlobten Mette-Marit, kam es noch einmal zu einer Begegnung von Felipe und Eva. Das Protokoll ließ die beiden während des Banketts nebeneinander sitzen. Zufall? Oder ein geschickter Schachzug des norwegischen Brautpaars, um Eva und Felipe noch eine Chance zu geben? Tags darauf titelten die Gazetten: »Das nächste Brautpaar!«

Mit achtzehn schlittert man in solch ein Abenteuer, aber doch nicht mit über dreißig!

José Luis de Vilallonga, Biograph von Juan Carlos, 2001

Es wäre unfassbar, auf dem Thron eine junge Frau zu sehen, deren einzige Qualifikation ihre perfekten Modellmaße sind.

Carlos Seco Serrano, spanischer Historiker, 2001

Das Ganze grenzte an Paranoia. Die Heimlichtuerei war mitunter kaum zu ertragen. Die Menschen kommentieren, wie du aussiehst und was du anhast. Du traust keinem mehr.

Eva Sannum

»Perfekte Modellmaße als einzige Qualifikation«: Die Affäre Felipes mit dem norwegischen Dessous-Model Eva Sannum rief zahlreiche Kritiker auf den Plan

»Wenig romantischer Anlass«: Kronprinz Felipe besucht die von einer Ölpest betroffenen Gebiete an der galicischen Küste

Das Königshaus müsste eigentlich eine eigene Abteilung für Dementis einrichten. Oder einen Schönheitswettbewerb mit den ausgeschiedenen vermeintlichen Freundinnen des Prinzen organisieren.

Carmen Rigalt, spanische Schriftstellerin, Juli 2003

Sie ist eine sehr disziplinierte Frau, die ernsthaft ihre Entscheidungen trifft. Sie hat nie romantisch davon geträumt, einmal Königin zu werden. Doch sie hat sich aus vollem Herzen dafür entschieden.

Letizias Mutter Paloma, 2003

Sie ist keine Träumerin, sondern eine Perfektionistin. Sie weiß immer genau, was von ihr erwartet wird.

Letizias Vater Jesús Ortiz, 2003

Doch daraus wurde nichts. Im Herbst 2002 lernte Felipe die Fernsehjournalistin Letizia Ortiz kennen – ein arrangiertes Treffen. Dem Kronprinzen war die gut aussehende junge Frau, die bei dem spanischen Sender TVE moderierte, aufgefallen. Er hatte den befreundeten TV-Reporter Pedro Erquicia gebeten, ein Abendessen zu veranstalten, bei dem er mit Letizia unauffällig bekannt gemacht werden könnte. Das »Blind Date« funktionierte perfekt: Letizia, die von dem Arrangement nichts ahnte, verstand sich auf Anhieb mit dem Kronprinzen. Den ganzen Abend unterhielten sich die beiden angeregt, hatten kaum noch Augen für die anderen Gäste.

Zwei Monate später begegneten sich Felipe und Letizia wieder. Diesmal war der Anlass weniger romantisch: Ein Öltanker war vor der galicischen Küste gesunken und hatte eine Umweltkatastrophe verursacht. Während Felipe als offizieller Vertreter des Königshauses den ölverseuchten Küstenstrich besichtigte, machte Letizia mit ihrem Kamerateam vor Ort Reportagen. Als die beiden einander vorgestellt wurden, taten sie jedoch, als wären sie sich noch nie zuvor begegnet. Erst im Mai 2003 sollte die Romanze zwischen Felipe und Letizia richtig beginnen. Letizia war gerade aus dem Süden des Irak zurückgekehrt, wo sie sechs Wochen lang aus dem Kriegsgebiet berichtet hatte. In einer Bar in Madrid, die nur besonderen Gästen Einlass gewährt, verabredeten sich der Kronprinz und die schöne Journalistin zum ersten Mal allein. Händchen haltend saßen sie an ihrem Tisch und tauschten tiefe Blicke aus. Auch in den nächsten Wochen sahen sich die beiden so oft wie möglich. Als Letizia klar wurde, dass sie sich in

Wenn eines der Kinder jemanden heiraten möchte, der nicht zu ihm passt, versuchst du natürlich alles, um es zu verhindern. Doch wenn das nichts hilft, wenn sie nicht auf dich hören – was kann man da machen? Natürlich nur eins: den Schwiegersohn oder die Schwiegertochter in die Familie aufnehmen.
Königin Sofia

Felipe verliebt hatte, löste sie ihre Beziehung zu dem Journalisten David Tejera, mit dem sie drei Jahre zusammen gewesen war und sogar eine Wohnung geteilt hatte.

Felipe ahnte, dass seine Eltern die schöne TV-Moderatorin als Schwiegertochter nur schwer akzeptieren würden: Letizia galt als ehrgeizige und erfolgreiche Journalistin. Schon mit acht Jahren hatte sie für das Radio gearbeitet, ihre eigene Kindersendung moderiert und für Zeitungsartikel recherchiert. Nach ihrem Abitur studierte Letizia Informationswissenschaften und hängte ein Studium in audiovisuellem Journalismus an. Einige Zeit verbrachte sie in Mexiko, bevor sie ihre erste feste Anstellung bei einer Madrider Tageszeitung annahm. Es folgten Verträge mit der spanischen Presseagentur EFE, dem amerikanischen Privatsender CNN und dem spanischen Sender Television Española, kurz TVE. Als Sonderkorrespondentin reiste sie in die Krisengebiete der Welt, bekam immer bessere Sendezeiten und schließlich eine eigene Sendung, »Informe Semana«, die jeden Sonntagnachmittag ausgestrahlt wurde. Einziger Fleck auf ihrer sonst so makellos reinen Weste: Letizia war geschieden. 1998 hatte sie Alonso Guerrero geheiratet. Er war zehn Jahre älter als sie und hatte ihr in einer Krisensituation beigestanden. Doch die Ehe war bereits nach einem Jahr gescheitert.

Wie würden Felipes Eltern auf eine solche Schwiegertochter reagieren? »Kein Mann darf später einmal sagen, er habe mit der Königin von Spanien geschlafen«, hatte Juan Carlos einmal in Bezug auf Felipes Freundinnen gesagt. An einem heißen Sommertag im August 2003 stellte Felipe im großen Salon des Zarzuela-Palasts Letizia seinen Eltern vor. Mit einem tiefen Hofknicks begrüßte die schöne TV-Moderatorin zuerst den König, anschließend die Königin. Alle waren nervös. Die erste Unterredung bei Kaffee und Mineralwasser dauerte nur dreißig Minuten, dann brachte Felipe seine Freundin wieder zurück nach Madrid. Als er in den Zarzuela-Palast zurückkehrte, sah er an dem Gesichtsausdruck seiner Eltern, dass sie mit seiner

Letizia ist die Frau, mit der ich mein Leben teilen und eine Familie gründen will. Als Erbe der Krone bin ich mir sicher, dass Letizia alle Qualitäten und Fähigkeiten mitbringt, um die Verantwortung und die Aufgaben einer Prinzessin von Asturien und einer künftigen Königin von Spanien zu übernehmen.
Felipe anlässlich der Verlobung

Oben: »Ehrgeizig und erfolgreich«: Die TV-Journalistin Letizia Ortiz in einer Moschee im irakischen Basra, April 2003
Unten: »Keine Träumerin, sondern Perfektionistin«: Letizia moderiert die Hauptnachrichtensendung des Kanals TVE, November 2003

Oben: »Entweder Letizia, oder ich werde niemals König!«: Sofia und Juan Carlos waren mit der Wahl ihres Sohnes zunächst nicht einverstanden
Unten: »Resultat reiflicher Überlegung«: Die Hochzeit von Kronprinz Felipe und Letizia am 22. Mai 2004

Die Szene war kalt und der Kuss einfach erbärmlich: Das hatten ja Charles und Diana noch besser hingekriegt.

Jaime Penafiel, Journalist und Königshausexperte, über die Hochzeit

Diese Frau hat es geschafft, den Prinzen zu verändern, das sieht man bei jeder Gelegenheit. Als ob jemand das Licht eingeschaltet hätte!

Pilar Urbano, Biographin von Königin Sofia

Letizia auf dem Titel schlägt jeden Popstar.

Milagros Valdés, Chefredakteurin der spanischen *Gala*

Unser Heiratsbeschluss ist das Resultat reiflicher Überlegung. Vor allem aber gründet er auf unserer tiefen Liebe zueinander.

Letizia anlässlich der Verlobung

In einem Spanien der bürgerlichen Freiheiten wird die Monarchie republikanisch sein, oder sie wird gar nicht sein.

Enric Sopena, spanischer Kolumnist

Wahl keineswegs einverstanden waren. Doch diesmal war Felipe nicht gewillt, klein beizugeben. Er liebte Letizia und hatte nicht die Absicht, sich erneut von seinen Eltern in Liebesdingen Vorschriften machen zu lassen. Höchstpersönlich und äußerst diskret ließ er seine Beziehungen zu den Chefs des Senders TVE spielen und sorgte dafür, dass Letizia künftig die Abendnachrichten moderieren durfte – die Königsdisziplin für jeden TV-Journalisten. Der Sender ging dabei kein Risiko ein: Letizia hatte längst bewiesen, dass sie alle Qualifikationen mitbrachte.

Am 29. September 2003 moderierte Letizia zum ersten Mal – mit vollem Erfolg. Schon bald kannte nahezu jeder Spanier den Namen »Letizia Ortiz« und das dazugehörige sympathische Gesicht. Genau das hatte Felipe beabsichtigt. Er hoffte, dass seine Eltern mit Letizia einverstanden sein würden – oder besser: mussten –, wenn sie die Unterstützung der spanischen Bevölkerung erhielt. Doch so schnell ließen sich Juan Carlos I. und Königin Sofia nicht umstimmen. Schließlich ging es um die Zukunft des Kronprinzen – und damit der spanischen Dynastie. So blieb Felipe nichts anderes übrig, als seine letzte Karte auszuspielen: »Entweder Letizia, oder ich werde niemals König!« Doch das Königspaar nahm an, dass Felipe nur bluffte. Weiterhin rückten sie keinen Millimeter von ihrer ablehnenden Haltung ab. Als Felipe jedoch dem spanischen Nationalfeiertag, an dem normalerweise für die gesamte Königsfamilie öffentliche Auftritte Pflicht sind, fern blieb, ahnten sie, dass er mit seiner Drohung Ernst machen könnte.

Am 1. November 2003 unterbrach der Sender TVE sein Programm für eine Sensationsnachricht: »Ihre Majestäten, König und Königin« gaben »mit großer Genugtuung« die Verlobung ihres Sohnes Felipe mit Letizia Ortiz bekannt. Die Nachricht schlug ein wie eine Bombe. Kaum jemand hatte gewusst, dass der Kronprinz und die »Fernseh-Königin« ein Paar waren. Sofort wurde Letizias Biographie von den Medien unter die Lupe genommen. Dass sie bereits einmal verheiratet war, löste zunächst allgemein Bestürzung aus. Doch da die Ehe seinerzeit nur standesamtlich erfolgt war, signalisierte selbst die katholische Kirche grünes Licht für Felipe und Letizia.

Am 22. Mai 2004 fand in der jahrhundertealten Kathedrale Santa María Real de la Almundo in Madrid die Traumhochzeit statt. Trotz strömenden Regens und Bombendrohungen feierten Millionen Menschen in Madrid, in ganz Spanien und weltweit vor den Fernsehgeräten die Krönung einer Liebe, die so viele Hürden überwinden musste.

Nun wird die Zukunft zeigen, ob einmal Leonor, Felipes und Letizias Tochter, auf dem spanischen Thron Platz nehmen wird. Noch bevorzugt die »Carta Magna« der spanischen Monarchie Jungen. Doch das kann sich ändern. Zwar müsste dazu das Parlament aufgelöst, eine Neuwahl abgehalten und ein Referendum veranstaltet werden, doch wenn die Geschichte der spanischen Monarchie eines zeigt, dann dieses: Nichts ist unmöglich.

Das ungleiche Paar

Elizabeth und Philip

> **Die Stärke der monarchischen Tradition ist in diesem Land sehr gefestigt. Die Jungfrau Maria wurde zur Seite geräumt, die Engel sind in sicherer Entfernung, und die Heiligen sind überflüssig geworden, aber die Royal Family gibt es immer noch.**
>
> Norman Saint John-Stevas, Freund der Familie Windsor

Sie wirkt niemals müde. Mit ihren achtzig Jahren absolviert sie täglich ein Arbeitspensum, das manche Jüngere in die Knie zwingen würde. Er macht als Fünfundachtzigjähriger – groß, schlank und stets aufrecht – noch immer eine gute Figur. 2007 feiern sie ihren sechzigsten Hochzeitstag. Sieht man die beiden privat, ohne protokollarische Vorschriften, so wirken sie wie ein ganz normales englisches Ehepaar. Doch sind sie alles andere als das: Ohne Zweifel gehören Queen Elizabeth und der Herzog von Edinburgh zu den berühmtesten lebenden Paaren der Welt. Als offizielles Staatsoberhaupt repräsentiert Elizabeth II. seit mehr als fünf Jahrzehnten Großbritannien im In- und Ausland und steht dem bekanntesten, reichsten und wichtigsten Königshaus der Welt vor. Nach dem Papsttum gilt die britische Monarchie als die traditionsreichste Institution der Menschheit. Die Faszination, die Elizabeth und Philip auf die Bevölkerung ausüben, ist in den beinahe sechs Jahrzehnten ihrer Ehe kaum schwächer geworden. Stets säumen tausende Menschen die Straßen, wenn sich das königliche Paar in der Öffentlichkeit zeigt. Anders als Stars aus Film, Fernsehen oder dem Sport begeistern sie die Massen nicht, weil sie reich, begabt oder berühmt sind. Doch haftet ihnen etwas ganz Besonderes an: Sie sind lebendige Geschichte, verbunden mit einer jahrhundertealten Tradition, die keine andere Bestimmung kennt als die Aufrechterhaltung der Monarchie. Selbst in ihren privatesten Momenten sind sich Elizabeth und Philip dieser Aufgabe bewusst – ihr ganzes Tun wird davon bestimmt.

»Ich habe mein Bestes getan, mit Philips stetiger Liebe und Hilfe«, bekannte Elizabeth bei ihrer goldenen Hochzeit im Jahr 1997 öffentlich. Es war ein für die Queen ungewohnt intimes Geständnis – niemand konnte sich erinnern, das Wort »Liebe« jemals in einem privaten Zusammenhang aus ihrem Mund vernommen zu haben. Philips Toast auf seine Frau klang demgegenüber eher nüchtern: »Ich denke, wir haben die wichtigste Lektion gelernt – Toleranz gehört zu den wesentlichen Bestandteilen einer glücklichen Ehe.« Mit einem Augenzwinkern fügte er hinzu: »Und Sie können mir glauben, Toleranz mir gegenüber besitzt die Queen im Überfluss.« Selten hatte man in den Jahren zuvor das königliche Paar so gelöst und strahlend gesehen wie an diesem Jubeltag. Skandale, Scheidungen und Kümmernisse hatten die vergangenen Jahre schwer überschattet. Erst drei Monate zuvor war Prinzessin Diana nach einem tragischen Autounfall zu Grabe getragen worden. Nun feierte das Paar seinen fünfzigsten Hochzeitstag mit all der Pracht, zu der die britische Monarchie fähig war: Bereits am Vorabend wurde ein Abendessen für achthundert Personen gegeben, darunter gekrönte Häupter und hohe Staatsgäste. Am 20. November fand in der Westminster Abbey, in der Elizabeth und Philip einst getraut worden waren, ein eigener Gottesdienst statt. Am Abend wurden die Feierlichkeiten mit einem großen Ball auf Windsor Castle abgeschlossen – dem Lieblingsschloss der Queen, das in jenem »Schreckensjahr«, dem »annus horribilis«, 1992 an ihrem fünfundvierzigsten Hochzeitstag in Brand geraten war und nach langer Zeit des Wiederaufbaus nun endlich wieder in altem Glanz erstrahlte.

Damals, als sich vor nahezu sechzig Jahren die junge Prinzessin Elizabeth aus dem Hause Windsor und der heimatlose Prinz von Griechenland und Leutnant zur See Philip Mountbatten das Jawort gaben, war die Feier eher bescheiden ausgefallen. Es herrschte Nachkriegszeit; den siegreichen Briten ging es schlechter als vielen anderen Nationen. Bis in die fünfziger Jahre hinein blieben Lebensmittel rationalisiert. Jedem erwachsenen Briten standen damals drei Pfund Kartoffeln pro Woche und nicht einmal dreißig Gramm Speck zu. Auch bei den Windsors wurde streng Maß gehalten. Zum Hochzeitsmahl hatten König George VI. und seine schottische Frau gerade einmal hundertfünfzig Gäste geladen. Die Speisekarte bestand aus drei bescheidenen Gängen, und als Hauptgericht wurden Rebhühner serviert, die

Es scheint, dass dieses bedürftige Land seine Königsfamilie braucht. Die Windsors helfen, in diesen Zeiten von Terror, Rassismus und globaler Unsicherheit Dampf abzulassen. Alle hässlichen Seiten des britischen Charakters kann man prima auf die königliche Familie projizieren.
Mary Riddell, Hofberichterstatterin

Oben: »Wende zum Besseren«: Die Hochzeit von Elizabeth und Philip zweieinhalb Jahre nach Kriegsende war ein Hoffnungsschimmer für viele Briten
Unten: »Die wichtigste Lektion gelernt«: Das Königspaar feiert seine Goldene Hochzeit, November 1997

auf den königlichen Besitzungen ohne Lebensmittelkarten erjagt werden konnten. Dennoch schien sich für die britische Nation mit der königlichen Hochzeit von Elizabeth und Philip endlich die Welt zum Besseren zu verändern. Die Braut, »Ihre Königliche Hoheit die Prinzessin«, war jung, hübsch und sichtlich in ihren zukünftigen Gatten verliebt. Der Bräutigam galt als Kriegsheld und sah in seiner Marineuniform blendend aus. Das Land brauchte dringend »einen Lichtblick auf dem schweren Weg, der vor uns liegt«, sagte Premier Winston Churchill.

Die bevorstehende Hochzeit im britischen Königshaus symbolisierte nach dem schrecklichen Weltenbrand den lang ersehnten Neuanfang. Doch gab es damals auch kritische Stimmen: Der sportliche Navy-Leutnant galt als ausgesprochener Frauenliebling, in englischen Adelskreisen kursierten Gerüchte über Affären Philips mit Schauspielerinnen. Zwei Jahre nach Kriegsende war die deutsche Verwandtschaft des griechischen Prinzen überdies manchem ein Dorn im Auge. Doch Elizabeth hatte sich für Philip entschieden – ohne Wenn und Aber. Ihr Ehemann, sagen Freunde des Paares, sei der einzige private Luxus, den sie sich je gegönnt habe. Als Elizabeth 1952 nach dem Tod ihres Vaters Königin wurde, musste der selbstbewusste Marineoffizier seine Karriere bei der Royal Navy aufgeben, um die Queen fortan bei ihren Pflichten zu unterstützen. Seither geht er in der Öffentlichkeit stets einen Schritt hinter seiner Frau und steht meist in ihrem Schatten. In den ersten Jahren ihrer Ehe sei Philip mit seiner Rolle als »arbeitsloser Prinz« nicht zurechtgekommen, wissen Freunde zu berichten: »Was mache ich hier eigentlich?«, habe er sich wiederholt beklagt. Protokollarisch trat der Herzog von Edinburgh – wie sein offizieller Titel jetzt lautete – mehr als einmal ins Fettnäpfchen. So bezeichnete er die Chinesen öffentlich als »Schlitzaugen« und beteuerte General Alfredo Stroessner, dem Diktator von Paraguay, wie angenehm es sei, sich in einem Land zu befinden, das nicht vom Volk regiert werde. Auch sei er einigen Damen näher gekommen, als es sich für einen verheirateten Prinzen schickte. So soll das Londoner Apartment eines Freundes Treffpunkt für romantische – außereheliche – Treffen gewesen sein. Falls Elizabeth davon wusste, trug sie es mit Fassung, litt still und schwieg. Im Mittelpunkt ihres Monarchieverständnisses steht die »perfekte Familie« – Scheidung kam und käme für sie nie in Betracht. Dass die Ehen ihrer Schwester und von nahezu jedem ihrer Kinder später scheitern sollten, überschattete ihre Regierungszeit und brachte die britische Monarchie ernsthaft ins Wanken. Elizabeth und Philip hingegen haben sich in ihre Rollen gefügt. Ihre nunmehr fast sechzig Jahre dauernde Ehe steht symbolhaft für die Institution des britischen Königtums, das bei aller Kontinuität und Bewahrung traditioneller Werte ein erstaunliches Maß an Wandlungs- und Anpassungsfähigkeit bewies, dem es bis heute sein Überleben verdankt.

Elizabeth war gerade dreizehn Jahre alt, Philip achtzehn, als sie sich zum ersten Mal – bewusst – begegneten. Es war im Juli 1939, der Ausbruch des Zweiten Weltkriegs stand unmittelbar bevor. George VI. und seine Frau statteten dem Royal Naval College in Dartmouth, an dem der König einst Kadett gewesen war, einen kurzen Besuch ab. Dem Anlass gemäß waren Georg VI., seine Frau sowie die Kinder Margaret Rose und Elizabeth mit der königlichen Yacht *Victoria & Albert* gekommen. Mit von der Partie war Lord Louis Mountbatten, genannt »Dickie«, ein Enkel Königin Victorias und somit Cousin Georges VI. Im Jahr 1914 hatten die Mountbattens – die damals noch den Namen »Battenberg« trugen – eine bittere Kränkung hinnehmen müssen: Nach Ausbruch des Ersten Weltkriegs wurde das Familienoberhaupt Prinz Louis von Battenberg gezwungen, von seinem Amt als Erster Seelord zurückzutreten, da er Deutscher war – obwohl er der Royal Navy sechsundvierzig Jahre lang treu gedient hatte. Als sich im Jahr 1917 der König aus Patriotismus von seiner deutschen Verwandtschaft lossagte, den Familiennamen »Sachsen-Coburg« ablegte und sich fortan »Windsor« nannte, blieb den Battenbergs nichts anderes übrig, als ihren Familiennamen ebenfalls zu anglisieren, und zwar in »Mountbatten«. Diese »Familienschmach« soll später für Dickie Mountbatten Antrieb gewesen sein, sich leidenschaftlich mit den europäischen Adelshäusern zu beschäftigen und unverhohlen am königlichen Hofe um Einfluss zu buhlen.

Ihre Ehe hat gehalten, weil sie sich in einer krassen Ausnahmesituation befinden. Sie sind sich nah, weil sie sich brauchen. Wem könnten sie sonst vertrauen?

Sarah Bangour, Biographin der Queen

In schwierigen Phasen mussten sich die beiden immer wieder mühsam zusammenraufen. Heute jedoch, im Alter, kommen sie nicht nur viel besser miteinander aus – sie fühlen sich sogar ausgesprochen wohl in Gegenwart des Partners.

David Wynne-Morgan, Freund von Prinz Philip

Von dem Moment, als sie sich in Philip verguckt hatte, wusste sie genau: Der ist's! Und er selbst hat mir einmal gesagt, dass die Ehe mit Elizabeth für ihn keineswegs überraschend kam. Als zukünftige Queen musste sie standesgemäß heiraten, und in ihrer Altersgruppe gab es damals kaum geeignete Anwärter.

Gyles Brandreth, Freund von Philip

»Wie gut er ist!«: Philip (links) mit Prinzessin Margaret, Königin Elizabeth, König George VI. und Prinzessin Elizabeth in Dartmouth

Es war daher sicher kein Zufall, dass sich an jenem schönen Julitag im Jahre 1939 ein junger Offiziersanwärter des Marinecolleges in Dartmouth auf der königlichen Yacht einfand. Lord Mountbatten hielt am 22. Juli 1939 in seinem Tagebuch fest: »Philip begleitete uns und speiste an Bord.« Gemeint war Prinz Philip von Griechenland, einziger Sohn seiner Schwester Alice und ebenfalls Cousin des Königs. Philip gehörte zu den Sonderrekruten des Colleges und stand kurz vor dem Abschluss seiner Ausbildung zum Offiziersanwärter. Eine Einladung Philips zum Mittagessen auf der *Victoria & Albert* war zwar wegen seiner verwandtschaftlichen Beziehungen zum Königshaus nicht sonderlich überraschend, dennoch liegt der Verdacht nahe, dass Lord Mountbatten dabei seine Finger im Spiel hatte. Auch am darauffolgenden Tag wurde der gut aussehende junge Rekrut auf der königlichen Yacht empfangen und »begeisterte die Kinder«, wie sein Onkel nicht ganz ohne Stolz im Tagebuch festhielt. Vor allem die dreizehnjährige Elizabeth, von ihrer Familie liebevoll nur »Lilibet« genannt, war von dem Cousin zweiten Grades hingerissen. »Er sah gut aus, wenn auch etwas von oben herab«, erinnerte sich Elizabeths Kindermädchen Marion Crawford, »Crawfie«, später an den jungen Prinzen. »Er sagte Lilibet guten Tag und kniete sich neben sie auf den Boden, um eine Zeit lang mit ihr Eisenbahn zu spielen, was ihn aber bald langweilte.« Nachdem die kleine Gesellschaft Ingwerplätzchen und Limonade zu sich genommen hatte, schlug Philip einen anderen Zeitvertreib vor: »Wollen wir nicht lieber auf den Tennisplatz gehen und ein bisschen über die Netze springen, das ist doch lustiger.« Dort wollte der junge Prinz den Mädchen seine Sportlichkeit demonstrieren. »Auf dem Tennisplatz tat er sich ziemlich wichtig mit seiner Springerei«, bemerkte Crawfie in ihren Memoiren. Lilibet jedoch war beeindruckt: »Wie gut er ist!«, schwärmte die kleine Prinzessin. Als Philip mit einem eleganten Schwung über das Tennisnetz setzte, rief sie begeistert: »Wie hoch er springen kann!« Als die *Victoria & Albert* tags darauf wieder ablegte, erhielten die Kadetten des Royal Naval College die Erlaubnis, das schmucke Schiff mit ihren Booten bis zur Flussmündung zu begleiten. »Sie geleiteten uns eine gehörige Strecke weit«, erinnerte sich Crawfie. Schließlich wurde der König unruhig und befahl, der kleinen Flottille das Signal zur Umkehr zu geben. Die Kadetten machten also kehrt – bis auf einen: Prinz Philip von Griechenland ruderte aus Leibeskräften der königlichen Yacht hinterher, Lilibet beobachete ihn dabei lange durch den Feldstecher. Erst als der König ärgerlich wurde und man Philip durch das Megaphon den Befehl erteilte umzukehren, gab er auf. »Lange blickten wir ihm nach, bis er nur noch ein winziger Fleck in weiter Ferne war«, schilderte Crawfie die Begebenheit in ihren Erinnerungen. Ohne Zweifel – der griechische Prinz hatte an diesem Wochenende bleibenden Eindruck gemacht.

Tatsächlich war es nicht das erste Mal gewesen, dass sich Elizabeth und Philip begegnet waren. Schließlich besaßen sie beide dieselben Ururgroßeltern – Königin Victoria und deren Prinzgemahl Albert. Schon als Kind war Philip häufig zu Gast im Buckingham Palace gewesen. Seine Mutter, Prinzessin Alice von Battenberg, war auf Schloss Windsor geboren; sein Vater, Prinz Andreas, war Adjutant von Königin Victoria, König Edward VII. und König George V. gewesen. Philip war am 10. Juni 1921 in »Mon Repos« auf Korfu zur Welt gekommen – ein Nachzügler, die älteste seiner vier

»Lilibet hat sich gründlich in diesen griechischen Prinzen verschwärmt. Aber was macht das schon – schließlich ist sie erst vierzehn und er irgendwo im Mittelmeer unterwegs.«

Aus dem Tagebuch von Marion Crawford, Gouvernante von Elizabeth

In seiner Jugend war er ein griechischer Gott, ein wahrer Adonis. Eine reizvolle Begleitung, aufgeschlossen, gesellig, amüsant und intelligent, mit makellosen Manieren. Er sah gut aus in Uniform, er war einfach verdammt bezaubernd.

Gyles Brandreth, Freund von Prinz Philip

Schwestern war bereits sechzehn Jahre alt, seine Mutter sechsunddreißig. »Gott sei Dank ist es ein prächtiges, gesundes Baby«, teilte Prinzessin Alice ihrer Familie in einem Brief mit. »Ich bin ebenfalls wohlauf. Es war eine unkomplizierte Entbindung & ich genieße die frische Luft auf der Terrasse.« Mochte die Villa am Meer, »Mon Repos«, von außen auch einen imposanten Eindruck machen, so bot sie als Domizil für die Familie des Prinzen von Griechenland alles andere als Komfort: Es gab weder Gas noch Strom, kein fließendes Warmwasser, keine Innentoiletten, keine Heizung. Philips Familie war zwar königlich, doch völlig verarmt. Häufig wusste Philips Vater nicht, wie er die drei Monate im Voraus zu entrichtende Miete für die Villa zahlen sollte.

Die verwandtschaftlichen Verhältnisse, in die Philip hineingeboren wurde, sind kompliziert und eng verwoben mit einer ganzen Reihe europäischer Adelshäuser. Philips Großvater Wilhelm war kein Grieche, dennoch wurde er 1863 zum König von Griechenland gekrönt. Im ersten Viertel des neunzehnten Jahrhunderts hatten sich die Griechen von der türkischen Gewaltherrschaft befreit, das neue unabhängige Königreich suchte nach einem Monarchen. Prinz Otto von Bayern wurde der erste König Griechenlands, er regierte dreißig Jahre lang. 1862, nach einem Aufstand, dankte er ab. Erneut machten sich die Griechen auf die Suche nach einem König – diesmal fiel die Wahl auf Prinz Wilhelm von Dänemark, den zweitältesten Sohn des dänischen Königs Christian IX. und seiner Frau Louise. Bei Wilhelm, damals gerade achtzehn Jahre alt und Leutnant der dänischen Marine, hielt sich die Begeisterung in Grenzen. Er kannte weder das Land noch die Sprache und hatte kein Interesse, sich auf dem überaus wackligen griechischen Thron niederzulassen. Doch sein Vater bestand darauf, dass Wilhelm das Angebot annahm, schließlich wurde er als Georg I. zum König Griechenlands gekrönt. Vier Jahre später schloss er die Ehe mit einer Enkelin des russischen Zaren Nikolaus I., der Großherzogin Olga von Russland. Gemeinsam hatten sie acht Kinder, Philips Vater Andreas wurde 1882 als vierter Sohn geboren. Die Befürchtungen des Monarchen hinsichtlich des griechischen Throns bewahrheiteten sich: Aufstände, Intrigen, Zensur und Attentatsversuche wechselten einander ab. Immerhin regierte Georg I. von Griechenland fünfzig Jahre lang. 1913 erschoss ihn ein geistig verwirrter Grieche vor einem Kaffeehaus in Saloniki. Die genauen Umstände des Attentats konnten nie geklärt werden: Während der Vernehmung stürzte sich der Mörder aus dem Fenster.

Am 22. Januar 1901 starb Queen Victoria, die Krönung Edwards VII. sollte im Juni 1902 stattfinden. Auf der Gästeliste des zu erwartenden Großereignisses standen die Mitglieder der wichtigsten europäischen Königshäuser, darunter auch Prinz Andreas von Griechenland. Für den zwanzigjährigen Offizier bot die Krönungsfeier eine gute Gelegenheit, sich nach einer passenden Braut umzusehen. Seine Wahl fiel auf Alice von Battenberg, siebzehn Jahre alt, blond, schön und klug. Die jüngste Tochter des Prinzen Louis von Battenberg galt als »hübscheste Prinzessin von ganz Europa«. Dass sie so gut wie taub war, fiel dabei kaum ins Gewicht. Im Oktober 1903 gaben sich Alice und Andreas in Darmstadt das Jawort: eine Märchenhochzeit mit einer weltlichen und zwei kirchlichen Trauungszeremonien, prunkvollen Equipagen und Gästen königlichen Geblüts.

Das Leben in Griechenland verlief für das junge Paar zunächst in ruhigen Bahnen. In den ersten zehn Jahren ihrer Ehe kamen vier Töchter zur Welt: Margarita, Theodora, Cécile und Sophie. Meistens hielt sich die Familie in Tatoï auf, einem Landsitz unweit Athens. Prinzessin Alice ging reiten, las viel und kümmerte sich um die Kinder. Das Einkommen der Familie war bescheiden, als Kavallerieoffizier erhielt Prinz Andreas nur einen kargen Sold. »Er nahm seine Pflichten ernst, denn er liebte seinen Beruf und wollte seine Beförderung genauso verdienen wie jeder andere Offizier«, schrieb Alice später über ihren Ehemann. Nach der Ermordung Georgs I. bezog die Familie den Sommersitz »Mon Repos« auf Korfu, wo 1921 Prinz Philip geboren werden sollte. Den Ersten Weltkrieg verbrachte Prinzessin Alice mit ihren Töchtern jedoch die meiste Zeit über in Athen, während ihr Mann in Saloniki stationiert war. König Konstantin I., dem an der Neutralität Griechenlands gelegen war, entsandte seinen Bruder Andreas nach London und Paris, wo dieser für ihn mit den Entente-Mächten verhandeln sollte. Doch seine Mission scheiterte. Die Alliierten misstrauten dem griechischen Monarchen, auch im griechischen Volk verlor der König den Rückhalt. Schließlich dankte Konstantin I. 1917 ab und ging ins Exil in die Schweiz. Auch Prinz Andreas, seine Frau und ihre vier Töchter zogen sich vorübergehend nach Sankt Moritz zurück. Das Auf und Ab der griechischen Politik sollte weiterhin das Geschick der Familie bestimmen. Als König Alexander, der Nachfolger Konstantins I., infolge eines Affenbisses an Blutvergiftung starb und Konstantin I. 1920 nach einer äußerst knappen Volksabstimmung wieder eingesetzt wurde, kehrten auch Alice und Andreas zurück. Erneut legte Prinz Andreas die Uniform an, wurde zum Generalmajor ernannt und erhielt den Oberbefehl über die 12. Division der griechischen Armee in Kleinasien.

»Gott sei Dank ist es ein prächtiges, gesundes Baby. Ich bin ebenfalls wohlauf. Es war eine unkomplizierte Entbindung.«

Philips Mutter Alice nach der Geburt von Philip

Am 9. Juni 1921 brach er zum Anatolien-Feldzug auf – und verpasste damit die Geburt seines lang ersehnten Stammhalters um genau einen Tag. Erst Ende September 1921 erhielt Prinz Andreas Urlaub und konnte zum ersten Mal seinen Sohn Philip auf den Armen wiegen. Doch schon im Dezember wurde Andreas nach Anatolien zurückbeordert. Die Türken warfen die griechischen Truppen zurück, Kleinasien war verloren, der Feldzug kläglich gescheitert. Über eine Million griechische Flüchtlinge überfluteten Griechenland. Dort kam es zu einem erneuten Staatsstreich, Konstantin I. wurde abermals gestürzt und ins Exil verbannt. Ein Militärgericht befand Philips Vater der Befehlsverweigerung und Flucht vor dem Feind für schuldig und verurteilte ihn zum Tode. Verzweifelt wandte sich Prinzessin Alice an Freunde und Verwandte in ganz Europa und ersuchte sie um Hilfe. Ihr Bruder Dickie intervenierte schließlich erfolgreich beim britischen Premierminister: Prinz Andreas sollte zwar am Leben bleiben, Griechenland jedoch für immer verlassen. Ein britisches Kriegsschiff brachte die Familie in Sicherheit. Mit einem Mal waren Prinz Philip, seine Eltern und seine Schwestern heimatlos. Die Familie war noch nie besonders vermögend gewesen, doch jetzt war sie völlig auf fremde Hilfe angewiesen. Nach einer tagelangen Odyssee, die sie nach Brindisi, Rom, Paris und London führte, ließen sich die Expatriierten schließlich in der französischen Hauptstadt nieder, wo sie von Andreas' Bruder, Prinz Georg, aufgenommen wurden. Während der zwanziger Jahre bewohnte die Familie das Gartenhaus des stattlichen Anwesens in Saint-Cloud.

Das Umfeld, in dem der heutige Herzog von Edinburg aufwuchs, lässt sich nur als »international« bezeichnen. Neben seinem griechischen Vater, seiner deutschen Mutter und seinen vier Schwestern, die sich als Griechinnen fühlten, gab es im Haushalt eine französische Gouvernante, eine griechische Hausdame, eine französische Köchin und eine britische Kinderfrau. Als einziger Sohn abgöttisch geliebt von seiner Mutter und von den vier älteren Schwestern stets umsorgt und verwöhnt, verlebte Prinz Philip in Saint-Cloud eine unbeschwerte Kindheit. Obwohl Philips Eltern keinen Beruf ausübten, führten sie ein unruhiges Leben. Im Paris jener Tage befanden sich etliche Aristokraten russischer oder griechischer Abstammung, die wie Philips Familie im Exil lebten. Man traf sich in Clubs und Restaurants, diskutierte über Politik und reiste in Europa umher, um die verstreut lebenden Verwandten zu besuchen. Prinzessin Alice, die ihren Ehemann sehr verehrte, verstieg sich in hochfliegende Pläne, denen zufolge Andreas Präsident einer neu geschaffenen griechischen Republik werden sollte. Bald schon entwickelte sich daraus eine fixe Idee, an der Alice mit manischer Hartnäckigkeit festhielt. Als sie damit begann, Geister anzurufen, und sich als Heilige ausgab, die übernatürliche Kräfte besitze, blieb der Familie kein anderer Ausweg, als ärztlichen Rat zu suchen. Ein Psychoanalytiker diagnostizierte schließlich bei Alice »schizophrene Paranoia«. Nachdem Behandlungen in Wien und Berlin keinen Erfolg zeigten, entschied sich die Familie 1930 schweren Herzens, Prinzessin Alice in einer psychiatrischen Klinik in der Schweiz unterzubringen.

Er hing sehr an seinen Schwestern, und als Cécile 1937 bei diesem Flugzeugabsturz ums Leben kam, hat ihn das tief getroffen. Er war sehr still. Er sprach nicht viel darüber, aber er zeigte mir ein Stück Holz von dem Flugzeug. Es war nur ein Holzstückchen, aber es bedeutete ihm viel.

Georgina Kennard, Jugendfreundin von Prinz Philip

Für den knapp zehnjährigen Philip brach eine Welt zusammen. Viele Monate hörte er nichts mehr von seiner Mutter, erst nach fünf Jahren sah er sie wieder. Auch seine vier Schwestern, die stets für ihn gesorgt hatten, verlor Philip innerhalb von acht Monaten. Zwischen Dezember 1930 und August 1931 heirateten sie in deutsche Adelsfamilien ein und verließen das Elternhaus. Prinz Andreas siedelte von Saint-Cloud nach Monte Carlo um. »So war es nun mal«, sagte Philip gegenüber einem Biographen später. »Die Familie fiel auseinander. Meine Mutter war krank, meine Schwestern hatten geheiratet, mein Vater lebte in Südfrankreich. Ich musste mich damit abfinden. Was blieb mir anderes übrig?« Lady Georgina Kennard, eine Freundin aus Philips Kindertagen, erinnerte sich später daran, wie sehr er damals unter der Situation litt: »Als kleiner Junge war er sehr glücklich. Sehr fröhlich, sehr lebhaft. Je älter er wurde, desto nachdenklicher und in sich gekehrter war er. Er sah seine Eltern nie. ... Und das machte ihm schwer zu schaffen. Das hat er mir gesagt. Im Internat war er glücklich, aber er sagte zu mir, ich weiß es noch genau: ›Alle haben eine Familie, zu der sie zurückkehren können. Nur ich nicht.‹« Seine Eltern sah er nur noch einmal gemeinsam, doch der Anlass war alles andere als erfreulich: Cécile, Philips zweitjüngste Schwester, sowie ihr Mann und beide Söhne kamen bei einem Flugzeugabsturz im November 1937 ums Leben. Zur Beerdigung in Darmstadt waren Alice und Andreas ein letztes Mal vereint. Philips Mutter hatte inzwischen ihre Krankheit weitgehend unter Kontrolle. Doch hatte sich das Ehepaar längst auseinander gelebt, an eine gemeinsame Zukunft war nicht mehr zu denken. Andreas genoss das Leben in Südfrankreich. Seit Anfang der dreißiger Jahre

Von seinem zehnten Lebensjahr bis zu seiner Heirat mit Elizabeth 1947 hatte er kein Zuhause. Über Jahre hinweg hörte er nichts von seiner Mutter, bekam nicht mal einen Weihnachts- geschweige denn einen Geburtstagsgruß. Er wurde nur immer hin und her geschoben: Mal war er bei einer seiner Schwestern in Deutschland, mal bei irgendeiner englischen Verwandtschaft.
Gyles Brandreth, Freund von Prinz Philip

hatte der charmante Prinz eine Geliebte, die Comtesse Andrée de La Bigne, mit der er bis zu seinem Tod im Jahr 1944 zusammenblieb. Alice hingegen wandte sich der Religion zu, kehrte nach Griechenland zurück und trug bis zu ihrem Lebensende im Jahr 1969 die Tracht einer Nonne.

Für eine Weile übernahm der zweite Marquis Milford Haven, Alices älterer Bruder George, die Rolle als Philips Ersatzvater. Er zahlte sein Schulgeld und war bei Schulveranstaltungen anwesend. Auf dem viktorianischen Anwesen seines Onkels verbrachte Philip gelegentlich seine Ferien, doch von einem »normalen« Familienleben konnte kaum die Rede sein. Onkel George war mit einer Urenkelin des russischen Dichters Alexander Puschkin verheiratet, Nadejda de Torby, die den Ruf hatte, bisexuell zu sein. In den frühen dreißiger Jahren hatte sie eine Affäre mit der älteren Gloria Vanderbilt und verliebte sich in ihre Schwägerin, Dickies Ehefrau. Auch George schien ein eher unkonventionelles Sexualleben zu führen. Er sammelte pornographische Bücher, in seiner Bibliothek fanden sich Bände über Sadomasochismus, Folterwerkzeuge und jegliche andere erotische Spielart. Für einen heranwachsenden Jungen wie Philip war dies sicher eine ungewöhnliche Umgebung. Am 8. April 1938 starb Onkel George im Alter von nur fünfundvierzig Jahren an Knochenkrebs. Bis zu diesem Zeitpunkt hatte er zweifellos großen Einfluss auf Philips Entwicklung ausgeübt. Sein früher Tod hinterließ – einmal mehr – eine Lücke im Leben des jungen Prinzen. »Georgies Tod traf Philip hart«, erinnerte sich Lady Kennard, »vor allem, weil dieser schreckliche Flugzeugabsturz erst wenige Monate zurücklag, bei dem Philips Schwester Cécile und ihre Familie umgekommen waren. Eine schwierige Zeit.«

Philip war 1933 im Alter von zwölf Jahren nach Deutschland gegangen, wo er eine Zeit lang das Internat des Reformpädagogen Kurt Hahn in Salem am Bodensee besucht hatte. Doch aufgrund des wachsenden Einflusses der Nationalsozialisten hatte die Familie Philip nach England zurückgeholt.

Kurt Hahn, der wegen der Repressalien seitens der Nazis Deutschland verlassen musste, gründete in Schottland eine neue Erziehungsanstalt, Gordonstoun House, die Philip seit Herbst 1934 besuchte. Laut seinen eigenen Aussagen prägten ihn die Erfahrungen dieser Schule, in der dem »Verfall der körperlichen Tauglichkeit«, dem »Verfall der Selbstdisziplin« und dem »Mangel an Initiative und Sorgsamkeit« entgegengewirkt wurde, für sein ganzes Leben. Als er 1938 die Schule verließ, erhielt er von Kurt Hahn ein außerordentliches Abschlusszeugnis: »Prinz Philip besitzt das Vertrauen, die Zuneigung und den Respekt aller und hat das ausgeprägteste Pflichtbewusstsein aller Knaben an dieser Schule.«

Seine schwierige Kindheit ließ ihn früh unabhängig werden. Natürlich gab es da immer irgendwelche Verwandtschaft im Hintergrund – aber für ihn muss es schon hart gewesen sein, nicht recht zu wissen, mit welcher Tante oder mit welchem Onkel er wohl seine nächsten Schulferien verbringen müsste.

Patricia Knatchbull, Cousine von Prinz Philip

Später sollte Prinz Philip auch seine eigenen Söhne nach Gordonstoun schicken. Nach dem Tod von Onkel George hatte Dickie, Philips jüngerer Onkel, die Aufgabe übernommen, sich um den Neffen zu kümmern. Will man Mountbattens offiziellem Biographen glauben, so ist es ihm zu verdanken, dass Philip sich für eine Laufbahn in der Marine entschied. Sicher folgte der junge Prinz dabei aber auch einer Familientradition, schließlich hatten seine beiden Großväter und zwei seiner Onkel in der Marine gedient. So kam es, dass Philip an jenem Juliwochenende im Jahr 1939 als schneidiger Kadett des Royal Naval College in Dartmouth der dreizehnjährigen Prinzessin Elizabeth den Kopf verdrehte. Ob Lord Mountbatten zu diesem frühen Zeitpunkt bereits daran dachte, seine Familie durch eine Heirat Philips mit der Kronprinzessin eng an das britische Königshaus zu binden, ist ungewiss. Doch sicher begrüßte er eine solche Verbindung. »Er hat sehr schnell gesehen, dass sich Elizabeth schon sehr früh in Philip verliebt hatte«, räumt seine Tochter, Patricia Knatchbull, 2. Gräfin Mountbatten of Burma, heute ein. »Wahrscheinlich hat er dann gedacht, das könnte eine sehr glückliche Antwort auf eine sehr schwierige Frage sein, die sich in Zukunft stellen würde – nämlich: Wen soll sie eines Tages heiraten? In diesem Sinne hat er bestimmt geglaubt, dass es eine sehr gute Lösung sei, wenn sich beide so sehr mögen.«

Doch zunächst verhinderte ein einschneidendes Ereignis, dass sich Philip und Elizabeth näher kamen: Am 1. September 1939 überfielen deutsche Truppen Polen, der Zweite Weltkrieg brach über Europa herein. Noch im

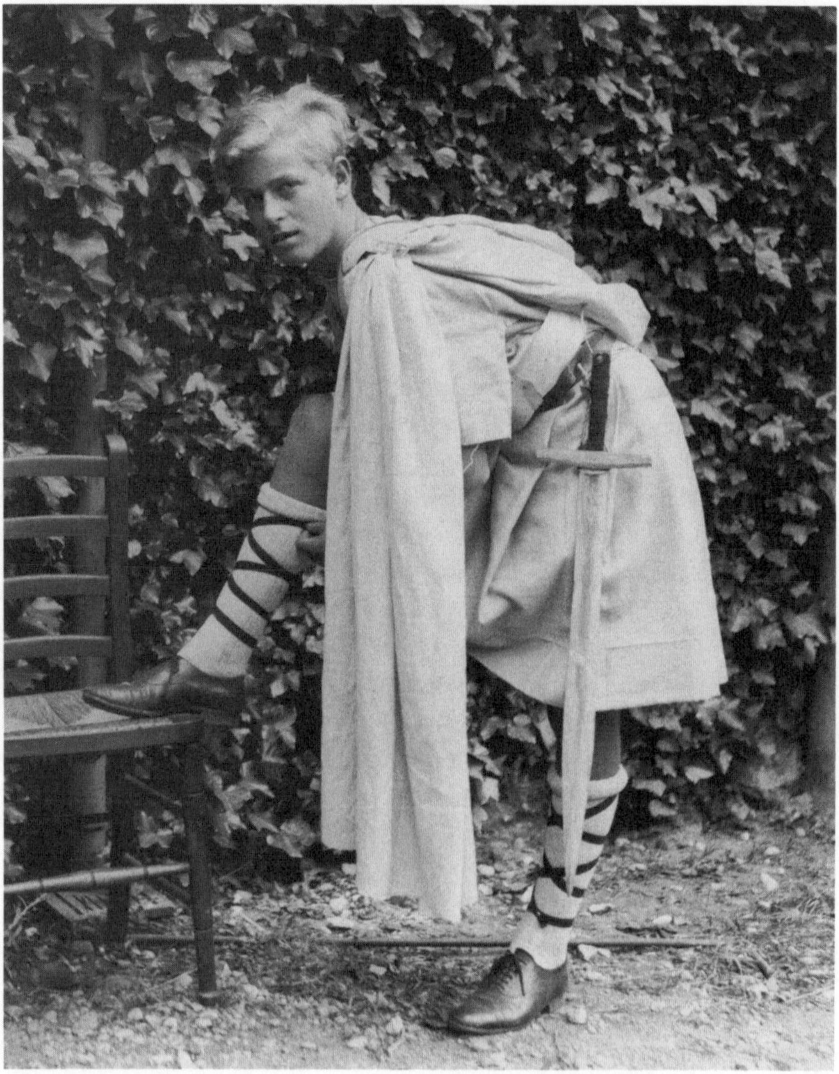

»Früh unabhängig«: Philip als Schauspieler vor einer Theateraufführung im Internat in Gordonstoun

August 1939 war die königliche Familie zu ihrem alljährlichen Sommeraufenthalt in Balmoral aufgebrochen, beruhigt durch die Zusicherung des britischen Premiers Neville Chamberlain, dass Hitler keinen Krieg riskieren werde. Doch am 23. August beendete die Nachricht vom deutsch-russischen Nichtangriffspakt die Ferienidylle im schottischen Hochland. Der König reiste unverzüglich nach London, wo bereits einen Tag später das Parlament tagte. »Wer ist dieser Hitler, der alles verdirbt?«, soll die damals achtjährige Prinzessin Margaret wütend gefragt haben. Auch George VI. schien die Tragweite der Ereignisse zu jenem Zeitpunkt noch nicht zu erfassen. Einem britischen Botschafter erzählte er, dass er in Balmoral »noch nie so viele Moorhühner erlegt« habe wie in diesem Jahr, deshalb sei es »höchst unverzeihlich, dass dieser Schurke Hitler« ihm einen Strich durch die Rechnung gemacht habe. Noch immer war der König davon überzeugt, dass es sich um einen Bluff des deutschen Diktators handelte. Doch wenige Tage später, als deutsche Truppen die polnischen Grenzen überschritten, war klar, dass sich Seine Majestät geirrt hatte.

Der Kriegszustand machte die ständige Anwesenheit des Königs und der Königin im Londoner Buckingham Palace erforderlich, Elizabeth und ihre jüngere Schwester Margaret wurden vorerst in Balmoral der Obhut von Gouvernanten und Kindermädchen anvertraut. Während sich die kleine Margaret ängstlich um Mutter und Vater sorgte, verhielt sich Elizabeth »sehr gelassen« und »trat sogleich für die Wahrung von Ruhe und Ordnung ein«, erinnerte sich ihre Gouvernante Crawfie. Doch selbst »zwischen Moor und Heide« blieb den Prinzessinnen der Schrecken des Krieges nicht verborgen. Als im Radio die Nachricht vom Untergang der *Royal Oak* bei Scapa Flow gemeldet wurde, fuhr Lilibet von ihrem Stuhl auf und rief entsetzt: »Crawfie, das kann doch nicht sein! Mit all den netten Matrosen drauf!« Sicher ängstigte sich die kleine Prinzessin davor, dass dieses Schicksal eines Tages auch ihren großen Schwarm Philip ereilen könnte. Der hatte beschlossen, sich in den Dienst der Royal Navy zu stellen – auch wenn er griechischer Prinz war.

Im Januar 1940 trat er seinen ersten Posten als Fähnrich auf der *Ramilies* an, einem alten Schlachtschiff aus den Ersten Weltkrieg, das in Colombo lag und australischen Frachtern Geleitschutz ins Mittelmeer geben sollte. Für einen jungen, ungestümen Mann wie Philip sicher keine allzu aufregende Stellung, doch befand sich Griechenland noch nicht im Krieg, und so hielt man es für besser, den jungen Prinzen vorerst aus etwaigen Gefechten herauszuhalten. Seine erste Kriegserfahrung machte Philip im März 1941 vor Kap Matapan an der Südspitze des Peleponnes. Prinz Philip tat inzwischen Dienst auf der *Valiant*, einem Schlachtschiff der Mittelmeerflotte. Sein Geschwader sollte drei italienische Kreuzer versenken. »Ich hatte Befehl, sobald eines unserer Schiffe ein Ziel ausmachen

Philips Mutter war eine Battenberg und keine Mountbatten, aber für seinen Dienst in der Royal Navy schien dieser Name sinnvoller. Deshalb nahm er den Namen seines Onkels an.

Hugo Vickers, Biograph des Königshauses

»Lobende Erwähnung in den Kriegsberichten«: Philips *HMS Valiant* feuert während eines Seegefechts vor Kreta auf gegnerische Schiffe, Mai 1941

würde, die Suchscheinwerfer einzuschalten und es für die übrige Flotte auszuleuchten«, heißt es in Philips Logbuch. Trotz Dauerbeschusses und umherfliegender Glasscherben bewies Philip eine feste Hand an den Suchscheinwerfern, was ihm eine »lobende Erwähnung in Kriegsberichten« einbrachte. Ende Mai geriet er vor der Küste Kretas erneut in schwere Gefechte: »Wir wurden aus großer Höhe mit einer Serie kleiner Bomben angegriffen, abgeworfen in Staffeln von zwölf oder mehr. Eine Dornier kam geradewegs von Backbord auf uns zu und warf zwölf Bomben ab, als sie fast direkt über uns war. Wir drehten nach Backbord und stellten das Feuer ein, als plötzlich die Bomben herabpfiffen und ganz nah an Backbord einschlugen«, notierte er. Elizabeth wusste meist, wo sich Prinz Philip befand und an welchen Gefechten er teilnahm – dafür sorgte schon Lord Mountbatten. Außerdem verfolgte die Prinzessin den Kriegsverlauf sehr genau anhand einer großen Weltkarte. Die königliche Familie war trotz des Kriegsausbruchs im Land geblieben. »Die Prinzessinnen könnten das Land nicht ohne mich verlassen, ich könnte nie ohne den König gehen, und der König wird natürlich niemals gehen«, begründete Mutter Elizabeth ihre Entscheidung schlicht. Während George VI. und seine Frau Elizabeth die Woche über in London blieben, waren ihre Töchter die meiste Zeit über in Schloss Windsor untergebracht. »Wir gingen für ein Wochenende, und dann blieben wir fünf Jahre«, schilderte später Prinzessin Margaret diese Zeit.

Das Leben auf Windsor Castle gestaltete sich in jenen Tagen alles andere als komfortabel. Statt der kostbaren Kronleuchter erhellten nur nackte Glühbirnen spärlich die Räume; Kunstgegenstände, Wandteppiche, Porzellan und Silber waren in Sicherheit gebracht worden. Bis Kriegsende fielen mehr als 300 Bomben auf das Lieblingsschloss der Queen, dazu kamen Brandbomben und Tieffliegerbeschuss. Jede Angriffswelle der Deutschen gegen London ließ den Kreidehügel, auf dem das uralte, massige Gemäuer errichtet worden war, erzittern. In der Nacht vom 7. auf den 8. September 1940 wurde die Stadt von mehr als 200 Bombern angegriffen, über 400 Tote und mehr als 1300 Schwerverletzte waren zu beklagen. Auch der Buckingham Palace war von einer Bombe getroffen worden. Obwohl niemand zu Schaden kam, geriet das Königspaar über Nacht zum Symbol des britischen Durchhaltewillens. »Ich bin froh, dass sie auch uns bombardiert haben«, ließ die Queen verlauten. »Es gibt mir das Gefühl, dass ich dem East End ins Gesicht sehen kann.« Dort, in den Londoner Arbeitervierteln, hatten die deutschen Bomben das größte Unheil angerichtet. Das Königspaar machte es sich zur Gewohnheit, nach jedem Angriff die am schlimmsten betroffenen Stadtteile zu besuchen und den Ausgebombten Trost zu spenden – eine Geste, die ihnen bei der Bevölkerung größte Beliebtheit eintrug.

Die Moral an der Heimatfront zu stärken wurde zur wichtigsten Aufgabe der königlichen Familie während des Krieges. Auch Prinzessin Elizabeth leistete dazu ihren Beitrag. Der britische Sender BBC hatte angefragt, ob sie bereit sei, im Radio zu den »Kindern des Empire« zu sprechen. So hörten am 13. Oktober 1940 Menschen in aller Welt die Stimme der vierzehnjährigen Kronprinzessin: »Tausende von euch mussten ihre Elternhäuser ver-

Elizabeths Eltern waren ganz besondere Menschen. Ein Vorbild für die Tochter, wie sie durch das rauchende, brennende London gingen, Hände schüttelten und so zeigten, dass noch alles in Ordnung war. Diese rastlose Pflichterfüllung und auch ihre Freude bei dem, was sie taten – das ist es, was sie von ihren so außergewöhnlichen Eltern vererbt bekommen hat.
Ben Kingsley, britischer Schauspieler

lassen und sich von Vater und Mutter trennen. Meine Schwester Margaret Rose und ich fühlen stark mit euch, weil wir aus eigener Erfahrung wissen, was es bedeutet, von denen getrennt zu sein, die wir am meisten lieben«, erklärte Elizabeth ernst. Am Ende ihrer bewegenden Rede machte die Prinzessin Mut: »Ein jeder von uns ist davon überzeugt, dass zum Schluss alles wieder gut werden wird. Gott wird für uns sorgen und uns Sieg und Frieden bescheren.« Die Zuhörer in Großbritannien wie in den Dominions und Amerika waren von der »außergewöhnlich eindrucksvollen« Stimme der kleinen Prinzessin begeistert. Tagelang wurden die Radiostationen von Anrufen überschwemmt, die um eine Wiederholung der Sendung baten. Eine Schallplatte mit der Rundfunkansprache Elizabeths geriet zum Verkaufsschlager.

Die königliche Familie erlangte in jenen Kriegsjahren eine enorme Bedeutung für Großbritannien. In einer Welt, die aus den Fugen zu geraten drohte, fanden viele Briten in ihrem Könighaus Halt und Trost. Auch Lilibet und ihrer Schwester Margaret kam eine nicht zu unterschätzende Rolle in der britischen Kriegspropaganda zu: Mal wurden die Prinzessinnen als »Opfer« dargestellt – getrennt von ihren Eltern, die Last des Krieges wie die britische Nation klaglos tragend –, mal suggerierten Familienfotos in idyllischer Umgebung plakative Gelassenheit und Unbesiegbarkeit. Wie viele junge Mädchen in jenen Kriegstagen drängte es auch Prinzessin Elizabeth danach, etwas für ihr Land zu tun. Im April 1942 hatte sie sich beim örtlichen Arbeitsamt zum Jugend-Kriegseinsatz gemeldet; ihr größter Wunsch war es, Krankenschwester zu werden. Doch vorerst wollte ihr Vater davon nichts wissen. Sie sei zu jung, befand George VI., außerdem sei es für sie als Thronerbin unmöglich, sich irgendwelchen Gefahren auszusetzen. Frustriert, aber folgsam gab Elizabeth nach.

Erst im Frühjahr 1945, kurz vor ihrem neunzehnten Geburtstag, durfte sie als »Second Subaltern Elizabeth Alexandra Mary Windsor« mit der Nummer 230973 dem für Frauen in der britischen Armee eingerichteten »Auxiliary Territorial Service (ATS)« beitreten. In einem dreiwöchigen Mechanikerkurs lernte die Prinzessin, Reifen zu wechseln, Fahrzeuge zu lenken und mit Werkzeug zu hantieren. Trotz der hässlichen khakifarbenen Uniform und der schweren braunen Schuhe sah Elizabeth »sehr apart« aus, wie eine Kursteilnehmerin in ihrem Tagebuch festhielt: »Schöne kurze, gelockte braune Haare. Reizende graublaue Augen und ein sehr charmantes Lächeln, *und* sie benutzt Lippenstift!« Hatte Elizabeth darauf gebrannt, die »normale Welt« kennen zu lernen und genauso behandelt zu werden wie die anderen

Oben: »Dem East End ins Auge sehen«: Das Königspaar besucht Opfer der Luftangriffe auf London, September 1940
Unten: »Zum Schluss wird alles gut werden«: Margaret und Elizabeth während einer Radioansprache, Oktober 1940

Offiziere, so zeigte sich jedoch recht bald, dass die Wirklichkeit anders aussah. Im Unterricht wurde sie mit »Ihre Königliche Hoheit« angesprochen und saß stets in der ersten Reihe, flankiert von zwei Sergeanten. Nach jeden Vortrag wurde Elizabeth »hinausgeleitet«, das Mittagessen nahm sie nicht mit den anderen Kursteilnehmern ein, sondern im Offizierskasino. Statt wie die Mädchen in den Baracken zu übernachten, kehrte die Prinzessin abends nach Windsor zurück. Dennoch – als der Kurs im April endete, trauerte Elizabeth einer Zeitspanne in relativer Freiheit hinterher. »Ich habe noch nie in meinem Leben so hart gearbeitet«, vertraute sie einer Freundin an. »Alles, was ich lernte, war völlig neu für mich, all die merkwürdigen Innereien eines Autos und die Feinheiten, die man beim Kartenlesen beachten muss. Aber es hat mir Spaß gemacht, und es war eine großartige Erfahrung.« Die Ausbildung beim ATS gab der jungen Frau Selbstvertrauen, bis heute ist die Queen stolz darauf, eine gute Fahrerin zu sein. Doch der Ausflug in die »normale Welt« jenseits der dicken Mauern von Schloss Windsor sollte nur von kurzer Dauer sein. Am 8. Mai 1945 kapitulierte Deutschland, der Zweite Weltkrieg, der so viele Millionen Opfer gefordert hatte, war endlich vorüber.

Bei Kriegsausbruch hatte Elizabeth ganze dreizehn Lenze gezählt, jetzt war sie zu einer neunzehnjährigen jungen Frau herangewachsen. »Die armen Kinder, sie haben noch nie richtig Spaß gehabt«, schrieb George VI. in sein Tagebuch. Mit dem Ende des Zweiten Weltkriegs konnte auch das gesellschaftliche Leben wieder aufgenommen werden, das während der Kriegsjahre praktisch völlig zum Erliegen gekommen war. Doch sorgten sich der König und seine Gattin weniger um Elizabeths Tanzvergnügen. Vielmehr ging es darum, auf Bällen und Partys einen geeigneten Mann für die Thronfolgerin zu finden. Im August 1945 fand im Buckingham Palace die erste große Dinnerparty nach Kriegsende statt. Elizabeth zeigte indes wenig Interesse an derlei Festivitäten. Der zurückhaltenden jungen Frau fiel es schwer, belangloses Geplauder auszutauschen oder gar zu flirten.

Zudem hatte sich die Prinzessin längst für einen Kandidaten entschieden:

> *Sie und ihre Schwester waren wie aus einem Märchen. Dass wir Seite an Seite mit ihr arbeiteten, Nachtfahrten unternahmen, Erste Hilfe, Militärrecht und Theorie und Praxis der Mechanik lernten, war faszinierend. Sie erschien uns damals sehr, sehr jung – aber sie war völlig ungezwungen, ungekünstelt und freundlich.*
> Pat Blake, damals Sergeant beim ATS

Oben: »Völlig ungezwungen, ungekünstelt und freundlich«: Elizabeth als Mitglied des Auxiliary Territorial Service, Frühjahr 1945

Unten: »Nie richtig Spaß gehabt«: Am Tag des Kriegsendes in Europa mischte sich die Prinzessin in London unters Volk, 9. Mai 1945

»Lilibet war ganz aufgeregt und sagte: ›Crawfie, stell dir vor, wer zu unserer Aufführung kommt – Philip!‹ Noch nie hatte ich Lilibet mit derart leuchtenden Augen gesehen. Nach diesem Weihnachtsfest fingen die beiden an, sich Briefe zu schreiben.«
Aus dem Tagebuch von Marion Crawford, Gouvernante von Elizabeth

Prinz Philip von Griechenland. 1942 hatte sie in einem Brief an ihre Gouvernante Crawfie angedeutet, dass er »der Richtige« sei. Während der Kriegsjahre hatten Philip und Elizabeth den Kontakt nicht abreißen lassen, sie schrieben sich, und 1943 war Philip einer Einladung zum Weihnachtsfest nach Windsor gefolgt. Traditionsgemäß wurde von den »Kindern« ein Weihnachtsspiel aufgeführt. Diesmal agierte Prinzessin Elizabeth in der männlichen Hauptrolle, mit »Strumpfhosen und Tunika«. Philip saß bei der Vorstellung in der ersten Reihe. »Nie hatte ich Lilibet in so angeregter Stimmung gesehen. Es ging ein Strahlen von ihr aus, das keiner von uns an ihr kannte, das aber vielen auffiel«, beschrieb ihre Gouvernante den Gemütszustand der Prinzessin. In der Silvesternacht tanzten die jungen Leute bis zum frühen Morgen. Die Romanze schien ihren Lauf zu nehmen.

Prinz Philip selbst betrachtet die Ereignisse sechzig Jahre danach eher nüchtern: »Wenn ich während des Kriegs hierher [nach Großbritannien] kam, rief ich an und kam zum Essen. Ich habe mir da keine großen Gedanken gemacht, glaube ich. Wir schrieben uns gelegentlich. ... Wäre ich nur eine Zufallsbekanntschaft gewesen, so hätte das alles vermutlich schrecklich große Bedeutung gehabt. Aber wenn man miteinander verwandt ist ..., ist es nichts Besonderes, eine Art Familienbande zu pflegen. Da denkt man nicht zwangsläufig ans Heiraten.« Prinz Philip mag in der Tat zu diesem Zeitpunkt noch nicht an einer festen Bindung interessiert gewesen sein. »Er war sehr unterhaltsam, fröhlich, voller Leben und Energie«, beschrieb ihn ein Cousin. Schon vor dem Krieg hatte es in Philips Leben Mädchen gegeben, nun wurden die Landgänge und freien Abende mit »Armen voller Mädchen« verbracht, wie sein australischer Freund und Kamerad Mike Parker berichtete. Von Bordellbesuchen, Zechgelagen und einer Liebesaffäre mit einer jungen Australierin war da hin und wieder die Rede. Mit seiner Cousine Alexandra, der späteren Königin Jugoslawiens, soll Philip

Sie verliebte sich über beide Ohren in ihn. Er war unglaublich attraktiv, sie war unglaublich jung. Sie wollte ihn. Und ich glaube, sie hat ihn immer geliebt. Und ich glaube auch, dass er sie liebt. Aber er ist einfach eine viel mürrischere Sorte von Mensch als sie.
Jennie Bond, ehemalige Hofberichterstatterin

»Es ging ein Strahlen von ihr aus«: Prinzessin Elizabeth (links) und ihre Schwester Margaret 1943 vor der Aufführung ihres Weihnachtsspiels

in den vierziger Jahren hingegen eine ernsthafte Romanze gehabt haben. »Wenn Philip auf Urlaub kam, aßen und tanzten wir zusammen. Wir vertrauten einander«, schrieb die 1993 verstorbene Alexandra in ihren Lebenserinnerungen. Über eine Liebesbeziehung zu Philip schwieg sie sich freilich aus. Ob die Gerüchte von Philips Eskapaden auch an Elizabeths Ohren drangen, ist ungewiss. Jedenfalls war die Thronerbin seit jenem Wochenende im Sommer 1939 fest entschlossen, ihn zu heiraten. »Sie wusste immer was sie wollte«, bestätigte auch ihre Großmutter Königin Mary später. »Wie ihr Vater hat sie etwas sehr Standhaftes und Entschlossenes.« Margaret Rhodes, Elizabeths Nichte und Hofdame, behauptete: »Sie war von Anfang an in ihn verknallt.«

Schon im Jahr 1944 hatte Philips Onkel Dickie hinter den Kulissen die Fäden gezogen. Heimlich war er mit dem griechischen König in Kontakt getreten, um über eine mögliche Verlobung Philips mit der britischen Thronfolgerin zu sprechen. Georg II. von Griechenland war begeistert von der Aussicht auf eine enge Bindung an das britische Königshaus. Als er seinen Cousin George VI. im März 1944 darauf ansprach, wollte dieser jedoch davon nichts wissen: »Wir sind doch beide der Meinung, dass sie dafür noch viel zu jung ist«, schrieb er seiner Mutter, Königin Mary. Doch so leicht gab Lord Mountbatten nicht auf. Im August unternahm er einen zweiten Anlauf und schlug vor, dass Philip zugunsten der britischen Staatsbürgerschaft auf die griechische verzichten solle. Elizabeths Vater war klar, dass es Mountbatten dabei weniger um Philips Staatsangehörigkeit ging, als vielmehr eine gewichtige Hürde zu beseitigen, die einer Hochzeit mit der britischen Thronfolgerin im Wege stand. »Ich habe seit unserem letzten Gespräch gründlich über die Sache nachgedacht und bin zu dem Schluss gekommen, dass wir zu voreilig sind«, wies George VI. Lord Mountbatten zurück. Auch Philip war vom Vorpreschen seines Onkels wenig begeistert: »Ich bitte dich, halte dich mit Ratschlägen in dieser Herzensangelegenheit zurück, sonst

> *Bei Elizabeths Mutter schrillten alle Alarmglocken, weil Philip Seemann war. Nicht umsonst heißt es ja: »Eine Braut in jedem Hafen.« Der König reagierte da gelassener – er war selbst bei der Marine gewesen und hatte mehr Verständnis für Philip. Ein ehrbarer englischer Adliger wäre freilich auch ihm für die Thronfolgerin lieber gewesen.*
> Pamela Hicks, Cousine von Philip

muss ich jemand anderen als meinen Freier bei Hofe bestellen«, schrieb er. Der junge Marineoffizier hasste es, gedrängt oder gar gegängelt zu werden, die Warnung an seinen umtriebigen Onkel war deutlich. Doch der blieb weiter optimistisch: »Man kann nur hoffen, dass es – wenn überhaupt – von selbst passiert, ohne Einmischung der Eltern«, schrieb er seiner Schwester Alice, Philips Mutter. »Die jungen Leute scheinen sich wirklich zu mögen, und ich denke, dass es nach dem Krieg wahrscheinlich klappt.« Lord Mountbatten sollte Recht behalten.

Zunächst jedoch veranstaltete die Queen für ihre älteste Tochter Tanzabende und Cocktailpartys, zu denen die männlichen Sprosse des britischen Hochadels gebeten wurden. Elizabeth sollte Gelegenheit bekommen, junge Männer kennen zu lernen. Doch so viel Auswahl stand nicht zur Verfügung: Dem »Act of Settlement« zufolge, dem Gesetz, das die britische Thronfolge regelt, durfte Elizabeth keinen Katholiken heiraten. Überdies wäre selbstverständlich nur ein Kandidat aus höchsten Adelskreisen in Betracht gekommen. So wurden am Hofe lediglich zwei Gentlemen als ernsthafte Aspiranten ausgemacht: Hugh Grafton, Sohn des Herzogs von Grafton, räumte man gute Chancen ein, Prinzgemahl zu werden. Tatsächlich war Elizabeth von dem feschen Grendiergardisten durchaus angetan. Doch die Aussicht für Grafton, eines Tages als machtloser Prinzgemahl zu enden, ließ ihn vor einer Romanze mit Elizabeth zurückschrecken. Auch Henry Herbert Lord Porchester, junger Gardeoffizier und künftiger Earl of Carnavon, entschied sich schließlich für Freundschaft statt Liebe. Bis zu seinem Lebensende im Jahr 2001 blieben Elizabeth und er gute Freunde, die vor allem ihre Leidenschaft für Pferderennen verband.

Seit Kriegsende machte auch Prinz Philip der Thronerbin regelmäßig seine Aufwartung. Philip, Elizabeth und ihre Schwester Margaret aßen dann meist in »Lilibets Wohnzimmer zu Abend und tollten hinterher im Korridor herum«, erinnerte sich Marion »Crawfie« Crawford. Mit »Herumtollen« waren meist harmlose Ballspiele gemeint – stets unter den wachsamen Blicken von Elizabeths Gouvernante. Doch der junge Griechenprinz hatte inzwischen nicht nur das Herz der Prinzessin, sondern auch das von Crawfie erobert: »Er hatte nicht das Geringste von einem geschniegelten Höfling an sich. Wenn er in den Palast kam, brachte er gleichsam einen Hauch frischer Meeresluft mit sich«, schwärmte sie später in ihren Memoiren. Nicht alle bei Hofe waren von Prinz Philip so angetan wie Marion Crawford. Der junge Marineoffizier galt nicht nur als heimat-, sondern auch als mittellos. Sein Vater, der im Dezember 1944 an einem Herzanfall gestorben war, hatte ihm

> *Zu meiner Hochzeit im Oktober 1946 in Romsey Abbey wurde zufällig ein Schnappschuss von Prinzessin Elizabeth zusammen mit Philip am Eingang der Abtei gemacht. Das war eine ganz eindeutige Situation, und es hat die Leute elektrisiert.*
> Patricia Knatchbull, Cousine von Prinz Philip

wenig mehr als ein Paar Manschettenknöpfe hinterlassen. »Er war zwar besser situiert als ich, aber verglichen mit vielen Leuten besaß er keinen roten Heller«, bestätigte sein Kamerad Mike Parker. Darüber hinaus hielt man am britischen Hof nur wenig von der griechischen Dynastie. Sie galt als »arme Verwandtschaft« und konnte wegen der wechselhaften griechischen Politik kaum als stabil bezeichnet werden. Die deutschen Verbindungen des Griechenprinzen kamen den – freilich ebenfalls deutschstämmigen – Windsors so kurz nach Kriegsende wenig gelegen. Die antideutschen Stimmen in der britischen Bevölkerung waren übermächtig. Zudem stieß Philips »frisches« Auftreten nicht wenige bei Hofe vor den Kopf. Er hatte keine der Eliteschulen Eton oder Harrow besucht, wie es in britischen Adelskreisen üblich war, und galt daher als Außenseiter.

Elizabeth blieb von all der Kritik an ihrem Angebeteten jedoch völlig unbeeindruckt. Sie und Philip waren ineinander verliebt. Immer häufiger sah man das junge Paar Händchen haltend bei Spaziergängen im Park von Windsor. Auf der Hochzeit von Philips Cousine Patricia Mountbatten im Oktober 1946 warfen sie sich solch schmachtende Blicke zu, dass es auch für Außenstehende keinen Zweifel mehr geben konnte. Was nur der engste Kreis um Elizabeth und Philip wusste: Die beiden hatten sich bereits heimlich verlobt! Im Sommer 1946 hatte Philip um Elizabeths Hand angehalten – und Elizabeth hatte Ja gesagt. Doch bevor auch der König der Verbindung seinen Segen gab, hielt er es für angemessen, den Schwiegersohn in spe noch einmal unter die Lupe zu nehmen. Im Herbst 1946 wurde Philip eingeladen, einen Monat auf Schloss Balmoral zu verbringen – im Hause Windsor eine Art »Familientest«. Philip fügte sich zähneknirschend – und litt. Er verabscheute das schottische Gemäuer mit den damit verbundenen merkwürdigen Regeln und Traditionen. Einen Schottenrock zu tragen gab dem Marineoffizier das Gefühl, »wie eine Heulsuse auszusehen«. Die Vorstellung, unter ständiger Beobachtung zu stehen, ließ Philips freien Geist rebellieren: Als einmal der König zum Essen erschien, machte Philip zum Scherz – und zum Ärger des Monarchen – einen tiefen Hofknicks. Elizabeths Vater und ihr Verlobter hatten wenig gemeinsam. Obwohl Philip einer königlichen Familie entstammt, benahm er sich nicht »standesgemäß« und ließ George VI. gegenüber den nötigen Respekt vermissen. Geheime Berichte über Philips Lebenswandel dienten nicht eben dazu, den König zu beruhigen. Mit seinem Cousin David Milford Haven, dem Sohn seines Onkels »Georgie«, hatte Philip häufig bis in die frühen Morgenstunden die Londonder Clubs unsicher gemacht, oder sie waren in Philips schwarzen MG-Sportwagen durch die Stadt gerast, häufig in Begleitung hübscher Mädchen. Zu der stillen, pflichtbewussten Elizabeth schien dieser ungestüme Charakter nicht zu passen. Doch sah der König auch, dass seine Tochter über beide Ohren verliebt war. Um etwas Zeit zu gewinnen, bat sich George VI. zwei Bedingungen aus: Die Verlobung sollte nicht vor Elizabeths einundzwanzigstem Geburtstag im April 1947 bekannt gegeben werden, und die Prinzessin sollte das Königspaar auf einer zwölfwöchigen Reise nach Afrika begleiten. Philip und Elizabeth willigten ein.

Am 1. Februar 1947 stach die *Vanguard* von Portsmouth aus mit der Königsfamilie in See. Offizieller Zweck der Reise war es, der Regierung Südafrikas Unterstützung im Wahlkampf zu leisten. Premierminister Jan Smuts hatte dringend um einen Besuch des Königs gebeten, um der wachsenden antibritischen Stimmung im Land entgegenzuwirken. Inoffiziell sollte sich der gesundheitlich angeschlagene König auf der Seereise von den Strapazen der Kriegsjahre erholen. Tatsächlich amüsierte sich die königliche Familie an Bord der *Vanguard* bestens. Fotos zeigen die Prinzessinnen Margaret und Elizabeth in ausgelassener Stimmung bei Spiel und Tanz mit jungen Offizieren. Doch war nicht alles Vergnügen. Als die königliche Familie in Südafrika eintraf, waren deutliche Spannungen zu spüren. Das Land befand sich im Umbruch; Premierminister Jan Smuts und seine Partei versuchten sich gegen die immer stärker werdenden Nationalisten zu behaupten. Die strengen Sicherheitsmaßnahmen, die wegen des königlichen Besuchs getroffen wurden, taten ihr Übriges, um die Atmosphäre aufzuheizen. In Benoni kam es zu einem unerfreulichen Zwischenfall. Hunderte Menschen hatten sich um den Wagen des Königs gedrängt, bis dieser die Nerven verlor und seinen Fahrer anbrüllte, schneller zu fahren. Als ein Mann mit einem Gegenstand in der geballten Faust hinter dem Wagen herlief, war es auch mit der Selbstbeherrschung der Königin vorbei: Mit einem Sonnenschirm hieb sie auf den vermeintlichen Attentäter so lange ein, bis sich die Polizei auf ihn stürzte. Später sollte sich herausstellen, dass der Mann keineswegs – wie befürchtet – eine Waffe in der Hand gehalten hatte, sondern eine Zehn-Shil-

»Dienst am Empire«: In Südafrika feierte Elizabeth (rechts, mit ihrer Schwester Margaret, dem südafrikanischen Premierminister Jan Smuts und ihren Eltern) ihren 21. Geburtstag

ling-Banknote, die er Elizabeth zum Geburtstag schenken wollte. Die königliche Familie war bestürzt. Erst als man Südafrika wieder verließ, hellte sich die Stimmung auf. »Jetzt ist der offizielle Teil endlich vorbei«, jubelte George VI. erleichtert und warf seinen Hut an die Decke.

Trotz aller Spannungen war Elizabeth von Afrika zutiefst beeindruckt. Zum ersten Mal begegnete die Thronfolgerin hier dem britischen Weltreich, erlebte zum ersten Mal die Wirklichkeit der unter britischer Herrschaft stehenden Gebiete. Vor allem das Land selbst und seine Bevölkerung hatten es der Prinzessin angetan. Überall begegneten ihr die Menschen mit großer Wärme und Herzlichkeit. »Bleib bei uns!«, schallte es ihr entgegen, wenn sie sich in der Öffentlichkeit zeigte. Sogar ein eigenes Lied wurde ihr zu Ehren komponiert. Höhepunkt der Reise war der einundzwanzigste Geburtstag der Thronfolgerin, den Premier Smuts in Südafrika zum Nationalfeiertag erklärte. Nach einer Geburtstagsparade und der feierlichen Überreichung des goldenen Schlüssels der Stadt hielt Elizabeth eine Rundfunkansprache »an alle Völker des britischen Commonwealth und des Empire«, die Geschichte machen sollte: »Es gibt ein Motto, das viele meiner Vorfahren sich zu Eigen gemacht haben«, erklärte die Prinzessin mit fester Stimme. »Ein edles Motto: ›Ich diene.‹ Diese Worte waren vielen früheren Thronerben Inspiration, wenn sie das Mannesalter erreicht hatten und ihren Ritterschlag erhielten. Ich kann nicht ganz das Gleiche tun, was sie taten, aber dank der Erfindungen der Wissenschaft kann ich etwas tun, was keinem von ihnen möglich war. Ich kann ein feierliches Gelöbnis ablegen, während mir das ganze Empire zuhört. Ich würde dieses Gelöbnis gerne jetzt ablegen. Es ist sehr einfach. Ich erkläre vor Ihnen allen, dass mein ganzes Leben, sei es kurz oder lang, dem Dienst an Ihnen und an unserer großen Familie des Empire, der wir alle angehören, gewidmet sei. Aber ich werde nicht die Kraft haben, diese Aufgabe allein zu vollbringen, wenn Sie mich nicht unterstützen, worum ich Sie hiermit bitte. Ich weiß, dass ich mich, komme, was wolle, auf Sie verlassen kann. Gott helfe mir, dass ich diesen Eid werde halten können, und schütze Sie alle, die willens sind, mir beizustehen.«

Millionen Menschen in der ganzen Welt waren von Elizabeths Gelöbnis tief bewegt. Die Presse feierte die Ansprache als historisches Ereignis. Fünf Jahre bevor aus der Prinzessin die Königin von England wurde, hatte sie ihr Reich bereits erobert.

Dabei hatte bei ihrer Geburt am 21. April 1926 nichts darauf hingedeutet, dass dieses Mädchen einmal den britischen Thron besteigen sollte. Ihr Vater Albert, der Herzog von York, war nur der zweitälteste Sohn des Königs George V., als Thronerbe war sein älterer Bruder Edward, der Prince of Wales, »David«, vorgesehen. Elizabeth rangierte damit erst auf Rang drei der Thronfolge, außerdem ging alle Welt davon aus, dass ihr noch lediger Onkel David eines Tages heiraten und Kinder zeugen würde. Sollte Elizabeth einen Bruder bekommen, so würde dieser ebenfalls vor ihr in der Thronfolge rangieren. Das kleine Mädchen wuchs auf, wie es in Familien der Oberschicht üblich war – mit Nannies und in der Abgeschiedenheit des Kinderzimmers. Kinderfrau Clara Knight, von Lilibet zärtlich »Allah« gerufen, hatte bereits die Herzogin von York betreut und nahm für das kleine Mädchen beinahe die Stelle einer Mutter ein.

Bis sie vier Jahre alt war, blieb Elizabeth Einzelkind. Dann, am 21. August 1930, kam ein Geschwisterchen zur Welt – wieder ein Mädchen. Der Herzog und die Herzogin von York gaben ihr den Namen Margaret Rose. War Elizabeths Geburt von der königlichen Familie noch mit Begeisterung aufgenommen worden, machte sich bei Margaret Rose mancherorts Enttäu-

»Rang drei der Thronfolge«: Klein-Elizabeth auf dem Arm ihres Kindermädchens Clara Knight. Links Elizabeths Mutter

schung breit. Der Prince of Wales war inzwischen sechsunddreißig Jahre alt und schien keinerlei ernsthafte Heiratsabsichten zu hegen. Außerdem kursierten Gerüchte, wonach der Thronfolger wegen einer Mumpserkrankung

»Der Herzog war immer ungeheuer stolz auf sie«: Die zehnjährige Elizabeth mit ihrem Vater, Juli 1936

in der Kindheit zeugungsunfähig war. Damit rückte Elizabeth als mögliche Erbin des britischen Throns immer mehr ins öffentliche Interesse. Bald zierte Elizabeths Konterfei eine Briefmarke in Neuseeland, wurden Porzellangeschirr oder ein Stück Antarktis nach ihr benannt und Lieder zu ihren Ehren komponiert. Ihr Vater, der seiner ältesten Tochter herzlich zugetan war, begann allmählich Vergleiche zwischen ihr und Queen Victoria zu ziehen: »Seit sie sprechen kann, zeigt sie so viel Charakter, dass man sich unwillkürlich fragt, ob sich die Geschichte nicht doch wiederholt.«

Von Anfang an hatte Elizabeth zu ihrem Vater die innigste Beziehung innerhalb der Familie. »Der Herzog war immer ungeheuer stolz auf sie«, beschrieb Elizabeths Gouvernante Marion Crawford das Verhältnis. Vater und Tochter besaßen ähnliche Charaktereigenschaften, beiden waren ernst und diszipliniert, schüchtern und zurückhaltend. Margaret Rose hingegen »sorgte für den Spaß in der Familie«, war gefühlsbetont und offen, verspielt und gesellig. Bis zu Margarets Tod im Jahr 2002 fühlte sich Elizabeth für ihre kleine Schwester verantwortlich und versuchte stets, sie zu beschützen.

Elizabeth zeigte großes Interesse an Geschichte und dem Leben ihrer Vorfahren. Ihre Großmutter Königin Mary, die sich selbst als Hüterin der Familientradition betrachtete, hatte großen Einfluss auf die Prinzessin: Von ihr lernte Elizabeth alles über die höfische Etikette und das strenge Protokoll des Hauses Windsor. 1936, als Elizabeth zehn Jahre alt war, veränderte sich das Leben des kleinen Mädchens völlig. Es sollte das Jahr einer tiefen Krise der britischen Monarchie werden. Im Januar war König George V. im Alter von einundsiebzig Jahren gestorben, sein ältester Sohn David wurde wenig später als Edward VIII. proklamiert. Doch schon nach elf Monaten sollte seine Regierungszeit zu Ende sein. Denn Edward VIII. hatte eine Geliebte, die Amerikanerin und überdies noch in zweiter Ehe verheiratet war: Wallis Simpson. Die königliche Familie lehnte die Bürgerliche strikt ab, alle hofften, dass David dieses unstandesgemäße Verhältnis bald beendete. Als dies nicht geschah und der König stattdessen Wallis mit Schmuck und Geschenken verwöhnte, wuchsen die Spannungen. Seine ungehemmte Lebensweise zog bald den Ärger der Familie und des gesamten Hofstaats nach sich. Edward VIII. fühlte sich zunehmend isoliert, nur seine Geliebte schien zu ihm zu halten. Irgendwann, wahrscheinlich im Oktober 1936, fasste der Monarch den unumstößlichen Entschluss, Wallis Simpson zu ehelichen. Diese war mittlerweile geschieden worden, alle Hürden schienen damit beseitigt. Hinter den Kulissen und im britischen Unterhaus wurden inzwischen sämtliche Aspekte einer Eheschließung des Monarchen mit der Amerikanerin diskutiert. Noch war die Öffentlichkeit über die Heiratsabsichten des Königs nicht informiert. Die Regierung befürchtete einen Volksaufstand, sollten entsprechende Nachrichten durchsickern. Schließlich bat Edward VIII. den Premier, die Re-

Oben: »Abdankung als Schock«: Um die Amerikanerin Wallis Simpson heiraten zu können, legte Edward VIII. im Dezember 1936 die Krone nieder
Unten: »Eines Tages würde sie Königin sein«: Prinzessin Elizabeth (Mitte) nach der Krönung ihres Vaters am 12. Mai 1937

gierungen der anderen Länder des British Empire nach ihrer Haltung zu einer morganatischen Ehe mit Wallis Simpson zu befragen. Wallis wäre dann zwar seine Frau, jedoch nicht Königin geworden, Kinder des Paares wären von der Thronfolge ausgeschlossen geblieben. Die Antwort war eindeutig: Nur Neuseeland signalisierte Zustimmung für die Kompromisslösung. Anfang Dezember 1936 schließlich erhielt die Presse Wind von der Affäre – auf allen Titelseiten prangte der Name Wallis Simpsons. Die meisten seiner Untertanen reagierten entsetzt auf die Nachricht, dass ihr König beabsichtigte, eine zweimal geschiedene Amerikanerin zu heiraten. Sieben Tage lang rang der König mit sich. Von der Anspannung und dem Druck der Öffentlichkeit völlig zermürbt, brach er schließlich zusammen. Das Unglaubliche geschah: Am 10. Dezember 1936 unterzeichnete Edward VIII. seine Abdankungsurkunde. »Ohne die Hilfe und Unterstützung der Frau, die ich liebe, ist es mir unmöglich, die schwere Last der Verantwortung weiter zu tragen und meine Pflichten als König so zu erfüllen, wie ich es wünschte«, sagte er in seiner Abschiedsansprache im Rundfunk. Der Monarch entsagte dem Thron, weil er nicht auf seine Geliebte verzichten wollte. So etwas hatte es in der langen Geschichte des britischen Königshauses noch nicht gegeben. Für die königliche Familie war die Abdankung Edwards VIII. eine traumatische Erfahrung. Der Ex-König erhielt zwar den Titel »Herzog von Windsor«, doch fortan sollten er und Wallis Simpson vom Königshaus ignoriert und ausgeschlossen werden. Am 11. Dezember 1936 bestieg Albert unter dem Namen George VI. den Thron – damit war auch Elizabeths Schicksal besiegelt.

Die Abdankungskrise wirkte wie ein Schock, von dem sich die Familie nie erholt hat. Völlig unerwartet war Elizabeths Vater auf den Thron gekommen. Und da dämmerte es auch der Prinzessin, dass eines Tages sie Königin sein würde.

Patricia Knatchbull, Cousine von Prinz Philip

Elizabeths Rückwärtsgewandtheit erklärt sich ganz aus der Abdankungskrise. Ihre Schlussfolgerung: Nur durch Wahrung der Tradition und nur durch Beharrungsvermögen ist die Monarchie überlebensfähig.

David Wynne-Morgan, Freund von Prinz Philip

Nur wenige Tage nach Elizabeths Rückkeh aus Südafrika, am 10. Juli 1947, verkündete der Buckingham Palace die Verlobung der Thronerbin mit »Leutnant Philip Mountbatten von der Royal Navy«. Während Elizabeth in Afrika unterwegs war, hatte sich der Status ihres Bräutigams geändert: Seit dem 18. März 1947 gab es keinen Prinz Philip von Griechenland mehr, sondern nur noch Leutnant Philip Mountbatten. Was war geschehen? Philips Onkel, Lord Mountbatten, hatte mit seinem Betreiben, aus seinem Neffen einen britischen Staatsbürger zu machen, endlich Erfolg gehabt. Mit Philips neuer Staatszugehörigkeit war zugleich die Suche nach einem neuen Namen verbunden. Den Familiennamen seines Vater Prinz Andreas, Schleswig-Holstein-Sonderburg-Glücksburg, hielt man wegen seiner zungenbrecherischen Länge und des deutschen Anklangs für ungeeignet. Auch Oldenburg, ein weiterer Familienname väterlicherseits, schien für einen britischen Neubürger unpassend. Schließlich einigte man sich auf den anglisierten Familiennamen seiner Mutter, Mountbatten. Erst wesentlich später entdeckte man, dass Philips Einbürgerung überhaupt nicht nötig gewesen wäre. Als direkter Nachkomme der Kurfürstin Sophie von Hannover, deren Nachfahren per se als britische Bürger gelten, ist Philip praktisch von Geburt an Brite.

Die Menschen mochten Elizabeth damals. Nach den schrecklichen Erfahrungen in den Dreißigern und Vierzigern brachte sie frischen Wind ins Königshaus.

Dickie Arbiter, ehemaliger Pressesekretär der Queen

Er hätte Enormes in seinem Leben erreichen können, wenn er nicht Prinzessin Elizabeth geheiratet hätte.

James Whitaker, Hofberichterstatter, über Prinz Philip

»Wir sind sehr glücklich über ihn«, schrieb die Königin in einem Brief über Elizabeths künftigen Ehemann. »Er ist ein sehr netter Mensch, und die beiden kennen sich schon seit einigen Jahren, was für uns eine große Beruhigung ist. Die Bekanntgabe [der Verlobung] wurde allerseits sehr freundlich aufgenommen.«

Tatsächlich reagierte die britische Bevölkerung zunächst sehr positiv auf die Nachricht von der bevorstehenden Hochzeit im Hause Windsor. Nach all den Jahren der Zerstörung und Trauer erschien die Vermählung der Thronerbin wie der lang ersehnte Silberstreif am Horizont. Den Briten und Britinnen ging es zwei Jahre nach Kriegsende noch immer schlecht. Der zurückliegende Winter war äußerst hart gewesen, ein gravierender Brennstoffmangel hatte die Situation noch verschärft. Lebensmittel waren rationiert, die Wirtschaft lahmte, die einstige Weltmacht Großbritannien verlor stetig an Kraft. Der Krieg hatte das Auseinanderbrechen des Empire nur beschleunigt; im August 1947 erklärte Indien seine Unabhängigkeit, womit

Man sollte nicht vergessen, dass es, als sie jung war, einen unglaublichen Kult um sie gab, ähnlich dem Hype um Prinzessin Diana. Philip sagte mir mal: »Wenn wir damals rausgingen, konnte es sein, dass Millionen Leute in den Straßen uns zuwinkten. Wenn wir diesen Jubel, diese Anbetung, auf uns persönlich bezogen hätten, wäre es selbstzerstörerisch geworden.« Erst Diana hat diesen Fehler gemacht.

Gyles Brandreth, Freund von Prinz Philip

George VI. den Titel eines Kaisers verlor. In solch einer Krise ein rauschendes Fest zu feiern kam sowohl für den Hof als auch für die neue Labour-Regierung unter Premier Clement Attlee nicht infrage – »bescheiden« sollte Elizabeths Hochzeit ausfallen.

Als das Gerücht aufkam, ihr Hochzeitskleid werde in Frankreich und nicht von einheimischen Couturiers angefertigt, erfasste eine Welle der Empörung das Land. Der Hof sah sich zu der Mitteilung gezwungen, dass lediglich einige Meter Lyoner Seide für das Brautkleid bestellt worden seien, der Rest jedoch von Webereien in Kent und Schottland produziert werde. Auch die künftige jährliche Leibrente des Paares gab Anlass zu erneuten öffentlichen Debatten. Bis hin zum Premier beschäftigte sich Großbritannien mit der finanziellen Ausstattung der Thronerbin und ihres künftigen Ehegatten. Trotz Arbeitsmangels und Wirtschaftsnot kam die neue Regierung schließlich dem Wunsch des Königs entgegen und setzte eine jährliche Leibrente von fünfzigtausend Pfund für die Prinzessin fest, Philip sollte zehntausend Pfund erhalten. So mancher Brite empfand die Höhe der Apanage für Elizabeth und ihren Gemahl als übertrieben. »Viele glauben, die königliche Familie sei bestens versorgt und könne es sich leisten, die Thronerbin aus den eigenen Einnahmen des Herzogtums [Cornwall] standesgemäß zu versorgen«, berichtete der Journalist John Gordon vom *Express*.

Die leidigen Diskussionen im Vorfeld der Feierlichkeiten sorgten bei Hofe für Verstimmungen. Der König hielt es daher für angemessen, in allen weiteren Angelegenheiten der Hochzeit besondere Vorsicht walten zu lassen. Um antideutschen Ressentiments im Land keine neue Nahrung zu geben, wurde kurzerhand die gesamte deutsche Verwandtschaft seiner und Philips Familie von der Gästeliste gestrichen. Auch Elizabeths Onkel David, Herzog von Windsor und Bruder ihres Vaters, sollte der Hochzeit fernbleiben. Nach seiner Abdankung und der Vermählung mit Wallis Simpson stand ihm die königliche Familie alles andere als versöhnlich gegenüber. Beim Empfang nach der Trauung sollte gespart werden. Statt eines üppigen mehrgängigen Menüs wurde ein »schlichtes Hochzeitsfrühstück« angekündigt. In anderer Hinsicht konnte George VI. großzügig sein: Kurz vor der Eheschließung verlieh er zuerst Elizabeth und ein paar Tage später seinem zukünf-

Queen Elizabeth, die Königinmutter, war sehr britisch. Sie liebte die Engländer, und sie liebte die Briten, aber Ausländer konnte sie nicht leiden. Leider muss ich sagen, die Deutschen mochte sie auch nicht.

Hugo Vickers, Biograph des Königshauses

Manchen passte Philips »deutsches Erbgut« nicht. Sie sagten: »Den wollen wir hier nicht. Wir haben die Nase gestrichen voll von den Deutschen.«

Edward Ford, Privatsekretär von König George VI.

»Allerseits sehr freundlich aufgenommen«: Elizabeth und Philip geben im Juli 1947 ihre Verlobung bekannt

tigen Schwiegersohn den Hosenbandorden, die höchste Auszeichnung der britischen Monarchie. »Ich habe auch veranlasst«, schrieb er seiner Mutter, »dass er [Philip] zur Königlichen Hoheit ernannt wird und die Titel Baron Greenwich, Earl of Merioneth und Duke of Edinburgh erhält.« Gerade noch rechtzeitig hatte George VI. dafür gesorgt, dass seine älteste Tochter keinen »nobody« ehelichte.

So bescheiden die Hochzeit der britischen Thronfolgerin – nach königlichen Maßstäben – auch ausfiel, die Bilder von den Feierlichkeiten erschienen ihren Untertanen wie Szenen aus einer anderen Welt. Am 20. November 1947 bestieg die Braut um 11.15 Uhr in einem elfenbeinfarbenen Kleid mit gestickten weißen Rosen aus Perlen und Kornähren aus Kristall die Staatskutsche. Ihr Haupt schmückte ein prachtvolles Diadem ihrer Großmutter, um den Hals trug sie eine kostbare doppelreihige Perlenkette – ein Geschenk ihrer Eltern. Obwohl es am frühen Morgen etliche Pannen gegeben hatte, wirkte die Prinzessin entspannt und glücklich. So war der Brautstrauß plötzlich verschwunden und von der Dienerschaft verzweifelt im

Als Philip 1947 Prinzessin Elizabeth heiratete, hatten die Menschen keine Ahnung, wer er war. Prinz Philip von Griechenland? … Wo lag Griechenland noch mal …?

Gyles Brandreth, Freund von Prinz Philip

Prinzessin Elizabeth und Prinz Philip: Das war eine absolute Märchenhochzeit, so kurz nach Kriegsende. Alle Welt war hingerissen von dem Traumpaar!

Patricia Knatchbull, Cousine von Prinz Philip

ganzen Palast gesucht worden, bis man ihn in einem Schrank wiederfand, wo er zum Kühlhalten hineingelegt worden war. Eine weitere Schreckensstunde erlebten Elizabeth und ihre Entourage, als das filigrane Diadem beim Anstecken entzwei brach und in aller Eile repariert werden musste. Als Elizabeth schließlich die Perlenkette anlegen wollte, stellte sich heraus, dass diese im rund achthundert Meter entfernten Saint James's Palace vergessen worden war, wo die Hochzeitsgeschenke öffentlich ausgestellt wurden. In letzter Minute gelang es Jock Colville, dem Privatsekretär der Prinzessin, das Schmuckstück herbeizuschaffen.

Geleitet wurde die strahlende Braut von König George VI. in seiner Admiralsuniform, auffallend blass, aber lächelnd. »Es ist viel bewegender, die Tochter zu verheiraten, als selbst zu heiraten«, meinte er später zum Erzbischof von Canterbury. Eskortiert von der berittenen Garde, fuhr die Hochzeitskutsche vom Buckingham Palace zur Westminster Abbey. Die ganze Strecke war dicht gesäumt von jubelnden Menschen, die seit den frühen Morgenstunden am Straßenrand gewartet hatten, um einen Blick auf »ihre« Prinzessin zu werfen. »Der König sah unglaublich prächtig aus«, berichtete ein Augenzeuge. »Wie ein französischer König aus früheren Zeiten. Und Ihre Königliche Hoheit, die Braut, war ein Traum!« Auch Lady Pamela Hicks, damals Brautjungfer, hat den bewegenden Tag nicht vergessen: »Wer im Krieg aufgewachsen war, für den war es natürlich ein Märchen!« Unter den zweitausend Persönlichkeiten, die in der Westminster Abbey auf das Brautpaar warteten, befand sich eine beachtliche Anzahl von Angehörigen des europäischen Hochadels. Doch nicht nur die illustren Gäste in der Kirche konnten an der Zeremonie teilhaben, »draußen« an den Radiogeräten verfolgten Millionen Zuhörer weltweit das Geschehen,

Ich frühstückte mit Philip im Kensington Palace und fragte beiläufig: »Na, wie fühlst du dich?« Und er antwortete: »Nun, ich frage mich, ob ich nun besonders mutig oder einfach nur dämlich bin.« – »Sehr mutig«, sagte ich, »ich bin sicher, dass du das Richtige tust.«

Patricia Knatchbull, Cousine von Prinz Philip

»Eine absolute Märchenhochzeit«: Die Hochzeitskutsche in den Straßen Londons

und erstmals wurde die Hochzeit vom – noch relativ neuen Medium – Fernsehen übertragen. Auch die Hochzeitsgeschenke für Elizabeth und Philip waren königlich: Neben einer Jagdhütte in Kenia, einer reinrassigen Zuchtstute vom Aga Khan und einem von Mahatma Gandhi handgewebten Tuch waren rund 1500 kostbare Präsente aus der ganzen Welt eingetroffen.

»Ich finde, Prinzessin Elizabeth sah gut aus«, notierte der Parlamentsabgeordnete Chips Channon in sein Tagebuch, »schüchtern und zugleich attraktiv, und Prinz Philip sah so aus, als würde ihm alles große Freude bereiten.« Dies hatte am Morgen jedoch noch nicht den Anschein gehabt. Patricia Mountbatten, Philips Cousine, erinnerte sich daran, Philip nach dem Frühstück in nervöser Stimmung vorgefunden zu haben: »Bin ich nun besonders mutig oder einfach nur dämlich?«, soll er sie gefragt haben. »Er war eben unsicher, nicht in der Frage, ob er Prinzessin Elizabeth heiraten solle, sondern was diese Heirat für ihn bedeuten würde. Damit gab er ja eine ganze Menge auf. In vielerlei Hinsicht änderte sich durch die Heirat für sie gar nichts, für ihn hingegen alles«, versuchte sie Philips Verfassung zu erklären. Tatsächlich mag sich Philip erst an diesem Morgen bewusst gemacht haben, welche Rolle er in Zukunft an der Seite Elizabeths, der künftigen Queen von Großbritannien, einnehmen würde. Mit dem Einzug in den Buckingham Palace gab er nicht nur seine Unabhängigkeit auf, die er bis dahin in vollen Zügen genossen hatte, sondern er musste sich zugleich auch dem strengen Protokoll des Hofes unterwerfen, das wie eine schwere Bürde auf ihm lasten sollte. Mit der Heirat würde außerdem schon bald seine Laufbahn bei der Royal Navy beendet sein. »1947 glaubte ich noch, ich könnte in der Marine weitermachen«, schilderte Philip einmal nüchtern seine damalige Situation. »Aber mir wurde bald klar, dass das unmöglich war. Die königliche Familie bestand seinerzeit nur aus dem König, der Königin und den beiden Prinzessinnen. Das einzige weitere männliche Familienmitglied war der Herzog von Gloucester. Ich hatte keine Wahl, es war eben so.« Als Angehöriger des »Familienunternehmens Windsor« hatte Philip künftig eine Vielzahl von Aufgaben zu übernehmen: Wohltätigkeitsveranstaltungen besuchen, öffentliche Einrichtungen besichtigen, offizielle Besucher empfangen, Orden verleihen, an Staatsbanketten teilnehmen.

Doch zunächst genoss das junge Paar die Flitterwochen und schob alle Gedanken an die Pflichten des Alltags weit von sich. In Broadlands, dem Sitz der Mountbattens, verbrachten Elizabeth und Philip den ersten Teil ihres Honeymoons – wie später Sohn Charles und seine Angetraute Diana. Und wie bei Charles und Diana wurden auch Philip und Elizabeth vom Interesse der Öffentlichkeit schier erdrückt. Das Telefon läutete unablässig, vor den Toren des Herrenhauses drängten sich die Menschen, um einen Blick auf die Frischvermählten zu erhaschen. Sogar Leitern schleppten Neugierige heran, um über die Mauern des Anwesens zu spähen. Erst im tief verschneiten Schottland, wo sich das Paar zwei Wochen lang aufhielt, gelang es den beiden, weitgehend unbeobachtet zu bleiben. »Ich kriege sie gar nicht aus dem Bett raus, sie macht mich verrückt«, scherzte Prinz Philip über seine junge Frau. In Schottland erreichte Elizabeth ein bewegender Brief ihres Vaters: »Ich war so stolz und aufgeregt, als du auf unserem langen Weg durch Westminster Abbey so dicht neben mir gegangen bist, aber als ich deine Hand dem Erzbischof übergab, hatte ich das Gefühl, etwas sehr Kostbares verloren zu haben. … Ich habe dich in all diesen Jahren mit Stolz heranwachsen sehen. … Deine Abreise hat eine große Lücke in unser Leben gerissen, aber denk immer daran, dass dein altes Zuhause immer für dich da ist, und kehre so lange und so oft wie möglich dorthin zurück. Ich sehe, dass du mit Philip überglücklich bist, was auch ganz richtig ist, aber dass du uns nicht vergessen mögest, ist der Wunsch deines dich immer treu liebenden Papas.«

»Ich kriege sie gar nicht aus dem Bett raus«: Philip und Elizabeth in den Flitterwochen

Im Mai 1948 unternahmen die Prinzessin und ihr Gatte ihre erste Auslandsreise nach Paris. Das straffe Programm sowie die große Hitze in der französischen Hauptstadt setzten der Zweiundzwanzigjährigen schwer zu. Denn was nur die engsten Vertrauten wussten: Elizabeth war schwanger! Gleichwohl bewältigte die Prinzessin ihre Pflichten – wie stets lächelnd und ohne zu klagen. Die Pariser waren von der anmutigen Gestalt Elizabeths, ihrem blassen Teint und den strahlend blauen Augen begeistert. Auch Philip kam gut an; in nur vier Tagen hatte das junge Paar Paris erobert. George VI. konnte sich freuen: Mit Elizabeth und Philip hatte er die besten Botschafter der britischen Monarchie, die er sich wünschen konnte. Als im Juni 1948 offiziell bekannt gegeben wurde, dass die Prinzessin ein Kind erwartete, erreichte die Begeisterung für Elizabeth die Grenze der Hysterie. Monatelang trafen im Buckingham Palace Geschenke ein, der Palast quoll förmlich über von selbstgehäkelter Babykleidung, Milchfläschchen und Kinderspielzeug. Wegen der künftigen Rangfolge, des Namens und Titels des noch ungeborenen Kindes wurde am Hofe ein beachtlicher Wirbel ausgelöst. Das Adelspatent von 1917 sah vor, dass nur den Kindern der Söhne des Monarchen sowie dem ältesten Sohn des Prince of Wales der Titel »Königliche Hoheit« zustand. Für den Fall, dass es sich – wie bei Elizabeth – um eine Thronerbin handelte, gab es keine Regelung. »Gegenwärtig wäre ein Sohn von Prinzessin Elizabeth ›Earl von Merioneth‹, eine Tochter ›Lady Mountbatten‹«, erklärte der Privatsekretär des Königs die Sachlage. In aller Eile wurde ein neues Adelspatent verabschiedet, demzufolge alle Kinder von Elizabeth »Anrede und Titel einer Königlichen Hoheit erhalten und auf alle Zeit tragen und genießen sollen und demjenigen Vornamen der Titel Prinz oder Prinzessin vorangestellt werden soll«.

Am 14. November 1948 brachte Elizabeth einen knapp sieben Pfund schweren, gesunden Jungen zur Welt. Vor dem Buckingham Palace brach die wartende Menschenmenge in Jubel aus und stimmte spontan das Lied »For He's a Jolly Good Fellow« an. Rund um den Globus wurde die Geburt »Seiner Königlichen Hoheit Prinz Charles Philip Arthur George« mit Böllerschüssen, Glockengeläut und Freudenfeuern gefeiert. Doch am meisten freute sich der Vater über seinen erstgeborenen Sohn: »Philip war hellauf begeistert und überglücklich, ja absolut entzückt, einen Stammhalter zu haben«, berichtete sein Freund Mike Parker. Als die kleine Familie im Mai 1949 endlich ihr eigenes Heim, Clarence House, bezog – es war Philips erstes richtiges Zuhause, seit er im Alter von zehn Jahren Saint-Cloud verlassen musste –, schien das Glück perfekt. Doch die Sorge um Elizabeths Vater überschattete die Harmonie. Von den Kriegsjahren war George VI. immer noch sehr mitgenommen, auch die Reise nach Südafrika 1947 hatte keine Erholung gebracht – im Gegenteil: Bei seiner Rückkehr wog der ohnehin schlanke Monarch fünfzehn Pfund weniger als zuvor. Der König war starker

Raucher, trotz wiederholter Warnungen seiner Ärzte konnte George VI. nicht vom Nikotin lassen. Im November, zwei Tage vor Charles' Geburt, stellte sein Leibarzt Arteriosklerose fest, es drohte die Amputation eines Beines. Im März 1949 wurde der König operiert. »Ich habe keine Angst«, sagte er, doch seine Familie war zutiefst besorgt. Der Eingriff verlief erfolgreich, allmählich kehrte die Lebenskraft des Monarchen zurück. Allerdings musste sich der König in Zukunft noch mehr Schonung auferlegen – für die junge Prinzessin und ihren Gatten bedeutete dies, zusätzliche Pflichten zu übernehmen. Noch immer fiel es Elizabeth schwer, im Rampenlicht zu stehen und großen Menschenmengen zu begegnen. Doch half ihr Philip, wo er konnte, übte mit ihr freies Reden und spornte sie an, sich heiklen Aufgaben zu stellen.

Im Herbst 1949 gab es im Leben von Elizabeth und Philip eine neue Wendung. Mit achtundzwanzig Jahren wurde Philip zum Ersten Offizier und stellvertretenden Kommandeur der *Chequers* ernannt, des Flaggschiffs der vor Malta stationierten britischen Zerstörerflottille. Im November besuchte Elizabeth ihren Mann auf der Mittelmeerinsel – und genoss die Zeit in vollen Zügen. Hier fühlte sich die scheue junge Prinzessin weitgehend unbeobachtet und konnte ein fast normales Leben als Frau eines Marineoffiziers führen. Mit Lord Mountbatten, der ebenfalls auf Malta stationiert und soeben zum Vizeadmiral ernannt worden war, besuchte sie Polospiele, machte mit Philip und Freunden Bootsausflüge, ging schwimmen, shoppen und tanzen. Baby Charles blieb derweil in London bei seinen Großeltern und den Kindermädchen. Nach einer kurzen Stillzeit hatte Elizabeth den kleinen Jungen der Obhut von zwei Säuglingsschwestern anvertraut, die sich rund um die Uhr um ihn kümmerten. »Ich, nicht seine Kindermädchen, werde Mutter des Kindes sein«, hatte die Prinzessin noch vor Charles' Geburt verkündet. Doch die Realität sah anders aus. Ihre Pflichten als Thronfolgerin ließen ihr für die Rolle der Mutter wenig Zeit, oft sahen Philip und Elizabeth ihren Sohn nur am Wochenende. Bei Familien der Oberschicht war dies durchaus nicht ungewöhnlich, Elizabeth selbst war so aufgewachsen, und Philips Eltern hatten ihren Sohn mit zehn Jahren praktisch seinem Schicksal überlassen.

Charles und Anne haben herzlich wenig von ihrer Mutter gehabt. Charles reagierte darauf besonders empfindsam, fühlte sich einsam, geriet rasch aus der Fassung. Emotionalen Halt fand er bei seiner Großmutter und seinem Großonkel, Lord Mountbatten. Bei den Eltern aber: Völlige Fehlanzeige!

Lynn Picknett, Biographin der Windsors

Erst nach fünf Wochen kehrte Elizabeth von Malta zurück. Doch statt sofort nach Sandringham zu eilen, wo ihr kleiner Sohn untergebracht war

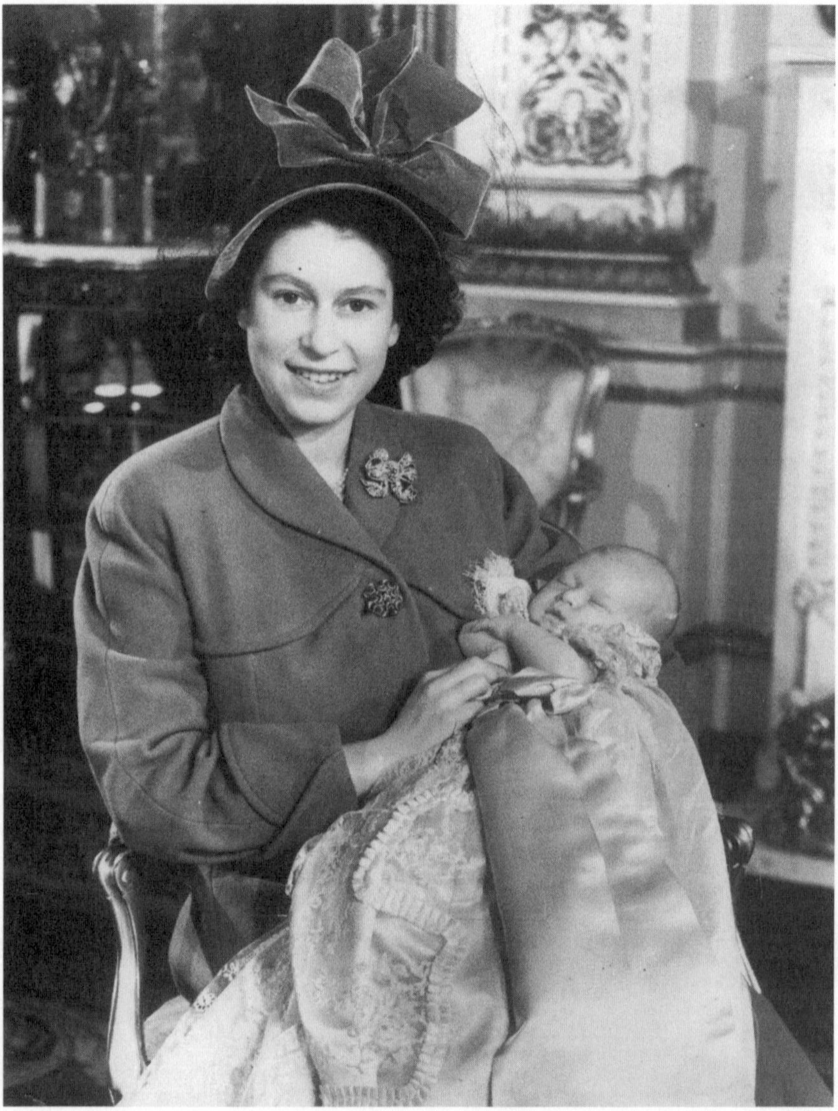

»Hellauf begeistert über den Stammhalter«: Elizabeth mit dem wenige Wochen alten Charles, Dezember 1948

und auch das Weihnachtsfest verbracht hatte, blieb Elizabeth vier Tage in London, um einen »Riesenberg von Post« zu erledigen – und ein Pferderennen zu besuchen. Es sollte nicht das letzte Mal gewesen sein, dass Charles auf die Anwesenheit seiner Mutter verzichten musste. Ihr Leben lang rang Elizabeth damit, gleichermaßen ihren Verpflichtungen als Prinzessin, Köni-

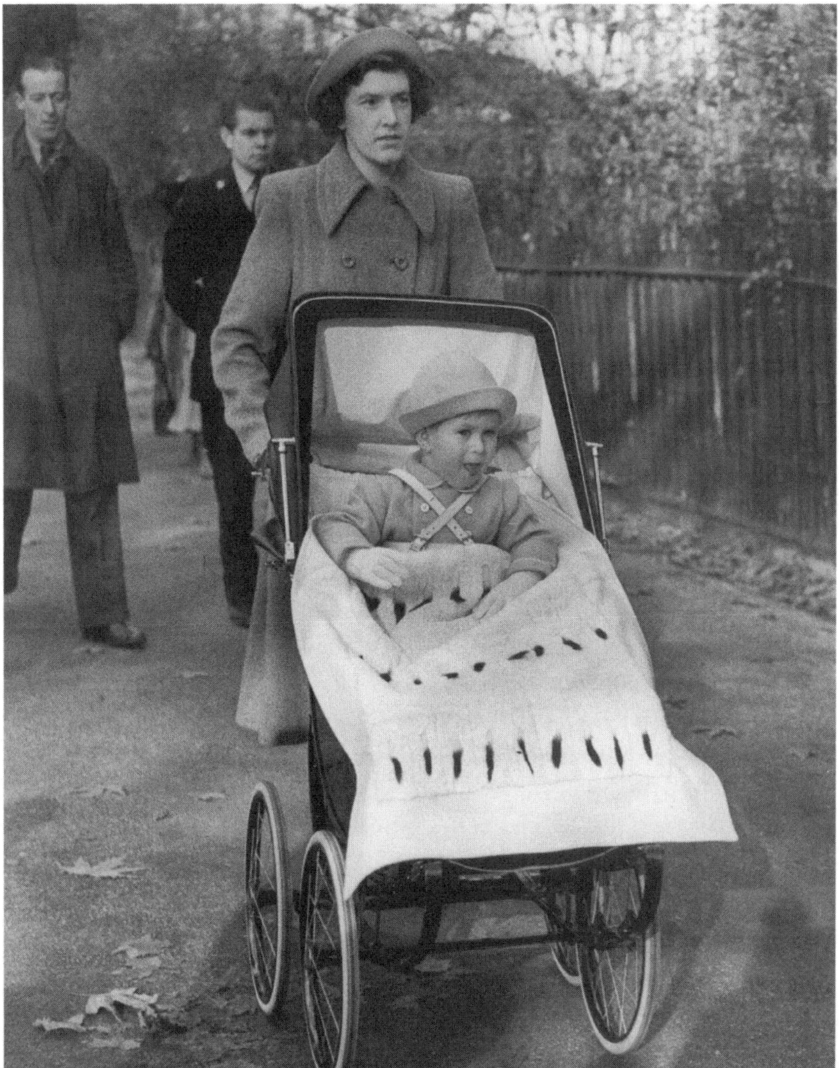

»Wenig Zeit für die Mutterrolle«: Elizabeth überließ den kleinen Prince Charles meist der Obhut von Kindermädchen (Foto von November 1950)

gin, Ehefrau und Mutter gerecht zu werden – und immer wieder blieben ihre Kinder dabei auf der Strecke.

Auf Malta war Elizabeth ein zweites Mal schwanger geworden. Noch zweimal besuchte die Prinzessin ihren Mann auf der sonnigen Insel. Sie erlebten dort die glücklichste Zeit ihrer Ehe, genossen die Stunden fernab

Ihre Hunde und Pferde hat sie oft den eigenen Kindern vorgezogen.

James Whitaker, Hofberichterstatter

Hier war Elizabeth eine ganz normale Offiziersfrau. Das brauchte sie gar nicht vorzutäuschen. Sie lebte es selbst vor und genoss jede Minute davon.

Jane Savage, Tochter von Philips Flottenkommandeur auf Malta

jeder höfischen Etikette und königlichen Pflicht. Erst im Juli 1950 kehrten beide nach London zurück; am 15. August erblickte die kleine Anne Elizabeth Alice Louise in Clarence House das Licht der Welt. Nur zwei Wochen später reiste Philip wieder ab, im Dezember folgte ihm Elizabeth nach Malta. Auch sein drittes Weihnachtsfest verbrachte Charles ohne Mutter und Vater bei den Großeltern in Sandringham, diesmal allerdings zusammen mit seiner vier Monate alten Schwester Anne.

Für Elizabeth und Philip sollte die Zeit der Freiheit nur von kurzer Dauer sein. Der Gesundheitszustand des Königs verschlechterte sich rapide, im September 1951 unterzog er sich einer weiteren Operation. Bei dem Eingriff wurde ein bösartiger Tumor auf der Lunge entdeckt. Die Prognose für den Monarchen sah düster aus: »Selbst wenn er sich erholt, hat er kaum noch länger als ein Jahr zu leben«, befürchtete einer seiner Ärzte. Elizabeth kehrte von Malta nach England zurück – diesmal endgültig. »Man bringt den Vogel wieder in den Käfig zurück«, meinte Lord Mountbattens Frau Edwina, als die Prinzessin abreiste. Im Oktober traten sie und Philip für den erkrankten Monarchen einen Staatsbesuch nach Kanada an. Im Gepäck des Privatsekretärs der Prinzessin befanden sich bereits alle für eine Thronbesteigung notwendigen Dokumente. Über Elizabeth hing dieses Ereignis, dem der Tod ihres Vaters vorausgehen musste, wie ein Damoklesschwert. »Warum lacht sie nicht öfter?«, fragten die Kanadier, denen die häufig ernste Miene der britischen Thronerbin missfiel. Weihnachten 1951 war die königliche Familie zum letzten Mal vereint. Das Befinden des Königs hatte sich dramatisch verschlechtert. Seine Weihnachtsansprache, die er sonst immer »live« gehalten hatte, wurde diesmal aufgezeichnet. Auch den lange geplanten

Für uns war Elizabeth schlicht die Frau eines Marineoffiziers – und so begegneten wir ihr auch: nachbarschaftlich, nicht wie jemandem von königlichem Geblüt. Sie hat das genossen und sich genauso verhalten. Wenn Philip nach ein paar Tagen auf See wieder im Hafen einlief, dann erwartete sie ihn schon, schaute voller Ungeduld aus dem Fenster und rannte zur Tür, um ihn zu empfangen.

John Mizzi, Journalist und Nachbar auf Malta

»Die glücklichste Zeit ihres Lebens«: Prinz Philip im Oktober 1949 als Marineoffizier auf Malta

Staatsbesuch nach Australien und Neuseeland überließ er Elizabeth und Philip.

Am 31. Januar 1952 begleitete der Monarch die Prinzessin und ihren Mann zum Flughafen Heathrow, von wo die beiden nach Kenia, der ersten

Sie hat ihren Vater zutiefst geliebt. Es gibt Aufnahmen, auf denen der Wind ihm das Haar ins Gesicht bläst, und Elizabeth streicht ihm das Haar zurück. Sie macht das so liebevoll...

Ben Kingsley, britischer Schauspieler

Station ihrer langen Reise, aufbrechen sollten. Beim Abschied von seiner geliebten ältesten Tochter wirkte der Monarch seltsam starr. »Ich glaube, er wusste, dass er nicht mehr lange zu leben hatte«, erinnerte sich Winston Churchill später, der Augenzeuge der Szene wurde. Sechs Tage später, frühmorgens am 6. Februar 1952, verschied der Monarch auf Schloss Sandringham friedlich im Schlaf. Prinzessin Elizabeth befand sich zu diesem Zeitpunkt fernab im ostafrikanischen Buschland Kenias, rund hundertfünfzig Kilometer von Nairobi entfernt. Ein Ausguck namens »Treetops Hotel« war in die Krone eines gewaltigen Feigenbaums gebaut, von dort oben beobachteten Philip und Elizabeth in der Stille des Morgenanbruchs wilde Tiere. Anschließend kehrten sie zur Sagana Lodge zurück, ihrem kenianischen Hochzeitsgeschenk, um sich für die weitere Etappe ihrer Reise vorzubereiten. Es war Philip, der seiner Frau um 14.45 Uhr Ortszeit mitteilte, dass sie in der Heimat in Kürze »in absentia« zur Königin ausgerufen werde. Die offiziellen Telegramme aus dem Buckingham Palace an die britische Botschaft in Nairobi waren dort schlicht ignoriert worden. Journalisten hatten jedoch Kurzwellennachrichten gehört und daraufhin die Reisegesellschaft informiert. Dem Vertrauten Philips, Mike Parker, gelang es, den Herzog beiseite zu ziehen und über den Tod seines Schwiegervaters in Kenntnis zu setzen. »Er sah aus, als sei die Welt über ihm zusammengebrochen«, schilderte Parker den Moment. »In meinem ganzen Leben hat mir noch niemand so Leid getan.« Wie Elizabeth reagierte, als Philip ihr die Botschaft vom Tod des geliebten Vaters überbrachte, weiß niemand außer den beiden. Als die neue Königin Großbri-

Philips Privatsekretär sagte: »Sir, ich habe schlechte Nachrichten. Ich erfahre soeben, dass der König tot ist.« Philips Gesicht sackte vornüber auf die Zeitung. Er murmelte nur: »Mein Gott, das wird ein Schock für sie sein.« Dann rappelte er sich hoch, ging zu seiner Frau ins Wohnzimmer und schlug ihr einen gemeinsamen Spaziergang im Garten vor. Nach etwa zehn Minuten waren beide zurück. Ich ging auf Elizabeth zu, umarmte sie, gab ihr einen Kuss und stammelte nur: »Oh, ist das alles furchtbar!« Plötzlich dämmerte mir: »Mein Gott, da steht die leibhaftige Königin vor dir!« Dann nahm ich mich zusammen und machte einen tiefen Knicks.

Pamela Hicks, Hofdame der Queen

tanniens die Sagana Lodge verließ – noch immer in legerer Kleidung –, wirkte sie «sehr gefasst« und war »ganz Herrin der Situation«. Die anwesenden Journalisten respektierten ihre Bitte, keine Fotos zu machen.

Ihr war klar, dass sie eines Tages Königin werden würde, aber sie dachte wohl auch, bis dahin wäre noch viel Zeit.

Margaret Rhodes, Nichte von Königin Elizabeth

Jemand, der ihr sehr nahe steht, sagte einmal: »Ihr würdest du auch nichts anmerken, wenn gerade ihre Mutter gestorben wäre.«

Harry Arnold, Hofberichterstatter

Das erste Foto der neuen Königin wurde tags darauf am Flughafen Heathrow aufgenommen, auf dem Elizabeth noch wenige Tage zuvor von ihrem Vater Abschied genommen hatte. Nun stieg sie in Trauerkleidung die Gangway hinab – fünfundzwanzig Jahre jung, aufrecht und schön. Winston Churchill, den mit Elizabeths Vater eine enge Freundschaft verbunden hatte, begrüßte die junge Königin als Erster. Überwältigt von seinen Gefühlen, verbeugte sich der große Brite stumm vor seiner Monarchin, während ihm Tränen über die Wangen liefen. Im Buckingham Palace wurde die Queen bereits vom Privatsekretär ihres verstorbenen Vaters mit einem Stapel Dokumente erwartet, die Elizabeth unterzeichnen musste. Wenig später traf Königin Mary ein, die Mutter des Verstorbenen. Statt ihre Enkelin zu umarmen, wie es in jeder anderen Familie üblich gewesen wäre, huldigte die Vierundachtzigjährige der neuen Königin: »Ihre alte Großmutter und Untertanin muss ihr als Erste die Hand küssen«, meinte sie. In diesem Moment verlor Elizabeth ihre mühsam aufrecht erhaltene Fassung, Tränen schossen in ihre Augen. »Für die junge Königin war dies ein Augenblick, der ihre Zurückhaltung und ihre Entschlossenheit auf eine schwere Probe stellte, aber sie wollte sich so tapfer zeigen, wie es ihr geliebter Vater getan hätte«, schilderte ihr Privatsekretär Baron Michael Charteris die Szene. Das Ableben ihres Vaters bedeutete den bis dahin schmerzlichsten und schwersten Verlust in Elizabeths Leben und markierte einen abrupten Übergang in eine neue, beängstigende Welt voller Aufgaben und Pflichten.

Am 2. Juni 1953 regnete es in Strömen. Dennoch säumten Hunderttausende Schaulustiger jene Straßen Londons, die der Festzug mit der neuen Queen passieren musste. Rund eine Million Menschen waren in die britische Hauptstadt gekommen, um der feierlichen Krönung Elizabeths II. beizuwohnen – einem Spektakel, das wegen seiner barocken Pracht und der mittelalterlich anmutenden Zeremonie seltsam anachronistisch wirkt, von dem dennoch eine große Faszination ausgeht. Die Vorbereitungen zu den

Oben: »Sie wollte sich so tapfer zeigen wie ihr Vater«: Elizabeth kehrt am 7. Februar 1952 als designierte Königin von ihrer Afrikareise zurück
Unten: »Unglaublich bewegender Moment«: Der Erzbischof von Canterbury setzt Elizabeth am 2. Juni 1953 die Krone aufs Haupt

»Im Leben wie im Sterben gegen jedermann mit Glauben und Treue zur Seite stehen«: Auch Elizabeths Ehemann Philip huldigt der neuen Königin

Krönungsfeierlichkeiten hatten den Hof und die britische Bevölkerung monatelang in Atem gehalten. Besonders diskutiert wurde der Familienname, den das Königshaus in Zukunft tragen sollte. Ins Rollen gekommen war die Debatte, als Philips Onkel Dickie wenige Tage nach dem Tod Georges VI. triumphierend verkündet hatte, dass nunmehr das Haus Mountbatten regiere. Streng genommen hatte Lord Mountbatten Recht, da alle Familien damals noch den Namen des Ehemanns trugen. Doch weder Königin Mary, deren Mann George V. im Jahr 1917 das Haus Windsor gegründet hatte, noch der britische Premier Churchill waren gewillt, dies so zu akzeptieren. Nach einer Kabinettssitzung wurde »Ihrer Majestät« mitgeteilt, dass man der Ansicht sei, »der Familienname Windsor solle beibehalten werden«. Sechs Wochen und endlose Diskussionen später gab Elizabeth II. vor dem Kronrat ihre Entscheidung bekannt: »Hiermit erkläre ich es als meinen Willen und meine Freude, dass ich und meine Kinder als Haus und Familie Windsor tituliert und angeredet werden sollen und dass auch meine Nachfahren bei ihrer Heirat sowie deren Kinder den Namen Windsor tragen werden.« Philips Wille freilich war dies nicht. Er »schäumte«, wie es sein Freund und Vertrauter Mike Parker beschrieb. Mehrfach soll es wegen des Familiennamens in den Schlafzimmern des Königspaares zu lautstarken Auseinandersetzungen gekommen sein. Dabei ging es Philip nicht um den Namen »Mountbatten« an sich – es war dies die anglisierte Form des Familiennamens seiner Mutter, auf den er keinen sonderlichen Wert legte. Was Philip in seiner männlichen Ehre kränkte, war vielmehr die Tatsache, dass er das Recht verlor, als Vater seinen Namen an seine Kinder weiterzugeben. Doch Elizabeths Entscheidung stand fest – damit zeigte sie allen, auch ihrem Ehemann, dass die Staatsräson für sie oberste Priorität hatte. Erst 1960, nach der Geburt ihres zweiten Sohnes Prinz Andrew, kam die Queen ihrem Ehemann ein wenig entgegen, indem sie erklärte, dass ihre Nachkommen – sofern nicht königlich – sich nunmehr Mountbatten-Windsor nennen könnten.

Eine weitere hitzige Debatte im Vorfeld der Krönung drehte sich um das Thema Öffentlichkeit. Das Fernsehen hatte längst seinen Siegeszug als Massenmedium angetreten. Nun stand die Frage im Raum, ob Kameras im Inneren der Westminster Abbey das stundenlange Zeremoniell weltweit live in die Wohnzimmer der Menschen übertragen sollten. Elizabeth – wie stets Bewahrerin der Traditionen – war strikt dagegen, »das mystische und magische Element des Königtums« der Öffentlichkeit preiszugeben. Einige Teile der Zeremonie erschienen ihr als zu würdevoll, um sie von Fernsehkameras entweihen zu lassen. Auch Churchill stellte sich auf die Seite seiner Monarchin, er glaubte, eine Liveübertragung sei eine zu große psychische Belastung für die junge Frau. Philip, dem Elizabeth die Organisation des Ereignisses übertragen hatte, war als Modernist zwar allem Neuen gegenüber aufgeschlossen, doch mochte auch er seiner Frau diese Bürde nicht zusätzlich aufladen. Als bekannt wurde, dass in der Westminster Abbey keine Filmaufnahmen zugelassen sein würden, erhob sich ein Sturm des öffentlichen Protestes. »Lasst das Volk die Königin sehen!«, forderten die Medien. Schließlich gab die Monarchin dem Druck der Straße nach – wenn auch mit Einschränkungen. So wurden keine Nahaufnahmen der Monarchin erlaubt, einige Rituale von der Übertragung ausgenommen. Einmal mehr hatte die Königin ihre eigenen Wünsche zugunsten der Staatsraison zurückgestellt.

Am Tag der Krönung verfolgten rund siebenundzwanzig Millionen Briten in überfüllten Wohnzimmern, Rathaussälen und Schulgebäuden, wie ihre junge Königin feierlich den langen Mittelgang der Westminster Abbey zum Altar hinschritt, den Krönungseid leistete und anschließend gesalbt wurde. Weitere Millionen saßen gebannt vor den Fernsehern in Europa und den USA, es war das erste globale Medienereignis des zwanzigsten Jahrhunderts. Dabei zeigten die Kameras minutenlang das ernste, schöne Gesicht Elizabeths – entgegen allen Absprachen. »Es überwand die alten Regeln und schuf neue Regeln für sich selbst«, schrieb der Queen-Biograph Robert Lacey über das Medienspektakel. »Bleib dran, werde persönlich. Fernsehen hatte keine Grenzen mehr als die Macht seiner Bilder.«

Ausgestattet mit den Insignien ihrer Königswürde, zwei Zeptern, von denen eines mit dem größten Diamanten der Welt, dem »Stern von Afrika«, geschmückt ist, einer königlichen Robe aus rotem Samt und der schweren, aus massivem Gold gearbeiteten Krone, nahm Elizabeth II. auf ihrem Thron die Huldigungen ihrer Untertanen entgegen. Auch ihr Ehemann Philip kniete vor seiner Frau und Königin nieder, legte seine Hände in ihre und gelobte feierlich: »Ich, Philip, Herzog von Edinburgh, werde hiermit Euer Lehnsmann mit Leib und Gliedern und voll der irdischen Verehrung; und ich will Euch im Leben wie im Sterben gegen jedermann mit Glauben und Treue zur Seite stehen. So wahr mir Gott helfe.« In einem schlichten weißen Gewand und einer goldenen Tunika nahm die junge Königin das Staatsschwert entgegen und legte es auf dem Altar ab – der symbolische Schlussakt der stundenlangen Krönungszeremonie. Damit wurde die Siebenundzwanzigjährige zur Herrscherin des Vereinigten

In diesem Moment wirkte sie so verletzlich – dieses hübsche junge Mädchen von beinahe schmächtiger Statur. Es war ein unglaublich bewegender Moment.

Jane Rayne, Vertraute der Queen

Oben: »Anachronistisches Spektakel«: Die Kutsche Königin Elizabeths passiert den Piccadilly Circus in London
Unten: »Ruhig und beherrscht«: Auf dem Balkon des Buckingham Palace präsentiert sich die neue Königin ihrem Volk. Zwischen ihr und Philip die Kinder Charles und Anne

Oben: »Das erste globale Medienereignis des 20. Jahrhunderts«: Zum ersten Mal übertrug das Fernsehen eine Königskrönung live
Unten: Blaublütige Beobachter der Krönung Elizabeths: Rechts ihre Mutter mit Prince Charles, links dahinter im Habit einer Nonne Philips Mutter Alice

> *Für Philip brach eine Welt zusammen. Mit einem Schlag hatte er nicht nur seine Unabhängigkeit verloren, sondern musste auch seine Karriere aufgeben, die ihm alles bedeutete. Ab sofort bestand sein Job nur noch darin, immer einen Schritt hinter seiner Frau herzutrotten.*
> Sarah Bangour, Biographin der Queen

Königreichs von Großbritannien und Nordirland und Oberhaupt des Commonwealth.

Elizabeths Martyrium, die Anspannung der letzten Monate, schien in diesem Moment von ihr abzufallen. Ruhig und beherrscht präsentierte sich die Königin wenig später ihrem jubelndem Volk auf dem Balkon des Buckingham Palace, an ihrer Seite die Kinder Charles und Anne und ihr Ehemann Philip. Die Bilder der lächelnden Königin und ihrer Familie sollten um die ganze Welt gehen. Es schien, als sei ein Märchen wahr geworden. Mit ihrer Thronbesteigung zeigte Elizabeth neue Gelassenheit und erhebliches Selbstvertrauen. »Ich bin nicht mehr verängstigt oder beunruhigt«, vertraute sie einer Freundin an. »Ich weiß nicht, woran es liegt, aber ich habe irgendwie meine ganze Schüchternheit verloren, während ich Königin wurde.« Fünfzehn Jahre lang war Elizabeth auf diese Rolle vorbereitet worden, hatte beobachtet, wie ihr Vater sein Leben der Idee des Königtums widmete. Elizabeth war entschlossen, es ihm gleichzutun und ihre Pflicht zu erfüllen, wie man es von ihr erwartete.

Philip jedoch litt unter seiner neuen Rolle an der Seite der Queen. Das frisch erlangte Selbstbewusstsein seiner Frau irritierte ihn, er fühlte sich mehr und mehr nutzlos und seiner Identität beraubt. »Ich bin nur eine Amöbe«, hörte man ihn klagen. Das erstickende Leben im Buckingham Palace, das Philip seit jeher gehasst hatte, ließ seinen ruhelosen Charakter rebellieren. »Das ist verdammt noch mal das zwanzigste Jahrhundert, nicht das neunzehnte!«, schimpfte er und versuchte, die verkrusteten Strukturen im Palast aufzuweichen. Die permanente Anwesenheit königlicher Hausangestellter verärgerte den Herzog, der gewohnt war, sich um seine Belange persönlich zu kümmern. Er bestand darauf, seinen Wagen selbst zu steuern, und ließ in seine Räume eine kleine Küche einbauen, da er es satt hatte, wegen jeder Tasse Tee zuerst in der Küche anrufen und dann oft stundenlang warten zu müssen. Als Philip im Januar 1953 zum Flottenadmiral ernannt wurde, empfand er die Beförderung nur als schwachen Trost – ihm war klar, dass er diesen Titel nicht seinen Verdiensten verdankte, sondern ihn zugesprochen bekommen hatte, weil er mit der Queen verheiratet war. Der »inner circle« des königlichen Hofes hatte ihn indes noch immer nicht als einen der Ihren akzeptiert. Seine unkonventionelle Art, seine Auffassung von einem modernen Königtum, seine direkte Ausdrucksweise ließen ihn immer wieder bei den Höflingen anecken. Nach wie vor behandelten sie Philip wie einen Außenseiter und achteten darauf, dass sich der Prinzgemahl – seit 1957 trug er diesen Titel – nicht in die Staatsgeschäfte einmischte. Philips einzige verfassungsmäßige Funktion war die eines »Privy Councillor«, eines internen Beraters. Staatspapiere bekam er nicht zu lesen. Zu den gemeinnützigen Aufgaben, die Elizabeth ihrem Mann übertrug, suchte sich Philip eigene, neue hinzu. So kümmerte er sich um die Umgestaltung der königlichen Yacht, unterstützte den Bau von Sportplätzen und initiierte den »Duke of Edinburgh Award«, ein Förderprogramm für Jugendliche.

In diesem Augenblick wird Philip zu einem Nobody. Er ist nur noch Ehemann. Er muss sich eine Aufgabe suchen.

Dennis Judd, Biograph von Prinz Philip

Der Herzog von Edinburgh ist stets er selbst, ganz gleich, wann man ihn trifft. Er fühlt sich wohl in seiner Rolle, ist kontaktfreudig und nimmt kein Blatt vor den Mund.

Gyles Brandreth, Freund von Prinz Philip

Mochten ihn solche Aufgaben vielleicht auch »beschäftigt« halten, eine Bestätigung seines männlichen Ego konnten sie nicht sein. Die suchte er mit seinem alten Freund und Vertrauten Mike Parker immer öfter auf anderem Gebiet. Stets hatte es der attraktive Marineoffizier genossen, von schönen Frauen bewundert zu werden. Seit er mit der Queen verheiratet war, war seine Anziehungskraft auf das weibliche Geschlecht nicht geringer geworden. Auf der neu ausgestatteten *Britannia* machten sich er und Parker zu neuen Ufern auf, feierten ausgelassen an Bord der königlichen Yacht – auch

Philip verachtete all die Hofschranzen und Lakaien, die mit ihren gepuderten Perücken im Buckingham Palace herumliefen und weiter nichts zu tun hatten, als einen Quadratmeter Teppich sauber zu halten oder eine Tür auf- und zuzumachen. Und als Philip es nicht mehr ertragen konnte, explodierte er. Er brüllte einen dieser Kerle an: »Schau her, ich habe Hände, ich krieg die Tür auch alleine auf!« Er hasste diesen überholten zeremoniellen Unsinn, der jeder noch so unbedeutenden Handlung bei Hofe innewohnte.

Lynn Picknett, Biographin der Windsors

»Was das wilde Leben angeht, sind wir unschuldig«: Philip (hier Ende 1951 mit Frank Sinatra) war als eifriger Partygänger bekannt

in Begleitung von Damen. Als der Herzog von Edinburgh einmal von einer monatelangen Reise mit erheblicher Verspätung zurückkehrte, wurde dies von der Sensationspresse als Zeichen einer Ehekrise gewertet. Bis heute ist umstritten, ob es der Gemahl der Queen mit der ehelichen Treue so genau genommen hat. Nicholas Davies, Journalist und Verfasser mehrerer Bücher über das britische Königshaus, ist überzeugt, dass Philip eine Reihe von Affären hatte. Mit seinem besten Freund und Privatsekretär Mike Parker war der Herzog von Edinburgh kurz nach dem Krieg einem »Herrenclub« beigetreten, dessen Mitglieder sich stets donnerstags in Lokalen der Londoner Innenstadt trafen. Bei gutem Essen und reichlich Alkohol erzählten sich die Mitglieder, darunter die Schauspieler Peter Ustinov und David Niven, blumige Geschichten und tauschten schmutzige Witze aus. Manchmal soll es vorgekommen sein, dass die Zusammenkünfte in kleinem Kreis im Luxusappartement von David Milford Haven, Philips Cousin, fortgesetzt wurden – nun auch in weiblicher Gesellschaft. Mit Spielen wie »Jag die Hexe« oder »Finde die Dame« vergnügten sich die Herren angeblich bis in die Morgenstunden, auch in den Schlafzimmern der Wohnung. Als der »Thursday Club« immer mehr in das Visier der Presse geriet, wagte der Privatsekretär des Herzogs von Edinburgh die Flucht nach vorn: »Wir haben den Ruf, ziemlich ausgelassen zu sein. Doch in Wahrheit haben wir nur ein bisschen Spaß und sprechen mit Leuten, die wissen, was vor sich geht. Der Donnerstagabend ist ein großartiger Umschlagplatz für alle Neuigkeiten, und die Behauptung, es fänden lediglich Trinkorgien statt, ist absoluter Quatsch. Die Leute werden sehr lustig, aber nie betrunken. Was das wilde Leben angeht, sind wir unschuldig. Was die Frauen angeht, auch«, nahm er seinen Chef in Schutz. Dennoch wollten die Gerüchte nicht verstummen. Auch die Schauspielerin Merle Oberon soll eine der Geliebten Philips gewesen sein. Die indische Schönheit war Philip 1956 von seinem Onkel Dickie Mountbatten vorgestellt worden. In ihrem Haus in Mexiko, dem sie den Namen »Ghalal« – »Liebe« – gegeben hatte, verbrachten sie und Philip angeblich romantische Stunden. »Ganz offensichtlich funkte es sexuell zwischen den beiden«, behauptete John Barratt, der Privatsekretär Lord Mountbattens, später. »Die beiden benahmen sich so.«

In einem Appartement am Londoner Belgrave Square soll sich Philip mit weiteren Geliebten, darunter der blonde britische Fernsehstar Katie Boyle, heimlich getroffen haben, um mit diesen »die tollsten Zeiten« zu verbringen, wie es ein langjähriger Freund Philips ausdrückte. Natürlich erfuhr auch die Queen davon, doch stellte sie sich weiterhin bedingungslos vor ihren Ehemann. »Never complain, never explain«, lautet eine alte Hofweisheit – »niemals klagen, niemals erklären«. Elizabeth II. hält sich bis heute strikt daran. Eine Scheidung stünde für die Queen ohnehin nicht zur Debatte. Selbst ein Streit in der Öffentlichkeit ist den Royals nach dem »Royal Marriages Act« verboten.

Nur einmal soll eine Liebschaft Philips ihr sonst unerschütterliches Vertrauen ernsthaft ins Wanken gebracht haben. Der Journalist Nicholas Davies nennt es das »wahrscheinlich bestgehütete Geheimnis« der königlichen Familie; gemeint ist die angebliche Affäre mit Prinzessin Alexandra von Kent, einer Cousine Elizabeths. Alexandra, 1936 geboren, ist eine Tochter des jüngeren Bruders von König George VI. Als enges Familienmitglied war sie 1947 eine von Elizabeths Brautjungfern und begleitete das Paar An-

Philip, der Frauenheld: Das ist ein äußerst pikantes Kapitel! Mittlerweile herrscht Einigkeit darüber, dass er reihenweise Ehebruch begangen hat. Die Queen wusste das, aber sie konnte nichts dagegen unternehmen.

Nicholas Davies, Experte des Königshauses

Niemals hätte die Queen ernsthaft eine Scheidung von Philip in Betracht gezogen. Sie ist eine Traditionalistin und der Meinung, dass eine Ehe fürs Leben geschlossen wird. Komme, was da wolle!

Nicholas Davies, Experte des Königshauses

fang 1953 auf einer Reise ins Mittelmeer. Bei der »Cowes Week« Mitte der fünfziger Jahre, einer jährlich stattfindenden traditionellen Segelregatta, soll sich aus der großen Sympathie zwischen Alexandra und Philip eine Liebesbeziehung entwickelt haben. Befand sich die Queen auf Reisen, so tauchte Alexandra im Buckingham Palace oder in Windsor Castle auf. »Ich weiß nicht, wie die beiden, Alex und Philip, das machen«, wunderte sich Sergeant Ron Lewis, der Gepäckmeister der Königspaares, einmal. »Sie verbringen so viel Zeit zusammen und wirken immer wie die Turteltauben.« Die Liaison löste angeblich eine schwere Familienkrise aus, Elizabeth suchte Trost und Hilfe bei Lord Mountbatten. Der soll ihr geraten haben, Philip sich austoben zu lassen. Er rechne damit, dass das Verhältnis bald ein Ende nehmen werde. Doch diesmal sollte Onkel Dickie nicht Recht behalten. Alexandra und Philip blieben angeblich zwanzig Jahre lang ein heimliches Liebespaar.

Die fünfziger Jahre sollten für Philip und Elizabeth schwierig bleiben. Eine sechsmonatige Reise durch die Commonwealth-Länder im Krönungsjahr kostete viel Kraft – und trennte sie lange von den Kindern. Auf Gibraltar sollten Anne und Charles an Bord der *Britannia* gehen, um die Eltern auf dem letzten Abschnitt ihrer Reise zu begleiten. Als der kleine Charles im Hafen auf seine Mutter zulief, wies diese ihn jedoch mit den Worten zurück: »Nein, nicht du, mein Lieber« und wandte sich einer Reihe von Würdenträgern zu, an denen sich Charles vorbeigemogelt hatte. Dem Protokoll wurde Elizabeth mit diesem Verhalten zwar gerecht, doch brachte ihr diese Szene bei den Untertanen viel Kritik ein. Dennoch wurde das königliche Paar bei seiner Heimkehr in London mit Jubel begrüßt. Hier sah sich Elizabeth mit dem nächsten innerfamiliären Problem konfrontiert. Schon vor der Krönung hatte Prinzessin Margaret ihrer Schwester mitgeteilt, dass sie beabsichtige, den Luftwaffenoffizier Peter Towsend zu ehelichen. Der ehemalige Adjutant ihres Vaters und die Prinzessin kannten sich seit 1944, doch war Towsend damals noch verheiratet. Selbst nachdem sich Townsend hatte scheiden lassen, gestattete der »Royal Marriages Act« es Prinzessin Margaret nicht, ihn zu heiraten. Auch war der Zeitpunkt – das Krönungsjahr 1953 – für eine solch heikle Romanze denkbar ungeeignet. Die Queen bat ihre Schwester, einstweilen von ihren Heiratsplänen Abstand zu nehmen und bis zu ihrem fünfundzwanzigsten Geburtstag zu warten. Dann würde Margaret nach dem Gesetz volljährig sein und selbst entscheiden können. Die jüngere Schwester fügte sich – scheinbar. Doch dann zupfte Margaret am Krönungstag einen Fussel von der Uniform ihres heimlichen Verlobten – ganz unverhohlen, ganz langsam, ganz bewusst. Eine so vertraute Geste musste von der Öffentlichkeit entsprechend verstanden werden – der Skandal war perfekt. Peter Towsend wurde nach Brüssel versetzt, doch blieben Margaret und er weiter in engem Kontakt. Immer wieder wurde Margaret bei Hofe daran erinnert, dass eine Heirat mit Townsend den Verlust aller Privilegien, Titel und Einkünfte nach sich ziehen würde. Als sich schließlich auch die Regierung gegen eine derartige Verbindung aussprach und die Romanze immer mehr in die öffentliche Debatte geriet, traf Margaret eine schmerzliche Entscheidung. »Ich möchte zur Kenntnis geben, dass ich mich entschlossen habe, Colonel Peter Towsend nicht zu heiraten«, gab sie am 31. Oktober 1955 bekannt. »Ich bin vollkommen allein zu diesem Entschluss gelangt, und dabei bin ich unterstützt worden durch die ungebrochene Unterstützung und Hingabe von Colonel Townsend. Ich bin zutiefst dankbar für das Mitgefühl derer, die beständig für mein Glück gebetet haben.« Doch das Glück sollte auch in Zukunft nicht mit der Prinzessin sein. Im Mai 1960 heiratete Margaret den Gesellschaftsfotografen Anthony Armstrong-Jones, Lord Snowdon, mit dem sie zwei Kinder bekam; 1976 wurde die Ehe geschieden. Peinliche Affären, Alkoholexzesse und Krankheiten markierten fortan das Leben der jüngeren Schwester der Queen. Im Februar 2002 starb Prinzessin Margaret, ausgezehrt von der erfolglosen Suche nach dem Glück.

Ihrer älteren Schwester Elizabeth hingegen gelang es, ihre Ehe mit Philip zu stabilisieren. Im Laufe der Jahre lernten beide, sich ihre Freiräume zu bewahren und gegenseitig in ihren Aufgaben zu unterstützen. Als im Februar

Die Erinnerung an die Abdankung Edwards VIII. war einfach noch zu frisch. Damals hatte Elizabeths Onkel den Thron zugunsten einer geschiedenen Amerikanerin im Stich gelassen und damit die Existenz der Monarchie aufs Spiel gesetzt. Elizabeth hatte sich daraufhin geschworen, das Überleben der Krone durch striktes Festhalten an einem altertümlichen Moralkodex zu sichern.
Piers Brendon, Biograph der Queen

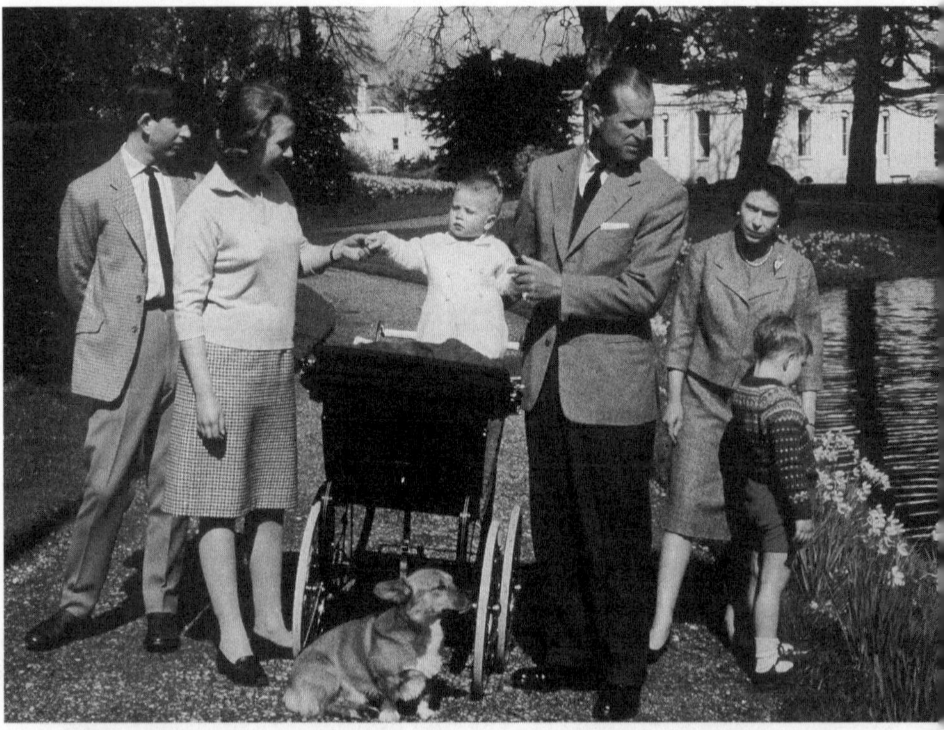

»Die glücklichen Jahre?«: Die königliche Familie im Jahr 1965: Charles, Anne, Edward, Philip, Elizabeth und Andrew (von links nach rechts)

1960 ihr drittes Kind, Prinz Andrew, geboren wurde, verstand man dies allgemein als Zeichen einer wiedererstarkten Beziehung. 1963 senkte sich allerdings noch einmal ein Schatten auf das neue Glück, als Philips Name in der »Profumo-Affäre« genannt wurde: Dem damaligen britischen Kriegsminister John Profumo war Anfang der sechziger Jahre auf einer Wochenendparty in Cliveden durch den Maler und Osteopathen Stephen Ward ein bildhübsches Model zugeführt worden. Christine Keeler, so hieß die zwanzigjährige Schönheit, schlief mit dem Kriegsminister – doch nicht nur mit ihm. Auch Jewgenij Iwanow, angeblich Militärattaché der sowjetischen Botschaft, wahrscheinlich jedoch ein Spion Moskaus, war häufig Gast bei Ward und der schönen Lolita verfallen. Als die Dreiecksbeziehung ans Licht kam, war der Skandal perfekt. Keeler wurde unterstellt, Profumo Dienstgeheimnisse entlockt zu haben – im Auftrag Wards

Die Queen und Prinzessin Margaret waren völlig unterschiedliche Charaktere. Manchmal trieb Margaret die Ältere fast zur Verzweiflung, aber sie waren Schwestern.

Margaret Rhodes,
Nichte von Königin Elizabeth

»Ungebrochene Unterstützung und Hingabe«: Prinzessin Margaret Ende Oktober 1955 nach einem letzten Treffen mit Peter Townsend (hinten ein gemeinsamer Freund der beiden)

und Iwanows. Aus heutiger Sicht handelt es sich eher um eine Sex- als um eine Spionageaffäre. Doch in Zeiten des Kalten Krieges genügte die Vorstellung, dass ein Sowjetspion und ein Minister der Regierung Ihrer Majestät ein und dasselbe Bett – und Mädchen – teilten, um die Wogen öffentlicher Erregung hochschlagen zu lassen. Als Profumos Behauptung vor dem

Parlament, nichts »Unschickliches« mit Christine Keeler getan zu haben, als Lüge entlarvt wurde, musste der Kriegsminister seinen Hut nehmen.

Auch der Herzog von Edinburgh war gelegentlich bei Wards Partys zu Gast gewesen. Wieder einmal kursierten Gerüchte über Philips außereheliches Sexleben. Doch die Queen ließ sich in ihrer Haltung zu ihrem Ehemann durch nichts erschüttern. Am 10. März 1964 kam – wie zur Bestätigung ihrer stabilen Ehe – Prinz Edward zur Welt. Im Rückblick werden die sechziger Jahre von Menschen, die dem königlichen Paar nahe stehen, als die »vielleicht glücklichsten« bezeichnet. Anders als bei ihren Kindern Charles und Anne waren Elizabeth und Philip inzwischen routinierter in der Wahrnehmung ihrer Pflichten und konnten die »zweite Familienperiode« mehr genießen.

Während die königliche Familie eine Phase der Konsolidierung durchlebte, erfuhr das Königreich der Queen hingegen einen gewaltigen Wandel. Großbritannien verlor seine Weltmachtstellung, die alten Kolonien strebten nach Unabhängigkeit. Innerhalb Großbritanniens fand ein Umbruch der gesellschaftlichen Klassen statt; zwar behielt die Aristokratie nach wie vor ihre Bedeutung an der politischen Spitze, doch fielen nach und nach die unsichtbaren Schranken zwischen oben und unten. Bei Hofe schien man den neuen Wind jedoch kaum zu spüren. Elizabeth II. entwickelte einen Regierungsstil, der – bis heute – geprägt ist von Routine und eiserner Disziplin. Der Tagesablauf im Buckingham Palace ist genauestens festgelegt. Jeden Morgen um Punkt acht Uhr wird die Queen von ihrer Kammerdienerin mit einer Tasse Tee geweckt. Nach ihrer Toilette trifft sie Prinz Philip im Esszimmer, der sie stets mit den Worten »Guten Morgen, Würstchen« begrüßt. Gemeinsam nehmen die beiden ein karges Frühstück ein. Um zehn Uhr geht die Queen mit ihrem Privatsekretär Arbeitspapiere durch – mindestens zweihundert Briefe treffen täglich für Elizabeth ein. Anschließend lässt sie sich über alle politischen Vorgänge in ihrem Königreich informieren und empfängt Besuche. Einmal in der Woche – in der Regel dienstagabends – erscheint der britische Premierminister bei der Queen, um mit ihr Regierungsbelange zu besprechen. Auch wenn das britische Königshaus inzwischen das Recht auf politische Mitbestimmung verloren hat, legt Elizabeth großen Wert darauf, informiert und konsultiert zu werden. Ihre kurze Mittagspause verbringt die Queen meist privat – mit ihren Mann. Nach dem Mittagessen folgt ein Spaziergang mit ihren Lieblingshunden, den Corgis. Der Nachmittag ist häufig für Termine in der Öffentlichkeit reserviert – es sind rund vierhundert pro

»Sie interessiert sich nur für Sachen, die gleichzeitig Gras fressen und furzen können«: Die Königin mit ihren Lieblingshunden, den Corgis (links), und beim Pferderennen (rechts)

Jahr –, und am Abend stehen Theaterbesuche, Konzerte oder offizielle Anlässe auf dem Programm.

»Man muss immerzu lächeln«, hat Elizabeth einmal ihre Arbeit beschrieben. Dabei hat es Zeiten gegeben, in denen der Queen nicht nach Lächeln zumute gewesen sein dürfte. In den neunziger Jahren wäre das Königtum Elizabeths beinahe zerbrochen. Thronfolger Prinz Charles hatte im Juli 1981 Lady Diana Spencer geehelicht – die »Märchenhochzeit« war von Millionen Menschen weltweit an den Fernsehgeräten mitverfolgt worden. Doch dann war die Ehe gescheitert, peinliche Details wurden vor der Öffentlichkeit ausgebreitet, schmutzige Wäsche vor aller Augen gewaschen. Mit dem Jahreswechsel 1992 brach die vielleicht finsterste Periode der Regierungszeit Elizabeths an: Im März gab Prinz Andrew, Herzog von York, seine Trennung von Ehefrau Lady Sarah Ferguson bekannt – ihre Ehe hatte nur sechs Jahre gehalten. In der Sensationspresse waren Fotos aufgetaucht,

Die Queen führt ein Leben in streng vorgegebenen Bahnen. Jedes Jahr von Neuem herrscht die gleiche Routine.

Gyles Brandreth, Freund von Philip

Die Queen versteht ihr Dasein als eine Art lebenslängliche Gefängnisstrafe. Bis zu ihrem letzten Atemzug heißt das: keine Abdankung, kein Rücktritt.

Anthony Harbottle, ehemaliger persönlicher Seelsorger der Queen

»Der Stoff, aus dem Märchen gemacht sind«: Die Hochzeit von Prinz Charles und Diana Spencer im Juli 1981

die die barbusige Herzogin von York beim erotischen Getändel mit einem texanischen Millionär am Swimmingpool zeigten. Nur einen Monat später, im April, musste der Buckingham Palace die nächste Trennung eines Königskindes vermelden: Nach achtzehn Ehejahren sprach ein Gericht die Scheidung von Prinzessin Anne mit Captain Mark Philips aus. Im November brach auf Windsor Castle, dem Lieblingsschloss der Queen, ein verheerendes Feuer aus. Unschätzbare Kunstwerke drohten ein Opfer der Flammen zu werden – der Schaden belief sich in Millionenhöhe.

Das Jahr, in dem Elizabeth das vierzigste Jubiläum ihrer Inthronisierung feierte, endete so schrecklich, wie es begonnen hatte: »Der Buckingham Palace gibt bekannt, dass sich Prince und Princess of Wales mit Bedauern entschlossen haben, sich zu trennen. Ihre Königlichen Hoheiten planen nicht, sich scheiden zu lassen, und ihre verfassungsrechtliche Stellung bleibt unberührt«, verkündete der damalige Premierminister John Majors am 9. Dezember 1992. Doch konnte die Scheidung des Thronfolgers von Lady Di nur eine Frage der Zeit sein. Kurz nach der offiziellen Verlautbarung des Buckingham Palace veröffentlichte die Presse ein Telefongespräch zwischen Charles und seiner Dauergeliebten Camilla Parker-Bowles, das als »Camillagate« traurige

Berühmtheit erlangen sollte. Darin wünschte der Thronfolger sich, Camillas »Tampon« zu sein – die britische Bevölkerung war schockiert.

Ich frage mich manchmal, wie zukünftige Generationen die Ereignisse dieses stürmischen Jahres bewerten werden. Ich wage zu prognostizieren, dass die Geschichte rückblickend eine etwas mildere Einschätzung haben wird als manch ein zeitgenössischer Publizist.

»Annus-horribilis-Rede« der Queen, 1992

Im Rosenkrieg zwischen Prinz Charles und Lady Di bemühten sich Elizabeth und Philip von Anfang an um eine moderierende Rolle. Vor allem Prinz Philip versuchte in Briefen zwischen seiner Schwiegertochter und Charles zu vermitteln. Das königliche Paar hoffte inständig, dass nicht noch mehr peinliche Details aus dem Eheleben ihres ältesten Sohnes in die Öffentlichkeit getragen würden – das Ansehen des britischen Königshauses hatte bereits unwiderruflichen Schaden genommen. Insgeheim fragten Elizabeth und Philip sich immer wieder, welche Schuld sie an dem Ehedrama trugen: »Was haben wir getan, dass wir für unsere Schwiegertochter solche Schreckgestalten geworden sind?«, fragten sie ihre Freunde. Besonders hart traf Elizabeth die im November 1994 veröffentlichte Biographie des Prince of Wales von Jonathan Dimbleby. Der Thronerbe hatte Dimbleby Einsichtnahme in all seine Tagebücher, seine gesamte Korrespondenz und darüber hinaus in Staatspapiere gewährt – ohne Wissen seiner Mutter. Im Buch begründete Dimbleby das Scheitern der Ehe von Charles und Diana mit dem Fehlen elterlicher Zuwendung. Elizabeth und Philip waren entsetzt – in aller Öffentlichkeit bezichtigt zu werden, schlechte Eltern zu sein, war zutiefst verletzend. Doch äußerlich ließ sich die Queen nichts anmerken. Wie stets erledigte sie ihre Pflichten und machte gute Miene zum bösen Spiel.

Doch es sollte noch schlimmer kommen. Am 20. November 1995 – dem achtundvierzigsten Hochzeitstag von Elizabeth und Philip – strahlte die BBC ein Interview mit Lady Diana aus. Vor einem Millionenpublikum sprach die Noch-Ehefrau des britischen Thronfolgers über ihre Bulimie, ihre ge-

Nach allem, was man weiß, gibt es keine emotionale Beziehung, keine Nähe zwischen Prinz Charles und der Königin. Wenn wir das Ganze freudianisch sehen, dann verkörpert seine Frau, Camilla, die Mutter, die Charles niemals hatte. Nach dem Klischee würde ja ein Mann mittleren Alters eher hinter einer jungen hübschen Sekretärin her sein.

Mary Riddell, Hofberichterstatterin

Als Prinz genießt Charles noch Freiheiten, die er aber als König verlieren wird. Weil ich seinen Charakter sehr gut kenne, weiß ich, dass ihn der Top-Job klar an seine Grenzen bringen würde. Ich bezweifle, dass er ihm überhaupt gerecht werden könnte!
Prinzessin Diana, 1994

Wenn so etwas geschieht, dann ist es eine zutiefst bedauernswerte Sache, aber solche Dinge passieren – und in diesem Fall sind sie passiert. Es war das Letzte, was ich gewollt hatte. Ich bin doch kein kompletter Idiot, ich bin mir all dieser Probleme bewusst.
Prinz Charles, 1996

scheiterte Ehe und Charles' Geliebte Camilla Parker-Bowles. Dianas Fernsehauftritt machte eine Versöhnung unmöglich. Kurz vor Weihnachten empfahl die Queen ihrer Schwiegertochter und ihrem Sohn in einem Brief, das Scheidungsverfahren einzuleiten. Am 28. August 1996 wurde die Ehe des Prinzen und der Prinzessin von Wales aufgelöst, Lady Diana verlor ihre königlichen Titel – damit war sie nicht mehr Mitglied der Royal Family. Fortan füllte sie als »Königin der Herzen« die Seiten der Klatschpresse, widmete sich den Kranken und Schwachen der Gesellschaft und setzte sich für die Abschaffung der Landminen ein.

In der Nacht zum 31. August 1997 prallte der Wagen, in dem Lady Diana und ihr Liebhaber Dodi Al-Fayed saßen, mit überhöhter Geschwindigkeit gegen einen Pfeiler im Autotunnel unter dem Pont d'Alma in Paris. Diana starb an den Folgen innerer Verletzungen – die Nachricht ihres Todes löste weltweit eine Welle des Schocks und Mitgefühls aus. Vor allem Großbritannien sollte von einer »Hysterie der Trauer« erfasst werden: Hunderttausende pilgerten zum Buckingham Palace, legten Blumen, selbstverfasste Trauergedichte, Zeichnungen und Spielzeug vor den Toren nieder. Tagelang berichteten die Massenmedien über den nationalen Schmerz – und von den Auswirkungen, die das Ereignis auf die königliche Familie hatte. Ihr Oberhaupt, die Queen, wurde dabei massiver Kritik ausgesetzt, man gab ihr die Mitschuld an Dianas Tod, sogar von Mord war die Rede. Die Anfeindungen erschütterten die Grundfesten der britischen Monarchie.

Wie stets in Krisenzeiten versuchte Elizabeth an dem festzuhalten, was ihr Sicherheit gab: dem Hofprotokoll und der Etikette. Doch offenbarte sich darin nur allzu deutlich, wie sehr sich die Queen von ihren Untertanen ent-

Charles ist längst nicht so ein unsympathischer Kerl, als der er oft in den Zeitungen porträtiert wird. Er ist in der unglücklichen Position zwischen einer kühlen Familie auf der einen und einer feindlichen Öffentlichkeit auf der anderen Seite.
Mary Riddell, Hofberichterstatterin

fernt hatte. Ihr Volk empfand ihr Verhalten als »abgehoben« und verstörend. Dass sich die königliche Familie auf Balmoral verschanzte und über dem Buckingham Palace keine Fahne auf halbmast wehte, machte die Menschen wütend. »Wo ist die Königin, wenn das Land sie braucht?«, fragte empört die Presse. Erst am Vorabend der Beerdigung, fünf Tage nach Dianas Tod, traf Elizabeth in London ein. Die Feindseligkeit, die der Queen entgegenschlug, musste diese als erschreckend empfinden. Doch Philip stand ihr treu zur Seite: Vor dem großen Eisentor des Buckingham Palace machte sich das königliche Paar selbst ein Bild von dem gewaltigen Blumenmeer, und die Queen sprach – entgegen jeder Etikette – sogar einige ihrer Untertanen an. Schließlich überredete sie Regierungschef Tony Blair zu einer Live-Fernsehansprache: »Als Erstes möchte ich selbst Diana meinen Respekt zollen. Sie war ein außergewöhnlicher und talentierter Mensch. ... Niemand, der Diana kannte, wird sie je vergessen. Millionen von Menschen, die sie nie getroffen haben, aber fühlten, dass sie sie kannten, werden sie in Erinnerung behalten«, bekannte Elizabeth. Obwohl ein Staatsbegräbnis für Diana nach dem Hofprotokoll unmöglich schien, entschied die Queen, ihre ehemalige Schwiegertochter wie eine Königin zu Grabe zu tragen.

Die Königin reagierte mit Erleichterung auf den Tod Dianas. Aus ihrer Sicht wurde eine Gefährdung für die britische Monarchie beseitigt.
Nicholas Davies, Experte des Königshauses

Die Queen vermochte es nicht, mit ihren Untertanen auf einer ganz normalen zwischenmenschlichen Ebene zu kommunizieren. Sie war dabei, die Monarchie in den Abgrund zu manövrieren.
Piers Brendon, Biograph der Queen

Ich bin sicher, dass wir aus ihrem Leben und ihrem Tod Lehren ziehen müssen.
Elizabeth nach Dianas Tod

Doch auch nach der Beerdigung, die Millionen Menschen in London und vor den Fernsehgeräten rund um den Globus miterlebten, befand sich die britische Monarchie in einer tiefen Krise. Immer öfter wurden Stimmen laut, die die Funktion und den Sinn eines Königshauses infrage stellten, das hohe Kosten verursachte und das viele Briten als anachronistisch empfanden. Elizabeth wurde schmerzlich bewusst, wie sehr ihr Thron heute von der Zustimmung ihres Volkes abhängig ist. In dieser schwarzen Stunde fand sie Halt bei ihrem

Unmittelbar nach ihrer Ansprache wandte sie sich dem Aufnahmeteam zu und fragte: »Nun, klang das reuevoll genug?« Offenbar fühlte sie nicht ein Wort von dem, was sie da sagte. Aber sie wusste, dass sie jetzt da durchmusste.
Lynn Picknett, Biographin der Windsors

»Wo ist die Königin, wenn das Land sie braucht?«: Elizabeth und Philip betrachten nach dem Tod Dianas das Blumenmeer vor dem Kensington Palace in London

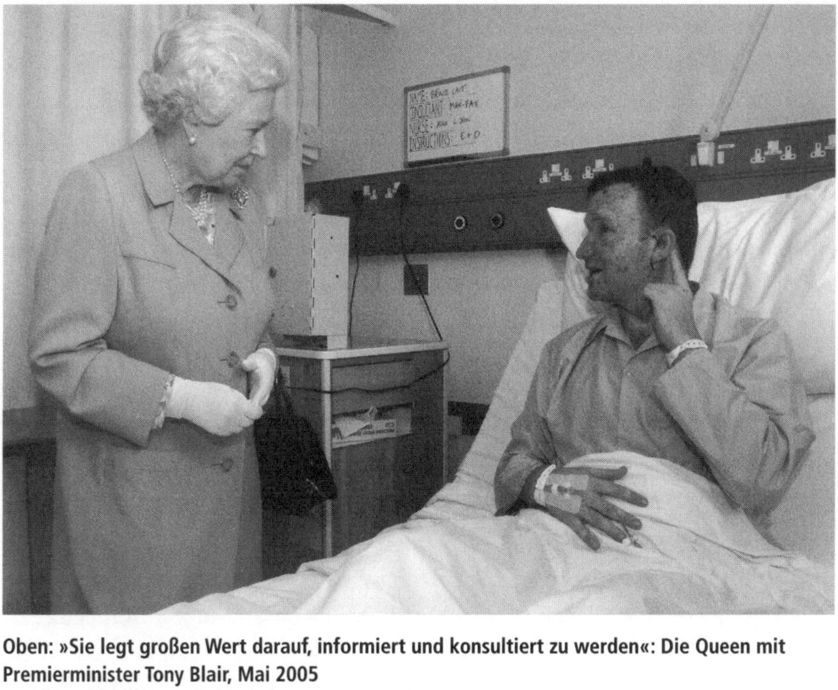

Oben: »Sie legt großen Wert darauf, informiert und konsultiert zu werden«: Die Queen mit Premierminister Tony Blair, Mai 2005
Unten: »Die vermenschlichte Queen«: Königin Elizabeth besucht Opfer des Bombenanschlags auf die Londoner U-Bahn, Juli 2005

Es ist eine hochgradig begabte und sehr intelligente Familie mit all den exzentrischen Eigenarten, die intelligente Familien eben so haben.

Ben Kingsley, Schauspieler

Die Modernisierung ist für die Monarchie keine Option, sondern ein Muss, wenn sie überleben will.

Colin Byrne, Berater von Prinz Charles

Heutzutage sieht die britische Nation in ihrer Queen eher eine gutmütige Oma, die ihren Job alles in allem ordentlich gemacht hat.

Nicholas Davies, Experte des Königshauses

Ehemann, der stets sein Verständnis von einem modernen Königtum zu propagieren versucht hatte. Nun war seine Stunde gekommen. Die »Way Ahead Group« wurde gegründet – eine halbjährlich tagende Arbeitsgruppe, in der die Queen, Prinz Philip, ihre Kinder sowie die wichtigsten Hofbeamten Termine koordinieren und den Fortgang des Hauses Windsor besprechen. Ein Jahr nach Dianas Tod wurde die Stelle des »Direktors für Kommunikation« im Palast geschaffen und ein Team von PR-Beratern hinzugezogen. Die Strategie stand bald fest: Die Queen musste ihr Image »vermenschlichen«, sollte ihr Königtum weiter Bestand haben.

Schritt für Schritt gelang es den PR-Profis, die Queen »volksnah« zu machen: ein Besuch im Schuhgeschäft, eine Besichtigung einer Frikadellenbräterei, eine Teestunde bei einer Schlaganfallpatientin. Inzwischen, fast ein Jahrzehnt nach der Tragödie um Lady Diana, hat sich das Verhältnis der britischen Bevölkerung zu ihrer Königin weitgehend stabilisiert – trotz weiterer Skandale. Am 9. April 2005 gaben sich Prinz Charles und Camilla nach über dreißig Jahren Daueraffäre das standesamtliche Jawort. Obwohl die Meinungen über die Heirat des Kronprinzen mit Dianas Rivalin im Vorfeld stark auseinander gingen, hat die neue Frau an der Seite des Thronfolgers inzwischen bei der britischen Bevölkerung an Beliebtheit gewonnen. »Camilla soll Königin werden«, forderte kürzlich die Boulevardpresse. Ob dies jemals geschehen wird, ist ungewiss. Noch herrscht Elizabeth II. und denkt nicht im Geringsten daran, abzutreten. Sie versteht ihre Aufgabe als Lebenspflicht – wie der Papst bleibt sie in ihrem Amt, bis der Tod sie davon abruft. Eine vorzeitige Abdankung käme für sie einer Fahnenflucht gleich. Im Jahr 2002 feierten die Briten begeistert das fünfzigste Thronjubiläum ihrer Herrscherin, jüngste Umfrageergebnisse zeigen, dass die meisten Untertanen mit der Queen versöhnt sind. Nicht zuletzt hat sie dies ihrem Ehemann zu verdanken. Er konnte sie davon überzeugen, dass eine moderne Monarchie wie eine Firma funktionieren muss, um im einundzwanzigsten Jahrhundert zu überleben. Elizabeth und Philip agieren darin als perfektes Team. Patricia Mountbatten, Philips Cousine und Vertraute, ist überzeugt: »Was sie füreinander empfinden, ist größter Respekt … und innige Liebe. Innige Liebe, die lange, lange zurückreicht.«

Ausgewählte Literatur

Zu Die Deutsche und der König

Bah, Alice/Tarras-Wahlberg, Elisabeth: Victoria, Victoria. Stockholm 2002.
Bedürftig, Friedemann: Königs- und Fürstenhäuser Europas. Köln 2004.
Loh, Norbert: Silvia von Schweden – Eine deutsche Königin. München 2003.
Lagerqvist Lars O.: Sveriges Regenter – Från forntid till nutid. Stockholm 1997.
Magnergard Bjers, Christina: Drottning Silvia. Stockholm 2001.
Menger, Horst/Worlitz, Jürgen: Die europäischen Königs und Fürstenhäuser. Bindlach 2003.
Schubert, Ludwig/Seelmann-Eggebert, Rolf: Europas Königskinder. Köln 1999.

Zu Beatrix und der traurige Prinz

Huijsen, Coos : Beatrix – De kroon op de republiek. Amsterdam 2005.
Lammers, Fred J.: Wij Beatrix – Vijfentwintig jaar Konigin der Nederlanden. Baarn 2005.
Lohe, Alexander/Müller, Olaf (Hrsg.): Gelebtes Europa – Nachbar Niederlande. Königin Beatrix der Niederlande. Aachen 1996.
Schubert, Ludwig/Seelmann-Eggebert, Rolf: Europas Königshäuser. Köln 1997.

Zu Die Tränen der Prinzessin

Antoni, Klaus: Der himmlische Herrscher und sein Staat – Essays zur Stellung des Tenno im modernen Japan. München 1991.

Bix, Herbert P.: Hirohito and the Making of the Modern Japan. New York 2001.
Crome, Peter: Der Tenno – Japan hinter dem Chrysanthemenvorhang. Köln 1988.
Fritz, Martin/Kobayashi, Yoko: Prinzessin Masako – Der gefangene Schmetterling. Das Drama am japanischen Kaiserhof. Freiburg/Basel/Wien 2005.
Hall, John Whitney: Das japanische Kaiserreich (Fischer Weltgeschichte, Bd. 20). Frankfurt am Main 2000.
Ruoff, Kenneth J.: The People's Emperor – Democracy and the Japanese Monarchy, 1945–1995. Cambridge/London 2001.
Saaler, Sven: Politics, Memory and Public Opinion – The History Textbook Controversy and Japanese Society. München 2005.
Seagrave, Peggy und Sterling: Herrscher im Reich der aufgehenden Sonne – Die geheime Geschichte des japanischen Kaiserhauses. Reinbek 2002.

Zu Der gemachte König

Bachstein, Andrea/Fromme, Claudia: Wenn Liebe adelt – Die neuen Royals. München 2005.
Loh, Norbert: Felipe und Letizia – Die Krönung einer Liebe. München 2004.
Laot, Françoise: Juan Carlos und Sofia. München 1988.
Nourry, Philippe: Juan Carlos – Un Roi pour les républicains. Paris 1986.
Preston, Paul: Juan Carlos I – A People's King. London 2004.
Seco Serrano, Carlos: Juan Carlos I. El Rey que reencontró America. Madrid 1989.
Vermehren, Michael: Der König und andere Spanier – Begegnungen und Beobachtungen. Stuttgart 1991.
Vilallonga, José Luis de: Juan Carlos – Die autorisierte Biographie. München 1993.

Zu das ungleiche Paar

Bradford, Sarah: Elizabeth II., Ihre Majestät die Königin – Die Biographie. Bergisch Gladbach 1996.

Brandreth, Gyles: Philip und Elizabeth – Porträt einer Ehe. München 2005.

Davies, Nicholas: Queen Elizabeth II. – Die Insider-Biographie. Essen u. a. 1994.

Duncan, Andrew: Elisabeth II. und ihr Hof – Das wahre Leben einer Königin. Wien/München/Zürich 1970.

Gerste, Ronald D.: Die Queen. Elizabeth II. und das Haus Windsor. Regensburg 2001.

Hari, Johann: God save the Queen? Cambridge 2002.

Junor, Penny: The Firm – The Troubled Life of the House of Windsor. London 2005.

Kiggell, Marcus/Blakeway, Denys: The Queen's Story – The Woman Behind the Throne. London 2002.

Levine, Tom: Die Windsors – Glanz und Tragik einer fast normalen Familie, Frankfurt am Main/New York 2005.

Levine, Tom: Gegenspieler. Lady Diana – Königin Elisabeth. Frankfurt am Main 1999.

Pimlott, Ben: The Queen – A Biography of Queen Elizabeth II. London 1996.

Schubert, Ludwig/Seelmann-Eggebert, Rolf: Majesty – Elisabeth II. Köln 2002.

Personenregister

Kursive Seitenangaben verweisen auf Abbildungen

Abbildungsnachweis

Action Press/ibl bildbyra ab (28)
Corbis (41 r.) -/BBC (319 o.) -/Bettmann (18, 34 l., 47, 62 o., 74, 83 o., 83 u., 159, 160, 166 o., 167 o., 170, 171, 174, 177 l., 177 r., 178, 245 o., 251 o., 327) -/Cover/Ferrari (237 u.) -/EFE (220 o.) -/epa (198) -/epa/Millin (248) -/epa/WPA Pool (187 o.) -/epa/Rain (151 u.) -/Graham (330, 335 u.) -/Hulton-Deutsch-Collection (34 r., 110, 166 u., 227 o., 278, 287) -/Melloul (53) -/Naylor (227 u.) -/Reuters/Kato (183) -/Reuters/Imperial Household Agency/Handout (197) -/Rotkin (151 o.) -/Sygma/Europress (231) -/Sygma/Hashimoto (147) -/Sygma/Tim (329 r.) -/Sygma/Toulig (187 u.) -Sygma/Yamaguchi (137 o., 137 u., 140)
Dana Press/Hammersten (37 r.) -/Norbert (30 o., 30 u.)
De Telegraaf (97 u., 112)
Getty Images/AFP (194) -/AFP/Bernardes (65 o.) -/AFP/Kitamura (134, 155) -/AFP/Nogi (148 u.) -/AFP/Pool (144) -/Alvarez (253 o.)-/Hulton Archive (222, 294)-/Hulton Archive/Central Press (246, 297 u., 309, 315) -/Hulton Archive/Fox Photos (319 u.) -/Hulton Archive/Gooch (49 l.) -/Hulton Archive/Hardy (322) -/Hulton Archive/Keystone (211 u., 270, 285 o., 311, 314 o.) -/Hulton Archive/Morley (303) -/HultonArchive/New York Times (207) -/Hulton Archive/PNA Rota (308) -/Hulton Archive/Sheridan (295) -/Hulton Archive/Topical Press Agency (283 o., 283 u., 297 o.) -/Hulton Archive/Ware (285 u.) -/Junko Kimura (193) -/Levenson (253 u.) -/Pool (335 o.) -/Time & Life Pictures/Kessel (217) -Time & Life Pictures/Lees (241) -/Time & Life Pictures/Mydans (162)
Keystone/Roedel (21 u.) -/Topfoto/Topham/PA (329 l.) -/Topfoto/Topham Picturepoint (267 o., 267 u., 280, 305, 314 u., 318 o.) -/Topfoto/UPP (264)
Picture Alliance/dpa (32, 35 o., 35 u., 43 o., 45, 50, 55, 59 l., 62 u., 63 o., 63 u., 65 u., 67, 69, 72 u., 77, 79, 81 o., 81 u., 85, 89 u., 91, 94, 97 o., 100 o., 100 u., 101, 103, 105 o., 105 u., 118, 119, 121, 123 o., 123 u., 125, 128, 132, 148 o., 167 u., 181, 186, 189, 200, 202, 218, 220 u., 224, 229, 233, 245 u., 251 u., 257, 260 o., 261 o., 292, 301, 326, 334)
Seeger-Press (89 o., 318 u.) -/Conti (237 o.) -/prisma (260 u., 261 u.)
SV Bilderdienst/Scherl (209 u., 211 o.)
Ullstein Bild (21 o., 209 o.) -/AP (129) -/Archiv Gerstenberg (205) -/C.T. Fotostudio (37 l.) -/dpa (115) -/Popper Ltd. (43 u.) -/Reuters (59 r.)